W0321284

Ernst Trost

Das blieb vom Doppeladler

Ernst Trost

# Das blieb vom Doppeladler

## Auf den Spuren der versunkenen Donaumonarchie

Amalthea

6. Auflage
20.–24. Tausend

Vorwort von Friedrich Torberg

© 1984 by Amalthea Verlag, Wien · München
Alle Rechte vorbehalten
Schutzumschlag: Wolf Bachmann, München
Schrift: Garmond Garamond-Antiqua
Gesamtherstellung: Carl Ueberreuter, Wien
Printed in Austria 1984
ISBN 3-85002-198-X

# Inhalt

# Ein sentimentales Vorwort

*Von Friedrich Torberg*

In den Zuckerlgeschäften, die fast allen Wiener Theatern gegenüberliegen, bekam man seinerzeit eine eigens für den Theaterbesuch zurechtgemachte Mischung von Bonbons. Sie bestand aus mindestens vier verschiedenen Sorten und hieß „Feine Theatermischung".

Die Familie meines Vaters stammte aus Böhmen, die Familie meiner Mutter aus Ungarn und mein Geburtszeugnis von der Israelitischen Kultusgemeinde in Wien. Ich bin eine feine Monarchiemischung.

Meine Angehörigen väterlicherseits, sowohl die beiden Großeltern wie die ganze weitläufige Verwandtschaft, waren keine Städter. Ob ich sie geradewegs als Bauern bezeichnen darf, weiß ich nicht. Sie selbst hätten das wahrscheinlich ungern gehört, denn da sie es bereits zu kleineren oder größeren Gutshöfen gebracht hatten oder gar zur Pacht einer herrschaftlichen Domäne, hielten sie sich für etwas Besseres. Jedenfalls waren sie, soweit sich's zurückverfolgen ließ — nicht sehr weit, vielleicht über fünf Generationen —, immer auf dem böhmischen Flachland ansässig gewesen und hatten immer etwas mit Landwirtschaft zu tun gehabt. Mein Vatersname Kantor deutet allerdings darauf hin, daß zur Zeit, als die österreichischen Juden amtliche Familiennamen erhielten, sich auch ein Dorfschullehrer unter meinen Vorfahren befand. (Leider kein Synagogensänger. In diesem Sinn wurde die Bezeichnung „Kantor" erst viel später, gelegentlich der Reformierung des jüdischen Gottesdienstes, aus der kirchlichen

Terminologie übernommen. Als Bezeichnung für den Schulmeister war sie auf den tschechischen Dörfern noch in meiner Jugend gebräuchlich.) Sei dem wie immer, und mögen es nun jüdische Landwirte oder jüdische Dorfschullehrer gewesen sein; beides, soviel ich weiß, hat's nur im alten Österreich gegeben, und deshalb führe ich's hier an.

Religiosität und Gelehrsamkeit in religiösen Dingen, vom böhmischen Familienteil arg vernachlässigt, wurden vom ungarischen desto höher gehalten. Mein Großvater mütterlicherseits, Simon Berg, und mehr noch dessen Vater Salomon Berg galten — wie meine fromme Mutter gern und stolz erzählte — als schriftgelehrte Männer und erfreuten sich in ihren Heimatgemeinden entsprechend hohen Ansehens. Aber schon in der nächsten Generation (die sich über die großen Städte der Monarchie zerstreute, hauptsächlich nach Wien und Prag) schlug das in eine gänzlich andere, unvermutete und nicht gerade stilvolle Richtung um: die sechs Brüder meiner Mutter, rauhe Gesellen allesamt, waren begeisterte Militaristen, zwei von ihnen ergriffen die aktive Offizierslaufbahn, und alle bis auf einen standen im Ersten Weltkrieg an der Front, von der sie teils verwundet und teils verbittert zurückkehrten, kaisertreu bis ans Ende. Sehr im Gegensatz hierzu sprachen die bei Melnik in Böhmen begüterten Brüder meines Vaters und deren Kinder schon vor dem Krieg tschechisch, haßten den Kaiser, haßten seine Kaiserstadt und ließen das auch mich und meine beiden Schwestern fühlen, wenn wir in den späteren Kriegssommern aus dem nahrungsverknappten Wien zu unseren böhmischen Verwandten geschickt wurden, um uns anständig anzuessen.

Unsere Wiener Wohnung in der Porzellangasse, nahe dem kriegswichtigen Franz-Josefs-Bahnhof, glich während dieser Jahre nicht selten einem Heerlager. Onkel und Cousins, die an die Front abgingen oder auf Urlaub kamen, machten immer in Wien Station, nächtigten oder aßen bei uns, und manchmal saß ein halbes Dutzend uniformierter Gestalten am Familientisch. Bei einer solchen Gelegenheit kam es zu einem Auftritt, der sich meinen sehr lebendigen Kindheitserinnerungen besonders klar eingeprägt hat, obwohl ich ihn nicht recht zu deuten wußte. Mein Lieblingsonkel Paul, der jüngste Bruder meiner Mutter und offenbar ein Tunichtgut (war er doch sogar nach Amerika ausgerissen), schien mit dem um vieles älteren Onkel Berti in Streit geraten zu sein. Der Onkel Paul war Leutnant bei den Deutschmeistern, der Onkel Berti — mit vollem Namen Albert Großmann und Gatte der ältesten Schwester meiner Mutter — bekleidete beim selben Regiment den Rang eines Majors. Und plötzlich sprang der Onkel Berti auf, schlug mit der flachen Hand auf den Tisch, daß die Gedecke klirrten, rief dem Onkel Paul mit zornbebender Stimme und gesträubten Schnurrbartenden zu: „Herr Leutnant, was unterstehst du dich?“ und rief noch einiges mehr, wovon ich nichts begriff. Ich sah nur, vom „Katzentisch“ her, daß der Onkel Paul aufstand und mit rotem Gesicht so lange stehenblieb, bis der Onkel Berti sich wieder hinsetzte. Aus den Gesprächen der Erwachsenen, die sich noch tagelang mit dem Vorfall beschäftigten, reimte ich mir zusammen, daß der Onkel Berti den Onkel Paul „Habtacht gestellt“ hatte. Auf mich wirkte das Ganze zugleich erschreckend und komisch. Sollte das vermutlich überdimensionale Sammelwerk „Was Juden imstand sind“ jemals zum Abschluß kommen, dann wird diese Episode nicht fehlen dürfen.

Hier vermerke ich sie nicht etwa deshalb, um eine uninteressante Familiengeschichte wichtigmacherisch aufzurollen, sondern weil jüdische Berufsoffiziere ebenso zu den Wesenszügen der alten Monarchie gehört haben wie jüdische Bauern — und weil ich mich auf Grund alles dessen in einem gewissen Sinn legitimiert glaube, das vorliegende Buch einzuleiten. Denn auf die Frage: „Was blieb vom Doppeladler?“ könnte ich mit einer gewissen Berechtigung antworten: „Zum Beispiel ich.“

Es kommen noch andere Legitimationen hinzu. Wie schon angedeutet — und wie das bei Menschen, die sich späterhin der fragwürdigen Beschäftigung des Schreibens zuwenden, häufig der Fall ist — war ich ein sehr frühreifes, mit einem ungewöhnlich guten Gedächtnis begabtes Kind. Über die Wichtigkeit von Kindheitserinnerungen hat der Altösterreicher Sigmund Freud alles Nötige gesagt, und sie haben auch in meinem Leben eine große Rolle gespielt. Ich sehe nicht ein, warum ich gerade jene von ihnen, die mit dem alten Österreich zu tun haben, künstlich verdrängen und mir womöglich ein monarchistisches Trauma einwirtschaften sollte; warum ich mich nichts davon wissen machen sollte, daß meine Geburt und acht Jahre meines Lebens noch in die Ära des alten Kaisers fielen, in dessen Regierungserklärung Ungarn noch „Hungarn“ hieß; warum ich leugnen oder bagatellisieren oder gar schmähen sollte, was ich als Kind bestaunt und bewundert habe; warum ich, kurzum, an diese Kinder- und Kaiserzeit, an das allsommerliche Feuerwerk in Ischl am Vorabend des 18. August (der für mich noch lange „Kaisers Geburtstag" blieb), an das klingende Spiel der Burgkapelle, dem ich an der Hand meines Kinderfräuleins zuhören durfte, an Regimentsmusik und Fronleichnamsprozession und Farbenpracht und Equipagenprunk — warum ich an dies alles nicht mit Wehmut zurückdenken und es nicht in einem sentimentalen Vorwort äußern sollte.

Denn etwas anderes als ein sentimentales Vorwort ist hier nicht gemeint, und ganz gewiß kein politisches — obwohl auch der Politik ein kleiner Schuß Sentimentalität nicht unbedingt schlecht bekommen müßte, jedenfalls nicht so schlecht wie deren Gegenteil, das Ressentiment. Oder war es vielleicht kein Ressentiment, das 1937, in der schwersten Krisenzeit Mitteleuropas, den Inhaber einer politischen Schlüsselposition, Edvard Beneš, die Losung „Lieber Hitler als Habsburg!" proklamieren ließ? War das vielleicht Politik? Wenn ja, dann ist auch meine Kindheitserinnerung an die aufziehende Burgwache Politik. Sie könnte es sogar mit der Politik des tschechoslowakischen Regierungschefs aufnehmen, was ihre Erfolglosigkeit betrifft. Aber damit will ich kein politisches Credo abgelegt haben, ich sage es nochmals und ausdrücklich. Und möchte freilich auch sagen dürfen, daß ich mir Schlimmeres vorstellen kann als eine Monarchie, ja daß ich's mir eigentlich gar nicht vorzustellen brauche, denn ich habe Schlimmeres erlebt (und wer weiß, ob ich's in einer Monarchie hätte erleben müssen).

Nun, lassen wir das. Und einigen wir uns vielleicht auf eine Formel, die mir von der jahrelangen Beschäftigung mit dem Œuvre des genialen Alt- und Urösterreichers Fritz von Herzmanovsky-Orlando eingegeben wurde: daß der Untergang Österreichs eine der katastrophalsten Humorlosigkeiten der Weltgeschichte war ...

Die Geschichtsbücher, mit gewohnter Oberflächlichkeit, legen diesen Untergang auf das Jahr 1918 fest. In Wahrheit ist er erst 1938 erfolgt. Was in Wahrheit österreichisch war am alten Österreich, was die wahren Eigenheiten, die unvergleichlichen und unersetzlichen Qualitäten dieses seltsamen Staatengebildes ausgemacht und den einstmals schwarzgelben Kulturkreis zusammengehalten hat: damit, meine ich, war es erst 1938 endgültig vorbei. Zwar hatte jenes Österreich, das 1938 auch formal zu existieren aufhörte, nicht als Erbe und nicht einmal als Abbild des alten Österreich gelten können; aber es hatte immer noch gewisse Kontinuitäten zu wahren vermocht, es war, wenn schon kein Zentrum, so doch eine Art Knotenpunkt, wo die noch nicht restlos abgespulten Fäden von dermaleinst zusammenliefen. Prag und

Budapest standen immer noch in regster Wechsel- und Austauschbeziehung mit Wien, geistig, künstlerisch, atmosphärisch. Die böhmischen Heilbäder und die dalmatinischen Seebäder, die ungarischen Sommerfrischen und die slowakischen Wintersportplätze gehörten immer noch zum gewohnten Landschaftsbild des Österreichers, waren ebenso in seiner Sicht geblieben wie die von Polen und Rumänien absorbierten Teile der Monarchie. Immer noch gingen junge Wiener Schauspieler nach Mährisch-Ostrau und Aussig und Bielitz ins erste Engagement, immer noch lagen das „Prager Tagblatt“ und der „Pester Lloyd“ und die „Czernowitzer Morgenzeitung“ mit der gleichen Selbstverständlichkeit in den Wiener Kaffeehäusern auf wie in den Kaffeehäusern von Brünn, Agram und Triest die „Presse“ und das „Tagblatt“ und das „Journal“ aus Wien. Kurzum: die Nachfolgestaaten des alten Österreich waren bis 1938 noch deutlich als solche erkennbar, manche von ihnen — etwa die Tschechoslowakei an ihrer Vielsprachigkeit, etwa Ungarn an seiner sozialen Schichtung — sogar deutlicher als das neue Österreich. Bis 1938.

Die Nacht vom 11. auf den 12. März 1938 werde ich nie vergessen. Ich hielt mich damals in Prag auf — nicht weil ich das über Österreich hereinbrechende Unheil vorausgesehen hätte, sondern um eine seit langem bestehende Vortragsverpflichtung an den Prager „Urania“ zu erfüllen. Nur der Kuriosität halber sei vermerkt, daß die literarische Leitung der „Urania“ damals in den Händen Heinrich Fischers lag, des heute in München lebenden Nachlaßverwalters von Karl Krauß, und daß meine Vortragsreihe den „Außenseitern der österreichischen Literatur“ galt, darunter dem damals noch völlig unbekannten Herzmanovsky-Orlando. Das also hatte mich nach Prag geführt, nicht etwa meine politische Weitsicht. Vielmehr war ich von den aus Wien einlangenden, immer tragischer sich überstürzenden Nachrichten so völlig niedergeschmettert, als hätte sich niemals etwas dergleichen angekündigt. Verzweifelt saß ich mit einem Wiener Freund, der schon 1934 nach Prag emigriert war, die ganze Nacht hindurch am Radio. Als allmählich Funkstille eintrat, beschlossen wir — an Schlaf war sowieso nicht zu denken —, den fahrplanmäßigen Nachtschnellzug aus Wien abzuwarten, gegen sieben Uhr früh am Masarykbahnhof, vielleicht käme da jemand an, den wir kannten. Bis dahin wollten wir spazierengehen.

Kurz nach drei Uhr, nachdem wir noch die letzten Nachrichten eines französischen Senders abgefangen hatten, traten wir auf die Straße hinaus, in eine kalte, nebelverhangene Nacht, und schlugen den Weg zum Belvedereplateau ein, wo wir ziellos umherwanderten. Eine kleine Kneipe gewährte uns für die kurze Zeit bis zur Sperrstunde noch Unterschlupf, dann nahmen wir die Wanderung wieder auf, nach wie vor außerstande, aus unserer dumpfen Niedergeschlagenheit mehr als den Ansatz eines Gesprächs zu entwickeln. Vom Panorama der Stadt mit den berühmten hundert Türmen war nichts zu sehen, der Nebel hatte sich verstärkt, die Straßenbeleuchtung wurde schwächer, und als wir uns an den Abstieg zur Štefanikbrücke machten, begann es auch noch zu regnen. Das Ganze war von einer so vorschriftsmäßigen Melancholie und Trostlosigkeit, wie man's aus solchem Anlaß nie erfinden dürfte — nur die Wirklichkeit darf es wagen, so zu sein.

Und dann, um die Weltuntergangsstimmung zu komplettieren, kam uns auf der menschenleeren Štefanikbrücke ein Betrunkener entgegen. Daß er betrunken war, sah man ihm schon von weitem ebenso unverkennbar an, wie daß er uns entgegenkam und sich von seiner Zielrichtung durch nichts würde abbringen lassen, auch dadurch nicht, daß wir nun etwa auf die andere Brückenseite hinüberwechselten. Alle Erfahrung mit Betrunkenen sprach dafür, daß wir nichts Besseres tun konnten, als der unvermeidlichen Begegnung standzuhalten und sie möglichst rasch hinter uns zu bringen. Ich beruhigte meinen Freund, der sich in einem erbärmlichen Nervenzustand befand, und erwartete im Vertrauen auf mein ziemlich akzentfreies Tschechisch den Zusammenstoß.

Mit merkwürdig steifen, merkwürdig durch die Dunkelheit hallenden Schritten steuerte der Betrunkene auf uns zu. Er torkelte nicht, er stapfte, nur als er vor uns stehenblieb, schwankte er ein wenig. Im übrigen wirkte er weder wie ein Gewohnheitstrinker noch irgendwie aggressiv. Sein Alter mochte zwischen 40 und 50 liegen.

Ein paar Sekunden lang musterte er uns stumm. Dann sagte er, mehr zwischen uns hindurch als an einen von uns gewendet, und nicht nur der ohnehin unvergeßliche Wortlaut, auch sein Tonfall ist mir bis heute im Ohr geblieben:

„Obsadili nám Rakousko", sagte er. (Sie haben uns Österreich besetzt.) „Ted' to máme." (Jetzt haben wir's.)

Es war weniger die Prophetie seiner Worte — denn obwohl „sie" Österreich noch gar nicht wirklich besetzt hatten, gehörte nicht viel dazu, die Besetzung mit allen Folgen kommen zu sehen —: es war dieses „uns", das mich ergriff und erschütterte, dieser rührende dativus ethicus, der im Tschechischen überhaupt die sonderbarsten Blüten treibt.

Ich wußte nichts zu erwidern und nickte.

Vielleicht schloß er aus dem Ausbleiben einer Antwort auf Sprachschwierigkeiten, vielleicht veranlaßte ihn der Inhalt des nunmehr Folgenden, in ein hartes, mühsames, jedoch völlig korrektes Deutsch zu wechseln:

„Bitte, wie komme ich hier nach Jung-Bunzlau?"

Seine sinnlose Frage machte mir wieder bewußt, daß ich es ja mit einem Betrunkenen zu tun hatte, dem man am besten auf alles einging; ich empfahl ihm, gleich hinter der Brücke nach links abzubiegen und immer den Straßenbahnschienen zu folgen, dann käme er nach Jung-Bunzlau.

„Nämlich", sagte er, ohne sich von der Stelle zu rühren. „Ich muß nämlich nach Jung-Bunzlau."

Nichts wäre verhängnisvoller gewesen, als ihn nach dem Grund zu fragen und seiner Beharrlichkeit neue Nahrung zu liefern. Deshalb begnügte ich mich mit der nochmaligen Bestätigung, daß ihn der angegebene Weg bestimmt ans Ziel bringen würde.

Aber er kam von seinem „nämlich" und von Jung-Bunzlau nicht los. Und jetzt zeigte sich erst, was hinter der vermeintlichen Sinnlosigkeit steckte:

„Nämlich", wiederholte er. „In Jung-Bunzlau habe ich nämlich gedient. Kaiser Karl auch. Ich muß nach Jung-Bunzlau. Sie haben uns Österreich besetzt."

Er nahm Haltung an, salutierte und verschwand mit steifen, stapfenden Schritten in der Regennacht.

Wir blickten ihm nach. Mein Freund — wie schon gesagt: ein 1934er-Emigrant, also das Gegenteil eines Legitimisten — begann schamlos zu heulen. Er war, wie gleichfalls schon gesagt, mit den Nerven völlig herunter.

Mir stiegen die Tränen erst später hoch, auf dem Marsarykbahnhof, und es waren Tränen der Wut: im fahrplanmäßigen Wiener Nachtschnellzug befand sich kein einziger Passagier aus Wien. Die Waggons mit den Flüchtlingen hatten die Grenze bei Lundenburg nicht passieren dürfen.

Das Wörtchen „uns", mit dem mein nächtlicher Gesprächspartner von der Štefanikbrücke mich so sehr beeindruckt hat, kam noch in einem anderen Dialog zu sonderbarer und sogar heiterer Geltung, von der hier berichtet werden muß. Die dazugehörige Geschichte spielt beträchtlich früher, gegen Ende der zwanziger Jahre, in der Split genannten dalmatinischen Hafenstadt Spalato, wo ich auf einer Ferienreise hängengeblieben war. Dort also ankerte eines flirrenden Sommermorgens ein Schiff, dessen sichtlich neue jugoslawische Flagge nicht recht zu seiner sichtlich altmodischen Bauart passen wollte. Ebenso altmodisch nahm sich das uniformierte Männlein aus, das in der Morgensonne langsam von der Mole her landeinwärts gebogen kam und sich durch seine Litzen und Borten an Mütze und Uniform sogleich als Offizier zu erkennen gab, vielleicht war's gar der Kapitän, und jedenfalls war es ein Marineur von hoher Rang- und Altersklasse, mit weißem, vom Tabak vergilbtem Knebelbart und vielen Runzeln im Gesicht und wasserblau verschwimmendem Blick. Luft und Lässigkeit des Sommermorgens begünstigten das Zustandekommen einer Anrede, und es ergab sich von selbst, daß sie der Erkundigung nach Art und Herkunft des merkwürdigen Schiffes galt, das draußen im Hafen lag. Der Vergilbte fingerte an den franziskojosefinisch zugestutzten Knebeln seines Barts, wandte sich um, wandte sich wieder zurück und sah ein paar Sekunden wasserblau ins Leere, ehe er antwortete — in jenem vielfach gemischten Idiom, das zwischen Balkan und Adria einstmals als „Grenzerdeutsch" beheimatet war:

„Jo, jo", nickte er. „Das Schiff. Wissen S', das hat früher uns g'hört, und dann ham's wir übernommen . . ."

Jahre und Jahrzehnte sind seither vergangen. Es ist nicht sehr wahrscheinlich, daß jene früher uns gehörige und dann von uns übernommene Schaluppe noch die Meere befährt, und wenn sie's tut, dann wird sie von keinem knebelbärtigen Alten mehr gesteuert. Der Prager Regimentskamerad des letzten österreichischen Kaisers könnte noch am Leben sein, und wenn er's ist, dann dürfte er an seine Dienstzeit in Jung-Bunzlau mit noch viel tieferer Trauer und Hoffnungslosigkeit zurückdenken als damals, da sie uns Österreich besetzt hatten — denn mittlerweile haben „sie" (die Definition ist auswechselbar) ja auch die Tschechoslowakei besetzt, ihm und uns. Der Wandel aber, der damals einsetzte, ist seither weiter fortgeschritten, immer weiter, in jeder Hinsicht, auch was den Doppeladler betrifft. Damals, vor 1938, als die Nachfolgestaaten des alten Österreich noch deutlich als solche erkennbar waren, waren sie es eben darum nur widerstrebend und taten alles, um die Merkmale dieser Erkennbarkeit auszulöschen. Heute, da vielleicht eben darum so vieles andere ausgelöscht ist, was sie niemals ausgelöscht wissen wollten, und da die einstigen Merkmale ihrer Herkunft sich in immer blasseren Spuren verlieren — heute widerstreben sie ihnen nicht länger. Es kann sogar geschehen, daß sie sich zu ihnen bekennen. Und damit ist keine offizielle, aus historischen oder propagandistischen Motiven besorgte Vergangenheitspflege gemeint, sondern das persönliche, sentimentale Attachement, die wehmutsvolle Sehnsucht nach etwas unwiederbringlich Verlorenem, jenseits von Besser oder Schlechter, jenseits aller Politik, ja wohl gar jenseits der Vernunft. Es gibt — ähnlich dem von Herzmanovsky-Orlando entdeckten „inneren Gamsbart" des Österreichers —, es gibt einen sozusagen „inneren Doppeladler". Ihn aufgespürt zu haben, jenen verblassenden Spuren noch einmal gefolgt zu sein, um sie nachzuzeichnen und festzuhalten: darin, so scheint mir, liegt der bleibende Wert dieses Buchs, darin besteht — mit allem Widerspruch, den es da und dort anzumelden gäbe — seine Leistung und sein Verdienst.

Mögen es nur noch ein paar ausgerupfte Federn sein, die vom Doppeladler blieben und die wir uns jetzt — wie man in Österreich sagt — am Hut stecken können. Und mag das alles — wie man im Gegenteil in Amerika sagt — ein alter Hut sein. Aber es war — und der Babenbergerherzog Heinrich II. pflegte in solchen Fällen zu sagen: ja so mir Gott helfe —, es war ein schöner Hut.

# Das Reich, das sich nicht verleugnen läßt

„Halt, hier ist das Fotografieren verboten!" Eine schwere Hand legt sich dem Gast auf die Schulter. Es ist nicht die eines Polizisten; ein Pförtner, der schon weiß, daß sich ein Fremder herumtreibt, hat gewarnt. „Warum hier, in einem Schloßpark?" fragt verwundert der Reisende. „Weil noch die Russen da sind." Der Pförtner hat vor vielen, vielen Jahren Deutsch gelernt, als er in Preßburg diente. „Im Schloß sind sie nicht, aber im Park; die Stallungen sind Garagen und die Wirtschaftsgebäude Unterkünfte." Wie zur Bestätigung braust ein schmutziggrüner Laster durch eine Lache am Straßenrand. Neben dem Fahrer döst ein Sowjetarmist. Und von der barocken Kuppel des Schlosses blickt ein fünfzackiger roter Stern auf die Au- und Waldlandschaft herab, die einmal ein Park war. „Wissen Sie, in Gödöllő hat es auch schon besser ausgesehen", sagt der Mann und schlägt, mißmutig vor sich hin murmelnd, den Weg zum Schloß ein.

Wenn die Illustrierten vor achtzig oder neunzig Jahren im heutigen Stil von Kaisern und Königinnen berichtet hätten, dann wäre der Name Gödöllő wohl jede Woche aufgetaucht. Gödöllő — das erweckte in der Phantasie von Millionen romantisch träumender Fräuleins, Hausfrauen und höheren Töchtern der österreichisch-ungarischen Monarchie Vorstellungen von Parforcejagden, von einer strahlend schönen Kaiserin, deren Frisur sie sich alle wenigstens einmal heimlich vor dem Spiegel gelegt hatten. In einer Zeit, da man

Gefühle noch mit Tränen ausdrückte, weinten sie über die Kaiserin und Königin, die in der freien Natur von Gödöllő den Zwang des Hofes floh, und sie begleiteten sie in Gedanken bei den endlosen Spaziergängen und ihren Ausritten auf feurigen Pferden. Gödöllő war für Generationen im Bereich des habsburgischen Zepters eine Kultstätte jenes Mythos, der Kaiserin Elisabeth schon zu Lebzeiten umgab.

Der Reiseführer, der 1964 in Budapest erschienen ist, begnügt sich mit dem Satz: „Gödöllő, ehemals Sommerresidenz und Jagdrevier der Könige. Im Schloß befindet sich jetzt ein Altersheim."

Schloß Gödöllő liegt nur dreißig Kilometer von Budapest entfernt in einer Großgemeinde, auf deren stattliche Häuser die königliche Nachbarschaft abgefärbt hat. Dem Tourismus wurde Gödöllő durch seine gegenwärtige Besatzung entzogen. Der Chefarzt des Altersheimes weiß aber, wer vor den alten Damen in den zu Schlafsälen umgestalteten Prunkgemächern gewandelt ist: der Fürst Grassalkowitsch, der das Schloß erbaute, und Maria Theresia, die den Fürsten überaus geschätzt haben soll. 1867 wurde das Schloß, das Elisabeth begeistert hatte, zum Zeichen der Versöhnung von der ungarischen Nation den Majestäten zum Geschenk gemacht. Durch Jahrzehnte war es Elisabeths Lieblingsaufenthalt. Später beherbergte Gödöllő zeitweilig auch Kaiser Karl und Zita und hatte schließlich den ehemaligen k. u. k. Admiral Horthy als „Mieter".

Im Rokokosaal verbreitet eine Chopin-Etüde Melancholie. Eine greise Klavierlehrerin zwingt ihre zitternden Hände, den Noten zu gehorchen. Und in für sie viel zu großen und zu tiefen Fauteuils versinken die welkenden Körper von Achtzigerinnen und Neunzigerinnen. Wohl kaum eine dieser Frauen hat damals nicht geschluchzt, als die Zeitungen in Schlagzeilen die unfaßbare Meldung brachten: „Kaiserin Elisabeth in Genf ermordet!" In der Bibliothek schimmert roter Marmor. Der Fürst Grassalkowitsch hatte diesen Salon Maria Theresia als Unterkunft zugedacht. Zwischen langen Reihen von Romanen haben sich einige Folianten der ungarischen Ausgabe des Sammelwerkes „Die österreichisch-ungarische Monarchie in Wort und Bild" gedrängt. Die Bibliothekarin ist in Graz geboren. Im Wandschrank steht edles Porzellangeschirr, das FJ-Monogramm verrät den ursprünglichen Besitzer: das Geschirr gehörte zum königlichen Haushalt.

Durch die Gänge zieht sich ein appetitanregender Suppenduft, Türen schlagen, alte Weiblein schlurfen zur Toilette, Schwestern stützen sie, irgendwo wird gestritten. Und der Chefarzt meint: „Es ist in Gödöllő nun so, als ob Elisabeth niemals hier gewesen wäre."

Aber sie ist doch wieder nach Gödöllő zurückgekehrt. Offiziell und mit Billigung der kommunistischen Behörden. Gleich neben der Lokalbahn nach Budapest, im öffentlichen, früheren Erzsébetpark, hält die Königin Ausschau nach dem Schloß, das ihr so teuer war. Sie scheint während einer ihrer Wanderungen gerade Rast zu machen. Auf ihre Lippen hat sich das zarte, nur angedeutete Lächeln einer reifen Frau geschmuggelt, die jung geblieben ist. Das Haar ist hochgesteckt, kurze Stirnfransen verleihen dem Gesicht etwas Mädchenhaftes. Die Hände umklammern einen Sonnenschirm, einen Fächer und Feldblumen, die sie gerade gepflückt haben mag. In den Sockel ist ein „Erzsébet Királyné" — Königin Elisabeth — gemeißelt. Im Hintergrund türmt sich das Steingebilde, auf dem die Statue früher placiert war.

In den unruhigen Nachkriegswochen war das Denkmal plötzlich gestohlen worden. Buntmetalldiebe hatten es sich ausgesucht. Später spürte man die Figur wieder auf — sie war in einem Acker vergraben. Und durch Jahre mußte die bronzene Königin zwischen brüchigen Wagen und anderem Gerümpel im Hof des Gemeindeamtes auf ihre Rehabilitierung warten. 1964 hatten die lokalen Behörden die Vorvergangenheit dann endlich so weit bewältigt, daß sie die Statue wieder der Öffentlichkeit übergaben. Zwar einige Meter tiefer als früher, aber doch auf einem würdigen Platz. Sie anerkannten, was Gödöllő dieser Frau und was diese Frau Gödöllő bedeutet hatte.

So wurde fünfzig Jahre nachdem die Europäer den Weltkrieg erfunden hatten, ein Elisabeth-Denkmal enthüllt, ohne Ehrenjungfrauen und Bürgermeister, in aller Stille, ohne Pomp und Zeremonien. Aber allein die Tatsache, daß ein Staat, der den Gesetzen des Sozialismus gehorcht und statt der Bibel Lenin predigt, einer Königin Ehre zollt, ist des Aufschreibens wert. Denn die Menschen, die sich um die Wiederaufstellung des Denkmals bemühten, und die Funktionäre, die ja dazu sagten, bekannten sich damit, ob sie wollen oder nicht, zu dem Staatengebilde der österreichisch-ungarischen Monarchie. Zu der von innerem Zwist bedrohten Gemeinsamkeit der Völker an Inn und Adria, Save und Pruth, zwischen den Julischen Alpen und dem Riesengebirge, zu den Völkern, denen das Wort Wien vertrauter klingt als Berlin, Moskau, London, Paris und die das breite Band der Donau noch heute ein wenig zusammenhält.

Am 21. November 1916 schloß ein sechsundachtzigjähriger Greis im Schloß Schönbrunn seine Augen für immer. Franz Josef I., von Gottes Gnaden Kaiser von Österreich, König von Ungarn, entschlief rechtzeitig. So wurde er, der auf die Unglücksnachricht von der Ermordung Elisabeths nur mit dem Stoßseufzer geantwortet hatte: „Mir bleibt doch nichts erspart", wenigstens der traurigen Pflicht enthoben, bei der unerbittlichen Liquidation der buntesten und größten Sammlung von Kronen und Herzogshüten in dieser alten Welt zu assistieren. Denn der Kaiser und König war auch König von Böhmen, Dalmatien, Kroatien und Slawonien, Illyrien und Galizien und Lodomerien, Großherzog von Krakau, Herzog von Krain und der Bukowina, Großfürst von Siebenbürgen, Markgraf von Mähren, Herzog von Ober- und Niederschlesien, von Ragusa und Zara, Fürst von Trient und Brixen, Herr von Triest und Cattaro ... Dieses Titelverzeichnis könnte noch um etliche Grafschaften, Fürstentümer und Herzogsitze bereichert werden. Nur, was hier an Ländern und Städten aufgezählt wurde, das befand sich damals auch noch alles innerhalb der Grenzen des Reiches. In diesen Jahren war Franz Josef für rund fünfzig Millionen Europäer Kaiser oder König und für die meisten auch unantastbare Autorität, an der zu rütteln Frevel war. Und wenn sie „Hoch!" riefen, gebrauchten sie dazu mindestens elf verschiedene Sprachen, nämlich Deutsch, Ungarisch, Rumänisch, Tschechisch, Polnisch, Ukrainisch, Slowenisch, Kroatisch, Serbisch, Italienisch und Slowakisch. Trotz aller nationalen Gegensätze hielt dieses Reich irgendwie zusammen. Getragen wurde es von der Idee des Kaisertums; und diese vermochte, hochgehalten von einer gebildeten Beamtenschaft und einem aufgeschlossenen Offizierskorps, das Gleichgewicht zu sichern, bis der Balanceakt mit einem tiefen Fall und dem totalen Zersplittern dieser kunstvollen Konstruktion der Geschichte endete.

Die Meinungen über dieses Staatengebilde, das in Europa seinesgleichen suchte, sind bis heute geteilt. Und bei etwas Anfeuerung durch Sliwowitz oder Barack könnte man jetzt noch unter den ehemaligen Untertanen manchen hitzigen Streit über dieses Thema in Gang bringen. Da hat der israelische Schriftsteller M. Y. Ben-Gavriel, der unter einem anderen Namen in Wien aufgewachsen ist, folgendes ebenso brillantes wie vernichtendes Urteil formuliert: „... jenes Österreich-Ungarn, das um die Zeit der neunzehnten Jahrhundertwende sein Vorhandensein weniger einer geschichtlichen Notwendigkeit als einer geopolitischen Verlegenheit verdankt, die es in die Reihe jener weltpolitischen Kuriositäten stellte, welche ein sonderbares Assortiment von Nägeln am Sarg der europäischen Kontinentalmenschheit bildeten, das Österreich, das in seiner gemütlichen Verlogenheit das Läuten seiner Todesglocken jahrzehntelang in Walzermelodien transponierte, um schließlich, im Vorspiel von 1914 bis 1918 von der Historie zum erstenmal ernst genommen, zu verschwinden."

Dieser extremen Meinung eines Staatsanwaltes, der die Todesstrafe für das Habsburgerreich forderte, sei das Plädoyer eines gewichtigen Verteidigers entgegengehalten, nämlich der oft zitierte Ausspruch Sir Winston Churchills, der die völlige Zerschlagung Österreich-Ungarns eine Kardinaltragödie genannt hat: „Jahrhundertelang hatte dieser überlebende Körper des Heiligen Römischen Reiches ein gemeinsames Leben gewährleistet, mit Vorteilen im Handel und in der Sicherheit einer ganzen Anzahl von Völkern, von denen keines in unserer eigenen Zeit die Kraft und Vitalität hat, sich selbst zu behaupten angesichts des Druckes eines wiedergeborenen Deutschland und Rußland. Alle die Rassen wollten sich von einem Bund oder Kaisertum losmachen, und ihre Wünsche zu ermutigen wurde als liberale Politik betrachtet... Allen diesen Völkern oder Provinzen, welche das Habsburgerreich bildeten, hat der Gewinn ihrer Unabhängigkeit Qualen eingebracht, die die alten Dichter und Theologen für die Verdammten reservierten ..."

Churchills Urteil ist klar und bestimmt. Ehe die Völker der Monarchie von den Wunden, die ihnen der plötzlich frei gewordene Nationalitätenhaß geschlagen hatte, genesen waren, wurden sie vom Ostdrang des neuerlich zur Großmacht gewordenen Deutschen Reiches überrollt — und nach der Beseitigung jener Gewalt stieß die Sowjetunion mit ihrer ganzen Macht in dieses Vakuum vor. Von allen Kronländern und Provinzen, die 1918 österreichisch-ungarisch waren, blieben allein das heutige Österreich und die Gebiete in italienischem Besitz vom Kommunismus verschont. Nur schrittweise versuchen sich nun die Vertreter der neuen Ordnung in der Tschechoslowakei, in Ungarn, in Rumänien (sie sind schon etwas weiter) und in Polen aus der sowjetischen Beherrschung zu lösen. Selbst die Haltung Jugoslawiens ist noch schwankend und unsicher. Aber je mehr man sich von Moskau entfernt, desto leichter kommt nun auf einmal einem tschechischen, ungarischen oder jugoslawischen Minister ein Wort von alten Verbindungen, Verwandtschaft und gemeinsamem Erbe über die Lippen. Abgesehen von den offiziellen Meinungen, von der Politik, von der Ideologie und der Propaganda — was blieb wirklich von dem Reich? Ist die Geschichte von Gödöllő nur eine Ausnahme? Lohnt es sich noch, nach Spuren zu forschen? Existiert dieses alte Österreich noch in irgendeiner Form? Ist vom Doppeladler etwas geblieben?

Eine kurze Antwort ist schnell gegeben: Das Reich ist untergegangen, es gehört einer Totenwelt an, einem fernen Sagenzeitalter. Aber verleugnen läßt es sich nicht, weder in Triest noch in Prag, weder im nun sowjetischen Czernowitz noch im polnischen Krakau. Die Suche nach dem alten Österreich ist mühsam, aber die Mühe lohnt noch immer.

Der Nationalismus der Ungarn, Slawen und Deutschen enthielt Dynamit genug, um die Monarchie zu sprengen. Auf der politischen Ebene endete die glorreiche Geschichte des Kaisertums mit einem totalen Bankrott. Aus Österreichern wurden Tschechen, Jugoslawen, Polen, Ukrainer, sie wechselten die Pässe und die Hymnen, und vielen war es recht so. Irgendwo aber hatte sich noch ein jeder ein k. u. k. Souvenir aufbewahrt — seine Deutschkenntnisse in der Schattierung der jeweiligen Landschaft, seine Universitätsstudien, die Tradition, auch noch die Kinder auf deutsche Schulen zu schicken und Wiener Zeitungen zu abonnieren. Man ließ den Briefwechsel mit Freunden und Verwandten in Wien und Graz nicht abreißen. Man konnte Gedichte auswendig, die einem zu Kaiserszeiten ein Erziehungssystem, das vom Gedächtnis mehr hielt als vom Denken, einbleute. Und man lebte in einer Umgebung, die einem Agramer die Städte Budapest, Wien und Krakau genauso vertraut erscheinen ließ wie einem Lemberger Graz, Triest, Kronstadt und Brünn. In all diesen Städten hat die Baufreudigkeit eines reichen Landes ihre Spuren hinterlassen. Was die Kunsthistoriker von dieser Sammlung von Stilen sagen, von diesem bürgerlichen Perfektionismus, der im Grunde nur einem kindlichen Glauben an die Technik und einem überdimensionierten Nachahmungstrieb entsprang, ist eine andere Sache. Tatsache jedoch ist, daß in unzähligen Städten der Monarchie gleichgeartete Damen damit beschäftigt sind, Portale zu stützen und Balkone zu tragen. Diese „unbekannten österreichischen Karyatiden" würden fast ein Ehrenmal verdienen. Denn unbeirrt von Kriegen, Revolutionen, Umstürzen, Demonstrationen, von Sommer und Winter, von Ost und West halten sie Wacht für ein längst in den Ruhestand versetztes Bürgertum. Leicht geschürzt überstehen sie die kältesten Winterstürme. Sie zeigen ihren Busen und bleiben dennoch keusch. Sie gehen völlig in ihrer Aufgabe auf, dem Gericht Menschlichkeit, dem Haus des Richters Ansehen, dem strengen Korpskommando einen Schuß Heiterkeit zu verleihen und der Villa des Fabrikanten etwas von dem Schein des Adels zu schenken, den sich der Herr Kapitalist in der Form des winzigen Wörtchens „von" für teures Geld erkauft hat. Die Franz-Josef-Bilder wurden von den Wänden gerissen, die Statuen umgestürzt und viele steinerne Doppeladler zertrümmert. Die Karyatiden überdauerten als Symbol einer Bürgerkultur, die zwischen Beschränktheit und Größe unentschlossen hin und her schwankte, Inspiration bei der Akropolis suchte, aber ihre bauliche Ausdruckskraft meist nur in einer Art Gartenlaubenantike erschöpfte. Die zarten Damen mit dem Herkules-Job sollten unter Denkmalschutz gestellt werden, denn sie sind in den Nachfolgestaaten die augenfälligsten Monumente für die Zeitspanne der Gründerjahre.

Junge Pioniere und sozialistische Teenager drücken dieselben Schulbänke, in die österreichische Internatszöglinge ihre Namen eingeschnitzt haben. Staatliche Planer und managerhafte Parteibonzen lassen ihre schwarzen Limousinen vor altösterreichischen Statthaltereien und k. u. k. Finanzämtern parken, und in den Palästen der Bodenkreditanstalt und der Österreichisch-Ungarischen Bank zahlen Kassiere Dinare, Tschechenkronen, Forint, Zloty und Rubel aus. Die Passagiere mancher Bummelzüge ärgern sich über Umwege und Windungen der Bahnstrecken, die nichts mit der Grenzziehung von heute zu tun haben, aber nach den strategischen Wünschen des Wiener Generalstabs angelegt worden sind. Kolchosbauern werden in Gruppen durch die Barockschlösser der Auersperg und Schwarzenberg, der Liechtenstein und Czernin geschleust, um ein Bild davon zu bekommen, wie sie vom Feudalismus ausgebeutet wurden. Und stramme Jungmarxisten werden in Benediktiner- und Zisterzienserklöstern, in deren Bibliotheken man Briefe des Kaisers und andere Austriaca hütet, in Sonderkursen mit einer Extradosis von „demokratischem Zentralismus" und mit Utopien vom Paradieszustand des vollkommenen Kommunismus gefüttert. Vor den grauen Kasernen, die unzählige Histörchen von der großen Armee verschweigen, wachen Sowjetsoldaten oder Rekruten aus Mazedonien. In den Theaterpalästen Fellners und Helmers — diese beiden geschäftstüchtigen Architekten müßten in diesem Buch beinahe in jedem Kapitel genannt werden — singen an Staatsfeiertagen Jugendchöre Hymnen von Einheit, Frieden und Weltrevolution. Zu viel mußten all diese Staaten in den letzten fünfzig Jahren von ihrer Substanz zehren, so daß sie bis heute dankbar sind für die Baulichkeiten von damals. Sie nahmen die k. u. k. Verpackung und füllten sie mit neuer Ware, so wie wenn man in einer Coca-Cola-Flasche Güssinger Sprudel oder in einem Etui von Tiffany Messingschmuck an den Mann bringt.

Echt und herzlich ist jedoch dieses „Ist gefällig", mit dem man immer wieder zum Eintreten in die Welt von gestern aufgefordert wird. „Ist gefällig." Die hübsche Serviererin in Budapest stellt den Apfelstrudel auf das Marmortischchen. Und man kostet vergnügt die Probe jener Hohen Schule der Back- und Kochkunst, jener Mehlspeiskultur, die eine ebenso feste Klammer um alle Kronlande legte wie das dichte Netz der Garnisonen. „Ist gefällig", sagt der Beamte im Prager Außenministerium und meint den Türkischen in dem kleinwinzigen Schälchen. „Ist gefällig", sagt der Fiaker vor dem Bahnhof von Hermannstadt und lädt die Koffer auf sein Fuhrwerk. „Ist gefällig", sagt der greise Hauptmann und lenkt seine Gedanken zurück in die Steinwüste des Isonzo. Diese Worte leiten unzählige Unterhaltungen ein, begleiten die Dienstleistungen des täglichen Lebens und führen in die „gute alte Zeit" unserer Vorstellung, die es leider nie gegeben hat. Irgendwie ist in diesen Worten die Formel für all das verborgen, was die Alten an dem versunkenen Österreich schön und erinnernswert finden: die Kunst, sein Dasein und das so vieler Völker „gefällig" zu gestalten.

Mit „Ist gefällig" wurden jedoch auch so viele Gespräche eingeleitet, die die Brücke schlugen zu dem vergangenen Reich und den Staub der Gegenwart von verglänzten Altertümern scheuerten. Gespräche, die offenbarten, wie die Anhänglichkeit an die Dynastie noch wach ist und wie das gemeinsame Geschichtsbewußtsein fortwirkt.

Da ist der Russischlehrer an der landwirtschaftlichen Fachschule in Holitsch in der Slowakei, nahe der österreichischen Grenze, fünfzig Kilometer von Preßburg: Als Kind mußte er Hunger leiden, weil der Kaiser gerade daran war, den Krieg zu verlieren. Nun hat er seine ruhige Stellung in dem Dorf, in dem Schloß, das Maria Theresia vielleicht so wert war wie Gödöllő Elisabeth. Es ist gerade Pause, und die Schüler haben einheitlich große Marmeladebrote gefaßt. Im Konferenzzimmer, trostlos wie ein schlechtes Zeugnis, haben auch die Lehrer ihre Jausenpakete geöffnet. Überrascht von dem unerwarteten Besuch, schieben sie den Fremden gleich zu einem Kollegen ab, eben zu dem Kenner der russischen Sprache.

„Ist hier noch irgend etwas von Maria Theresia? Erinnert etwas in dem Schloß an sie?“ Man erwartet keine positive Antwort. Durch das Haus weht muffiger Schulgeruch, über die Steintreppen poltern die festen Schuhe der Buben, Wandtafeln lehren, wie man Traktoren auseinandernimmt, Rüben anbaut und was man von Lenins Leben wissen muß. Maria Theresia würde sich hier ebenso fremd vorkommen wie ein Held der Sowjetunion im Hofkriegsrat. Der Lehrer überlegt jedoch nicht lange, sagt nur „Ist gefällig“ und öffnet einladend eine Tür. „Sehen Sie selbst.“ Mit einem „Ah“ hält man inne: ein chinesischer Salon; die Exotik, mit der die Barockwelt ihr Fernweh stillte; Affen, Buddhas, Bonzen und zierliche Frauen, Berge, die Wolken gleichen, und Nebelschwaden, die zu Felsen werden, zarte Gräser und schwankende Föhren, Brücken, die sich über Bäche wölben, um Booten einen Durchschlupf zu gewähren, und Fischer, die nicht um des Fanges willen angeln, sondern um „zu betrachten“. Chinesische Maler haben diese beschaulichen Motive aus dem fernen Asien für Maria Theresia auf Schweinsleder gepinselt. Alle Wände des Salons sind mit diesen Malereien tapeziert. „Welch eine Pracht!“ hätte man vor fünfzig Jahren wahrscheinlich ausgerufen. Nun scheinen jedoch sämtliche chinesischen Revolutionen und Bürgerkriege über diese Landschaften aus dem Reich der Mitte hinweggestürmt zu sein. Der Lehrer deutet auf die Tafeln, die im Raum stehen: Bilder des Schlosses von früher und heute, Bilder Maria Theresias, Bilder einer Hubertusjagd und Fotos von k. u. k. Offizieren im Schloßhof; darunter hat der Lehrer auf deutsch und slowakisch die Geschichte von Holitsch aufgezeichnet. Auch die Chronik der berühmten Porzellanmanufaktur, die Franz Stefan von Lothringen, Maria Theresias Gemahl, hier gründete, hat er aufgeschrieben. Die Produkte von Holitsch sind allerdings nur in den Museen in Prag und Brünn, in Preßburg und Olmütz zu bewundern; Teller und Kännchen, Krüge und Figuren, alle durch frische und kräftige Farben ausgezeichnet, so als ob man die gemalten Blumen und Früchte direkt von den Wiesen und Bäumen rund um das Schloß gepflückt hätte. Und nun erzählt der Lehrer von seiner Sammlertätigkeit. Papiergeld mit dem Bildnis Franz Josefs hat er hier aufgehoben, Jagdtrophäen und ein Elisabeth-Porträt, das er auf dem Dachboden gefunden hat. „Wenn ich mehr Zeit hätte, dann würde alles noch viel schöner werden“, fügt er hinzu.

Schön — ist sein Museum nicht. Nein. Aber rührend. Ein Mann ohne besondere Bindungen zu Österreich wehrt sich aus einem inneren Bedürfnis mit primitivsten Mitteln dagegen, daß das Unkraut der Nachlässigkeit und der Vergeßlichkeit das Maria-Theresien-Schloß überwuchert. Er will jedem, der sich nach Holitsch verirrt, wenigstens das eine sagen: Hier war nicht immer Schule, hier wurde nicht immer gebüffelt, hier verlebte eine Kaiserin ihre Sommer, wenn es ihr in Wien zu heiß und zu laut war.

Völlig unbelastet, nur einem unbestimmten Drang folgend, hat sich der Lehrer Maria Theresias angenommen. So wie er fühlen sich Tausende andere dieser Vergangenheit in irgendeiner Form verpflichtet. Keiner von ihnen denkt an eine Restauration der Habsburger. Sie sehen im Traum weder Kronen noch Throne. Und von der Politik haben sie auch genug, denn seit fünfzig Jahren bedeutet dieses Wort in ihren Breiten Schmerz und Leiden. Wir reden auch nicht von den Menschen, die nun alt genug sind, um schon damals aktiv am Leben teilgenommen zu haben. Nein, es sind ganz einfach Kroaten, Tschechen, Polen und Ungarn, die Maria Theresia und Franz Josef ebenso in das Goldene Buch der Helden ihrer Geschichte eintragen wie die heiligen Herrscher Wenzel und Stefan, den Luxemburger Kaiser Karl und den revolutionären Lajos Kossuth und den streitbaren Feldherrn Zrinyi.

„Unser Schicksal wurde von diesem Reich geformt, unsere Kultur, unsere Erziehung sind daraus entsprossen, unsere Eltern und Großeltern dachten in den Kategorien dieses Systems", sagt in einer dieser altösterreichischen Städte ein etwa fünfundfünfzigjähriger Universitätsprofessor. „Darüber kann man nicht mit irgendeiner neuen Geschichtsauffassung hinweggehen. Ganz egal, wie man die Habsburger beurteilt, sie gehören uns genauso wie euch, im Guten wie im Schlechten."

Ist es nur eine wissende Minderheit, die diesem europäischsten Herrschergeschlecht im Gebäude ihres Denkens eine Art Bettgeherposition einräumt? Die Massen sehen die Häuser nicht, an denen sie täglich vorbeigehen. Für sie sind die Städte ein großer Behälter, in dem man sich abplagt, ausruht und freut, in dem man liebt und leidet, unveränderlich, zeit- und geschichtslos; und wenn sie ein Gruppenausflug einmal auf so ein Schloß verschlägt, dann sehnen sie sich nach dem Ende der Führung, damit sie endlich die Schuhe von den schmerzenden Füßen ziehen dürfen und mit einem „Spritzer" oder Bier den Durst löschen können. Das Geschichtsbuch ist eben kein Sparbuch. Für einen gestorbenen oder abgesetzten Habsburger zahlt niemand etwas. Und die Lieferfristen für ein Auto sind genau gleich lang, egal, ob hier früher einmal Soldaten „habt acht" gestanden sind, wenn zu den Klängen der Haydn-Hymne Gott um die Erhaltung des Kaisers angefleht wurde, oder nicht. Diese Indifferenz ist jedoch international.

Aufhorchen muß man, wenn man die Sprache junger Historiker vernimmt. Sie verzichten auf die Bequemlichkeit krasser Schwarzweißmalerei, in die sich die „klassische" kommunistische Geschichtsschreibung geflüchtet hat. Sie suchen die Wahrheit. Denken ist wieder in Mode. Neben den geeichten marxistisch-leninistischen Geschichtsinterpreten kann nun eine neue Generation ihre Stimme erheben: in Budapest, in Prag, in Krakau, in Agram, in Laibach, überall, wo ernsthaft geforscht und gearbeitet wird. Franz Josef wird nicht nur als Unterdrücker und Zwingherr bezeichnet, und als Synonym für „Monarchie" sind nun auch wieder andere Begriffe als „Völkerkerker" oder „schwarzgelber Zwangsstaat" gestattet.

Diese Professoren suchen die Wahrheit, und sie verbergen sie auch vor ihren Studenten nicht. Leidenschaftslos und vernünftig nehmen sie dieses Reich unter die Lupe. „Wir betrachten den Habsburgerstaat wieder objektiv", sagt einer dieser Wissenschaftler. „Das will nicht heißen, daß irgend jemand dem Hirngespinst seiner Wiedererrichtung anhängt. Aber man kann bei uns heute wieder öffentlich behaupten, daß der Zusammenschluß der Länder des Donauraumes viele natürliche Gründe hatte und in mancher Beziehung durchaus nicht verdammenswert war." Erleichtert wird die Forschertätigkeit dieser Männer dadurch, daß sie untereinander Kontakt haben, aber auch, daß die Grenzen in Richtung Wien nun wieder leichter zu überwinden sind. „Jeder von uns braucht Wien für seine Arbeit", sagte einer der Professoren. „Unsere halbe Geschichte liegt in den Wiener Archiven begraben."

Eine andere Institution, deren Grüfte und Krypten, deren Bibliotheken und Archive das Alte verwahren, beerdigt haben und für bessere Zeiten aufheben, ist die Kirche. Die Kirche im Osten würde sich nie den für sie wahrscheinlich tödlichen Luxus leisten, den Habsburgern, selbst in der bescheidensten Form, Unterstützung zu gewähren, einem romantischen Monarchismus zu verfallen oder sich nur in ein rückwärtsgewandtes Spintisieren zu verlieren. Jeder Priester im Osten liegt, meist allein auf sich angewiesen, im vordersten Schützenloch in einem erbarmungslosen Stellungskrieg um die Existenz Gottes und alles dessen, was davon für die Welt abgeleitet wird. Auch jetzt, da zwischen dem Vatikan und den kommunistischen Herren Verträge unterschrieben oder mündliche Arrangements getroffen werden, bleibt die Kluft zwischen den zwei Systemen: denn jeweils das eine muß dem anderen die Daseinsberechtigung absprechen.

Obwohl die Kirche in dieser Problematik aufgeht, lenkt man auf der Suche nach dem alten Österreich immer wieder seine Schritte zu den Domen und Klöstern. Zu fest waren die Bande zwischen Dynastie und Kirche. Denn durch das Gottesgnadentum erwarben sich die Kaiser und Könige ein Recht auf zeitlichen und ewigen Unterstand in den Kathedralen, so wie ihre Burgen und Schlösser zu legitimen Absteigequartieren Gottes wurden. Und die Kirche ist die einzige Einrichtung, die in dieser von Kriegen und Revolutionen immer wieder umgepflügten Erde Bestand hatte, zwar äußerlich ebenfalls zu manchem Umdenken, zu Einschränkungen und Verzicht gezwungen, innerlich dagegen unberührt, zeitlos, kontinuierlich, ein Viadukt über die Abgründe von völlig verschieden gearteten Epochen.

In einem bescheidenen Pfarrhof wird einem manchmal der Weg zu einem jener „Menschen von gestern" gewiesen, zu Leuten, die schon groß waren, als der Doppeladler noch seine Flügel spannte. In einer Dorfkirche wird vielleicht an irgendeinem habsburgischen Geburts- oder Sterbetag eine Messe gelesen, obwohl die Stiftung dafür längst erloschen ist. Aber der Pfarrer will es so. Der junge Kaplan dagegen weiß mit alldem nur recht wenig anzufangen. Er hat nicht mehr Deutsch gelernt, er ist in einer ihm zum Großteil feindlichen Welt aufgewachsen und kann beim besten Willen nichts entdecken, was ihn an Franz Josef binden sollte.

So ist es mit den meisten jungen Menschen in den sozialistischen Staaten, in den einstigen Königreichen oder Kronländern. Aber auch in dieser Richtung erwarten uns Überraschungen. Etwa in einem Agramer Café. Da hält eine Hand plötzlich eine Zigarette hin: „Rauchen?" Ein blonder Bursche mit gutmütigem Bauerngesicht bietet eine „Vis" an. Er und seine Freunde wollen mit dem Fremden reden. Sie mischen ihr Deutsch und ihr Englisch zu mühseligen Sätzen. Sie sind Studenten, aber sie sind nicht aus der Stadt. Sie stammen aus Bosnien. Mohammedaner, neunzehn Jahre alt, zwanzig, zweiundzwanzig. Sie wollen von Wien hören. Ein Kleiner, dessen intelligente Katzenaugen unruhig flackern, ist der Wortführer. Man fragt zurück: Ob sie wüßten, daß ihre Heimat einmal österreichisch war. „Selbstverständlich, unsere Väter erzählen davon, und die Großväter. Für sie war es damals gut." — „Warum?" Der eine, der studierende Bauernbub, trinkt unter Mißachtung der Gebote Mohammeds einen

Schluck Wein und sagt bedeutungsvoll: „Mein Vater ist ein Aga." Die Auswirkungen der Politik der Österreicher in Bosnien sind also noch bis heute zu spüren. Denn Österreich stützte sich in dieser seiner „Kolonie" auf die mohammedanischen Grundbesitzer, auf die Agas — sehr zum Leidwesen der christlichen bosnischen Bevölkerung, die dadurch zum Teil dem serbischen Nationalismus in die Arme getrieben wurde. In dem Agramer Café erfährt man nun, daß zumindest die Agas bis heute eine gewisse Dankbarkeit bewahrt haben. „Mein Vater spricht nur gut von Österreich und vom Kaiser", sagt der Bursche und hebt sein Glas: „Živjeli, Prosit!" Und er setzt fort: „Meinem Großvater hat eine Bank gehört. Er hat ein Stück der bosnischen Bahn finanziert. Er sagt immer: ‚Wien ist unser aller Vater. Alles, was wir in Bosnien haben, haben uns die Österreicher gegeben!' " Ein seltenes Lob in Titos Staat. Die Studenten wissen wohl nicht genau, was sie sagen. Sie wollen auch keine Komplimente machen, sondern wiederholen nur, was sie von Kindheit an gehört haben. In ihren Familien, in deren Bewußtsein Österreich noch fest verankert ist.

Gewiß, die Studenten gehören einer Klasse an, die heute zurückgedrängt wird, die sich mit dem Sozialismus nicht befreunden kann. Aber solche Inseln sind nicht selten, und sie haben sich nicht nur durch Klassenkonflikte gebildet. Auf der mühsamen Reise in die Vergangenheit gibt es Überraschungen und Enttäuschungen. Man fühlt sich manchmal überflüssig mit seinen Fragen und unverstanden, dann wieder stößt man auf eine Fülle von Material, auf Interesse, auf sofortiges freudiges Begreifen. Wie der Sohn eines Auswanderers, der zum erstenmal in die Heimat der Eltern kommt, so spürt man als Österreicher in den Ländern der Monarchie irgend etwas Vertrautes, etwas von den Geschichten der Großmutter, die sie einem vor dem Einschlafen erzählte, von den Dialekten und Akzenten der älteren Generation, die unser Wachsen behütete; man riecht die Speisen, deren Rezepte in so vielen österreichischen Haushalten in sorgfältig mit der Hand geschriebenen Kochbüchern überliefert werden. Strohtrockene Schulbegriffe wie Austerlitz, Königgrätz und Lissa erhalten Fleisch und Blut — oder Gras und Erde und Salzwasser. Sie nehmen Gestalt an, werden Wirklichkeit. Und die Breite und Großzügigkeit der Ringstraße, die Paradeflächen des Heldenplatzes, die sich seit 1938 kaum einmal füllen ließen, werden zu dem, was sie waren: Mündung der Straßen aus allen Provinzen des Reiches. Die Sonne ging in seinen Grenzen unter, aber sinkt sie nicht auch in Europa jeden Abend? Es war ein Reich, in dem man Gerichtsurteile in zwei Sprachen ausfertigte, sie aber in vielen Sprachen interpretierte; ein Reich, in dessen Parlament die Deutschen Deutschland riefen, die Tschechen vom Panslawismus schwärmten, Italiener auf Slowenen und Kroaten auf die Serben schimpften; es war ein Parlament, in dem ein Polenklub Einfluß hatte und Ukrainer sich zu Wort meldeten. Im Wiener Reichsrat wurde krawallisiert, aber was in dem viel prächtigeren Parlament der Magnaten am Budapester Donauufer proklamiert wurde, war für Wien ebenso wichtig. Denn das alles gehörte zusammen. Zwischen Burg und Schönbrunn und zwischen Bellaria und Stephansplatz, da hatte sich in jenen Jahren Europa eingemietet. Mit all seinen Schwächen und Fehlern, Zänkereien und Intrigen, aber auch in seiner vielgestaltigen Einheit.

Dieser Einheit war es sich jedoch noch nicht bewußt.

Das alte Österreich hatte die Entwicklung um ein Jahrhundert oder zwei Jahrhunderte vorweggenommen. Darum ist es auch so tragisch gescheitert. Es ist kein Zufall, daß gerade die Enkelin des großen kroatischen Dichters Petar von Preradović dem neuen Österreich die Worte der Bundeshymne geschenkt hat. Paula von Preradović läßt eine der Figuren ihrer Phantasie, einen k. u. k. Offizier, sagen: „Ich frage mich oft, ob die Völker sich nicht später, in der Zeit ihrer Mannbarkeit, doch wieder irgendwie zusammenschließen werden? Dann wird dieses unser Österreich, so wie wir es heute kennen, nicht mehr leben, aber ein neues Reich, oder wie die Form dann heißen mag, wird die vielen wieder vereinen, weil sie es nützlich finden werden, beisammen zu sein ..."

Diese Zeit ist noch nicht gekommen, obwohl schon mancher davon redet. Die Völker haben zwar die ersten Pubertätsstürme hinter sich, mit ihrer Mannbarkeit aber ist es noch nicht allzuweit. Sie haben etwa das Stadium erreicht, in dem ein junger Bursche jeden Morgen mit der Hand über die Oberlippe fährt, den zarten Flaum betastet und prüft, ob er nicht endlich eines Rasierapparates bedürfe. Die Völker sind noch nicht mannbar genug. Aber in Agram und Budapest, in Prag und Brünn, in Czernowitz und in Krakau, überall wird eine Sehnsucht genährt, die ihr Ziel nicht genau kennt. Es ist ein unbestimmtes Gefühl, halb ererbt, halb visionär. Man wird seiner nur gewahr, wenn man sich den Menschen vorstellt und sagt: „Ich komme aus Wien." Dann öffnen sich die Arme und die Türen wie auf höheren Befehl. Sie sagen „Willkommen" wie zu einem Verwandten, dem sie lang nicht mehr die Hand gedrückt haben. Sie setzen den Kaffeetopf auf den Herd und sagen: „Ist gefällig?"

# Die sichtbare Grenze

Das Plakat an der weißgetünchten Hauswand wurde von der Sonne mit einem müden Gelbbraun ausgestattet. Ein idealisierter Fußballer tritt voll Energie nach dem Ball. Daneben verheißen fette Lettern das große Match am nächsten Sonntag: „Graničar-Županja" gegen „Metallać". Außerhalb des Bezirksbereiches der Dörfer und Zwergstädte an der Save ist der fußballerische Kraftaufwand von zweiundzwanzig Lokalmatadoren in einer der unteren jugoslawischen Ligen wohl kaum erwähnenswert. Der Name des einen Klubs sollte jedoch zum Nachdenken verleiten: Graničar heißt Grenzer. Doch wo ist die slawonische Stadt Županja und wo die nächste Grenze? Bis zum nächsten Zollschranken müßte man einige hundert Kilometer zurücklegen. Županja ist in allen Himmelsrichtungen nur von Jugoslawien umgeben, drei Zugstunden von Agram, zwei von Belgrad, in einer fruchtbaren Ebene, durch die sich die Save in Mäandern schlängelt, als ob einander widersprechende Befehle verschiedener Planungsstellen ihren Lauf regelten. Die Fußballer aus Županja dürfen sich, wie es auch einige andere ihrer Kollegen im Lande tun, dennoch mit Recht „Grenzer" nennen. Die Grenze, die den Vereinstitel inspirierte, existiert zwar seit fast hundert Jahren nicht mehr, aber sie hat eine kräftige Spur hinterlassen.

Der Strom hatte einst Morgen- und Abendland voneinander getrennt. Am anderen Ufer der Save tränkten die Türken ihre Pferde.

Wenn herüben nicht Männer des Kaisers das Pulver trocken gehalten hätten, dann würden die Osmanen wohl auch im 18. Jahrhundert noch einmal zur Eroberung Europas aufgebrochen sein. Aber hier an der Save, an dieser „heißen Grenze", hatte das Haus Habsburg für die Dynastie, für Österreich, für Europa einen lebenden Schutzwall errichtet.

Dieser breite „cordon sanitaire", den die Militärgrenze bildete, wurde längst abgerüstet. Sie wurde zum Geschichtsbuchbegriff und Dissertationsthema; die Trennungslinie zwischen Orient und Okzident ließ sich jedoch nicht verwischen. Von Belgrad bringt einen der städtische Bus in fünfzehn Minuten über die Save nach Semlin, und dort atmet man die Luft des alten Österreich. Auch an zivileren Grenzen ist diese kulturelle Wasserscheide trotz aller politischen und gesellschaftlichen Umstürze deutlich sichtbar. Man bleibt in Montenegro, wenn man die Route von Cattaro über den Lovćen nach Cetinje wählt, aber man betritt auf einmal ein anderes Land. In Rumänien weisen öffentliche Gebäude durch Größe, Stil und Baudatum deutlich darauf hin, wo die Monarchie aufgehört und das rumänische „Altreich" begonnen hat. In Polen leidet man bis heute unter gewissen Erziehungsmängeln, die die Bewohner der russisch verwalteten Provinzen gegenüber ihren Landsleuten aus dem österreichischen Galizien benachteiligten. Selbst der perfekten Gleichmacherei des Sowjetsystems gelang es nicht, alle Merkmale jener Grenze auszumerzen, die einst das östliche Galizien und die Bukowina vom russischen Koloß schied.

Die politische Geographie wurde in diesem Jahrhundert mehrmals umgeschrieben und die Kartographen über alle Maßen strapaziert. Immer wieder waren Korrekturen notwendig. Die Grenzen der habsburgischen Donauländer wurden in den Atlanten gelöscht. Für den, der sie sehen will, bestehen sie jedoch immer noch, ohne Rücksicht auf Machtverteilung und soziale Ordnung. Die Früchte der Erziehungs- und Verwaltungstätigkeit jener k. u. k. Beamten aus den so verschieden gearteten Kronländern, Komitaten und Provinzen erwiesen sich als dauerhafter denn der Staat, der das alles überhaupt erst ermöglichte. Die Verwalter der Konkursmasse, die mit Räumen und Völkern jonglierten und glaubten, in einem Jahr Null zu stehen, wurden jedoch enttäuscht: eine tiefe Narbe zieht sich quer durch ihre Länder, die sichtbare Grenze der lenkenden Hand des Kaisers.

Županja liefert dafür wertvolles Anschauungsmaterial. Der Ortsname haftet wohl kaum jemandem im Gedächtnis. Der Wegweiser an der Autobahn Agram - Belgrad gehört zu der Kategorie, die man übersieht. Kaum ein Tourist wird sich zu dem Abstecher an die Save verleiten lassen. Will man dennoch hin — und das per Bahn —, so vermitteln einem zwei Stunden Wartens auf das Lokalbähnlein in Vinkovći die erste Bekanntschaft mit dem Völkergewirr, dem Gemisch von Sprachen und Sitten, Religionen und Trachten eines Grenzlandes.

Es hat einige Tage geregnet. Der Bahnhof schwimmt wie eine Insel aus Beton auf einem Meer von Morast und Schlamm. Sicher können sich nur die Bauern in ihren hohen Stiefeln bewegen. Und glücklich sind in diesem Eldorado für ihr Gewerbe nur die vier Schuhputzer, die grinsend auf ihren Kisten hocken. Ringsum haben sich Marktfahrer auf den Stufen Lager bereitet, sie schnarchen auf den wenigen Bänken, dösen im Stehen, schmauchen ihre Pfeife und imitieren bunte Breughel-Szenen im Balkanstil.

In dem schmutzigen und stickigen Wartesaal dringt aus einem Menschenknäuel eine brüchige Stimme. Sie schleppt sich neben den Quetschtönen der Ziehharmonika her, klagend und schmachtend. Die Melodien haben einen weiten Weg bis hierher zurückgelegt. Die Gesetze von Dur und Moll gelten nicht für sie. Der Sänger, dessen blinde Augen geradeaus starren und an dem nur die aufmerksamen Ohren beseelt zu sein scheinen, bringt erste Kunde vom Orient. Er lauscht nicht nur dem Klang der eigenen Stimme, sondern auch dem der Dinarmünzen, die immer wieder in seine Blechschale klimpern. Eine Mohammedanerin in Pluderhosen summt leise mit. Die anderen hören andächtig zu. Christinnen in bestickten Lederwesten erinnern durch ihre gestärkten, weit abstehenden Unterröcke an bunt bemalte Holzpuppen. Aus Rucksäcken ragen Korbflaschen, und die Männer riechen nach Schnaps. Sie schwatzen und horchen, sie beobachten und schlafen, wickeln knoblauchduftende Würste aus dem Zeitungspapier und warten geduldig, weil Geduld die wertvollste Eigenschaft dieser Bauern ist.

Der Lautsprecher löst in dieser stumpfen Masse einen plötzlichen Taumel aus. Der Zug dampft in die Station. Die Bauern springen auf, packen ihre Bündel, hasten, laufen, drängen, schieben, stoßen, als könnten sie die Chance ihres Lebens versäumen. Dabei ist im Zug für alle Platz. Aber eine unsichtbare Kraft scheint sie anzutreiben. Noch bevor die Ankommenden aussteigen, schwingen sich einige Burschen auf die Trittbretter, und hinter ihnen boxen sich andere den Weg frei. Nach fünf Minuten ist die Menschentraube auf die

Holzbänke auseinandergefallen. Der Waggon ist nun schütter besetzt. Die Panik ist verflogen. Sie gehört zu den Selbstverständlichkeiten des Lebens im Süden — wie der Schlamm, das Vorsichhinbrüten der Greise und der Singsang blinder Barden. Geheimnisvolle Regungen des Unterbewußten werden mobilisiert — wie in Seelentiefen begrabene Angst- und Fluchtgefühle, die die einfachen Menschen hier einst elektrisierten, wenn der Ruf erscholl: „Die Türken kommen!"

Die Vorfahren dieser dunklen Bauern waren meist Flüchtlinge. Sie hatten den Weg nach Norden eingeschlagen, um der Macht des Halbmondes zu entrinnen. Und sie hielten erst wieder an, als ihnen der Kaiser Schutz gewährte — und sie lehrte, sich selbst und andere zu schützen.

Um die Mitte des 16. Jahrhunderts begann man damit, Flüchtlinge aus den von den Türken überrannten Balkangebieten aufzufangen und als freie Wehrbauern an der Grenze anzusiedeln. Bevor noch Prinz Eugen die Habsburger von den Notwendigkeiten einer modernen Kriegführung und Armeehaltung überzeugte, war zwischen die Heerscharen des Sultans und die Lande Österreichs und Ungarns ein breiter Kordon von kampfbereiten Bauernsoldaten gelegt: Die Militärgrenze bewahrte Österreich und Europa seit der letzten Belagerung Wiens (1683) vor weiteren Einfällen der Osmanen. Unter militärischem Kommando bestellten serbische und kroatische Bauern ihre Felder; sie waren in Regimentern und Kompanien organisiert, lebten in der neuerweckten Form der „Zadruga", der Familiengenossenschaft, die zehn bis vierzig Mitglieder haben konnte, und waren jederzeit bereit, zur Waffe zu greifen. Ein Teil der männlichen Bevölkerung stand dauernd im Dienst, der andere konnte binnen Stunden mobilisiert werden. Die Bauern besaßen ihr eigenes Stück Land, ursprünglich als Lehen, später als Eigentum. Beherrscht wurde das Leben jedoch vom Reglement der kaiserlichen Armee — und selbst für die Frauen bestand gegenüber den Offizieren die Grußpflicht.

Die schwarzen Schweine, die längs des Schienenstranges im Schlamm wühlen, rufen keinerlei militärische Reminiszenzen hervor. Auch die Mädchen, die sich schnatternd unterhalten, würden einem Offizier kaum einen anderen Tribut leisten, als ihm zuzuzwinkern. Ihre Urgroßmütter aber kannten noch den Drill der Grenze, und ihre Urgroßväter waren dabei, als die Militärgrenze Anfang der siebziger Jahre des vorigen Jahrhunderts aufgelöst wurde.

Županja stellt sich jedoch nicht nur durch seinen Fußballklub als typischer Ort der Grenze vor: Eine einzige schnurgerade Straße bildet den Kern des Städtchens, in ebenso strammer und soldatischer Ausrichtung haben sich dann in späteren Jahren noch andere Straßen parallel und quer gelegt, meist jedoch so, daß sich die jeweils zu einem Hof gehörigen Felder direkt hinter dem Haus ausdehnten. Bei Türkenalarm hatte der das Dorf kommandierende Hauptmann sofort gute Übersicht über alle seine Leute, und keiner von den Graničari mußte länger als einige Minuten laufen, um seine Muskete zu ergreifen.

Ziel unseres Županjabesuches ist eine Baulichkeit am Ende der langen Straße, wo ein grünüberwachsener Damm den Ort gegen die Wasser der Save abschirmt. Durch den Damm hat das Haus mit dem spitzen Dach etwas von seiner beherrschenden Stellung verloren. Dennoch bleibt es der einzige Tschardak, der einzige von Hunderten oder gar Tausenden von Wachttürmen oder Grenzforts, die für die Türken fast durch drei Jahrhunderte ein unüberwindliches Hindernis bedeuteten.

Solche hölzerne Wachttürme, Tschardaks genannt, auf hohen Pfählen, im Abstand von einer Schußweite (etwa 2 km), säumten die Grenze. Von den auf gemauerten Pfählen ruhenden Hauptmannstürmen ergingen die Befehle an die Vorposten und Streifen. Einer von diesen festeren Tschardaks, einsames Monument einer einzigartigen soldatischen Organisationsform, hat in Županja am Saveufer allen Stürmen getrotzt. Aber auch er mußte seine kriegerische Adjustierung so wie die abgetakelten Grenzer Ende des vorigen Jahrhunderts einer zivileren Existenz anpassen. Gerade diesem Umstand verdankt der Tschardak sein Überleben. In den achtziger Jahren verirrten sich unternehmungslustige Vertreter des englischen Kapitalismus in die holzreichen Savelandschaften Slawoniens und bauten bei Županja eine Tanninfabrik. Die Ingenieure von der Insel forschten nach einem menschenwürdigen Quartier. Und sie entdeckten den verlassenen Tschardak. Zwischen den zwölf festen Pfeilern, die die Holzgalerien stützten, wurden Wände aufgeführt und das hölzere Obergeschoß bewohnbar gemacht. Wo einst ein Hauptmann oder — wie man da unten sagt — Kapitän seine zweiunddreißig wachsamen Grenzer kommandierte, betrachteten nun vom Frieden des Ortes gelangweilte Briten das Wellenspiel des Stromes. Ohne die Engländer wäre dieser Tschardak sicher längst verfallen.

„Seien Sie willkommen bei uns. Wir haben schon lange keine Österreicher hier gehabt“, sagt der pensionierte Mittelschulprofessor, der heute seine Hand über das Wachthaus hält. Er hat den Tschardak in ein Museum verwandelt — ein Raum gehört der Militärgrenze, die anderen den Partisanen, der Geologie, den Spuren der Römerzeit, den gesellschaftlichen Entwicklungen und dem sozialistischen Aufbau Jugoslawiens. Der Professor träumt jedoch davon, den ganzen Wachtturm der Grenze zu widmen. Und er möchte bald eine jener hohen Stangen mit einem Büschel Heu an der Spitze im Garten aufstellen — so wie sie einst neben jedem Wachtturm als Ersatz für Telegrafie und Telefon gute Dienste leisteten. Bei Gefahr wurden die Heubündel entzündet und so die Nachbarposten alarmiert. „Historisches Material über die Grenze entdeckt man hier noch genug. Aber sehen Sie selbst."

Die knarrende Treppe ist eine britische Einrichtung, denn zur Grenzerzeit erreichte man den Oberstock nur per Leiter, die jederzeit hochgezogen werden konnte. „Das war auf dem Dachboden des Gemeindehauses im Nachbardorf unter Gerümpel verräumt" — eine graue Metalltafel, die einst den Kommandobereich zweier Kompanien gekennzeichnet hatte. In gotischen Buchstaben heißt es da deutsch: „K. K. Broder Grenz-Regiment No. 7. Companie No. 11/ Companie No. 9." — „Die Elfer waren die Županjer", erklärt der Professor, „und die Neuner die aus Vinkovći." Denn an der Grenze dachte man nicht in Bezirken und Gemeinden, sondern in Kompanien und Regimentern. Bis heute ist davon nòch etwas überliefert: die Hirten auf den Wiesen oder manche Greise, die sich nicht zur gleichmacherischen Einheitskleidung unserer Tage verführen ließen, haben an den Manschetten ihrer Jacken Verzierungen, die von Uniformen der Soldaten Maria Theresias abgetrennt worden sein könnten. Und dieser Zierat ist noch immer der militärischen Geographie der Grenze unterworfen. Im Bereich jeder Kompanie sind die Stickereien durch irgendwelche Eigenarten ausgezeichnet.

Auf einem schwarz-gelb gestrichenen Pfahl hat der Professor eine zweite Tafel montiert: „Kanzlei 6. Babingrader Companie." Darüber der Doppeladler. Wie die Angehörigen einer solchen Kompanie ausgesehen haben? In natura waren sie wohl schreckenverbreitende Gestalten wie die Kosaken oder die ihnen verwandten uniformierten Räuberscharen des Trenckschen Pandurenregimentes. Im Museum begegnen wir ihnen jedoch als harmlos-zierlichen Porzellanfiguren: schnauzbärtige Burschen unter hohen Fell- und Tuchkappen, in einer exotischen Kombination von türkischen und österreichischen Uniformstücken, als ob sie den Feind schon durch ihre Kostümierung das

Gruseln lehren wollten. Die einheimischen Grenzer, die vom Broder Regiment, sind an den hohen grünen Kappen mit dem goldenen Knopf in der Mitte zu erkennen. Zu den braunen Waffenröcken paßten gut die enganliegenden weißen oder blauen Hosen.

Der Professor und Grenzarchäologe weiß auch hier eine Beziehung herzustellen: „In meiner Kinderzeit zwängten sich pensionierte Grenzer am Sonntag noch manchmal in ihre militärischen Beinkleider, stolz auf ihre Graničarenvergangenheit."

„Und außerhalb des Museums, ist da die Grenze mit ihren Traditionen und Gebräuchen noch irgendwie lebendig?" Der Professor muß nicht lange nachdenken: „Schauen Sie aus dem Fenster. Da drüben das Haus, ein wenig höher als die ebenerdigen Nachbarn, da hatte der Kapitän des Tschardaks seine Unterkunft. Nun wird dort die Büroarbeit der Fleischverwertungsgenossenschaft erledigt. Dann geistern noch einige Spitz- oder Vulgonamen hier herum, deren Ursprung in den Grenzerjahren zu suchen ist: Da rufen sie einen ‚francus', den Franzosen, sein Vorfahr ist wahrscheinlich mit Napoleon gegen Rußland marschiert. Mehrere Grenzregimenter mußten nach der Eroberung eines großen Teiles des heutigen Jugoslawien durch den Korsen für die Ehre der Grande Nation ins Feld... Andere heißt man wieder ‚Zöpfer', wahrscheinlich weil ihre Urgroßväter Unteroffiziere waren und deshalb mit bezopften Perücken herumstolzierten." Noch zu Beginn dieses Jahrhunderts trugen die Gemeindeschreiber bei vielen Alten als Bezeichnung „Grenzer, ausgedient" oder „Grenzer, halbinvalid" ein. Und den Großeltern vieler alter Leute wurden die Anfangsgründe des Wissens in der „Militärischen Trivialschule" von uniformierten Lehrern eingetrichtert. Ja es gibt heute noch einige Greise, die zwar kaum ein Wort Deutsch sprechen, aber doch noch deutsch rechnen, so wie sie es in den stets deutschen Grenzerschulen gelernt haben. Denn Deutsch war die Sprache der Grenze, das berühmte Grenzerdeutsch, das den Chronisten des k. u. k. Humors von Roda Roda bis Rudolf von Eichthal eine unerschöpfliche Quelle war. „Sturm", „Gewehr", „Rapport" sind Vokabeln der Militärsprache, die auch heute noch gebraucht werden. Und mancher Alte sagt nicht „restauracija" oder „gostina", sondern „Birzus" — Wirtshaus.

Ein Stück Grenzerleben schlägt der Professor auf, als er im „Verkündungsbuch" des Kompaniechefs von 1823 blättert. Jeden Sonntag nach der Messe wurden daraus, teils deutsch, teils kroatisch, die Pflichten der Leute verlesen. Die handgeschriebenen Verordnungen teilen die Soldaten, die nur mit Vornamen geführt werden, für die Wache ein. Sie machen darauf aufmerksam, daß ein Pferd entlaufen ist und ein Deserteur gesucht wird. Sie fordern Arbeitskräfte für das Putzen der Gräben und Ausbessern der Zäune und ein Kommando für den Festungsbau in Brod an. Die Sonntagsepistel schließt mit der Mahnung, künftig Hochzeiten statt drei nur einen Tag lang zu feiern und Gäste nicht über eine bestimmte Zahl hinaus einzuladen.

Daß die Militärbehörden bei Nichtbefolgung dieser Anordnungen wenig Spaß verstanden, beweist die Sammlung von verschiedenen festen Stöcken für fast rituelle Prügelstrafen und Spießrutenläufe und ein mit drei Löchern versehenes nierenförmiges Gebilde, so recht nach dem Geschmack pseudomoderner Innenarchitekten, um darin einen Delinquenten festzuschließen. Zur eindringlichen Erläuterung hat man in dem Museum auch noch das Militärstrafgesetz von 1855 dazugelegt.

Der Professor, der sich in den Jahren des Ruhestandes zu einem perfekten „Grenzologen" entwickelt hat, gehört nicht zu der Zunft jener rauhen Soldaten, ist aber von urösterreichischer Abkunft. „Ich bin Kroate, aber mein Großvater geriet als österreichischer Soldat nach Venedig und heiratete dort eine Italienerin; er kehrte später wieder in seine alte Heimat zurück und war eine Zeitlang ungarischer Finanzbeamter; mein Vater arbeitete dann hier, nach Wanderjahren in der ganzen Monarchie, als Kürschner und kaufte sich schließlich ein Gasthaus." Die Frau des Museumsverwalters, die wir später treffen, pflegt ein weiches Wienerisch, obwohl sie in Agram geboren ist, und stellt ein Mehlspeisensortiment auf den Tisch, das jeder Wiener Konditorei zur Ehre gereichen würde. „Greifen Sie zu und fühlen Sie sich bei uns wie zu Hause", sagt sie, freundschaftlich befehlend.

„Greifen Sie zu!", „Fühlen Sie sich wie zu Hause!" — dieselben Worte ertönen einen halben Tag später nur einige Kilometer weiter noch einmal. Sie sind genauso herzlich und ehrlich gemeint, aber kommen nur schwer über eine des Deutschen nicht sehr mächtige Zunge. Statt des Wiener Häferlkaffees und des goldgelben Biskuits liegt auf dem Teller ein Burek, ein köstlicher Fleischstrudel orientalischer Abstammung, eine bosnische Nationalspeise. Wir haben die Grenze überquert und sind in eine andere Welt eingetreten. Zwei Stationen nach Županja macht ein Bahnwärterhäuschen der Bahn ein Ende; durch eine Schlammstrecke geht es auf eine Anhöhe über der Save: Dort schwimmt eine Kampa, wie die Türken eine Fähre nannten, aus festen Stämmen gefügt, von einem Drahtseil am Abtreiben gehindert, sonst jedoch nur von den Fäusten und Muskeln kräftiger Männer getrieben, die die schweren Ruder bedienen. Es donnert und blitzt, das Menschenhäuflein, das über den durch seine Breite und Fülle gemächlich gewordenen Strom will, drängt sich am Ufer enger zusammen. Zwei Pferde vor einem Wagen mit Mehlsäcken scheuen. Sie müssen ausgespannt werden, dann erst wagen sie den Schritt auf die Planken, die zwar nicht schwanken, aber doch so viel eigene Bewegung in sich haben, daß sich ein Gefühl der Unsicherheit ausbreitet. Die Leute fixieren den Fremden. Dann hält ihm einer eine Zigarette hin und fragt etwas. Da „Austrija" als Ursprungsland offenbar wird, winkt man einem jungen Mann, der nichts von einem Bauern an sich hat. Er spricht Deutsch. Das heißt, bei jedem deutschen Wort, das ihm glückt, zieht er seine Stirn in Falten. Am anderen Ufer ist die Unterhaltung dennoch so weit, daß er fast flehend sagt: „Komm in mein Haus, bitte." Wir sind in Orašje, in Bosnien, in einem kleinen Ort, der bis zur Besetzung durch die Österreicher türkisch war und es in seinem Charakter bis heute geblieben ist. Dabei wurde Orašje erst vor knapp hundert Jahren angelegt — von Flüchtlingen aus Serbien, die zum Glauben Mohammeds übergetreten waren. Wie in einer Oase überdecken die breiten Kronen der Bäume Straßen und Häuser, in der Sommerhitze Schatten garantierend. Der große Platz in der Mitte des Ortes ist von niedrigen, oft nur budenartigen Behausungen umstanden: die Čaršija, das Zentrum des Marktes und des Lebens, wo gefeilscht, geredet, gestritten und in winzigen Kaffeehäusern an zierlichen Schälchen genippt wird. Als die blauen Uniformen der Österreicher neue Farben und Ordnung nach Bosnien brachten, vollzog sich in den Städten manche Wandlung. Das Leben in einem Nest wie Orašje wurde davon kaum berührt. Ein Schulhaus zeugt von Österreich, ein Gemeindehaus und der unvermeidliche Park, Miniaturausgabe jener schematischen und gepflegten Parkanlagen in allen Städten des Kaisers, wo der Schönheitssinn der k. u. k. Beamten der Natur gleichsam einen Stehkragen umgelegt hatte.

Titos Experimente mit dem Sozialismus färbten auf Orašje wenig ab. Sicherlich, die Čaršija heißt Titoplatz, in den Kaffeehäusern und über den Tischen der Kupferschmiede und Korbflechter und anderer Handwerker, die zur Straße gekehrt über ihre Arbeit gebeugt sind, hängt das Konterfei des Marschalls. Doch der Tag nimmt zumindest für die ältere Generation den gewohnten Lauf, bestimmt von den Geboten Mohammeds und dem Gebetsruf des Muezzins. In der aus

Holz gebauten Dorfmoschee — sie ist mit Teppichen belegt und, entgegen den mohammedanischen Vorschriften, sogar durch einige Landschaftsbilder von Istanbul und Mekka bereichert — dankt der Mullah auf einer langen Spenderliste den Gläubigen, die ihren Beitrag für die Anschaffung eines Tonbandgerätes und einer Verstärkeranlage für den heiser gewordenen Verkünder der Gebetsstunden geleistet haben.

„Komm in mein Haus", wiederholt Sefjudin — so heißt der junge Bauingenieur mit den Deutschkenntnissen — eindringlich. Durch das grüngestrichene Tor führt ein betonierter Steg in den Hof, und dort sind an der Treppe wie in einem japanischen Haus die Schuhe aneinandergereiht. „Wir ziehen die Schuhe immer aus, bevor wir das Haus betreten." Eine Maßnahme, die eine für Balkanbreiten ungewöhnliche Sauberkeit verheißt. In Socken bewegen sich Familie und Gäste auf dicken Teppichen über täglich blankgescheuerten Bohlen. „So sieht es bei uns überall aus", sagt Sefjudin mit einem gewissen Stolz. Er hat ein Recht darauf, denn diese fast pathologische Reinlichkeit, die hier jeder Gegenstand ausstrahlt, wäre da unten in einem christlichen Ort gleicher Größe eine Ausnahme. Das Wohnzimmer wurde von unpersönlichen modischen Einheitsmöbelstücken erobert. Der Fernsehapparat zieht sofort den Blick auf seine Mattscheibe. Die Männer sitzen bei Tisch und trinken Raki — Sliwowitz. Die Frau des Hauses und ihre Töchter — Teenager, die Pluderhosen mit Blue jeans vertauscht haben — halten sich im Hintergrund. Die von Mohammed gefestigte übermächtige Stellung des Mannes wurde vom „stärkeren Geschlecht" bewahrt. Das Licht flackert. Irgendwo hat der Blitz eingeschlagen. Der Strom fällt aus. Kerzen werden entzündet. Der Schafkäse legt sich mild an den Gaumen. Das Gespräch dehnt sich durch Verständigungsschwierigkeiten, aber es ist herzlich. Ein Großvater wird ausgegraben, der bei den Bosniaken gedient hat, Bilder wandern von Hand zu Hand. Dann heißt es: „Du mußt bei uns übernachten."

Am nächsten Morgen geleitet die Familie, verstärkt durch einige Freunde, den Fremden zur Fähre. Ein einsames türkisches Grab mit dem steinernen Turban eines Mekkapilgers nimmt sich auf der Uferpromenade aus, als ob es von den Türken vergessen worden wäre. „Nein, hier liegt ein Türke, den die Österreicher erschossen haben. Er ist mit seinem Boot zu weit über den Fluß gekommen — und da haben die Grenzer drüben das Feuer eröffnet." Eine letzte Spur von dieser „blutigen Grenze". Jetzt winken die Rechtgläubigen von

Orašje lange, bis die Fähre den Fremden wieder sicher am anderen Ufer, im alten Europa, abgeliefert hat.

Kein wilder Grenzer streift „auf Cordon" durch das Ufergebüsch. Nur einige Angler versenken ihre Köder in dem trüben Wasser. Kein Anruf, keine Kontrolle — diese Grenze wird nicht mehr „bewirtschaftet", verschwunden ist sie jedoch nicht.

Auch bei der Fahrt über die Savebrücke von Belgrad nach Semlin, heute Zemun, kümmert sich im Autobus ein Kontrolleur höchstens darum, ob man eine Karte gelöst hat. Es ist zwei Uhr vorbei, die Zeit, da in Belgrad die Büros und Ämter schließen. Um diese Stunde strömen Tausende von Belgradern über die Save in die Wohnkolonien Neu-Belgrads, oder sie ersparen sich die Brückentour, weil sie in der Hochhäuserlandschaft des hier neu erstehenden Regierungsviertels beschäftigt sind. Bauen, bauen und nochmals bauen, modern sein, von diesen Devisen wird die Expansion der jugoslawischen Hauptstadt genährt, jener Metropole, über deren Dorfcharakter man noch bis zum Ersten Weltkrieg gewitzelt hat — und beim Vergleich des ärmlichen und engen Belgrader Hauptbahnhofes mit seinem stattlichen Gegenstück Agram begreift man es. Inmitten dieses Wachsens und In-die-Höhe-Schießens verkommen zwei verlassene Betonruinen, die mißlungenen Versuche von Wolkenkratzern. Die staatlichen Planer hatten viel zu spät bemerkt, daß der Boden die Last nicht tragen konnte. Denn hier war ungesundes Sumpfland, natürlicher Sperrgürtel gegen die aus der Festung Belgrad nach Norden vorstoßenden Türken, eine von der Natur geschaffene Barriere vor einem der wichtigsten Grenzpunkte Österreichs. Semlin, von Belgrad nur durch den Strom und das Schwemmland separiert, war, mit Ausnahme der kurzen Perioden der Besetzung Belgrads, des Kaisers wichtigster Vorposten gegen die Türkei und später gegen Serbien.

Schon im 17. Jahrhundert verband eine Schiffsbrücke die beiden Ufer, die türkische Seite war grün-weiß, die österreichische schwarzgelb gestrichen. Über die Eisenbahnbrücke donnert ein Expreß nach Süden. 1914 hatten Sprengkommandos diese wichtigste Balkanverbindung sofort unterbrochen. Fast zwei Jahrhunderte hindurch war diese Stadt mit den niedrigen Häusern zwischen Donau und Save für alle Ankömmlinge aus dem Reich des Padischahs der erste Haltepunkt. Und kein angenehmer. Denn hier mußten die Reisenden zuerst hinter die Mauern der „Kontumaz": in Semlin wurde Europa nicht nur gegen Brandscharen der Türken verteidigt, sondern auch gegen den Schwarzen Tod, gegen die Pest.

Ein grüner Park am Stadtrand, ein Bub rollt dem Fremden einen bunten Ball vor die Füße, Mütter stricken, durch das Blätterwerk scheint das Grau einer Kaserne.

Eine alte Frau bietet sich als Führerin an. „Ich bin Serbin, aber wir waren immer für den Kaiser. Die Semliner Serben waren Patrioten und schwarzgelb.“ Dann verwandelt ihr Geplauder das Parkidyll in eine Stätte quälenden Wartens, erfüllt von Ungewißheit und Ungeduld. Das ganze Areal wurde nämlich von der „Kontumaz“ eingenommen, einer von Mauern umgebenen Quarantänezone, die der dort Konfinierte erst nach vierzig Tagen verlassen durfte. „Bei Bauarbeiten findet man manchmal noch Grundsteine von dem Wall.“ Der Schwarze Tod ist längst „gestorben“. Und mit ihm diese Gesundheitseinrichtung, zu deren Überwachung grimmige Graničaren eingeteilt waren, deren Dienst für Europa vielleicht noch wichtiger war als der der Männer in den Tschardaks.

Etwas verloren im Grünen stehen hier zwei Kapellen, die schon den Titel Kirche für sich beanspruchen. Eine römisch-katholische und eine serbisch-orthodoxe. Wie viele ungeduldige Seufzer mögen wohl hinter den nun verschlossenen Türen zum Himmel aufgestiegen sein? Denn diese beiden Gotteshäuser wurden zur seelischen Stärkung der ihre Kontumazzeit absitzenden Balkanreisenden gestiftet. Sie sind die letzten Reste jenes Ortes, an dem die Welt mit Ziegeln vermauert war.

Semlin war jedoch nicht nur Garnison für Grenzer und wichtige Kontrollstation. Von Semlin aus griffen die Kaiser auch an. Von hier aus rückte Prinz Eugen gegen die Festung Belgrad und ließ seine „Brucken schlagen“, und hier hatte Kaiser Josef II. im letzten Türkenkrieg die tödlichen Fieberkeime eingeatmet, die ihn schließlich das Leben kosteten.

„Gehen Sie in die Karamatastraße, und Sie werden eine Überraschung erleben“, hat die Frau gesagt. Die Karamatastraße hat längst einen anderen Namenspatron erhalten: den Bauernführer Matija Gubec, der sich 1573 gegen die kroatischen Feudalherren erhoben hatte. Aber in dieser stillen Seitengasse, dem rechten Hintergrund für die Nachmittagspromenade von Biedermeierdamen, kennt jeder das Karamatahaus, so wie die alten Semliner eben immer noch Karamatastraße sagen. Die Karamata sind nämlich eine der angesehensten Familien der Stadt, sie sind es seit der Mitte des

18. Jahrhunderts und haben sich diese Position bis heute bewahrt. Das dicke Eichentor dreht sich nur zäh in den Angeln. Die Einfahrt mündet in einen Ziergarten. Und ein gebeugter Herr nähert sich langsam und forschend dem Eindringling. Sein Deutsch ist gewandt und fehlerfrei. „Natürlich können Sie mein Haus sehen", sagt er und weist den Weg über die Stiegen hinauf. Die Zeit scheint auf einmal um hundert oder mehr Jahre zurückgedreht — für diese niedrige Bürgerwohnung wurden die Barock- und Biedermeiermöbel nicht bei Antiquaren aufgestöbert. Hier hat sich die geruhsame Tapetengemütlichkeit vor vielen Jahren niedergelassen und ist nicht mehr ausgezogen. Nur das mechanische Auto des fünfjährigen Buben, der am Boden Testfahrten startet, vertritt das Heute. Über dem Buben jedoch, an der hellen Zimmerdecke, fesselt ein mächtiges, aus Holz geschnitztes Relief den Blick: Nur einige Kilometer vom Belgrader Konak, in dem Tito residiert, im Herzen der Föderativen Volksrepublik Jugoslawien, prangt hier ein prächtiges Exemplar eines geschnitzten Doppeladlers. Und seit mehr als hundertsiebzig Jahren betrachtet der zweiköpfige Kaiservogel das Familienleben der Karamata. Unter seinen zwei kritischen Augenpaaren wurde getafelt und Familienrat gehalten, wurden Feste gefeiert und Geschäfte abgeschlossen. Königstreue Serben und Kommunisten hat der k. u. k. Vogel in Erstaunen versetzt. Alle Umstürze, Kriege, Regimeänderungen und Wechselfälle des Familienglückes konnten ihm in diesem Heim nichts anhaben.

Die Geschichte des kaiserlichen Wappentiers, das an der einstigen Grenze die Habsburger vertritt? „Die Karamata stammen aus Mazedonien. Meine Ahnen kamen als Flüchtlinge nach Semlin und ließen sich hier nieder", erzählt der alte Herr, der ebenso gut wie in diesen stilvollen Rahmen ins „Sacher" passen würde. „Dieses Haus haben sie bereits Anfang der zweiten Hälfte des 18. Jahrhunderts gebaut. Weil sie reiche Kaufleute waren, war ihr Haus auch das schönste am Platz. Als Kaiser Josef II. im Türkenkrieg Quartier in Semlin suchte, da wählte er unser Haus, wohnte in diesen Räumen und hielt hier im Salon zusammen mit Feldmarschall Laudon seinen letzten Kriegsrat. Der Krieg endete unglücklich. Der Kaiser kehrte todkrank nach Wien zurück. Der damalige Herr des Hauses ließ zur Erinnerung an den hohen Gast diesen Adler mit dem ungarischen Wappen — Semlin gehörte ja zu Ungarn — schnitzen und an der Decke anbringen . . ."

Und dort hat er sich bis heute behauptet. Die Karamata eroberten sich gewichtige Positionen in der oberen Gesellschaft des Balkan, sie stellten Bankiers und Universitätsprofessoren, und der Hausherr diente nach dem Ersten Weltkrieg in der kurzlebigen Regierung einer selbständigen Vojvodina als Finanzminister. Seine Söhne besetzten Lehrstühle auf jugoslawischen Hochschulen. Die Schätze der Vergangenheit wurden jedoch nicht aus irgendwelchen nationalen Ressentiments verschleudert. So sind die Bilder der Ahnen mit Kaiserbärten und königlichen Orden, der blassen Frauen und des energischen Onkels im braunen Waffenrock des Artillerieoffiziers so wie fast alles hier in diesem lebendigen Museum von einem altösterreichischen Firnis überzogen. Die Buchtitel der umfangreichen Bibliothek umfassen die wichtigsten Idiome des Vielvölkerstaates. Man hält sich in diesem Hause auch an die eleganten Umgangsformen jener Schichten, die ihn zu lenken versuchten. Kein Wunder, die Karamata sind vielleicht die einzige Familie in all den Nachfolgestaaten, die ohne zu übertreiben von sich sagen kann: „Wir leben auch heute noch unter dem Doppeladler."

Gerade an solchen historischen Nahtstellen müssen die neuen Machthaber immer wieder längst ungültig gestempelte Identitätskarten einer anderen Welt akzeptieren. Die von den verschiedenen Regierungsformen, von völlig anders gearteten Kulturströmungen befruchteten, modellierten und manchmal auch bedrängten Landschaften lassen sich nicht einfach durch Staatsakte, gewonnene Kriege und eine andere Gesellschaftsordnung sofort in die gewünschte Fasson bringen. Deshalb ist die lange Grenzlinie von der Brocche di Cattaro bis in die Bukowina und nach Galizien manchmal noch deutlicher markiert als durch Staatsfarben tragende Schranken oder Schilderhäuschen.

Wenden wir uns nach Süden, der Fjordlandschaft der Bucht von Cattaro oder Kotor zu. Neben den einheimischen Seefahrern haben Venezianer, Russen, Franzosen und Österreicher diesen sichersten Hafen zwischen steilen Bergwänden bevölkert und ihre Bauten in den beschränkten Bereich der Stadtmauern hineingezwängt. Cattaro ist mediterran, trotz der Schroffheit seiner Umgebung, und von einem gemeinsamen europäischen Kulturerbe bestimmt. Nach dem Ersten Weltkrieg wurde es von Dalmatien abgetrennt und Montenegro einverleibt. Wenn man jedoch vor 1914 die Hauptstadt des Landes der Schwarzen Berge, Cetinje, besuchen wollte, so verließ man nicht nur

Österreich, sondern beinahe die Zivilisation. In jahrhundertelangem Ringen mit den Türken wurden die Montenegriner oben in den Bergen immer mehr in die Isolation gedrängt. Ihr Kosmos waren Schafe, Steine und das Gesetz der Blutrache.

Ein Reiseführer von damals empfiehlt dennoch die Tour nach Cetinje: „Man kann den Weg entweder zu Pferde (16 Kronen oder mehr) oder zu Wagen (hin und zurück 40 bis 50 Kronen, für Reisegepäck Aufzahlung) zurücklegen." Der Verfasser ermutigt auch einen etwas zu ängstlichen Touristen, das Abenteuer ruhig zu wagen: „Waffen mitzunehmen ist im ganzen Bereich — Albanien ausgenommen — nicht nötig. Was die Sicherheit in dem fraglichen Landgebiet anbetrifft, ist es am schlimmsten in Albanien bestellt. Auf der Strecke Cattaro - Cetinje ist seit undenklichen Zeiten einem Reisenden nie etwas zugestoßen . . ."

Bernard Shaw erschrak jedoch, als er der halsbrecherischen Serpentinenstraße ansichtig wurde, die wie eine Wendeltreppe für Autos von der See zu den Höhenregionen des Lovćengebirges klettert. Nach einer Autobusfahrt resümierte der irische Spötter: „Diese Chauffeure sind wirklich Künstler, aber die Reisenden, die mit ihnen fahren, sind Verrückte."

Von 1914 bis 1916 war der Name Lovćen ein bekanntes Vokabel in den Frontberichten. Vom österreichischen Cattaro aus erreichte man hier mit viel Mühe ein anderes Stockwerk der Landschaft, und das hieß Montenegro. Kurz vor dem obersten Absatz der Schlangenstraße weiden Schafe zwischen den Ruinen einer aus grauem Stein aufgeführten militärischen Baulichkeit. „Das war das Grenzhaus der Österreicher!" Hier hatten Gendarmen den damals noch schmalen Fahrweg — die Straße wurde erst im Ersten Weltkrieg angelegt — behütet. Müde von langen Patrouillengängen über Geröllhalden, hatten sich ihre Kameraden dort ausgerastet, wo jetzt vielleicht Liebespaare Unterschlupf finden und Wanderer, die von einem Gewitter überrascht werden. Als Ausgleich für die Kargheit dieser felsigen Hochebene bietet die Natur eines ihrer gewaltigsten Panoramen: die Windungen der Fjorde der Bocche, tief unten, das blaugraue Meer, die weißen Häuserpunkte von außer Dienst gestellten Piratennestern, das schäumende Kielwasser eines Fischerbootes, den unruhigen Schleiertanz bizarrer Felsformationen, die steinerne Ruhe des Lovćengipfels, der hier als höchster Berg und nationales Symbol die Ansichtskartenperspektive erst vollkommen macht.

Damit haben wir wieder einmal k. u. k. Bereich hinter uns gelassen und die Küstenromantik gegen Kulissen für ein Karl-Maysches Balkandrama eingetauscht. All die Felsblöcke scheinen nur auf das Plateau gekollert zu sein, um rachelüsternen Schützen Deckung und Versteck zu bieten, und die offeneren Passagen sind wieder wie geschaffen dafür, jugoslawische Leihkavallerie in Indianerkostümen oder napoleonischen Uniformen nach dem Kommando von amerikanischen, italienischen oder deutschen Filmregisseuren über Stock und Stein zu jagen.

Vor fünfzig Jahren wurde hier nicht Krieg gespielt, sondern ernsthaft gekämpft. Die Montenegriner beherrschten die Höhenstellungen. Die Franzosen lieferten ihnen Geschütze und ein Expeditionskorps. Ziel war die Bucht unten, wo ein Teil von Österreichs Flotte lag. Eine dünne Feuerlinie von Gendarmen und einigen wenigen Soldaten, verstärkt durch Festungsartillerie, leistete verzweifelt Widerstand, bis die Kriegsschiffe so weit waren, die feindlichen Stellungen von der See aus unter Feuer zu nehmen. Da brachen die Angriffe zusammen. Am Lovćen ging man zum Stellungskrieg über, und 1916 traten nun die Österreicher zur Offensive an und eroberten in wenigen Tagen Cetinje. Die stille Bucht schrieb sich erst wieder im letzten Jahr in die Annalen des Krieges ein — doch davon sei später die Rede.

Cetinje, Hauptstadt ohne Vorstadt, am besten Hauptdorf genannt, bietet sich dem Fremden von heute nach der automobilistischen Bergtour kaum anders dar als 1916 den vorstürmenden Truppen. Es war die erste größere Station nach der Grenze und lag, genau wie die andere „feindliche" Balkanhauptstadt Belgrad, ebenfalls im Feuerbereich österreichischer Geschütze. Diese beiden Königreiche, die ihre Unabhängigkeit von den Türken errungen hatten, suchten zuerst eine gewisse Anlehnung an Österreich. Erst dann, als die Türkengefahr gebannt war, gerieten sie mit dem so starken nördlichen Nachbarn in Hader.

Als Hauptstadt ist Cetinje längst pensioniert. Die heutige Volksrepublik Crna Gora wird als föderativer Gliederstaat Jugoslawiens von Titograd, dem früheren Podgoritza, aus dirigiert. Der Talmiglanz seines Fürstentums ist dagegen in den Konak in Cetinje gesperrt, die wohl bescheidenste Unterkunft eines Herrschergeschlechtes. Der Fremdenführer von Anno dazumal, besser von Anno Nikita, beschreibt den „neuen Fürstenpalast, eine Schöpfung des Fürsten Nikolaus. Im Hochparterre befindet sich auf der einen Seite das Zimmer der Ordonnanzoffiziere, auf der anderen der Sitzungssaal, wo über die Angelegenheiten des Landes beraten wird. Der Fürst wohnt im ersten Stockwerk, wo auch der Audienzsaal, mit Teppichen belegt, die Wände mit den Bildnissen europäischer Potentaten geschmückt, sich befindet."

Das liest sich so, als ob man damals nur dem Adjutanten eine Karte überreichen hätte müssen, um dem König einmal guten Tag zu sagen. Die Ausmaße des Palastes überschreiten auch kaum die einer mittleren Operettenbühne, zu der das Herrscherhaus, das mit mehreren Danilos aufwarten kann, nicht nur durch den Konsum einiger Tänzerinnen gute Beziehungen hatte. Die Operetten, die das Leben um die Fürsten und den König von Montenegro inszenierte, endeten jedoch meistens tragisch. Denn die Amtszeit der Herren der Schwarzen Berge wurde nicht immer durch verfassungsmäßige Termine oder einen friedlichen Strohtod beendet, sondern meistens durch die geschickte Hand eines gedungenen Mörders.

Nikita, dessen Bauerngesicht in dem nun zum Museum erklärten Konak aus manchem schweren Rahmen starrt, wurde 1916 nur vertrieben. Die Franz-Josef-Marken mit dem Aufdruck „K. u. k. Etappenpost 1917" in einer Vitrine rufen Zeiten in Erinnerung, da auch Österreicher Besatzungstruppen stellten. Und vor dem älteren Nachbarpalais erlaubt ein riesiges Relief das Studium der Bodengestalt Montenegros: Im Krieg hat ein handfertiger österreichischer Offizier durch die Bastelei die Langeweile bekämpft. Vielleicht war er in Zivil Geographieprofessor, vielleicht wollte er durch diese Fleißarbeit seine Eignung für den Generalstab dokumentieren ...

Auch aus friedlicheren Jahren hat Österreich einige gute Stücke im königlichen Hausrat hinterlassen: eine Vase, die dem König von der Stadt Triest zum Präsent gemacht worden war, einen kitschigen Rosenteller zur Erinnerung an einen Kuraufenthalt des Fürsten im Seebad Portorose, einen Siegelring vom Wiener Hofjuwelier Mayer — und Kostüme und Prunkgewänder von Wiener Hofschneidern, wohl eingemottet in Glasschränken.

Das Familienleben und die Hobbies des Fürsten werden in anderen Räumen wiedererweckt, etwa durch seine Waffensammlung, die für die Verliebtheit des Montenegriners in silberbeschlagene Büchsen und Pistolen der Luxusklasse spricht; daneben das Musikzimmer einer musischen Tochter mit Czerny-Etüden und einem Verdi-Foto auf dem Flügel; der Thronsaal, bescheiden und unansehnlich wie alles hier in dieser Wohnung eines fürstlichen Kleinbürgers, eines zum Monarchen emporgestiegenen Schafzüchters.

Die Verwandtschaftsgalerie an den Wänden flößt jedoch Respekt ein: Nikita brachte es nicht nur fertig, durch seine politische Abenteuerlust den Balkan in Spannung zu halten, er beförderte eine Tochter auf den italienischen Königsthron und vermittelte durch ein zweites in Rußland zur Großfürstin gewordenes Kind die verderbliche Bekanntschaft der letzten Zarin mit dem dämonischen Mönch Rasputin.

Österreich war dieser kleinste Staat des Balkan immerhin ein stattliches Botschaftspalais wert, das mit dem Konak an Größe durchaus konkurrieren kann. Vor dem grauen Haus tummeln sich Mädchen. In den Räumen, von denen aus Vertreter des Kaisers die Politik Montenegros beeinflussen wollten, werden jetzt die Geheimnisse von Algebra und Chemie enthüllt. Die Führerin, deren Augen, Haar und Kleid schwarz wie die Berge sind, holt noch rasch die eingelernten Sätze von der Ermordung des Fürsten Danilo durch österreichische Agenten in Cattaro nach.

Die Hintergründe des Attentates? Intrigen, Machtkämpfe, Schuld der Österreicher oder nur die Rache eines Montenegriners, dessen Frau von Danilo verführt worden war? Geschichten, Gerüchte, Spekulationen — und alles längst vergessen. Die Rauheit der Szenerie, die Schroffheit der Felsen und die Menschen, die so herzlich und so grausam sein können, alle diese Faktoren lassen in diesen Regionen alles verstehen. Mit Erschauern erfühlt man die Ausdehnung der Monarchie, diese Spanne von der Landschaftsgeometrie Schönbrunns bis zur kaum von Menschenhand berührten Urlandschaft an dieser Grenze. Österreich hat wohl manches vom mitteleuropäischen Geist in diese Breiten getragen, aber es hat von den ihm so fernen und oft unbegreiflichen Normen und Denkgewohnheiten der anderen auch angenommen. Manches von dem, was man österreichisch nennt, ist mit Balkansubstanzen gesättigt. Sie keimen in Kulturen, in denen die Sehnsucht nach der Disziplin des Fortschritts genauso wucherte wie die Lust an der Anarchie. Und einige von diesen Bakterien lieferten die tödliche Krankheit, die den Zerfall des komplizierten Gebildes der Monarchie herbeiführte.

Mit diesen fremden Elementen mußten sich die Bezirkshauptleute und ihre Sekretäre, die Leutnants und Regimentskommandanten, die Frauen aus großen Städten, die die Männer an die weiten Grenzen fern von der Hofburg und vom Prater begleiteten, auseinandersetzen. Das Ergebnis dieses Lebens waren Tragödien, Langeweile, Verzweiflung, Liebe, Romane und auch nur Novellen.

Die Steine zwischen Cattaro und Podwolotschiska reden nicht davon. An der Drina ist der Gendarm aus der Steiermark schon längst von einem Serben abgelöst worden. Nur der katholische Bischof von Banja Luka hat noch einen deutschen Namen, weil sein Vater aus Südtirol hierher zur bosnischen Bahn versetzt wurde. Aber drüben am anderen Ufer, da scheint ein wenig mehr Armut zu Hause zu sein, genau um den Grad, um den Serbien ärmer war als das österreichische Bosnien. Und die Alten, die auf den Steinstufen der schäbigen Häuser den Schatten suchen, tragen die gleichen runden serbischen Militärkappen, mit denen sie 1914 an die Drina gezogen waren, von Fanatismus beseelt und vom Feuer der Zigeunermusikanten brennend, die immer wieder den „Marsch an die Drina“ fiedelten. Und heute ist im Dorfkino der Film angesetzt, der den ersten großen Sieg über die Österreicher 1914 verherrlicht. Diese aufreizende Melodie ist nun zu einem Schlager geworden wie im Westen vor einigen Jahren der „River-Kwai-Marsch“.

Auf dem Balkan ersetzten meist Flüsse die Grenzsteine — die Drina, die Save, die Donau. In den Karpatenwäldern Siebenbürgens sind die Steine noch da. Diese letzten Vertreter österreichisch-ungarischer Oberhoheit versinken, ob ihrer Arbeitslosigkeit träge geworden, langsam im weichen Boden. Und das Moos hat schon lange begonnen, sie wie eine willkommene Mahlzeit zu verschlingen, so wie diese Grenzen unzählige Menschen verzehrt haben.

„Wer immer von Fremden in diese Gegenden geriet, mußte allmählich verlorengehen“, schreibt Joseph Roth. „Keiner war so kräftig wie der Sumpf. Niemand konnte den Grenzen standhalten. Um jene Zeit begannen die hohen Herren in Wien und Petersburg bereits den Krieg vorzubereiten. Die Menschen an der Grenze fühlten ihn früher kommen als die anderen; nicht nur weil sie gewohnt waren, kommende Dinge zu erahnen, sondern auch weil sie jeden Tag die Vorzeichen des Unterganges mit eigenen Augen sehen konnten. So mancher lebte von Spionage und Gegenspionage, und in der weltfernen sumpfigen Öde der Garnison verfiel dieser und jener Offizier der Verzweiflung. Die Friedhöfe der Grenzgarnisonen bargen viele junge Leiber schwacher Männer.“

Modell für dieses düstere Gemälde im Roman „Radetzkymarsch“ stand die Grenze im Nordosten, die heute durch die gründlichste Grenzsperre Europas von den anderen Teilen der Monarchie abgeschlossen ist. Die österreichisch-russische Grenze von 1914 liegt tief in der Sowjetunion, in der sogenannten Westukraine. Und der Kreml hat sich bemüht, sie unsichtbar zu machen.

„Sie wollen nach Podwolotschisk?" fragt die Intourist-Dame in Lemberg. „Das geht leider nicht. Sie haben im Visum nur Lemberg, Czernowitz und Tarnopol stehen." — „Aber Podwolotschisk ist doch höchstens vierzig Kilometer von Tarnopol entfernt." — „Das macht nichts. Sie können dort nicht hinfahren." Auch ein Telefongespräch nach Kiew bessert die Situation nicht. Der berühmte Grenzbahnhof an der Hauptstrecke, die Österreich mit Rußland verband, bleibt unbesucht. Dafür gelingt es nach einigem Bemühen, den Propusk für Nowosielitza zu ergattern, den ehemaligen Grenzort nahe von Czernowitz ...

„... liegt die Grenzzollstation Nowosielitza. Unter diesem Namen ist ein ärmliches österreichisches Dorf und ein russischer Marktort zu verstehen; beide Ortschaften werden durch den Grenzbach Roknita geschieden, der hier in den Pruth mündet und eine kleine Brücke trägt, an deren Enden österreichische und russische Wachtposten stehen ..." Soweit eine zeitgenössische Schilderung. Sie erzählt auch noch von der berühmten Dreiländerecke, denn nur wenig südlich des Dorfes stießen hier Rußland und Österreich auf die Türkei, später dann auf Rumänien. Die Grenze mit Österreich wurde beseitigt, die mit Rumänien ist geblieben.

Und Nowosielitza? Man findet es kaum, das österreichische Dorf, nur das russische ist noch am Leben. Als 1914 Kosaken die Grenzpfähle umrissen, gingen die Häuser in Flammen auf. Ein zweites Mal verheerte der Krieg die Gegend. Und auf dem Platz der Gendarmeriekaserne weiden Kühe, die Gänse haben sich das Feld ausgesucht, auf dem das Zollhaus stand. Nur der Bach fließt wie eh und je in den Pruth. Altersschwach scheint er allerdings geworden zu sein, ein versiegendes Wässerchen, dem man nicht zutraut, daß es einmal zwei so ungeheure Reiche voneinander zu trennen vermochte. Weiden ziehen an seinem Ufer einen Hügel hinauf — als Ersatz für die Gendarmeriepatrouillen, die hier auf und ab wanderten, und für die Grenzkosaken. Auf freiem Feld, auf österreichischer Seite, gähnt ein Brunnen — es fehlt ihm das Haus, dem er einst Wasser gespendet hat. Aber diese Schmugglerpassagen und Spionenfurten von früher sind nicht verwaist. Über die Grenzbrücke rollt der gesamte Motorverkehr Czernowitz - Kiew. Und direkt an der Brücke, am russischen Ufer, überlebte das Dorf die Kriege. Im Zollhaus hat sich die Miliz einquartiert und verhandelt gerade mit einem Traktorfahrer, der die Verkehrsregeln nicht beachtet hat. In einem dunklen Bau mit grünen Fensterläden, wo wohl einmal zaristische Offiziere aus und ein gingen, stellen sich die Kolchosniki zur Essenausgabe an: vom Schalter werden den Bauern und Arbeitern dickflüssige paradeisrote Suppen zugeschoben. In jedem Teller schwimmt ein fettunterspicktes Stück Rindfleisch. Statt Wodka werden nur Mineralwasser und Tee verkauft.

Das also ist das alte Rußland. Erst etwa zehn Kilometer in Richtung Czernowitz blitzt wieder eine jener vertrauten gelben Wände zwischen den niedrigen Bauernhäusern auf: eine Schule aus Kaisers Zeiten. So wie die tausend anderen zwischen Adria und Weichsel, die noch immer ihren Dienst tun. Die Wände sind stumm. Dennoch sagen sie: Hier war Österreich. Sie sind nicht zerbrochen und geborsten wie so viele Forts und Festungen, die Militärs aufgeführt haben. Sie haben besser gehalten als alle Grenzbarrieren. Und sie sind auch noch lebendig — in den Bauern weltverlassener Karpatendörfer, die auf einmal einige deutsche Brocken wissen, und in den vielen Gebildeten der älteren Generation, die von diesen Schulen aus den Weg auf die Universitäten in Wien und Graz, Agram und Krakau, Prag und Budapest genommen haben.

Wir haben inzwischen die Grenze zu jenen Bezirken des alten Österreich überschritten, die heute von den übrigen Gebieten am gründlichsten abgesondert sind: die Teile der Bukowina und Galiziens unter Sowjetherrschaft, die im Schatten des Kremls die schonungsloseste Revolutionierung und Umwandlung erfahren mußten. Hier wird die alte Grenze eines Tages ganz verlöschen, weil die neue so fest und so endgültig ist. Man begreift es bereits, wenn man dieses Gebiet, von Rumänien kommend, erreicht.

# K. u. k. im Schatten des Kremls

Der Zug hält: Vadul-Sireth, der sowjetische Grenzbahnhof mitten im einstigen österreichischen Kronland Bukowina. Schwere Stöße lassen den Waggon erzittern. Überdimensionale Wagenheber greifen unter die Räder. Der direkte Schlafwagen Bukarest - Warschau wird auf eine breitere Spur gestellt. Ein Soldat mit Pelzmütze patrouilliert, in einen braungrünen Mantel gehüllt, neben dem Zug auf und ab. Unter dem Stationsnamen in kyrillischer Schrift blitzen die harten Augen des Leninschen Tatarenkopfes aus einem Druck in fahlen Farben. Wie alpenländische Bildstöcke bekränzt, verkünden buntgestrichene Anschlagtafeln Planziele und Leistungsbilanzen. Aus den Lautsprechern schmettert Militärmusik. Die Schaffnerin serviert für drei Kopeken Tee im Glas. Auf dem metallenen Untersatz löst sich ein Raumschiff von der Mutter Erde. Der wie ein Bär gewachsene Zöllner streckt seine tätowierte Hand nach dem Paß aus und grüßt mit „Strastwuitje, Towarischtsch". Eine Seitenpforte des unermeßlichen Sowjetreiches hat sich geöffnet.

Der Zöllner beschäftigt sich lange mit dem Reisenden aus Wien. Sorgfältig blättert er in Büchern und Zeitungen und nimmt nur kopfschüttelnd zur Kenntnis, daß der Fremde in Czernowitz aussteigen will. Denn heute ist die Hauptstadt der Bukowina nur selten Ziel von Touristen aus Österreich. Nicht wie früher, da in Wien, Prag oder Budapest so viele Fahrkarten mit dem Bestimmungsort Czernowitz gelöst wurden. Doch 1905 ist der stramme k. u. k. Leutnant von den 8er-Ulanen mit den Instruktionen für seine neue Kommandierung in der Tasche nicht über Bukarest, sondern über Lemberg gefahren. Er mußte auch keine Grenze passieren. Erst seit dem Zweiten Weltkrieg wird die Bukowina von Grenzlinien durchschnitten. Heute teilen sich die Sowjetunion und Rumänien in das Land. Bei einem Blick aus dem Fenster hat sich dem k. u. k. Offizier an einem Novembermorgen ein ähnliches Bild geboten wie dem Fremden fünfzig Jahre später, ein Bild, wenig dazu angetan, bange Gedanken über den Dienst im „Sibirien" der Monarchie zu verscheuchen: krächzende Krähen in dichten Schwärmen auf Bäumen und Äckern, nebelgraue Bahnhöfe mit Mäanderornamenten unter dem Dach, mit Blumenkästen an den Säulen und blinden Rundbogenfenstern gegen die Windseite, einheitlich im ganzen Land, von nüchternen Bürokraten auf einem Wiener Schreibtisch entworfen. Umgeben sind diese strengen Forts altösterreichischer Eisenbahnstrategie von einer Landschaft, wie geschaffen für den Herbst, für Trakl-Gedichte, trübe Ahnungen und Reiterromane; eine bucklige Welt, belebt von nackten Weiden, von Gräben und Bächen zerfressen, ein das Auge verwirrendes Auf und Ab, gefärbt wie die Mäntel der Soldaten, die jetzt hier Gleichschritt üben, doch überweht von einem zarten Hauch von Reif. In Talsenken verstecken sich winzige Dörfer, als ob sie sich vor dem Grundherrn fürchteten, vorsichtig abgerückt vom Schienenstrang, der eine andere, lärmendere Welt in ihre Stille bringt. Die hellen Häuschen, oft noch mit Stroh gedeckt, sind bemalt wie Ostereier. Struppige Panjepferdchen plagen sich vor klapprigen Fuhrwerken, deren Räder im ewigen Schlamm des Ostens versinken — wie eh und je. Vor dem Horizont der unendlichen Buchenwälder, denen die Bukowina ihren Namen, Buchenland, verdankt, werfen die Knollentürme hölzerner Dorfkirchen ihre Schatten.

Aber der Leutnant von damals würde heute das Land doch nicht wiedererkennen. Die Hügel und Berge und Wälder sind zwar dieselben geblieben. Inzwischen haben hier jedoch Rumänen regiert, Deutsche, Ukrainer und Russen. Neben der Bahn wachsen die Trichter, die der Krieg in die Erde geschlagen hat, langsam zu. Und die Felder ringsum spiegeln das gesellschaftliche System, das hier das Leben umgepflügt hat. Der Zug schaukelt durch eine Kolchosenlandschaft: riesige schwarze Ackerflächen ohne trennende Grenzsteine, Grasstreifen oder andere Markierungen von Besitz und Eigentum, Arbeitsbrigaden auf Kartoffelfeldern, Rinderherden, wahre Gebirge von Rüben und Kohlköpfen, langgestreckte Stallungen abseits von den Dörfern, die Maschinenparks der Traktorenstationen — Fabriken der Landwirtschaft.

Dennoch sind die Überbleibsel von Privateigentum und -initiative die auffallendsten Merkmale dieses entpersönlichten Bauerntums: die Kühe, die neben der Bahn weiden, jede für sich an bescheidenen Büscheln grasend und jede wie ein Schatz von einem eigenen Hüter beäugt, von einer Großmutter oder von den Kindern, die gerade schulfrei haben. Diese Einzelkuh, die das Gesetz der Kolchose jeder Familie erlaubt, ist ihr kostbarstes Gut, gehegt und gepflegt wie jenes letzte Stückchen Erde, das man den Menschen rund um ihre Häuser als Eigen gelassen hat, ein Garten, überquellend von Fruchtbarkeit, mit einer Vielfalt von Feldfrüchten, Gemüse, Obst und einer schnatternden und gackernden Geflügelschar — einer der Grundpfeiler der sowjetischen Lebensmittelversorgung.

Die Schaffnerin bringt die Fahrkarte. „Tschernowtzy", sagt sie. Czernowitz. Der Zug rumpelt über eine stählerne Brücke, über den träge dahinfließenden Pruth. Das zinnenbekrönte Wachhäuschen hat wohl schon zwei Kriege überdauert. Aus dem Nebel taucht die Silhouette dieser internationalen Stadt: die spitzen Türme, von den Deutschen erbaut, die architektonischen Zwiebelgewächse der Ukrainer, die Schornsteinwälder des Fabrikgürtels, den die Sowjets um den Stadthügel gelegt haben, die neuen Wohnblocks für einen Teil der 100.000, die seit dem Krieg zu den ursprünglich 60.000 Einwohnern dazugewachsen sind. „Tschernowtzy!"

In der großen Bahnhofshalle sind Marx, Engels und Lenin als Empfangskomitee in Öl an die Wand gepinselt, neben mehreren vaterländischen Kunstschöpfungen mit Offizieren über der Generalstabskarte und Sowjetarmisten im Biwak. Unter diesem „Gemälde" lagern vermummte Bäuerinnen auf umfangreichen Bündeln und kauen Sonnenblumenkerne. Hinter einem Tischchen plaudert ein unrasierter Buchverkäufer mit einem Freund. In meinen Ohren bleibt ein lautes „Woss hot ir gesogt?" hängen. Sie reden jiddisch. In Czernowitz und Tarnopol und in Lemberg, in der Bukowina und in Galizien ist dieses altertümliche Idiom, dieses sprachliche Fossil, noch nicht verklungen. Oft dient es als einzige Verständigungsmöglichkeit: Man spricht deutsch und der Partner jiddisch, und jeder weiß, was der andere sagen will.

Ein dreckverkrustetes Taxi kriecht über die steile Straße. Was ist das für eine Stadt? Sankt Pölten, Stockerau, Korneuburg? Nein, in diesen niederösterreichischen Städten hat sich mancher Neubau in die lange Front der behäbigen Bürgerheimstätten des 19. Jahrhunderts eingeschlichen. In Czernowitz aber ist alles beim alten geblieben. Der Krieg hat den Stadtkern fast verschont. Die Sowjets übernahmen eine gebrauchsfertige Landeshauptstadt und fanden wenig Anlaß zu Korrekturen. Was neu aus dem Boden gestampft wurde, hatte genügend Raum in den Vorstädten und in der Pruthebene.

Selbst die Gassen der Einfamilienhäuser überdauerten genauso, wie sie in alten Beschreibungen des österreichischen Czernowitz festgehalten sind: ebenerdig, mit sechs bis acht wuchtigen Fenstern zur Straße, ohne daß eine Tür die Fassade auflockert; man betritt diese Wohlhabenheit und Geborgenheit atmenden Sitze von Majors- und Oberstenfamilien, von Regierungsräten und Gymnasialprofessoren durch das Gartentor. Die Glocke ist meist unter einem Fenster montiert, so daß der anläutende Besucher den Blicken der Hausbewohner ausgesetzt ist. Als Zeichen der Zeit klebt jedoch heute neben der Glocke eine Serie von Namenschildern: Jablonek dreimal läuten, Stadler zweimal läuten und so weiter. Wohnungen sind knapp geworden, und in Einfamilienhäusern muß nun Platz für viele sein.

Aber nicht diese niedrigen Häuserzeilen, sondern die Amtsgebäude, Schulen, Hotels und Gerichte formen das Antlitz der Stadt, die ein Verwaltungszentrum war und noch immer ist. 1899 pries ein österreichischer Autor den Aufbau der Bukowinametropole: „Erfreulich ist die Metamorphose, die Czernowitz in verhältnismäßig kurzer Zeit an sich erfahren hat, denn dort, wo vor einhundert Jahren kaum zwanzig gemauerte Häuser sich befanden, erheben sich heute stattliche Häuserreihen, vielfach geschmückt durch monumentale Bauten und schöne große Kirchen, und dort, wo noch im Jahre 1840 ein einziger öffentlicher Wagenvermieter sein notdürftiges Auskommen fand, rollen heute lustig über einhundert Fiaker und Einspänner durch die Stadt, uneingedenk der zahlreichen Privatequipagen und eleganten Herrschaftskutschen, die zur Physiognomie der Stadt redlich das Ihrige beitragen ..." Dann schwelgt der Schreiber in Lobesworten, um den Leser von der Eleganz der Stadt zu überzeugen.

Für Eleganz herrscht im Sowjetstaat jedoch wenig Bedarf, zumindest nicht in einer Regionshauptstadt von der Größe Czernowitz'. Nein, die Stadt gleicht einer alten Dame mit einem Schrank voller teurer Abendkleider, für die sie heute nicht mehr die richtige Verwendung hat. Das bemerkenswerte daran ist, daß diese gesamte Garderobe von ein und demselben Schneider gefertigt wurde: Sie stammt aus dem „Atelier Österreich“. 1775, als die Truppen Maria Theresias die zuerst von den Russen besetzte und zur Türkei gehörende Bukowina okkupierten, da wälzten sich in dem Marktdorf Czernowitz Schweine in der Hauptstraße, und Gänse versperrten den Soldaten den Weg. Doch als die Österreicher bei Ende des Ersten Weltkrieges ihre schwarzgelben Fahnen einziehen mußten, glich Czernowitz bereits der Stadt von heute. Und sie blieb in ihrem Äußeren so urösterreichisch wie kaum eine andere Stadt innerhalb der Grenzen der zerschlagenen Monarchie. Nur die Menschen, die in ihr leben, sind Fremde. Sie agieren vor der österreichischen Kulisse wie Schauspieler, die in den Dekorationen eines anderen Stückes ihre Rollen aufsagen. Czernowitz ist von den Österreichern „erfunden“ worden. Das spürt man auf Schritt und Tritt. Aber das Leben dort gehorcht heute anderen Gesetzen und einem anderen Rhythmus.

Die Fiaker sind pensioniert, für die eleganten Herrschaftsequipagen wurden keine Privatautos angeschafft, lediglich eine spärliche Anzahl schäbiger Taxis hat ihren Standort am einstigen Austriaplatz. Und die „Taxler“ warten so lange, bis sie vier Passagiere haben, damit jedem einzelnen die Fahrt billiger kommt. Wo sich die Figur der „Austria“ reckte, einer Art Czernowitzer Bavaria, ruft ein steinerner Sowjetsoldat zum Gedächtnis der Toten dieses Krieges. Zwischen den Bäumen leuchtet die hellgraue fünfstöckige Beamtenburg der Landesregierung. Sie beherbergt heute nicht die Regionsverwaltung, sondern die Parteileitung des Landes — eine Quartieranweisung voll Logik, denn die wahren Herren sind eben nicht die Verwaltungsbürokraten, sondern die Parteimanager, die von hier aus regieren.

Der wahre Mittelpunkt der Stadt aber ist der Ringplatz. Acht Straßen münden in dieses Karree. Jeder Czernowitzer überquerte es in den letzten hundertfünfzig Jahren wohl mindestens einmal am Tage. Die Stadtverwaltung haust in den hohen Büroräumen des grauen Rathauses. Ein rechteckiger schlanker Turm wie auf manchem burgenländischen Gutshof ist dem Bau aufgesetzt. Ein wenig zu stramm und zu militärisch für ein Rathaus. Aber in Czernowitz haben eben lange Zeit Soldaten kommandiert. Früher flanierten sie über den Platz und salutierten den Damen. Im Café Habsburg schlugen sie die „Neue Freie Presse“ auf und bestellten einen Mokka. Oder sie machten in einer der kleinen Konditoreien, die alle Demel nacheiferten, höheren Töchtern den Hof ... der Sozialismus braucht keine Kaffeehäuser und Konditoreien. Im „Habsburg“ macht sich die sowjetische Staatsbank breit. Und mißmutige Beamte zählen Rubelpakete, die nicht ihnen gehören. Auch das Schild „Kafeteria" in manchen Straßen bereitet nur eine Enttäuschung: Selbstbedienungsläden für gefärbte Limonade, Zichorienkaffee, dazu zähe Weinbeißer. An der Stirnseite des Ringplatzes hat der Krieg eine Wunde gerissen. Die leere Wand, an die sich früher ein Haus gelehnt hat, ist nun mit einer Porträtsammlung von „Helden der Arbeit", Stachanowstudenten, verdienten Professoren und Parteigrößen dekoriert: eine rote Walhalla für Lebende, eine Galerie der Tüchtigkeit sozialistischer Prägung.

Eines wird manchen der hier Verewigten wohl verdrießen: daß sie tagaus, tagein so vielen müßigen Stadtbummlern Gesellschaft leisten müssen. Denn gebummelt wird noch immer. Das Naturgesetz des Korsos, das die Menschen zwischen Adria und Dnjestr zu bestimmten Stunden in bestimmte Straßen treibt, wurde auch von den Normen des Marxismus-Leninismus nicht aufgehoben. Man geht, um zu gehen, um zu sehen, um gesehen zu werden. Auch heute. Aber es ist ein kleiner Unterschied dabei: Früher promenierte man, um sich zur Schau zu stellen, heute, um der Enge der Wohnungen zu entkommen.

Aus den Lautsprechern perlt am frühen Abend Musik. Die Herrengasse ist für den Verkehr gesperrt. Die jungen Leute drängen sich dort vor den Kinos und bereden die letzten Filme der sowjetischen „Nouvelle vague" oder die Premiere des Willi-Forst-Filmes „Wiener Madeln" (Jahrgang 1945). Nach den Arbeitsstunden ergießt sich ein Menschenstrom in die Geschäfte. Hausfrauen stellen sich um Paradeiser und Trauben an und räsonieren über die Mühen des Alltags. Und Teenager lutschen trotz der kühlen Jahreszeit süßes Eis. Man ist gesellig, aber man unterhält sich sparsam. All die Stammtische, Kränzchen, Klubs, Vereine, Jours und Tees, die früher dem Leben erst einen Sinn zu geben schienen, sind zerstoben, aufgelöst, verschwunden, verweht. Sie wurden durch Versammlungen und Organisationen ersetzt, durch Arbeitsgemeinschaften und Aktivistenrunden, durch gesellschaftliche Tätigkeit. Und durch Lernen und wieder Lernen. Am Abend sind in den Schulen alle Fenster erleuchtet. In den meisten Klassen wird unterrichtet. Erwachsene holen nach, was sie in der Jugend versäumt haben. Studenten, die bei Tag Geld verdienen, widmen ihre Abende dem Studium. Wer aber dennoch genügend Zeit und Rubel hat, die Abendstunden zum Ausgehen zu benützen, hat wenig Wahl. Ziel solcher Unternehmungen ist, wie überall in der Sowjetunion, das Restaurant eines Hotels: Wodka in großen Zügen, Kaviar, dunkles Brot, Fleischsorten, die beim Fleischhauer Raritäten sind, billiger Krimsekt, eine Kapelle, eine Sängerin. Um 11.45 Uhr wird — erste Mahnung — das Licht abgedreht. Um Mitternacht stürzen die Kellnerinnen die Stühle auf die Tische.

Im Neubau des Czernowitzer Hotels Intourist in der früheren Siebenbürger Straße bewegen sich öfters unsichere Bauern oder Kolchosenfunktionäre, die hier einmal das Großstadtleben genießen wollen. Unter der Stuckdecke des Restaurants im Lemberger Intourist-Hotel — dem früheren „Georges" — ist dagegen eine städtischere Gesellschaft anzutreffen. Fliegeroffiziere führen ihre schmuckbehängten Damen aufs Parkett. Kunstvolle rotgefärbte Turmfrisuren zeigen, daß die Lemberger Friseure schon weiter sind als ihre Kollegen in Czernowitz. Die Kleider sind teurer und modischer, und die Jugend tanzt zwar nicht Twist, aber immerhin Charleston. In Lemberg amüsierten sich früher die polnischen Großgrundbesitzer. Lemberg, die Hauptstadt des Königreiches Galizien und Lodomerien, eiferte Wien nach. Und Czernowitz blickte immer ein wenig neidisch auf die große Schwester. Dieser Unterschied wurde auch durch die sowjetische Gleichmacherei nicht beseitigt.

Als der Name Czernowitz noch nicht existierte, war Lemberg schon Stadt. Von gotischen und barocken Kirchtürmen wehten Fahnen, als Österreichs Truppen 1772 einmarschierten. Die ersten Stadtkommandanten Maria Theresias residierten in Palästen, in denen polnische Könige geschlafen hatten. Die polnischen Patrizier, die von Italienern gebaute Renaissancehäuser ihr eigen nannten, betrachteten die fremden Soldaten nicht unbedingt als Kulturbringer. Lemberg konnte bereits auf eine vielhundertjährige Geschichte zurückblicken, eine Stadt am Rande Europas, deren Handelsverbindungen in die ganze Welt reichten. Polen, Ukrainer, Griechen, Armenier, Rumänen, Juden, Italiener, Deutsche und schließlich die Beamtenschaft aus allen Teilen der Monarchie vermischten sich in Lemberg und verliehen der Stadt Weltoffenheit und Vitalität. Man betritt auch heute keine ausgesprochen polnische oder österreichische oder gar sowjetische Stadt, Lemberg hat von jedem etwas. Das Rathaus — 1848 während der Revolution von den Österreichern in Brand geschossen — steht wie das in Czernowitz am Ringplatz. Aber die hoheitsvollen Patrizierresidenzen ringsum lassen den einfachen Zweckbau verblassen. Die Gassen atmen Renaissance und Frühbarock. Fast an jedem Haus prangt wie eine Auszeichnung die Plakette, die ihm Denkmalschutz garantiert. Hier konzentrierte sich das Leben, bevor sich die Österreicher Lembergs annahmen. Sie schufen dann das Zentrum von heute. Voll Bewunderung konnte man 1898 von dieser Tätigkeit schreiben: „Durch Überwölbung des verkehrsstörenden häßlichen Flußbettes der Poltew wurden breite, schöne, wohlregulierte Räume geschaffen, entstand der Marienplatz; die Karl-Ludwig-Straße, in Verbindung mit dem Marienplatz die City Lembergs, der Stadtteil der Finanzinstitute, der Geschäftscomptoires, der Fremdenhotels und elegantesten Kaufläden, wurde breit, eben, mehr symmetrisch und erinnert in ihrer jetzigen Gestalt an Berlins Unter den Linden; die Akademiegasse ist zu einer luftigen freien Avenue geworden. Das Erwachen der Baulust fällt in die neue Epoche, welche das mächtig anziehende Beispiel der Erweiterung und Modernisierung Wiens für alle großen Provinzstädte der Monarchie geschaffen, die aber in Lemberg mit den siebziger Jahren beginnt."

Diese „City", die Verbindung zweier Avenuen, ist die Achse der Stadt, ein durch Grünanlagen veredeltes Straßenband, auf dem jeder sich zeigt, auf dem Lemberg lebt. Von früh bis spät wogen hier Menschenschwärme auf und ab. Wie auf der Wiener Ringstraße haben die von Österreich bezahlten Architekten hier einen Repräsentationsbau an den anderen gereiht: die wuchtige Oper, die Kuppel der Kunstakademie (jetzt Lenin-Museum), das Priesterseminar (jetzt Pionierpalast), die Sparkasse (jetzt Volkskunstmuseum), die Prager Bank („alle Arbeiter hatte man dafür aus Böhmen importiert", weiß ein Siebzigjähriger), Hotels, Kaufhäuser, Büros, Kinos.

Hier haben die Lemberger ihren Korso: schöne junge Frauen und Mädchen, die versuchen, mit Hilfe kleiner Schneidertricks westlich auszusehen, modern gestaltete Schaufenster, ein Plakat für eine Modeschau, Studentinnen in schwarzen Strümpfen mit topfförmigen Hüten. Die Kopftücher sind nicht so häufig wie in Czernowitz, die Beine der Burschen stecken in engen Röhrenhosen, Transistorradios sind auf westliche Stationen gestellt. Man lacht, schüttelt einander die Hand, ist lebhaft, gestikuliert und wandert auf und ab, immer die gleiche Route.

An eine Ecke zwischen den Blumenbeeten und Bäumen der Karl-Ludwig-Straße (jetzt Leninprospekt) scheint jedoch etwas Besonderes los zu sein. Männer stecken die Köpfe zusammen, als ob sie einander nicht ganz stubenreine Witze zuflüsterten. Unter einem Dach von flachen Mützen, richtigen „Kappeln", verschmelzen sie zu einer schwirrenden und summenden Masse, zu einer Volksversammlung, die von früh bis spät tagt — eine der wenigen Versammlungen, die nicht von Partei oder Regierung einberufen werden. Die Behörden dulden sie dennoch: denn hier wird ausschließlich über Fußball diskutiert. Die Lemberger Stadtväter wollten wohl einmal etwas gegen diese Zusammenrottung unternehmen. Sie ernannten einen benachbarten Platz zum Fußballtreffpunkt, richteten in einem Pavillon ein kaffeehausähnliches Lokal ein und stellten große Tafeln mit den Meisterschaftstabellen und den Bildern lokaler Fußballheroen auf. Der Platz blieb leer. Die Lemberger Sporttheoretiker verteidigten ihren angestammten Rendezvousort und ignorierten die staatliche Förderung ihrer wichtigen Tätigkeit. Und sie treffen einander weiter in der Karl-Ludwig-Straße und tadeln und loben ihre Lieblinge auch heute noch dort, wo sie es immer zu tun gewohnt waren.

Weniger sportbegeisterte Lemberger können sich in ihrer Freizeit in den hügeligen Parks verlieren, für die Lemberg schon immer berühmt war. Zwischen den Bäumen und Sträuchern, Glashäusern und Beeten, die noch von der Hand österreichischer Gartenbauer zeugen, wurden Pavillons, Triumphbögen, Statuen spielender Kinder und andere Produkte jener kleinbürgerlichen Kunstgesinnung gesetzt, die sich Sozialistischer Realismus nennt. Einer der beiden Hügel, an die sich die Stadt schmiegt, wurde in einen Soldatenfriedhof verwandelt, mit dräuenden Sowjetarmisten aus Stein, hoch über dem Dächergewirr. Rund um dieses grüne Herz Lembergs hatte sich die vornehme Welt angesiedelt; Namen, die im alten Österreich einen guten Klang hatten, werden hier laut. Schließlich hat Lemberg Wien unzählige Minister und hohe Beamte geliefert. Das protzige Potocki-Palais, eine Louvre-Imitation des 19. Jahrhunderts, der Sitz der Goluchowskis, der jetzt einen Kindergarten beherbergt, das Rokoko-Militärkasino, in dem die Lehrer einen Klub haben. Vor dem Tor verleugnet ein Kanaldeckel seine Herkunft nicht: „Gebrüder Andrae, Wien". Man schreitet durch vornehme Gassen, die vom Wiener Cottage hierher verlegt worden sein könnten. Und bis heute nennen die Lemberger ihr Villenviertel Cottage.

Über 400.000 Einwohner zählt die Stadt. In der Sowjetunion ist sie jedoch nicht so sehr wegen ihrer Baudenkmäler und schönen Frauen berühmt als vielmehr wegen der Autobusse Marke Lwow — so heißt Lemberg auf russisch —, die hier für sämtliche Unionsrepubliken produziert werden. Und wegen der Bau- und Straßenreinigungsmaschinen, die am Bahnhof zwischen den Zügen auf ihren Abtransport warten. Die verschiedenen technischen Institute haben einen guten Ruf. Dennoch führt die Hauptstadt Lemberg heute ein Pensionistendasein. Die großen Entscheidungen fallen alle, wenn nicht in Moskau, so in Kiew. Denn die Westukraine wird von der Millionenstadt am Dnjepr aus zentralistisch gelenkt. Das Sowjetsystem hat Lemberg zur Provinzstadt degradiert.

„Unser Lemberg ist nicht mehr das, was es einmal war", seufzt eine zarte alte Frau in akzentfreiem Französisch. „Aber was soll man machen? Ich hatte keine Gelegenheit wegzugehen wie so viele andere. Und nun muß man eben still sein und sich weiterhelfen, wie man kann." Die Frau hat soeben die Lateinerkirche verlassen, den katholischen Dom dieser an Gotteshäusern so reichen Stadt.

Aus der Kirche dringt Gesang. „Maria, Maria, o Maria ..." Tausend Stimmen singen das Lied, und sie klammern sich wehmütig an das letzte „a". Sie ziehen es klagend in die Länge. Nur Kerzen flackern im Dom. Es heißt Strom sparen. Doch ein Wall von Menschen versperrt den Weg. Kopf an Kopf, Schulter an Schulter, im Mittelgang, in den Nischen der Seitenaltäre, vorn im langen Chor, der einst nur den Domherren reserviert war. Weihnachten? Ostern? Nein, ein gewöhnlicher Sonntag in einer der beiden katholischen Kirchen der Stadt. Drei Messen werden täglich hier gelesen. Und nie sind die Bänke leer, nicht einmal an Wochentagen. Und sonntags ist die Kirche überfüllt wie eine Straßenbahn. Bei der Wandlung bereitet es Mühe, die Knie zu beugen. Von weit und breit strömen die Gläubigen in die Lateinerkirche. In den Dörfern und Kleinstädten sind alle katholischen Gotteshäuser geschlossen. Das nächste Reservat des Katholizismus in der Sowjetunion ist — außer Czernowitz — Litauen.

In Lemberg sind es nicht nur Greise und Mütterchen, nein, auch viele junge Leute beten und singen voll Inbrunst und Glauben. Nach der letzten Messe kann der Pfarrer noch lange nicht rasten. In der Sakristei warten mehrere Paare auf die Trauung, und Mütter bringen ihre Kinder zur Taufe. Andere wieder verlangen geistlichen Trost und Zuspruch.

Drei katholische Priester betreuen eine unbekannte Anzahl von Gläubigen in und um Lemberg. Der jüngste ist 72, die beiden anderen, 78 und 83 Jahre alt, liegen krank darnieder. Abgeschnitten von jedem Bischof, fern von Rom, wirken diese Männer. Ihren Unterhalt bestreitet die Pfarrgemeinde. Der Staat springt mit Geld nur ein, um die Kirche als Kunstwerk zu bewahren. Die Sowjets haben Zeit

— sie warten nur darauf, bis der letzte Priester auf den Friedhof getragen wird. Nachwuchs gibt es keinen.

Dennoch beunruhigt die Religion die Partei. In jeder Buchhandlung ist ein Regal atheistischen Büchern vorbehalten. Und in Czernowitz, wo das frühere Restaurant Bellevue einem Buchladen gewichen ist, hat man der religionsfeindlichen Propaganda ein ganzes Schaufenster eingeräumt: Bücher, Bilder — betrunkene Popen mit fetten Weibern, habgierige Priester, dazwischen eine Karikatur: Popen, ein mohammedanischer Mullah, ein Rabbiner und ein katholischer Geistlicher in einem höllischen Feuerkessel.

Das Bündnis zwischen Kirche und Dynastie im österreichischen Staatsgebilde war in der Bukowina und in Galizien besonders fest. Der Glaube war so tief verwurzelt, daß das Sowjetsystem damit noch immer ringt. Der polnische Bevölkerungsteil, vor allem in und um Lemberg, hängt seiner Religion mit ähnlichem Eifer an wie die Katholiken in Polen. Die Mehrzahl der Ruthenen, der Ukrainer gehörte der unierten ukrainisch-katholischen Kirche an. Ihr Haupt war Erzbischof Slipyi. Die Sowjets verfolgten und zerschlugen diese Kirche, um alle Spuren eines westukrainischen Separatismus zu tilgen. Slipyi und ein Großteil der Priesterschaft wurden nach Sibirien verschickt. Seit seiner Freilassung vor einigen Jahren lebt er nun in Rom. In einem Trakt seines Lemberger Sitzes aber wohnt der orthodoxe Bischof.

Die Sowjets förderten ursprünglich die nicht an Rom gebundene Kirche in diesen Gebieten, um die katholischen Ukrainer stärker an Rußland zu binden. Doch nun stören die Partei auch die vollen Gotteshäuser der Orthodoxen, und von Zeit zu Zeit wird eines geschlossen — „auf Wunsch der Gläubigen", wie es die offiziellen Erklärungen formulieren. Politische Gründe veranlaßten die Österreicher, die Unierten zu unterstützen. Das beste Beispiel bietet Czernowitz. Da liest man in einer zeitgenössischen Beschreibung: „Die Krone aller Bauten ist die erzbischöfliche Residenz, die an Schönheit und Großartigkeit weithin von keinem ähnlichen, im byzantinisch-maurischen Stil gehaltenen Bau übertroffen wird." Die Residenz des ukrainischen Erzbischofs liegt etwas außer der Stadt auf einem Hügel: ein ziegelroter Komplex mit Türmen und Kuppeln, eine Mischung von Wiener Arsenal und Venediger Markusdom, von Wiener Roßauer Kaserne und Konstantinopler Hagia Sophia.

Der Erzbischof von Czernowitz ist ein großer Herr gewesen, ein Fürst, auf den man in Wien Wert legen mußte. Schon Josef II. hatte ihm eine Residenz gebaut, wie eine Tafel in rumänischer Sprache zu berichten weiß. Der neue Prunkbau hat 1,75 Millionen Gulden verschlungen. Seinem Schöpfer, dem Tschechen Josef Hlávka, wurde in dem verwilderten Garten der Residenz eine Büste gewidmet, nicht weit von dem Obelisken mit der deutschen Aufschrift: „Gradmessung 1875". In dem Gebäude eilen junge Menschen die Gänge und Treppen auf und ab. Man spricht zwar noch immer von der „Residenz", doch heute ist hier die Universität zu Hause. Und wenn sich die Professoren einmal zu einem festlichen Anlaß versammeln, dann im Synodalsaal unter den Fresken von Heiligen und Wundertätern. Im Museum aber präsentiert man einen vergoldeten Thronsaal: „Auf diesem Thron ist Kaiser Franz Josef gesessen — in der Kathedrale neben dem Erzbischof."

Trotz vieler äußerer Zeichen ihrer Bedeutung ist die Kirche heute doch nur eine Enklave der Welt von gestern. Die bescheidene josefinische Kirche der Katholiken in Czernowitz kann nicht über zu viel Besuch klagen. Das polnische Element ist hier wesentlich schwächer. Die buntgestickten Prozessionsfahnen an den Säulen werden nicht mehr aufgerollt. Aber das Gold in den Buchstaben einer lateinischen Gedenktafel ist neu: „Zum Gedächtnis an die Okkupation der türkischen Bukowina durch Österreich anno 1775, errichtet 1908, renoviert 1959."

Wurden ähnliche Hinweise auf Österreichs Herrschaft auch anderswo vor dem Untergang bewahrt, außerhalb schützender Kirchenmauern? Ein Doppeladler, aber nicht in den Vitrinen der Museen, sondern auf „freier Wildbahn"? Der zweiköpfige Wappenvogel, der vom Rathausturm golden über die Bukowina geleuchtet hat, ist schon nach dem Ersten Weltkrieg von den Rumänen demontiert worden. An manchen Palais spannen zwar mythische Vögel ihre Flügel, doch sie sind nur einköpfig. Meist wurden in die verschnörkelten Stuckrahmen und leeren Wappenfelder die Symbole der neuen Herren eingeritzt oder eingegipst: Hammer und Sichel.

Intourist-Guide Larissa glaubte das Gesuchte zu kennen. „Sehen Sie sich das einmal an", sagt sie auf dem Ringplatz vor dem Haus der Handelskammer, nun Sitz der Stadtparteileitung. Die neuen Mieter werden dem Mosaik über ihren Häuptern kaum einen gedankenvollen Blick gönnen. Larissa betont jedoch: „Das Mosaik wurde erst vor einem Jahr restauriert. Ist das der Adler, den Sie meinen?"

aber er ist es nicht. Der mächtige Vogel hat nichts mit dem zwiespältigen Wesen aus dem Zoo der Heraldik zu tun. Er breitet seine Flügel über eine bunte Gesellschaft von Damen und Herren in wallenden Gewändern, über die Symbolfiguren der einzelnen Kronländer. Mit einem Schuß Jugendstil wollte hier ein Künstler Anfang des Jahrhunderts den Österreichern im östlichsten Winkel der Donaumonarchie die Vielfalt des Reiches vorstellen.

Der Doppeladler wird aber doch noch gehalten: in einer der österreichischsten Institutionen von Czernowitz, im Theater. Das Theater in Czernowitz hat viele Verwandte, das Wiener Volkstheater, das Ronacher, das Grazer Opernhaus. Wie alle diese Häuser ist es ein Konfektionsstück aus der Wiener „Theaterfabrik" der Architekten Fellner und Helmer, bei denen die Städte des Kaiserreiches ein Obdach für ihre Kulturbestrebungen von der Stange erwerben konnten. Je nach Preislage lieferte man Ideen für eine eigene Fassade und fabrizierte das Innere jeweils nach dem gleichen Plüsch- und Blattgoldrezept, ein Theater wie das andere, nur die Größenverhältnisse wurden den lokalen Bedürfnissen angepaßt.

Die Umgebung ist also vertraut, aber die Menschen wirken fremd in der Talmipracht. Auch die Sowjetbürger holen für einen Theaterbesuch ihren besten Anzug, ihr schönstes Kleid aus dem Schrank. Die Offiziere aber, die aus der Loge des Landtagspräsidenten ins Parkett grüßen, die Damen, die sich nicht um Diätvorschriften kümmern und deren scharfes Parfüm den Raum mit dem gleichen Duft durchzieht, der allen russischen Hotels eigen ist, die Mädchen, die ihre blauen, grünen und gelben Kopftücher nicht ablegen, die Studenten, die wenigen Alten: sie alle haben nichts gemein mit der Gesellschaft, auf die dieses Theater zugeschnitten ist. Nicht einmal die Sprache. Auch auf der Bühne leben Sowjetmenschen, moderne Menschen, die jetzt schon Mädchen lieben dürfen und nicht nur Maschinen. Und die Zuschauer freuen sich, weil sie ein wenig traurig sein dürfen, weil im Theater menschliche Konflikte wieder erlaubt sind.

Auf der Galerie pusten Blasengel ihre Wangen auf und flattern durch den Stuckhimmel. Verblaßte Namen in ovalen Feldern von den Programmzetteln von einst: Ferdinand Raimund, Weber, Bauernfeld und Strauß. Bilder vom gegenwärtigen Repertoire und von den lokalen Schauspielergrößen sind im Foyer ausgestellt. Und da, auf einem Foto, da ist er, der Doppeladler: gewaltig reckt er sich, die ganze Bühne überschattend, als Emblem des Zwanges und der Unterdrückung. Darunter verhaften Gendarmen des Kaisers mit Federbüschen an den Melonenhüten — wie eine Kreuzung zwischen Fiaker und Heimwehrkämpfer — wackere Revolutionäre. Der Held des Dramas: Lukian Kobulitza, einer jener Politiker der Bukowina, die mit der Regierung Wiens nicht immer zufrieden waren.

Das Stück malt das offizielle sowjetische Bild der schwarzgelben Jahre der Westukraine: Willkür ferner Ministerien, Übermut privilegierter Feudalherren, Vormachtstellung fremder Nationalitäten. Die Masse jener Menschen, die 1945 durch die kriegsbedingte Völkerwanderung, aus den Steppen der Ukraine oder aus dem Inneren Rußlands kommend, hier seßhaft wurde, nimmt diese Geschichtsfälschung gedankenlos hin. Das in alle Lebensbereiche eindringende Sowjetsystem läßt keine Zeit für historische Reflexionen. Die Beziehung der Jugend zu dieser Vergangenheit, die nicht die ihre ist, beschränkt sich meist auf das Wissen, daß hier einmal Österreich war. So belehrt ein Hotelangestellter: „Es wird Sie vielleicht interessieren, daß das alles hier einmal zu Wien gehört hat."

Zwei zwölfjährige Buben starren im historischen Museum von Lemberg auf ein buntes Tableau mit Skizzen eines Journalisten und Zeichners aus den ersten Kriegswochen, als die Verteidiger voll Pessimismus meldeten: „Lemberg noch in unserem Besitz." Die Buben sehen einen wilden Kosakenkopf, einen Lemberger Bürger, der seinen Wehrwillen durch einen über den Straßenanzug geschnallten Säbel demonstriert, blaugraue Soldaten, die einen gefesselten Deserteur abführen, Schützenketten — der Krieg im Illustriertenstil von damals. Daneben vermodert hinter Glas eine etwas zerknitterte österreichische Generalsuniform samt Hut mit grünem Federbusch. Wem mag sie wohl ausgezogen worden sein? Wer hat sie vergessen? Wo überdauerte sie den Mottenfraß stürmischer Jahre? Wie wirken diese Reliquien auf Buben, die mit roten Halstüchern in die Schule gehen und ihre Freizeit im Pionierpalast verbringen? Verlegen und stokkend kommen die Antworten. Der eine hat kaum etwas davon gehört, der andere erinnert sich aus der Schule, daß Österreich und Rußland einmal gegeneinander Krieg geführt haben.

Viel mehr erfährt man auch von dem Komsomolzenchef der Lemberger Universität nicht, einem gewandten Volkswirtschaftler, dem man das Aktivistentum gar nicht vom Gesicht abliest: „Österreich — natürlich, das hier wurde alles von den Österreichern erbaut, aber mehr kann ich Ihnen wirklich nicht sagen. Ich bin noch zu jung." Man muß sich an Zuständigere wenden, an die Alten. Sie können auch ein Urteil fällen. Der pensionierte Universitätsprofessor zum Beispiel. 72 Jahre alt, mit dem Wesen eines Sechzigjährigen, vergräbt er sich in seine Bücher, komplettiert seine Kartei von 20.000 ukrainischen Wörtern, die im jüngst abgeschlossenen sechsbändigen Wörterbuch fehlen, studiert den Dialekt der Huzulen und hortet Erinnerungen — wie etwa sein Studienbuch der Universität Czernowitz von 1911, kaum zu unterscheiden von den Meldungsbüchern unserer Hochschulen; auf den Stempelmarken findet sich jedoch das Profil Franz Josefs. Der Professor hat eine feste Meinung: „Wie wir Ukrainer, wir Ruthenen, zu den Österreichern stehen? Wir hatten nicht zu klagen. Wir wurden nicht unterdrückt. Wir hatten unsere ukrainischen Volksschulen und Gymnasien, wir konnten unsere Sitten und unsere Sprache pflegen — in unseren Studentenverbindungen, unseren Vereinen, durch unsere Zeitungen und Abgeordneten. Sicher, um etwas zu erreichen, mußten wir auch kämpfen, so wie wir durch Demonstrationen zweisprachige Eisenbahnfahrkarten erstritten. Die Österreicher haben auch geschickt die verschiedenen Nationalitäten gegeneinander ausgespielt, in Galizien die Polen bevorzugt und in der Bukowina die Rumänen, aber man hat nie versucht, uns eine fremde Kultur aufzuzwingen, unsere Eigenart zu zerstören. Da waren die Rumänen viel Schlechter. Diese Gasse hier zum Beispiel hat schon 1907 Schewtschenkogasse geheißen, nach dem größten Dichter der russischen Ukraine. Die Österreicher haben es verstanden, uns zu behandeln."

Selbst Iwan Franko, der von den Sowjetgewaltigen zum Nationalhelden erhobene Lemberger Dichter und Publizist, zog vor der Monarchie den Hut. In einer Ostberliner Sammlung seiner Aufsätze und Gedichte schreibt dieser sonst so harte Kritiker Wiens: „Mit der ersten Teilung Polens 1772 kam ein Teil des ukrainischen Volkes unter das Zepter Österreichs. Dieses hatte schon früher in Ungarn einen Teil dieses Volkes unter seiner Herrschaft, und dort war seit 1740, seit dem Regierungsantritt Maria Theresias, ein bemerkenswerter Aufschwung der Volksaufklärung, des Volks- und höheren Schulwesens und des Schrifttums eingetreten. Ähnliches wollte die große Kaiserin auch im neuerworbenen Kronland zuwege bringen. Die Aufbesserung der ökonomischen und rechtlichen Lage der Bauernschaft, die Schaffung einer regelrechten Volksschule, die Erziehung einer aufgeklärten Geistlichkeit sowie deren gehörige Dotierung, das waren die

Hauptpunkte, auf die sie ihre Aufmerksamkeit richtete. Was ihr zu vollbringen nicht beschieden war, das setzte mit genialer Initiative und großer Energie ihr großer Sohn Josef II. fort." Und Franko zählt dann noch die Reihe der „großen Taten" des Kaisers auf, „welche im Andenken des ruthenischen Volkes mit dem Namen Josefs II. unauslöschlich verbunden sind".

Vor dem Lemberger Landtag, heute Universität, wurde ein Denkmal Iwan Frankos enthüllt: ein klotziger Marmorkopf, vor allem durch den steinernen Schnauzbart der stalinistischen Kunstgesinnung verbunden, aber auch sonst eines freien Geistes wie Franko nicht würdig. Frankos Name ist allgegenwärtig — die Universität, das Theater, ein Museum und die galizische Stadt Drohobycz erhielten Franko als Namenspatron, einen Mann, der sehr viel deutsch geschrieben hat und dessen politische Aufsätze meist in der Wiener Zeitung „Die Zeit" gedruckt worden sind. Der nationalbewußte Ukrainer war Wien bis zu seinem Tode (1916) verbunden.

Diese Verbindung zu Wien, besteht sie noch in irgendeiner Form gerade dort, wo die Gesellschaft am gründlichsten umgekrempelt worden ist? Für die Menschen in der Bukowina und in Galizien liegt Wien weiter entfernt als Moskau und Wladiwostok. Den wenigen, auf deren Taufscheinen noch k. u. k. Beamte ihre Stempel gedrückt haben, wird in ihrem sozialen und geistigen Rentnerdasein eine Genugtuung zuteil: Ihre Heimat, die vor fünfzig Jahren oft als der „Ferne Osten" der Monarchie betrachtet wurde, ist nun zur „Westfront" geworden: ein Stück Europa als westlichste Provinz des russischen Kolosses — und für die Touristen aus den Weiten der Sowjetunion der exotische Schaukasten einer in die Abgründe der Geschichte versunkenen Kultur und Lebensart.

Die Gänge der Lemberger Universität hallen nicht mehr wider von den Debatten der Landtagsabgeordneten. Emsige Studenten und Professoren tummeln sich hier angesichts von Grafiken über die Universitätsarbeit und der Plaketten über die Verleihung des Leninpreises. Das Thema Österreich steht im Büro eines Rechtsgelehrten zur Diskussion. Eben hat er eine Dozentin für Kolchosenrecht verabschiedet. Der Zivilrechtler ist noch zu jung, um Österreich aus eigener Erfahrung gekannt zu haben. Doch er sammelt Altertümer, und sein größter Stolz ist ein Originaldekret Maria Theresias über die Besitznahme Galiziens. „Wir verdanken Österreich viel", meint er. „Unsere deutsche Erziehung war auch möglich, als die Österreicher längst weg waren." Der Ukrainer spricht ein weiches Deutsch.

Ein Rechtshistoriker wirft ein: „Ja, das sind die noch immer lebenden Überreste Österreichs hier: unsere Deutschkenntnisse." Mit konkreten Erfahrungen weiß ein Rechtsphilosoph aufzuwarten: „Kennen Sie die Engerthstraße in Wien? Und das Gymnasium in der Radetzkystraße? 1917 ging ich dort zur Schule — als Flüchtling vor den Russen."

Andere haben ihr Deutsch bereits vergessen. Oder sie mischen es mit fremden Redewendungen, so wie die beiden Alten, die sich auf deutsch über ihre schwarzgelbe Militärzeit unterhalten und dabei immer wieder die Anrede „Towarischtsch" gebrauchen. Eine Aufseherin im Czernowitzer Museum beugt sich dagegen über ein deutsches Buch, das sie ins Ukrainische übersetzt, den Abschnitt von den Holzarbeiten der Huzulen aus dem Katalog der Schau österreichischer Heimindustrie auf der Weltausstellung 1900 in Paris. „Ich habe mich immer mit Sprachen befaßt. Meinem Sohn bringe ich auch Deutsch bei."

In den Lohnlisten einer Zuckerfabrik bei Czernowitz liest man deutsche Namen. 1940, als die Sowjets in die Bukowina einzogen, brachen die Buchenlanddeutschen aus ihren Dörfern auf — und mit ihnen auch mancher Städter. Einige Arbeiter trennten sich jedoch nicht von ihrer Heimat. In der Wohnung eines ihrer ältesten spürte ein Museumsbeamter sogar das Original des Kontraktes auf, mit dem Maria Theresia seinen Vorfahren das Recht zur Besiedlung und Kolonisierung des Landes gewährt hat. Bei einigen wenigen jüdischen Familien ist Deutsch noch immer Umgangssprache. Während die „alten Lemberger" meist geflüchtet, gestorben, ausgewandert und über fünf Kontinente verstreut sind, konservierte sich eine winzige Schicht, die auf die Frage nach ihrer Nationalität nicht mit Ukrainer, Russe, Rumäne, Jude oder Pole antwortet, sondern mit: „Ich bin ein Czernowitzer." Die Etagenschließerin im Hotel, deren Deutsch wienerisch klingt, das Personal in der Philharmonie, wo einst Caruso und der Czernowitzer Josef Schmidt gastierten, gehören dazu. „Das Publikum von heute ist nicht mehr so wie früher", seufzt ein weißhaariger Mann, der das Einrücken der rumänischen Armee, der sowjetischen und schließlich noch einen Zwangsaufenthalt in Sibirien hinter sich hat. „Lauter Fremde. Wir richtigen Czernowitzer werden mehr und mehr zu einer Minderheit." Eines ihrer Mitglieder ist auch der Direktor des Konzerthauses, nebenbei Regisseur des jiddischen

Theaters. „In Czernowitz hat man bis zum Krieg mehr Wiener Zeitungen gelesen als andere", schwärmt er. „Und bei uns haben wir alles auf dem Podium gehabt, was in Wien von Bedeutung war."

An diesem Abend singt in dem klassizistischen rotgetönten Saal eine Chansonette aus Moskau von deutschen Panzern und Messerschmitt-Jägern, von Sputniks und Wostoks, von Mackie Messer und — im Rumbarhythmus — von Kuba: politisierende Kunst vor dem Hintergrund gemütsbeseelter Bürgerkultur. Die Logen, die einst von den ersten Familien der Stadt gemietet wurden, werden noch immer mit denselben Schlüsseln geöffnet.

Auch der Kommunismus ist zwischen den beiden Kriegen von deutsch Sprechenden in das Land geschleust worden. Czernowitz feiert einen Spanienkämpfer deutscher Zunge, die Revolutionäre lasen Marx, Engels und Lenin in deutschen Ausgaben, im Museum vergilbt ein Exemplar der deutschen kommunistischen Untergrundzeitung „Die rote Bukowina". Im Intourist-Büro in Lemberg und Czernowitz sitzen dagegen nur Englisch- und Französischdolmetscher. Und in den letzten Jahren hatte Intourist in Czernowitz und später in Tarnopol kaum einen Gast aus Wien zu betreuen.

Wer fährt schon nach Tarnopol? Der Krieg hat das Städtchen ausradiert. Eine vierwöchige Belagerung ließ 1944 nur einen Trümmerhaufen zurück, überragt von einem neugotischen Kirchturm. Den haben dann die sowjetischen Stadtplaner sprengen lassen, als sie das neue Ternopol — wie es heute heißt — als Musterstadt nach ihrem Konzept wieder aufbauten: mit breiten Avenuen, Grünanlagen, Springbrunnen, einem Theater und Kino, garniert mit griechischen Tempelsäulen auf der einstigen Mickiewicz-, späteren Stalin-, heutigen Karl-Marx-Straße. Eine Stadt mit viel Platz für die Stürme, die über einen künstlichen See von der podolischen Steppe herbrausen. Als das „galizische Sibirien" hat man die Gegend um Tarnopol verflucht. Nicht zu Unrecht. Der Wind peitscht Eisnadeln über den Asphalt und vertreibt die Menschen von den monumentalen Boulevards. Hier haben die Kaiser Wilhelm und Karl 1917 nach ihrem Treffen die Parade der verbündeten Truppen abgenommen, nicht lange danach schwenkten Massen russischer Soldaten rote Tücher und schrien: „Revolution!" Nun verkauft ein von den Jahren gekrümmtes Weiblein Schaumrollen aus Waffelteig, und Bäuerinnen tragen aus dem Warenhaus Kipfel nach Hause, resch und knusprig, wie aus einer Wiener Bäckerei. In der Cafeteria Kosmos wärmen sich einige kräftige Milizionäre, die Nachfolger der Gendarmen. Und lärmende Buben turnen trotz der Kälte auf einem Raumschiffmodell — Astronautentum auch auf dem Kinderspielplatz. Vor einem schmucklosen kasernenartigen Bau vertritt sich ein Wachtposten die Füße vor einem der wenigen Gebäude von früher, dem Gefängnis. Seinen festen Mauern hat die Schlacht nichts anhaben können.

Das ist Tarnopol — kühl und kalt, „modern" mit altmodischen Mitteln; dennoch liegt hier etwas von jener Gastlichkeit und Gemütlichkeit begraben, für die der Osten der Monarchie berühmt war: trotz allen Zwistes zwischen polnischen Grundherren, ruthenischen Bauern, deutschen und tschechischen Beamten, ungarischen Husaren und jüdischen Händlern und Schankwirten. Da sitzt man nach ermüdenden Streifzügen durch Straßen, die alle über einen Leisten geschlagen sind, auf einmal in einem kleinen Häuschen am Stadtrand bei einem greisen ukrainischen Volksschullehrer, trinkt Wodka und selbstgemachten Wein — und spürt Österreich. Der Mann hat schon unter den Habsburgern unterrichtet, unter den Polen und nach sowjetischen Lehrbüchern. Würdevoll, wie man ein Meßbuch hält, holt er einen Band von Meyers Konversationslexikon, Jahrgang 1904, und schlägt das Stichwort Tarnopol auf. Er redet vom großen Krieg, von Przemyśl, von seiner Gefangenschaft in Rußland: „Uns Ruthenen haben sie nicht nach Sibirien verfrachtet. Wir sind in der Ukraine geblieben. Und schlecht ist es uns auch nicht ergangen. Ich war Verwalter und Dolmetsch und hab' sehr viel verdient." Der Lehrer tut einen kräftigen Schluck und zerteilt mit dem Messer einen eingelegten roten Paprika. „Als Kind habe ich noch den Kronprinzen Rudolf gesehen. Auf dem Balkon von der Post ist er gestanden und hat gewinkt. Ja, damals — da haben uns die Polaken immer benachteiligt. Wenn die hohen Herren in Wien beim Kaiser vorsprachen, dann haben sie uns Ruthenen als unverläßlich hingestellt, als Russenfreunde. Und der Kaiser war schon alt und hat gelächelt und ‚ja, ja' gesagt. So war das damals. Aber es war gut. Wenn man heute bei uns in die Dörfer geht, dann sind in Schränken und Truhen noch immer Bilder Franz Josefs versteckt." Der Alte macht eine Pause und klopft dem Gast auf die Schulter: „Aus Wien bist du, direkt aus Wien? Ich hätt' nicht geglaubt, daß ich noch einmal einen Wiener treffen würde. Sag, den Prater, den gibt's noch? Wer wohnt denn jetzt in Schönbrunn?"

Ein langer und schöner Abend. Man hört zu, aber muß noch mehr erzählen — von der Stadt, die bis vor fünfzig Jahren für die Menschen in Galizien der Mittelpunkt aller Landkarten war. Deren Spiegelbild diese Städte und Städtchen sein wollten. Ein Spiegelbild, das nun zertrümmert ist. Ein Mosaik von Scherben, die zusammengesetzt zum Zerrspiegel werden.

Vieles ist noch da, aber selbst die unzerstörten Häuser sind Ruinen. Sie haben Sinn und Inhalt verloren, die Banken und Regierungsbauten, für die man Stile vergangener Jahrhunderte geborgt hat, die stillen Villen, die Parks und Volksgärten, die klotzigen Kasernen einer ruhmreichen Armee, Nippfiguren und Biedermeiermöbel im Museum, die langen Reihen in Leder gebundener deutscher Klassiker in zu eng gewordenen Bürgerwohnungen. Das sind nur die Scherben. Für den Fall, daß man daraus noch ein Bild der Wahrheit komponieren könnte, wird zur Verschleierung und Verwirrung das offizielle Wienklischee im Dreivierteltakt geliefert — verlogen wie die schläfrigen Walzer der Hotelkapellen. Man inszeniert in Lemberg wieder den „Zigeunerbaron" und den „Bettelstudenten", und in einem Kulissenwien dreht sich das Ballett zu Strauß-Melodien. Johann Strauß höchstpersönlich wird herbeizitiert: als komponierender Buchhalter in einem Salon „Die Mode", ausgerüstet mit dem Abakus, der russischen Rechenmaschine. Er erträumt sich tanzend den Donauwalzer, die Tänzerin Fanny (Elßler) nimmt sich seiner an und will ihn seiner treuen Frau abspenstig machen. Die Schrammeln spielen auf, das Corps flattert im Spitzentanz durch einen Pappendeckelprater, in dem sich selbst die Bäume im Walzerrhythmus wiegen, und ein schneidiger roter Husarenleutnant mit einem Ulanenhelm springt im Mazurkaschritt über die Bühne — stilecht wie in der Lemberger „Carmen"-Aufführung die spanischen Offiziere, deren messinggelbe Uniformknöpfe von den Monturen wackerer Sowjetarmisten stammen: mit Sichel und Hammer im Sowjetstern.

Diese „Carmen" im Glanz des Opernhauses ist wie ein Wegweiser in die sozialistische Wirklichkeit. Das Parkett gehört Kolchosenbauern, die man an diesem Sonntag in offenen Lastwagen in die Stadt gekarrt hat. Männer und Frauen in Stiefeln und wattierten Jacken, denen im ganzen Theater am besten die dröhnenden Klänge einer Militärkapelle gefallen, die in der Pause im Foyer Märsche und Walzer zur Erholung von Bizets Musik bläst.

Nein, in diesem Land würde sich der k. u. k. Offizier von einst nicht zurechtfinden. Das Netzwerk von Plänen und Normen, das über die nach dem Zweiten Weltkrieg gewonnenen Gebiete gelegt wurde, ist zu dicht, zu verknüpft. Der Bevölkerungsaustausch war gründlich — und was an der Heimat festhielt, erlag der Gehirnwäsche des sozialistischen Alltags. Nichts, was auf die kaiserlichen eineinhalb Jahrhunderte bezogen ist, gilt noch als selbstverständlich. Dafür gehören heute die mongolischen Soldaten in der Eisenbahn so zu Galizien wie einst näselnde Aristokraten in Prunkequipagen.

Und der Hauptmann aus Tarnopol, der gerade von einem viermonatigen Ernteeinsatz aus Kasachstan zurückkehrt, ist eine Realität wie die Lenin-Statuen, die in Czernowitz und Lemberg Mariensäulen verdrängt haben. Nein, der Leutnant im blauen Waffenrock würde dieses Ostösterreich nicht wiedererkennen. Schon längst haben parteitreue Natschalniks und Manager den Herren im Kreml die Vollzugsmeldung erstattet: „Die Sowjetisierung der Westukraine ist mit Erfolg abgeschlossen worden.“

# Die anderen Hauptstädte

## BUDAPEST

Die Sohlen finden auf den glitschigen und brüchigen Ziegelstufen kaum Halt. Im Spätwinter wird der Weg hinauf nach Schloß Kiscell, auf einem der Hügel über Budapest, zu einer mittleren Bergpartie. Man verschnauft vor dem von Stürmen, Regen und Kriegen angenagten Gemäuer. Das Barockportal ist mit Schwertern ausgerüstet, die nicht schlagen, und mit Trompeten, die nicht blasen. Im Hof kräuselt sich bläulicher Dunst aus den Auspuffen mehrerer Autos. Statt Soldaten empfangen den Besucher kräftige Männer in wattierten Jacken. Mit ihren groben Händen schleppen sie Frauengestalten, unbekleidete Nixen, die bei diesen Minustemperaturen besser in eine warme Badestube paßten. Die Männer setzen die metallenen Meereswesen in einem Schuppen ab. In dem Halbdunkel dieses Magazins haben sie nicht unter Einsamkeit zu leiden. Beim Eingang erwartet sie schon die majestätische Gestalt einer Kaiserin: Elisabeth von Österreich, Königin von Ungarn, thront unter einer schützenden Staubschicht und von wallendem Gewand umflossen auf einem gegossenen Prunksessel. Das Elisabeth-Monument, das bis nach dem Zweiten Weltkrieg unten bei der Elisabethbrücke den Budapestern die Königin ins Gedächtnis gerufen hat, die ihren Herzen am nächsten stand. Weiter hinten richtet Franz Josef im langen und schweren Krönungsornat seinen Blick etwas vorwurfsvoll ins Freie. Kein Wunder, denn zwischen ihn und Elisabeth hat sich ein zwergenhafter

Sowjetarmist verirrt, dessen wenig gelungenes Äußeres den Schönheitssinn ungarischer Denkmalpfleger beleidigt hat. Für die Franz-Josef-Statue ist noch immer eine Nische am Millenniumsdenkmal im Stadtwäldchen frei. Der Lauf der Geschichte hat ihn jedoch hierher nach Kiscell in den Kreis weiterer Familienmitglieder verschlagen: Kronprinz Rudolf dürfte gerade von der Jagd gekommen sein, die Bronzefigur steckt in einem Jägerkostüm, und Karl und Leopold, die Barockkaiser, fallen durch das Gelocke der die Schultern bedeckenden Perücken aus der Reihe: ein habsburgischer Familienrat, in Metall und Staub erstarrt. Unsterblichkeit in einem Abstellraum, die „Kapuzinergruft" der Könige von Ungarn, der letzte Zufluchtsort eines Geschlechtes, von dem die Ungarn nie recht wußten, ob sie es lieben oder hassen sollten.

„Das neuzeitliche Geschichtsmaterial Budapests wird im Schloß Kiscell am Berghang oberhalb von Obuda aufbewahrt", vermerkt der Stadtführer. Der „Abfall" der Geschichte in dem Schuppen ist jedoch nicht für Touristenaugen bestimmt. Hier haben die kommunistischen Machthaber Denkmäler deponiert, die der Parteilinie widersprechen. Sie einzuschmelzen, hatte man nicht das Herz. Die östliche Geschichtsbetrachtung ist wandelbar: Vielleicht braucht man die bronzenen Herrscher noch einmal? Man munkelt schon, daß der Elisabeth-Statue Asyl auf der Margareteninsel gewährt werden soll — im Schatten eines zweihundertjährigen Baumes, unter dem die Königin oft gerastet hat.

Die neuen Herren Ungarns gewöhnen sich daran, auch auf die Stimme des Volkes zu hören. Darum setzten sie Elisabeth ein viel schöneres Monument als das altertümliche Standbild. Wenn man aus dem kriegerischen Tor tritt — es wurde von einem Möbelfabrikanten vom einstigen Wiener Kriegsministerium nach Kiscell verfrachtet —, dann breitet sich zu unseren Füßen das Band der Donau aus, raumheischend und herrisch, ein Strom, der befiehlt, daß hier zwei Städte sein sollen, ganz gleich, durch wie viele Brücken ihre Bewohner aus Buda und Pest eine Einheit schaffen wollen. Ein Strom, angesichts dessen jeden Wiener ob seiner Donau Minderwertigkeitskomplexe quälen müßten. Ob dieses Mißverhältnis nicht mit schuld war, daß sich in der Monarchie die Politiker aus Budapest denen aus Wien so oft überlegen dünkten?

Von den Brücken glänzt eine besonders hell und weiß im Sonnenlicht, so als ob man sie gerade erst aus der Verpackung geschält hätte. Schlanke Träger stoßen in den Himmel. Frei schwebt sie über dem Wasser, von keinem Pfeiler gestützt: die Erzsébet-, die Elisabethbrücke. Deutsche Sprengladungen ließen sie 1945 zertrümmert in das Strombett sinken, Anfang 1965 wurde sie mit großem Gepränge und gewichtigen Reden von der roten Parteiprominenz wieder eröffnet. Kádár selbst durchschnitt das Band und schritt als erster über die Brücke, die den Namen jener Königin behalten durfte, die Franz Josefs Gemahlin war. Die nationale Begeisterung bewegte die Versammelten dazu, die alte ungarische Hymne nicht nur anzuhören, sondern auch mitzusingen. So erscholl, ganz gegen die Parteisitte, aus der rauhen Kehle manches verdienten Genossen das sonst verpönte „Gott segne die Ungarn".

Ein Kommunist kommentiert die Namengebung in überlegenem Ton: „Wir sind nicht gewillt, den Unmut des Volkes durch solche Äußerlichkeiten zu erregen. Die Leute hätten ja doch Elisabethbrücke zu ihr gesagt. Sie nennen ja auch die Nachbarbrücke, die heutige Freiheitsbrücke, noch immer nach Franz Josef." In Budapest flüstert man noch eine andere Begründung: Als die Arbeiter hörten, daß man die neue Brücke nach Lenin taufen wollte, drohten sie mit Streik. Die Partei wurde daraufhin sofort „königstreu".

„Gegenüber Damen waren wir stets galant", sagt einer jener Literaten, die in den frühen Abendstunden den Budapester Presseklub bevölkern. „Vor Elisabeth werden wir immer den Hut ziehen, sogar jene Herren, denen das Wort ‚Königin' nur als Schimpfwort über die Lippen gekommen ist." Und dann entspinnt sich eine lange Debatte über dieses Haßliebeverhältnis, das Budapest mit Wien verbindet, Ungarn mit Österreich und die Magyaren mit den Habsburgern. Jedes dieser Gespräche führt zur Revolution von 1848, als die Ungarn die Habsburger absetzten und ihr Unabhängigkeitsrausch nach heldenhaftem Widerstand mit der furchtbaren Ernüchterung der Niederlage gegen die Österreicher und Russen endete.

„Als euer Franz Josef auch noch unser Franz Josef war, da hat er halt nicht immer das Richtige gemacht", sagt der kleine Mann mit der spitzen Nase, der Filmdrehbücher schreibt. Und er meint das Todesurteil gegen dreizehn Generale des revolutionären Honvédheeres, das der jugendliche Kaiser 1849 unterschrieben hat. Die Geister der in Arad hingerichteten Nationalhelden melden sich in jedem Gespräch über die gemeinsame Geschichte zu Wort.

Aber eben dieser Franz Josef hat fünfzehn Jahre danach den als Rebellen in Abwesenheit zum Tod verurteilten Magnaten Andrássy zu seinem Außenminister und einflußreichsten politischen Berater erhoben. Unter der Regierung dieses Monarchen bekamen die geschlagenen Ungarn zwar zehn Jahre lang die harte Hand eines erbarmungslosen Absolutismus zu spüren, doch unter demselben Souverän wurden den Revolutionären von 1848 Statuen gegossen und ihrem Anführer Lajos Kossuth ein Staatsbegräbnis bereitet. Kaiserin Elisabeth hatte einen Lieblingsdichter: Alexander Petőfi, den Poeten des Freiheitskampfes, der den Kaiser mit seinen Versen beinahe vom Thron gestoßen hätte. Im Sturm russischer Kosaken, die Franz Josefs Thron retteten, verlor Petőfi sein junges Leben in Siebenbürgen. Die Kaiserin aber lernte seine Gedichte auswendig.

Die gelenkte Propaganda benützt freudig alle Anklagen und Beschuldigungen des ungarischen Nationalismus gegen das Haus Habsburg — um ganz einfach allen Gedanken oder Erinnerungen an die Monarchie ein Minus als Vorzeichen zu geben. Aber neben den schon erwähnten Historikern bemühen sich nun auch einige Leute an der Spitze um ein klareres Bild von der Vergangenheit. Ein überzeugter Kommunist wie der Vizepräsident der Akademie der Wissenschaften, Erik Molnár, wandte sich in einer vielgelesenen Zeitschrift gegen die chauvinistische Geschichtsschreibung und Österreichfeindlichkeit aus Prinzip.

Ein Herrscher aus dem Hause Habsburg wurde sogar wieder „hoffähig" gemacht: Josef II. In diesem Frühjahr hatten Budapester Theater gleich zwei Stücke mit dem Kaiser der Aufklärung als positivem Titelhelden im Repertoire: ein älteres Schauspiel von Dezső Szomory über den Konflikt Josefs mit den ungarischen Feudalherren, die sich seinen Reformen widersetzten, und das Werk eines modernen Autors. László Németh verwendet Josefs Gestalt in einem auf die Gegenwart bezogenen Gleichnis: Er fragt, ob es möglich sei, das Wohl des Volkes mit diktatorischen Mitteln durchzusetzen. Némeths Antwort am Beispiel Josefs ist: „Nein!"

Auch in einem Film nach Mór Jókais Roman „Raby, der Gefangene" tritt ein sympathischer Josef auf, von Ungarns bekanntestem Schauspieler, Antal Páger, dargestellt. Der Kaiser schlägt sich hier mit eigenwilligen Komitatsgewaltigen herum, die seinen Befehlen trotzen. Ein Höhepunkt des Zelluloidproduktes: In Wien läuten die Glocken, der Kaiser ist tot — und aus dem Dunkel des Bildes erscheint das Profil des Monarchen auf der Bahre, die optische Verklärung eines Habsburgers in einem volksdemokratischen Filmatelier.

Wie in den meisten Nachfolgestaaten unter Hammer und Sichel zwingt das wiedererwachende Nationalbewußtsein gegenüber der bisherigen sowjetischen Domination auch die höchsten Funktionärsschichten zu einer Suche nach der eigenen Geschichte. Und da begegnet man in Ungarn zwangsläufig auf Schritt und Tritt den Habsburgern. Man ist sich über das Schicksal ihrer Denkmäler noch nicht im klaren, man wagt es in Budapest noch nicht, dem Beispiel Gödöllős zu folgen. Aber man interessiert sich auch von Amts wegen wieder für die Jahrhunderte, da Ungarn königlich war.

Einer wenn auch negativen Gestalt aus dem Todeskampf der Monarchie wurde sogar ein Ehrenplatz zugewiesen: dem von vielen Altösterreichern auch heute noch mit dem Schimpfwort „Verräter" bedachten „roten" Grafen Michael Károlyi. Der Graf ist tot, aber Kádár und Genossen beugen sich vor seiner Witwe, der Gräfin Katinka Károlyi, einer Tochter Julius Andrássys des Jüngeren, der mehrere Jahre hindurch Außenminister des Kaisers war.

Gegenüber dem Hotel Erzsébet in der Károlyi-ut am Károlyi-Palais flackert selbst hinter den Brillen des versteinerten Grafen der nervöse Blick seines unsteten Wesens: eine Gedenktafel, die erst vor einigen Jahren enthüllt wurde. In dem Palais ist ihm ein Museum gewidmet: dem von Plänen und Projekten strotzenden jungen Magnaten, der am Totenbett der Monarchie stand, aber nicht als Trauergast, sondern als Bestattungsbeamter. „Die Katastrophe! Die Katastrophe!" hatte der Mann, der im Budapester Parlament offen die Unabhängigkeit Ungarns forderte, im Oktober 1918 am Vorabend der Niederlage gerufen. „Das Ende mit Schrecken! Ich prophezeie es seit Monaten! Es ist da! Weicht jetzt nicht zurück! Jetzt muß er gemacht werden, der Schnitt, der Ungarn für immer von Österreich trennt! Für immer!" Károlyi hat dann das Messer für diesen Schnitt selbst ergriffen. Als ungarischer Ministerpräsident befahl er allen ungarischen Soldaten, die Waffen niederzulegen. Dann rief er die Republik aus und wurde Staatschef — bis Béla Kun kam, der noch etwas republikanischer war und Károlyi wenige Monate später ins Exil trieb. Nach dem Zweiten Weltkrieg vertrat der Graf Ungarn bis 1949 als Botschafter in Paris. Dann legte er aus Protest gegen das kommunistische Regime sein Amt nieder. Sechs Jahre später starb er in Südfrankreich. 1962 gewährte ihm die Regierung in Budapest ein verspätetes Staatsbegräbnis. Hinter dem Sarg schritt die Witwe. Und sie blieb in Budapest.

Durch den Seiteneingang des Palais erreicht man eine weißgestrichene Tür ohne Schild. Eine alte Dame in hochgeschlossenem schwarzem Kleid öffnet. Die Gräfin sei gerade im Weggehen, aber sie sei zu einigen Worten bereit. Eine teppichbelegte Wendeltreppe, von elektrischen Kerzen beleuchtet, ein Biedermeierzimmer, eine Bibliothek mit Barocksesseln und einem schweren Schreibtisch und zum Teil noch leeren Bücherregalen. Und immer wieder das eingefallene, von Unruhe erfüllte Gesicht des Grafen. „Entschuldigen Sie die Unordnung, aber wir fahren schon wieder weg." — „Die Andrássy-Katinka war eine der schönsten Frauen Budapests", hatte man uns erzählt. Die Frauengestalt, die sich aus dem Schatten der Stehlampe löst, trägt jene künstliche Schönheit, wie sie den Damen der großen Gesellschaft in Paris, London und New York eigen ist. Wenn ihr Alter nicht durch ihre Rolle in der Geschichte fixiert wäre, würde man sie um zehn Jahre jünger schätzen: eine Grande Dame, zu Hause in den internationalen Salons, gewandt, überlegen, selbstsicher, nun allein in einem Trakt des Palais, das einmal das ihre war, allein mit einer gouvernantenhaften Frau, mit der sie englisch redet. „Ich bin nach Budapest zurückgekehrt, weil die Regierung meinem Mann Anerkennung zuteil werden ließ und weil ich gern hier bin, meistens ein halbes Jahr, dann gehe ich auf unseren Besitz in die Provence. Nächste Woche fliege ich nach Indien." Einige Koffer sind schon gepackt. Am nächsten Abend hält die Gräfin in der Provinz einen Vortrag über Károlyi: „Ich will dafür sorgen, daß man ihn richtig sieht. Und man verbietet es mir nicht." Eine Kreuzfahrerin für einen Politiker, über den ein endgültiges Urteil noch nicht gefällt ist. „Es wird so viel gelogen", sagt die Gräfin.

Im selben Haus ist das Museum. Und diese Frau ist auch so etwas wie ein Museumsstück. Darum hat die Regierung ihr gewisse Privilegien erteilt. Und die Gräfin weiß es. „Ich lebe für meinen toten Mann." Ob sie Kontakte zur hier verbliebenen Aristokratie habe? „Kaum. Meine eigene Familie ist emigriert. Und die anderen ..." Sie zuckt mit den Achseln. Die Konflikte sind noch nicht begraben. Károlyi ist den Alten noch immer zu rot. Seine Witwe redet jedoch von einer Donauföderation, die einmal kommen muß, wie sie ihrem Mann nach Kossuths Modell ohne Österreich und die Habsburger vorgeschwebt ist. „Das Taxi ist da", meldet die „Gouvernante". Das Interview war kurz, ein Zehnminutenausflug in das Mausoleum einer Utopie, die niemals Wirklichkeit geworden ist, der Besuch bei der Erbin eines Mannes, der sich vergebens als Erbe der Monarchie angemeldet hatte. Das Gespräch endet mit einem „Küss' die Hand, Frau Gräfin". Im heutigen Budapest hat dieser Gruß einen ganz eigenen Klang.

Der Graf Károlyi assistierte beim Begräbnis der Doppelmonarchie. In Budapest aber lebt ein Mann, der an der Bahre des Kaisers gebetet hat, an einem tristen Novembermorgen des Jahres 1916 in Schönbrunn. Der Ort der Begegnung ist diesmal kein feudales Palais, sondern eine Schulbank in einem Lehrsaal des Budapester Stenographenvereins. Der Mann hat vom ungarischen Staat wenig Gutes erfahren: Dr. Ernst Träger, 1916 Sekretär des österreichischen Ministerpräsidenten Ernest von Koerber. Weil er ungarischer Staatsbürger war, mußte der Ministerrat in Budapest sich eigens zu einem Beschluß aufraffen, um ihm die Anstellung zu ermöglichen. Der junge Doktor Träger dürfte einst oft von sich reden gemacht haben. Kaiser Franz Josef äußerte den Wunsch, ihn zu sehen. Und Koerber bereitete Dr. Träger darauf vor. Aber es kam anders. Dr. Träger, nun ein alter Herr, dessen Gesicht nicht von Resignation und Skepsis, sondern von der Milde und Großzügigkeit des Wissenden durchdrungen ist, versetzt sich in diese Tage: „Wir waren gerade in Ofen, in der Burg, bei einer dringenden Besprechung mit Tisza. Das Mittagessen fand in der Residenz des ungarischen Ministerpräsidenten statt. Ich erinnere mich noch gut, wie mich Frau Tisza deutsch aufforderte, noch zuzugreifen. Und auf ungarisch sagte sie zu dem Diener: ‚Geben Sie den Österreichern noch, die sind ohnehin so verhungert.‘ Wenig später klingelte das Telefon — ein dringender Anruf aus Wien. Der Haushofmeister Fürst Montenuovo war am Apparat und verlas ein Bulletin der Ärzte. Der Zustand Franz Josefs war schlecht. Weil ich ein guter Stenograph war, nahm ich das Bulletin auf, und dann konzipierten Koerber und Tisza gemeinsam das Kommuniqué für die Öffentlichkeit. Mit dem nächsten Zug fuhren wir nach Wien. In einer Station wurde uns jedoch bereits die Todesnachricht überbracht. Bei der Ankunft wurde Koerber sofort zur Audienz bei Kaiser Karl befohlen, ohne daß er sich in den sonst vorgeschriebenen Frack werfen mußte. Ich begleitete ihn nach Schönbrunn. Im großen Audienzsaal wartete ich auf den Ministerpräsidenten, der ins Sterbezimmer getreten war. Nach einigen Minuten erschien er wieder und sagte: ‚Träger, ich habe Ihnen eine Audienz beim Kaiser versprochen. Das kann ich Ihnen nicht mehr erfüllen. Ich kann Sie nur zu unserem toten Kaiser führen. Kommen Sie, beten wir gemeinsam ein Vaterunser.‘ Und dann geleitete er mich in das Zimmer. Franz Josef lag auf dem weißgestrichenen Feldbett, auf dem er gestorben war. Sein Kinn war noch hochgebunden. Betend knieten wir allein in dem Sterbezimmer auf einem Schemel. Ich war zutiefst bewegt, weil uns allen bewußt war, daß nach Franz Josefs Tod die Monarchie nicht mehr dieselbe war — und weil ein Mann wie Koerber in diesen dramatischen Stunden an sein Versprechen gedacht hatte, an einen unbedeutenden jungen Mann, und ihn zu seinem Kaiser brachte."

Vor dem schmucklosen Stenographensaal warten einige Schüler. Da sitzt einer der wenigen Lebenden, die an dem Geschehen jener Tage noch aktiv Anteil auf höchster Ebene hatten, ein Mann, der später Staatssekretär war, Haft und Arbeitslager hinter sich hat und sich nun verarmt und vereinsamt an seinem Lebensabend mit dem Schreiben von Artikeln über die Stenographie beschäftigt. Wie viele solcher Menschen mit ähnlichen Schicksalen und Geschichten diese große Stadt wohl noch birgt?

Unbeschwert von Ressentiments sagt einem der Ober im Hotel Duna: „Ich war in Bruck an der Leitha eingerückt"; und dann bringt er einen Korb mit Kipfeln und Kaisersemmeln. Die Dame, die Bücher verkauft, redet von ihren Urlauben am Semmering vor vielen, vielen Jahren. Und der Portier, der einem die Hofloge in der Oper aufsperrt, sagt: „Hab' ich, bitteschön, König selber gesehen..." Und man schlendert gemächlich über den József-nádor-tér, den Palatin-Josef-Platz, auf dem das Denkmal des magyarisierten Habsburgers steht, dessen Statthaltertätigkeit das vorrevolutionäre Budapest seine Schönheit zu verdanken hat und ihm auch zu danken weiß.

Hinter gewaltigen Gerüsten verbirgt sich die Redoute, einst Treffpunkt des fröhlichen Budapest. Unter dem Portal eines Versicherungshochbaues liest man etwas von Franz Josef und unter den schläfrigen Steinlöwen der Kettenbrücke auch. „Ich weiß nicht, was wir mit Österreich zu schaffen haben sollten", bemerkt jedoch ein Student, der gar kein Kommunist ist, gerne Jazzplatten hört und einmal im Leben New York sehen möchte. Er sagt es, weil er, wie so viele andere auch, die Inschriften niemals entziffert, die Denkmäler nicht nach ihren Namen fragt und selbst die negativen Urteile über das alte Reich in der Geschichtsstunde vergessen hat. Und er weiß auch nicht mehr, daß seine Urgroßeltern — Ungarn, die Franz Josef vorher verflucht hatten — nach der großen Versöhnung, nach dem Ausgleich von 1867, enthusiastisch und einstimmig „Éljen" gerufen haben, als der Habsburger mit der Krone des heiligen Stefan gekrönt wurde.

Oben in Ofen, hoch über der Donau, in dieser Stadt der alten

Leute, sind von diesem Freudentag Budapests einige Requisiten übriggeblieben. Da wurde nicht alles weggeräumt, was an diesen Tag erinnert, oben in der Matthiaskirche, der Kathedrale der ungarischen Könige.

Das Dunkel der neugotischen Hallenkirche wird an diesem Sonntagnachmittag nur von dem durch die offenen Tore einfallenden Sonnenlicht erhellt. Staub tanzt in den Strahlenbahnen, Touristen zerteilen die Lichtbündel, reden laut wie auf der Straße. Wenn nicht vorn das Ewige Licht glühte, würde man sich in einem Museum wähnen. In einem Museum, das gerade umgebaut wird. Leitern lehnen an den Wänden, die Decke der Kirche ist noch reparaturbedürftig.

Der Krieg hat von den Fresken nur Farbflecken übriggelassen, so als ob ein Tachist die Kirche ausgemalt hätte. Auf die geschichtliche Funktion der Kirche weisen die Fahnen hin, die unter der Wölbung schlaff und müde in den Raum ragen. Es ist zu finster, um die verblaßten Banner zu erkennen. 1867, als die Kirche zur Krönung bereitet wurde, hat man die Flaggen sämtlicher Komitate zum erstenmal da oben angebracht, und nun sind sie, der letzte Rest der Krönungsdekoration, letzte Zeugen einer mittelalterlichen Zeremonie, von der ein zeitgenössischer Chronist, der berühmte Schriftsteller Mór Jókai, in Worten schwelgend, berichtet:

„Um sieben Uhr morgens standen alle die vielen Prachtkutschen und in Prunkgewändern angetanen Ritter vollzählig im Hofraum der Königsburg versammelt. Nach einer halben Stunde kam mit schmetternden Trompeten eine Abteilung Husaren durch das Burgtor herausgeritten, hinter ihnen die Hofpagen, die Leibwache, die Minister und Großen des Reiches, die Mitglieder des kaiserlichen und königlichen Hauses und dann der König in der Uniform eines ungarischen Generals — sämtliche zu Pferde. Acht Schimmel zogen langsamen Schrittes den von einer Krone überragten Glaswagen der Königin ..."

Durch die Sakristei führt eine Treppe hinauf ins Königsoratorium. Von dort aus wohnten die Mitglieder des Herrscherhauses dem Gottesdienst bei. Die Seitenfenster öffnen den Blick auf die Donau, die Brüstung weist zum Altar. Hier stehen zwei altdeutsche Sessel — Franz Josef und Elisabeth saßen bei der Krönung darauf. Unter Glas ist der golddurchwirkte Krönungsornat des Primas von Ungarn aufbewahrt. Und daneben ein weißes, mit Platinfäden besticktes Meßgewand, das Prunkstück des Kirchenschatzes, ein Geschenk Königin Elisabeths. Es ist aus dem Brautkleid, einem Präsent des russischen

Zaren, gefertigt — Kardinal Mindszenty hat es getragen, und an den höchsten Festtagen des Jahres wird es noch immer aus dem Schrank genommen. Darüber ein Kupferstich: Das Schauspiel der Krönung in der Kirche.

Und vorn noch zwei gepolsterte Sitze und zwei Kniepolster: weinrot, mit dem ungarischen Doppelkreuzwappen darauf und dem Doppeladler — König Karl IV. (ungarischer Zählung) und Königin Zita knieten darauf an einem düsteren Tag, an dem das Ende der Monarchie schon in den Himmel geschrieben war. Karl hatte sich gegen den Rat seiner österreichischen Umgebung krönen lassen, weil Ungarn sonst die Getreidelieferungen für Wien eingestellt hätte. Er schwor den Eid wie Franz Josef, aber er fürchtete gleichzeitig, dadurch, wie schon der alte Kaiser gesagt hatte, „ein Gefangener der ungarischen Nation" zu werden. Die Kissen und Schemel erzählen nichts davon. Sie scheinen nur von einem Gepränge zu wissen, das im Heute keinen Sinn hätte. Und auf einem winzigen Tisch verbreiten die falschen Steine einer Nachbildung der Stefanskrone nur trübes Licht. Die ungarischen Throninsignien ruhen in sicheren Tresoren in den USA, die Nachbildung hier soll nun Schülergruppen seltsame Kulthandlungen anschaulich machen, die ihnen unverständlich geworden sind.

Am Ausgang zupft eine Frau den Fremden am Ärmel: „Sie haben noch nicht alles gesehen." Sie deutet auf eine Wendeltreppe zur Krypta. Unten wird das Licht angeknipst, ein kahler Gang, dann ein größeres Gewölbe, und wieder begegnet man der Frau, die für Ungarn all das verkörpert, was sie an den Habsburgern Gutes lassen: Elisabeth, aus weißem Marmor. Erst 1964 erhielt die Kirche die Erlaubnis, die Plastik aufzustellen. Irgendwo in der Provinz hatte sie ein Beamter aus den Kriegswirren gerettet und jahrelang versteckt gehalten.

An dem Festungshügel von Ofen schwären noch die Wunden, die die letzte, fünfzigtägige Belagerung von Weihnachten 1944 an geschlagen hat. Dabei stecken in den Mauern der Bastionen noch Kanonenkugeln der Österreicher von 1686, als die Kaiserlichen, mit Prinz Eugen in ihren Reihen, die Festung den Türken entrissen. Am Wiener Tor, dem einzigen noch erhaltenen, hebt ein erzener Engel ein Kreuz hoch, zum Zeichen des Sieges der Christen. Hinter der Mauer jedoch hat man einen türkischen Grabstein vergessen: einen windschiefen Steinpfahl — die letzte Ruhestätte Abdurrahman Alis, des Paschas von Buda, der 1686 gefallen ist. Vor der Nándorkaserne, dem

Museum für Kriegsgeschichte, sind Kugeln gestapelt, die ungarische Freiheitskämpfer 1848 auf die österreichische Burgbesatzung gefeuert haben. Umstürmt und umkämpft, von Österreichern erobert, von Österreichern verteidigt, so liegt dieser Burghügel über der Donau da — nun, an einem stillen Nachmittag, verträumtes Reservat mittelalterlicher und barocker Romantik, Filmkulisse, Opernbühne: mit verschwiegenen Gäßchen, in denen die Tritte laut hallen, mit Portalen, aus denen die Ritter König Matthias' reiten könnten oder Kavaliere unter gepuderten Perücken. Nur der blau-weiße 16er-Autobus bringt manchmal die Gegenwart herauf, und nur die Fassaden mancher Palais, die sich immer noch nackt und ohne Verputz zeigen, wie sie der Krieg hinterlassen hat, stören den Eindruck. Fast auf jedem Haus plaudert eine Tafel die Geheimnisse dieser Mauern aus: Hier hat Beethoven gewohnt, hier schmachtete Lajos Kossuth im Kerker, hier stürmte Prinz Eugen vorbei und so weiter. Rote Sterne sucht man vergebens. Man bewegt sich in der Welt der Palais und Palatine, der Magnaten und Monarchen, der Rokokogesellschaften und Adelsintrigen. Die sozialistische Wirklichkeit scheint aus der Festung Ofen oder Buda, wie sie sich auch schrieb und schreibt, verbannt zu sein — eine künstliche Altstadt für Touristen, die unter gotischen Spitzbogen schweren süßen Tokaier trinken und sich in der Konditorei Ruszwurm Stefanietorten servieren lassen, benannt nach der Kronprinzessin Stefanie, der Gattin Rudolfs. Schon damals hatten Liebespaare und Fremde in der Biedermeiertraulichkeit dieses nun schon seit hundertfünfzig Jahren Behagen verbreitenden Tempels süßer Genüsse Unterschlupf gefunden. Esterházyschnitten sind von der Karte gestrichen, sie werden im heutigen Ungarn als unpassend angesehen. Der alte Herr Ruszwurm mustert streng, den Schnurrbart gezwirbelt wie Wilhelm II., aus einem Bilderrahmen die Mehlspeisenregimenter — ein Prinzipal, wie ihn etwa Nestroy auf die Bühne gestellt hat. Daneben verlockt ein Landschaftsidyll zu einer Wanderung im Salzkammergut. Und die ältliche Serviererin versteht „Einspänner" und „Kapuziner" und stellt zum Kaffee ein Glas Wasser hin — wie in Wien.

Wien und Maria Theresia fallen einem auch *vor* der Konditorei ein. Dort strafft ein Husarenoffizier auf einem edlen Pferd seinen Körper. Auf seine Satteltasche und die Schabracke ist MT geprägt, das Monogramm der großen Kaiserin. Andreas Graf Hadik war einer ihrer besten Reiterführer. Er brachte etwas fertig, was nur wenigen Österreichern gelungen ist: Er lehrte die Preußen das Gruseln, als er mit seinen Husaren während des Siebenjährigen Krieges bis nach Berlin vorstieß und für die Kriegskasse Maria Theresias dreihunderttausend Gulden einhob.

Das nach diesem General benannte Reiterregiment ritt auch noch 1914 in Galizien Attacke, und nicht weit von dem Denkmal sind die Akten der Hadik-Husaren im Kriegsarchiv sorgfältig geschlichtet, von den Tagen des kühnen Grafen an bis zu den Schlachten des Ersten Weltkriegs, in denen die Kavalleristen „absitzen" und zu Grabenkämpfern werden mußten. Verwalter dieser Chronik ungarischer Kriegstaten und auch des friedlichen Garnisonslebens der Honvédregimenter sind nun Offiziere der ungarischen Volksarmee — meist Menschen, denen das Erbe des alten Heeres fremd ist, denn Offizier werden können nur Angehörige einer kommunistischen Elite mit blütenreinem proletarischem Stammbaum. Deshalb redet der Oberst vor allem von den Schätzen der Sammlung, in denen Worte von Revolution und Rebellion notiert sind. „Wir besitzen sämtliche Akten des Honvédministeriums seit seiner Gründung 1867. Dann Briefe von Kossuth und Görgey, der 1848 die Festung Ofen den Österreichern entrissen hat. Aber auch einen Brief von Windisch-Graetz, der nach der Wiedereroberung der Festung vom Bürgermeister von Ofen Brot, Butter und Milch für seine Truppen gefordert hat. Das Urteil von Arad liegt bei uns. Die neuere Zeit ist ebenfalls mit interessanten Stücken vertreten: Als Franz Ferdinand in Sarajewo ermordet wurde, da war dort ein Husarenregiment stationiert; pflichtgetreu sandte der Kommandeur vier vertrauliche Berichte an den Honvédminister in Budapest."

Im Büro des Obersten hängen trübe Landschaftsbilder, auf denen sich Soldaten als blaugraue Punkte bewegen. Ein ungarischer Kriegsmaler hat so seine galizischen Eindrücke festgehalten. Vier Gewehre stützen die Bretter eines Bücherregals. „Stammen die Gewehre von 1914?" — „Nein", antwortet der Oberst mit einem gewissen Stolz. „Aus denen haben Ungarn 1866 bei Königgrätz geschossen."

Übrigens, die Offiziere des Kriegsarchivs sind doch so etwas wie eine österreichisch-ungarische Institution: Durch den Vertrag von Baden (1927) sind sie nämlich berechtigt, ins Wiener Kriegsarchiv jederzeit Einsicht zu nehmen, soweit es die einstige gemeinsame Armee betrifft. Deshalb tun in der Wiener Stiftskaserne ständig zwei ungarische Majore Dienst, also zwei stramme Kommunisten, als letzte Vertreter der jahrhundertelangen Gemeinschaft im Waffenrock.

Die langen Gänge sind mit Kopien von Stichen belebt: Husaren ziehen die Säbel — für die rebellischen Honvéds, für die Kaiser und Könige aus Wien; sie schlagen sich mit Türken, Österreichern und Russen. An einem Treppenabsatz windet sich ein Kranz um eine Büste. Unter dem Namen steht ein Datum: 29. Oktober 1956 — ein kommunistischer General, der während der Revolution getötet worden ist.

Ein Haus weiter, im Armeemuseum, führt eine ältere Frau, die in ihrer Jugend die blaugrauen Uniformen noch erlebt hat: „Mein Onkel war Husarenoberst, eine Zeitlang auch in der Umgebung Franz Ferdinands. Aber der war auf uns Ungarn nicht gut zu sprechen." Sie sagt „uns Ungarn". Aber ihre Mutter ist in Graz geboren. Das Museum ist nur ein schwacher Abklatsch des Heeresmuseums in Wien. Wieder gelten alle Schaustücke den Helden der 48er-Revolution. Und den Porträts der Generale des Kaisers — Windisch-Graetz, Hentzi, Haynau — ist nur der Part der bösen Männer zugeteilt. Handschellen der Märtyrer von Arad, der Dolch Petőfis. Ein wenig Raum ist den friedlichen Jahren nach dem Ausgleich gewidmet. Ein Soldatenidyll: Ungarische Soldaten in einer österreichischen Garnison, fröhlich mit Mädchen schäkernd. „Hier wird bei offiziellen Führungen immer von dem dumpfen Dahinbrüten der Soldaten fern der Heimat erzählt", erläutert die Dame. Schlachtengemälde: Solferino, Custozza, Königgrätz; überall starben Ungarn für den Ruhm der Monarchie — oder für ihren Untergang. Der Hauptakteur dieses Geschehens scheint in dem Museum jedoch nicht für ausstellungswürdig befunden worden zu sein: Franz Josef. Sein Bild ist nur auf einem Zeitungsblatt zu finden, das die Monarchen und Staatenlenker bei Ausbruch des großen Krieges durch die Frage vereint: „Wer wird gewinnen?" Von Franz Josefs Nachfolger ist gar nur eine giftige Karikatur ausgestellt: ein geschniegelter Kaiser Karl, der das Kommando zum Vorgehen der Truppen gegen die Arbeiter gibt. Reliefs, Karten, Bilder, Fotos — das große Sterben in Galizien, der Isonzo, Monte Sabotino, Monte Santo ... In einer Vitrine stehen Modepuppen in k. u. k. Uniformen stramm. Seit fünfzig Jahren warten sie auf ein „Ruht!". Die Felduniform eines Generals. Erzherzog Friedrich, der Armeeoberbefehlshaber, hat sie dem Museum gespendet. Aber die wenigsten wissen, wer dieses einfache Kleid einmal getragen hat. Und die wenigsten wollen es wissen. Sie hatten alle einmal auf die gleichen Kommandos gehört, Österreicher und Ungarn, Tschechen, Polen und Rumänen, Slowenen, Kroaten, Ruthenen und Dalmatiner; hier oben in Ofen wird dieser Armee zwar gedacht, aber nur als Instrument des Zwanges und der Unfreiheit. Und die Uniform ist eine „fremde", in die ungarische Männer gepreßt wurden ...

Weniger leidenschaftlich wird die Geschichte in dem plumpen und protzigen neugotischen Aktenzwinger des Staatsarchives beim Wiener Tor behandelt. Die Architekten hatten sich hier kurz vor dem Ersten Weltkrieg die unpassendste Ergänzung der Festungssilhouette einfallen lassen. Im Zwielicht der Butzenscheiben im Stiegenhaus schimmern die Wappen ungarischer Städte: Raab, Debrezin, Szeged, Fünfkirchen, aber auch die von Temesvár (mit einem kleinen Doppeladler), Klausenburg und Kaschau. Dieses Stiegenhaus träumt noch von Großungarn, von einem ungarischen Siebenbürgen und Banat und von einer Slowakei, die Oberungarn heißt — so wie sie noch viele Ungarn der älteren Generation nennen. Sie reden von ihren Brüdern unter rumänischer und tschechischer Fuchtel. Und die Vorurteile sind trotz aller „sozialistischen Solidarität" nicht zerstört: Man schimpft auf „die Tschechen" und „die Rumänen", man leidet an einer Niederlage, die bald fünfzig Jahre alt ist, und gibt zu erkennen, daß man damals trotz allen „Los-von-Wien"-Rufen mit den deutsch sprechenden Österreichern in einem Boot gesessen ist — im sinkenden Boot des Verlierers. Die zweite „Herrennation" der Doppelmonarchie mußte genauso zahlen wie die Herren in Wien. Alle anderen Völker konnten sich dagegen rechtzeitig auf die Seite der Sieger schlagen, für sie wurde die Niederlage erst zehn oder zwanzig Jahre später zur Realität.

Auch die Aktenstöße in diesem wertvollsten Magazin der ungarischen Bürokratie sprengen die Grenzen des heutigen Staates. Denn hier ruht in den Regalen die Frucht des Beamtenfleißes der meisten ungarischen Ministerien. Und die administrierten nicht nur Ödenburg und Miskolc, sondern auch Agram und Fiume, Kronstadt und Preßburg, Eisenstadt und Semlin. Hier sind die Papiere der ungarischen Hofkanzlei in Wien gestapelt und zahllose Verordnungen mit der Unterschrift Maria Theresias, Josefs II. und der anderen Könige. Dann Vorschläge und Entwürfe ungarischer Stellen, die mit den Anmerkungen der Monarchen wieder zurückgeschickt wurden. Resolutionen und Noten — der gewaltige Papierschwall des Behördenverkehrs zwischen Wien und Preßburg und später Budapest. Nach 1945 schluckte das Staatsarchiv auch die Familienarchive großer Adelshäuser wie der Esterházy, der Batthyány, der Festetich und so weiter. In einem Schauraum werden die Schätze hergezeigt: der Anstellungsvertrag Joseph Haydns als Vizekapellmeister des Fürstlich-Esterházyschen Orchesters — und die Sprachenverordnung Josefs, die den alleinigen Gebrauch des Deutschen als Amtssprache gebietet; dann die Ernennungsurkunde der revolutionären Regierung Batthyány 1848, ein Brief Franz Josefs an Ministerpräsident Tisza, in dem er diesen von der Kriegserklärung an Serbien unterrichtet; schließlich, als melancholischer Ausklang, der Eckartsauer Brief König Karls: ein umstrittenes Dokument, durch das Karl auf die Leitung der Politik Ungarns verzichtet.

Österreich ist noch anders lebendig: Die Aktenschätze werden lose gebündelt aufbewahrt, nicht geheftet oder in Ordnern, wie das in den Archiven von Paris und Rom, London und Washington üblich ist. Die ungarischen Archivare unterwerfen sich dem System, das in Wien gilt und in Prag, in Agram und Krakau, einem System, das in der Fachsprache der Archivare als das „Wiener" bezeichnet wird. Bürokratische Sitte als unzerreißbares Band um die Nachfolgestaaten.

In den Gängen begegnen einem noch einmal die Habsburger: Maria Theresia thront in Preßburg, und Josef II. diskutiert mit seinen Räten. Der Graf Grassalkowitsch tritt auf, dann der Husarengeneral Hadik und andere Figuren der gemeinsamen Geschichte, in satten Farben an die Wand gemalt, unberührt und wohlbehütet wie die zu Papier gewordenen Gedanken der Verwalter dieses Reiches.

Dem mächtigsten Budapester Monument des einstigen Imperiums gehört der Festungsberg von Ofen. Es fesselt den Blick der Donauschiffer, und seine majestätischen Konturen lenken auch auf der anderen Donauseite, in Pest, immer wieder vom geschäftigen Treiben ab: Gebieterisch, Macht aussprechend und Stärke, lagert die Burg auf den Felsen von Ofen, ihre Flügel spannend, eine Armee von Fenstern in Reih und Glied, befehligt von einer sich voll überquellender Kraft aufblähenden Kuppel. Viel mehr Burg, viel mehr königlich als die Burg zu Wien — und doch, angesichts der vielen politischen Tiefs und Schwächeanfälle, die ihre königlichen Bewohner erleben und erleiden mußten, auch etwas wie eine leere Drohung, eine lärmende Demonstration, bei der der Krawall den Druck ersetzt — Repräsentation um ihrer selbst willen, Ausdruck strahlendsten Königtums aus einer Zeit, da der Stern der Habsburger für die Wissenden schon längst im Erlöschen war. Der Widerspruch zwischen Schein und Wirklichkeit ist nicht aufgehoben, die Fassade der Burg bietet sich dem Beschauer in unversehrter Schönheit dar. Betritt man jedoch die Burg mit der Sondererlaubnis des Bauministeriums, dann klettert man über Gerüste und Zementkübel, drückt sich zwischen Betonmischern und

Leitern herum, balanciert über schmale Stege, hört Hämmern und Bohren: Eine der größten Baustellen der Stadt hat einen umfangen. Und bis die Burg, in deren Gängen und Kellern und auf deren Basteien sich 1945 die deutschen Verteidiger festgekrallt hatten, wieder in allen ihren weitläufigen Teilen so wird, wie sie war, werden mindestens noch zehn Jahre oder mehr vergehen.

Gebäude ohne Mobiliar, ohne Menschen, wie Pakete ohne Inhalt, Schatzkammern ohne Schätze. „Hier war das Palais des Ministerpräsidenten", sagt die Führerin. Tisza regierte hier. Ein paar Hilfsarbeiter räumen Balken zur Seite, den Wänden fehlt noch der Verputz. „Hier war die Reitschule." Elisabeth ist hier gerne geritten — eine ebene Fläche, die man in Wien als „Gstettn" bezeichnen würde, und die Statue eines nackten Rossebändigers, das ist nun alles. „Hier war das Theater." Die Ruine ist in einem Zustand, als ob sie noch Krieg spielte. Beethoven hat hier konzertiert. Auf den Plänen hat man dieses Budapester Burgtheater schon rekonstruiert, wie es war. „Hier war, hier war ..." Maria Theresia, Franz Josef, Elisabeth, Tisza, Karl, Könige, Minister, Marschälle. Von diesem Hügel aus versuchten Österreicher Ungarn zu lenken und Ungarn Österreich. Und weil sie nicht wußten, wer auf wen hören sollte, mußten sie alle schließlich dritten gehorchen. Die Inschrift über dem Tor, die einmal Gold war, bürgt jedoch weiter unverdrossen für den Ruhm königlicher Bauherren: Béla IV., Ludwig, Sigismund, Maria Theresia, Franz Josef. Der letzte Unternehmer fehlt noch: Wird es Kádár der Erste sein, oder wird es sich durch einen fünfzackigen Stern vertreten lassen — in einem barocken Wappenfeld über den Löwen, deren einem von einer Granate der Kopf abgerissen wurde? Man erzählt eine Geschichte von den Löwen: Die beiden, die den Gast begrüßen, nötigen ihren Löwengesichtern jede nur mögliche Freundlichkeit ab — die beiden steinernen Tiermajestäten im Hof, die den Abschiednehmenden fixieren, sind jedoch bitterböse: Symbol der ungarischen Gastfreundschaft. Vielleicht auch Symbol für das Verhältnis der Habsburger zu Ungarn. Die Herrscher aus Wien wurden freundlich aufgenommen und zürnend wieder entlassen, wobei die Freundlichkeit eben die Freundlichkeit von Löwen war, und die kennt ihre Grenzen. Darum hat wohl so mancher Habsburger gezögert, in der Burg, der sich eine ganze Stadt samt einem Strom huldigend zu Füßen legt, Quartier zu nehmen.

Der Hof ist Zentrum der Baustelle: der Trakt, den Elisabeth bewohnt hat, die Audienzräume, die Unterkünfte der Garde, die Szenerie einer Hofhaltung auf Abruf. In näherer Zukunft werden hier Bibliothekare und Museumsleute einziehen. Die Burg soll zu einem Herrensitz der Wissenschaften werden. Gleichzeitig sind Ungarns Archäologen dabei, unter der Habsburg-Schicht die magyarischen Bestandteile der Burg auszugraben: gewölbte Rittersäle von Matthias Corvinus, Basteien mit spärlichen Spuren der geringen Bautätigkeit der Türken, unterirdische Gänge, Tore, Türme und Kemenaten — steinerne Zeugnisse, die jede Nation zu ihrer Selbstbestätigung sucht.

Schießscharten lenken den Blick in den Burggarten über den Häusern, in denen Burgbedienstete und die Familien der Gardeoffiziere gewohnt haben. Das wirre Astwerk einer knorrigen Akazie stört die Aussicht. Zweihundert Jahre ist der Baum alt. Und er beugt sich unter seiner Geschichte wie unter der weitausladenden Blätterkrone. Kaiser Franz Josef liebte es, sich im Burggarten zu ergehen, wie man sich damals ausdrückte. Eines Morgens begegnete er einem traurigen alten Gärtner. Warum er so bekümmert sei? Weil sein Lieblingsbaum, eine mehr als hundertjährige Akazie, gefällt werden sollte, die Königin brauche Platz für ihr Bauernhaus, das im Garten entstehen solle. Der Kaiser und König hatte ein Einsehen, Elisabeth rückte ihr Haus ein Stück weiter, und die Akazie wurde verschont. Von Elisabeths Gartenhaus blieb kein Stein und kein Balken übrig, die Akazie jedoch wirft ihren Schatten noch immer auf das mittelalterliche Gemäuer. „Durch den Krieg ist sie sehr beschädigt worden", erklärt die Führerin. „Wir wollen sie jedoch retten. Ursprünglich sollte das Niveau des Gartens gesenkt werden. Um den Baum zu erhalten, ließen wir ihn aber auf der bestehenden Ebene. Zuerst schien es mit dem Baum zu Ende zu gehen, nun sprießen wieder junge Triebe." Den Kaiser wird es freuen.

Und noch ein anderer hat seinen angestammten Standort in der Burg behauptet: Prinz Eugen von Savoyen, der Feldherr und Staatsmann, der als erster Österreichs Zukunft im Südosten mit allen Konsequenzen sah. Das Reiterstandbild beherrscht die Szene: unter der Kuppel, auf einer Terrasse, hoch über der Donau, Budapest ehrfurchtsvoll zu den Hufen seines Pferdes, von der Kettenbrücke aus am besten zu betrachten. Der Prinz galoppiert nicht, er reißt auch sein Pferd nicht hoch wie in Wien, er verhält es, zieht die Zügel an, ein triumphierender Feldherr, der eine Pause einlegt, um die Ausmaße seiner Siege abzuschätzen oder um darüber nachzudenken, was nun nach all den militärischen Erfolgen zu geschehen habe. Ein typisch österreichisches Produkt. Denn in allen Budapester Monumenten, die

die schwarzgelbe Zusammengehörigkeit betonen, gab man sich friedlich, unkriegerisch. Man nahm auf die Gefühle der Ungarn Rücksicht. Die kriegerische Seite des alten Österreich hatten sie 1848/49 bis zum Überdruß kennengelernt.

Von diesem bronzenen Savoyer ist auch die Rede in einer sauberen, modernen Wohnung vierzig Kilometer außerhalb von Budapest, auf der sandigen Insel Csepel, in Ráckeve, von der Stadt aus am besten mit der Lokalbahn zu erreichen. Schwemmland, Wildenten, Fasane, Sumpf, versteckte Dörfer, vereinzelt Fabriken, die Donau, offenes Land in der Bannmeile der großen Stadt. Ein kleiner Bahnhof, eine lange Allee — auf einmal geht man an einer gelben Mauer entlang: ein Schloß. Im verwahrlosten Hof sind Rotkreuzautos geparkt, ein Hund beschnüffelt den Besucher. Gerüste an einer Wand, eine zierliche Kuppel, eine geschwungene Fassade, von der Hand eines guten Architekten zeugend. Die Glastüren sind verschlossen. Dahinter wölbt sich ein Saal, in dem man einst getanzt und getafelt hat. Jetzt ist der Boden mit Sägespänen bestreut. Unter der Kuppel das Wappen des Savoyers. Die Herrschaft Ráckeve hatte sich Prinz Eugen nach seinem Sieg bei Zenta ausbedungen. Denn es genügte ihm nicht, die Türken zu vertreiben, man mußte die neugewonnenen Länder wieder aufbauen und die Kriegswüsten neu besiedeln. Eugen gab selbst ein Beispiel. Er rief Deutsche auf die Donauinsel und ließ sich hier vom Erbauer des Belvederes, von Lukas von Hildebrandt, nahe dem Strom ein Jagdschloß errichten, sozusagen ein Stiefkind des Wiener Sommersitzes. In Ráckeve hatte Prinz Eugen die Türkengefahr nicht mehr zu fürchten. 1702 wurde es als erster Schloßbau des ungarischen Barocks im freien Feld ohne irgendeinen Schutzwall, ohne Verteidigungsmöglichkeiten, geplant. Eugen fühlte sich als unangefochtener Herr des Landes.

An der Glastür klebt ein Zettel: Wer sich für das Museum interessiert, soll sich an Dr. József Kovács wenden. Ein greiser Heimatforscher? Nein, ein knapp dreißigjähriger Mittelschullehrer, den es aus Ödenburg hierher verschlagen hat. Er unterrichtet deutsche und ungarische Literatur und forscht nach dem Herrn von Ráckeve: „Ich sammle alles über den Herzog" — so wird Eugen in Ungarn betitelt —, und dann kramt er in seinen Notizen, weiß Jahreszahlen, nennt Hinweise darauf, daß sich Eugen in Ráckeve auch längere Zeit aufgehalten hat, erzählt von einer Einladung des Prinzen an Montesquieu, ihn auf dem Schloß zu besuchen. Er berichtet von den 85.000 Forint — oder Gulden —, die Eugen in Raten für die Herrschaft zahlen mußte, von seinem Jagdverbot, das nur die Forelle ausnahm, vor dem Niedergang des Gutes, als es nach Eugens Tod traditionelles Hochzeitsgeschenk des Königs an die Königin wurde, von dem Gutsbetrieb, der durch fast zweihundert Jahre den Bau Hildebrandts nur als Wirtschaftsgebäude verwendete, von den Familien, die nun in Prinz Eugens Räumen hausen, von einem Institut für Samenforschung und dem langsamen Fortgang der Renovierungsarbeiten.

Der Professor schreibt an einer Monographie über Eugens Zeit in Ungarn: „Prinz Eugen war für uns von entscheidender Bedeutung. Wer weiß, was ohne ihn aus Ungarn geworden wäre." Und der Mittelschullehrer denkt an das Denkmal in der Ofener Burg. „Es steht so exponiert. Wenn die Burg einmal wieder aufgebaut ist, könnte es leicht jemandem einfallen, Eugen durch ein anderes Monument ersetzen zu lassen. Dann würde ich alle Hebel in Bewegung setzen, um die Reiterstatue in den Hof von Ráckeve zu bringen." In Budapest hat man versichert, daß Eugen nicht angetastet werde: „Von all den erzenen und steinernen Helden auf der Burg hat der Savoyer die Belagerung als einziger nur mit ein paar Einschüssen überstanden. Wir haben keinen Grund, ihn wegzuräumen."

Noch ein Erbe Prinz Eugens beschäftigt Dr. Kovács. Eugen hatte in den zum Teil von Serben bewohnten Dörfern von Csepel Schwaben angesiedelt. Auch die Mutter Kovács' war Schwäbin. So fühlt er sich dazu bestimmt, nach diesem Erbe zu forschen. Nach dem Krieg verstummte in den Dörfern, wie Insel-Neudorf und Insel-Martins-Dorf, die deutsche Sprache — weil die Leute Angst hatten, weil Ungarisch bequemer war. Sie tragen deutsche Namen — Mertl, Kirchner, Weißkirchner, Firnägel, Feigl, Krumpach —, und sie sind „Stockungarn" geworden. Die Kinder kennen noch einige deutsche Brocken. Dr. Kovács sammelt deutsche Kinderreime, die sie auswendig wissen, und er ermutigt sie, den Dialekt ihrer Väter wieder zu gebrauchen. Die jüngste Generation von Eugens Siedlern ist jedoch schon so magyarisiert, daß sich viele überhaupt nicht darum kümmern, woher ihre Vorväter eingewandert sind.

Der Lokalzug stampft wieder zurück nach Budapest, das heißt nicht nach Buda, sondern nach Pest. Die Stadt dort oben gehört den Königen, dem Mittelalter, der Renaissance und dem Barock. Unten in Pest jedoch, da war und ist das Bürgertum zu Hause. Wie einen spitzen Stachel, drohend, jederzeit zum Stich bereit, reckt am Donauufer, zwischen Kettenbrücke und Margareteninsel, die Kuppel des

Parlaments ihre Spitze in den Himmel, angriffslustig; die Festung oben mit seinem Kampfesmut schreckend, dehnt sich dieses neugotische Gebäude breit und die „Skyline" von Pest bestimmend aus — eine Zitadelle des Wortes, der Auflehnung, des Mächtespiels und der Ränke von Magnaten und Bürgern, schon von der Architektur her ebenbürtiger Partner der Burg, steingewordener Ausdruck des Dialogs zwischen den unabhängigen Politikern und dem nach so vielen Seiten gebundenen Hof, eines Dialogs, der oft zum Streitgespräch und offenen Zwist wurde. Nun glüht jedoch ein roter Stern nächtens vom Parlament über den Strom. Und die Männer, die in den Räumen zu Diskussionen zusammenkommen, sind es gewohnt, ja zu sagen.

Anders die Bürger von Pest. Sie sind eine permanente Verneinung des Systems. Die kritisieren und schimpfen, pflegen ihre alten Sitten, küssen Hände, geben Jours und Tees, führen schöne Kleider aus, lehren andere Ostländer, was Eleganz ist, fühlen sich als Gesellschaft, tragen ihre Titel und versuchen dem Leben nachzugehen, für das diese Stadt geschaffen worden ist.

Und es muß ein hitziges, hektisches, bewegtes, heiteres und farbiges Leben gewesen sein, in diesem Pest von einst. In der Rákoczi-ut und der Andrássy-ut — niemand gebraucht ihre heutigen Namen: „Straße der Volksrepublik" — sind Geschäftspaläste und Versicherungsburgen letzte Akteure des ständigen Wettlaufs, in dem Budapest mit Wien lag, dieses Wetteiferns, moderner, eleganter und schöner zu sein als die Rivalin im Nordwesten. Zwischen Budapest und Wien muß ein Verhältnis geherrscht haben wie heute zwischen Rom und Mailand — in Wien mehr Macht, in Budapest mehr Fortschritt. Die letzten fünfzehn Jahre der Monarchie formten die Geschäftsstraßen von Pest: mit kühnen Jugendstilversuchen, Majolikadekorationen, seltsamen Schwingungen in den Fassaden, größeren Glasflächen, dem Gebrauch von Farbe in der Architektur, der Verwendung von Motiven aus der ungarischen Volkskunst.

Schon 1883 konnte man von der inneren Stadt sagen: „Hier wohnt die Creme jeder Klasse, die oberen Zehntausend der Industrie, des Handels, der Behörden und der Privatleute. Hier haust die Mode, der Glanz, der Luxus, insofern sich das alles in Schaufenstern und an Passanten zeigen kann. Die Waitznergasse, das Herzblatt des alten Pest, steht heute noch ohne Nebenbuhler da. Hier sind die ersten, ja mitunter selbst die zweiten Stockwerke der Häuser noch Geschäftsräume mit Schaufenstern. Sonntags mittags ist dies der Korso, im

Sommer und im Winter, hier mustert sich jene Welt, welche sich in den Ballsälen, Konzerten, Theatern, bei den Rennen und auf dem Eise trifft . . .“

Der Autor verbeugt sich wohl etwas zu tief vor dieser Welt; aber fragmentarisch gibt es sie noch immer. Lange hat sie sich verleugnen müssen. Nun ist die Váci-ut, die Waitznergasse, wieder ihr Revier. Und wie einst die Menschen aus allen Teilen Großungarns staunend durch dieses Spalier des Reichtums und des Überflusses gestapft waren, so wundern sich jetzt Rumänen, Jugoslawen und Tschechen über den für kommunistische Verhältnisse einzigartigen Wohlstand. Die Váci-ut kann zwar noch nicht mit den vornehmen Geschäftsstraßen des Westens konkurrieren, für den Osten aber ist sie Bond Street, Fifth Avenue, Rue Faubourg St-Honoré und Kärntner Straße in einem. Und den Ungarn, die immer über ihre Grenzen blickten, bringt sie einen Hauch von diesen Straßen des Luxus, des Geldes und des guten Geschmacks: ein wenig Haute Couture, Buchhandlungen, deren Schaufenster das Sprachtalent der Ungarn herausfordern, Antiquariate in denen fast mehr deutsche als ungarische Werke ihrer Käufer harren, Delikatessenläden mit französischem Kognak und echtem Champagner. „Ich kann mir so etwas heute noch nicht leisten“, sagt ein ungarischer Beamter, „aber allein die Möglichkeit, daß man so etwas kaufen könnte, erfüllt mich mit einer gewissen Befriedigung.“

Die Häuser in der Váci-ut und ihren Nebengassen rufen in den Stockwerken über den Auslagen das alte Pest herbei, diese Biedermeierfiliale von Wien, in der mehr Deutsch gesprochen wurde als Ungarisch, in der man ins deutsche Theater ging, deutsche Zeitungen las und Ungarisch zu den Fremdsprachen zählte. In diesen klassizistischen Häusern, hinter den strengen, zurückhaltenden Fassaden gärte es jedoch, da wurde die Revolution gemacht, der Aufstand, da wurden neue Freiheiten proklamiert, da entstand ein ungarisches Bewußtsein. Da begann man auch die Bauten der Österreicher feindselig zu betrachten: den gelben Koloß der Karlskaserne, breit ausladend wie ein Stadtviertel, von Karl VI. für die Invaliden der Türkenkriege bestimmt, vor dem Ersten Weltkrieg für abbruchreif erklärt und heute in unverändertem Zustand Heim des Magistrats; und all die anderen Beamtenkasernen: unzerstörbare Merkmale der absoluten Macht Wiens.

Bis sich in diesem Pest, dem die Rolle der Hauptstadt so lange verweigert wurde, ein Flamme entzündete. Sándor Petőfi erzählt in einem Brief von den stürmischen Tagen in der Märzmitte 1848, als die jungen Intellektuellen Pressefreiheit forderten: „Bulyovszky und Jókai verfaßten eine Proklamation, Vasvári und ich gingen im Zimmer auf und ab. Jener fuchtelte mit meinem Stock, ohne es zu wissen, daß darin ein Stoßdegen war. Plötzlich flog der Stoßdegen heraus — in Richtung Wien —, ohne daß er jedoch einen von uns verletzt hätte. ‚Es ist ein gutes Vorzeichen', riefen wir alle aus. Voller Begeisterung und auf das Schicksal vertrauend, gingen wir in das Café zurück, das nunmehr voller junger Leute war. Jókai verlas die Proklamation, und ich trug mein Nationallied vor . . ."

Jenes Café lockt heute noch — ein, zwei Ecken zwischen Váci-ut und Karlskaserne — seine Gäste an: das Café-Restaurant Pilvax. Es ist nicht mehr dasselbe Haus. Und wenn gewandte Ober Szegediner Braten oder Karpfenpörkölt auftischen, weht nur scharfer Paprikaduft durch den Raum, nicht mehr der heiße Atem einer rebellischen Jugend. Dennoch kann man sich hier nicht auf Speisekarte und ungarische Küche konzentrieren. In Vitrinen an der Wand ist der Revolution von 1848 ein Kaffeehausstammplatz reserviert: Flugzettel, zerfetzte Fahnen, Waffen, kolorierte Stiche, Briefe, Erinnerungen an die Gäste des alten „Pilvax", an Petőfi, Jókai und andere. Im „Pilvax" wurden die Ideen der Erhebung gegen die Gewalt des Kaisers geboren und zerredet. Und hier hatte Petőfi an jenem 15. März 1848 ekstatisch deklamiert:

„Auf! Die Heimat ruft, Magyaren!
Jetz heißt's: Sich zusammenscharen!
Wollt ihr frei sein oder Knechte?
Hier die Frage, wählt das Rechte!"

Wenige Stunden später schrie er diese Verse einer verzückten Masse von der Freitreppe des Nationalmuseums entgegen — dort, wo jetzt gerade eine Schulklasse zu einer Schau über die Entstehung der Arten geführt wird. Im Oktober 1956 hatten diese Verse noch einmal die Ungarn fiebern lassen, als sie von Dichtern und Studenten vor dem Petőfi-Denkmal am Donaukai verkündet wurden als Auftakt zu einem anderen Freiheitskampf.

Aus den Kaffeehäusern ist der Geist der Revolution jedoch längst verbannt. Dort werden höchstens die Geister des passiven Protestes gehortet. Die überkommenen Lebensformen, die sich schwer in das sozialistische Schema pressen lassen, haben hier eine Heimstätte — denn Budapest ist eine Kaffeehausstadt. Wir nehmen einen Nachmittagskaffee im „Hungaria", Pardon: „New York". Nur unter diesem

Namen wollten es die alteingesessenen Gäste kennen. Die Versicherungsgesellschaft „New York“ hat sich von Alois Hausmann, dem letzten Umbauer der Burg, einen Wirtschaftspalast hinstellen lassen, und im Parterre zauberte der Architekt ein Mittelding zwischen Pariser Oper, Schönbrunn und Hotel Sacher herbei: All der Prunk, die geschliffenen Spiegel, das falsche Gold der Säulen, der Galerien und Logen dient nur zu Verschönerung des Kaffeegenusses, einer Kartenpartie oder eines langen Plausches. Zwar hat sich die Mode seit damals gewandelt. Aber sonst blieb hier die Zeit stehen. Der Herr Major hat seinen Stammplatz; die Kellnerin weiß unaufgefordert, daß der Herr Direktor seinen Wermut haben will; die eine Ecke gehört den Künstlern und Literaten, die unter ihren gerahmten Karikaturen schreiben, diskutieren und jene Welt des Scheins schaffen, die sie Atmosphäre nennen. An einer Serie von Tischen sind je vier und vier würdige Herren, die in jeder kleiner Stadt dem Honoratiorenstand angehören würden, in der Harmonie einer Kartenpartie vereint. Und ältliche Damen suchen in den kostbaren Spiegeln Gesichter, die sie schon längst verloren haben. Der Herr Oberst, dem das Husarentum trotz seinem Rheuma den Rücken noch immer steift, wühlt in seinem Gedächtnis und holt die Geschichte von einem Besuch Kaiser Wilhelms II. an der Front in Galizien hervor: „Ich war dabei, wie sich die Begleitung Mühe geben mußte, um den hohen Herrn von einer Inspektion der vordersten Linien zurückzuhalten.“ Und der Literat, dessen Routine es jahrzehntelang war, seine Gedanken durch den geistigen Drahtverhau der Zensoren aller Schattierungen zu schwindeln, ist als Bub Franz Josef begegnet: „Das Kaufhaus Pariser Hof hat gebrannt. Ich war natürlich dort. Und auf einmal schauten alle in eine Richtung. Da sahen wir den alten Herrn, der sich nach den Opfern erkundigte und Feuerwehrmänner belobte.“ Am Nebentisch haucht eine Dame: „Wissen Sie, damals in Karlsbad ...“ Sie meint jene Jahre, da Karlovy Vary noch Karlsbad war. Diese Menschen leben rückwärtsgewandt. Mit zierlichen blaugerandeten Kaffeeschälchen werden goldene Zeiten kredenzt. Die rauhe Wirklichkeit wird an der Garderobe abgegeben.

Draußen flutet der Verkehr. Draußen: das ist der Leninring, der den Sankt-Stefans-Ring mit dem Josefs- und dem Franzensring verbindet — wieder einmal Koexistenz von Weltrevolution und Königtum. In einem Schaufenster ziehen die Fotos des beliebtesten Budapester Fußballklubs jugendliche Betrachter an: FC Ferencváros — FC Franzensstadt, der Name des letzten römischen und ersten österreichischen Kaisers auf dem grün-weißen Dreß hochbezahlter und vom Staat verhätschelter Fußballstars.

Über den Leninring gelangt man auch zum Oktogon, zu dem achteckigen Platz, wo man beim „Abbazia" zur Untergrundbahn hinuntersteigt. Auch das „Abbazia" ist ein Überbleibsel, und es wurde nicht in „Opatija" umgetauft, denn für die Budapester war es genauso fashionabel wie für die Wiener, in Abbazia Meeresluft zu atmen. Die Untergrundbahn: wieder ein Beweisstück für das permanente Wetteifern der Budapester mit Wien. Zehn Meter unter dem Pflaster ist eine Theater-Metro, eine Spielzeug-„Tube", eine Kinder-Subway, eingerichtet worden; doch sie läuft und wird benützt, so wie vor mehr als sechzig Jahren, als sie der letzte Schrei war. Selbst die Schaffner scheinen noch von damals zu sein. Sie rumpelt vom Stadtwäldchen bis zum Vörösmartyplatz, dort, wo eine Plakatgalerie für Lorca, Anouilh, Miller und andere moderne Theaterautoren die Brücke zur Gegenwart schlägt.

Ein kleiner Schritt — und man macht es sich schon wieder im 19. Jahrhundert bequem: Der Eingang der Konditorei ist zu verlockend. Man liest Vörösmarty auf dem Ladenschild, befindet sich jedoch bei Kugler-Gerbeaud und fühlt sich, wenn man Wiener ist, wie bei Demel. „Die erste Konditorei ist Kugler-Gerbeaud. Besonders bekannt feine Kuglerbonbons", entscheidet mit sicherer Einschätzung der Stadtführer von 1900. Und der neue Führer lobt: „... die für ihre ausgezeichneten Erzeugnisse berühmte altehrwürdige Konditorei ‚Gerbeaud', jetzt Vörösmarty benannt." Ein Schweizer Zuckerbäcker hat es vor mehr als hundert Jahren mit Erfolg gewagt, sich an dieser Stätte der süßen Künste niederzulassen. Die Budapester danken es ihm bis heute, obwohl nun staatliche Verwalter die Produktion von Cremeschnitten, zarten Apfel- und Topfenstrudeln, Torten und Desserts und anderen liniengefährdenden Genüssen dirigieren. „Wir sehen uns bei Gerbeaud", sagen die Damen und geben dort zu bestimmten Stunden Audienzen. „Wir sehen uns bei Gerbeaud", hieß es auch in Adelskreisen, von denen spärliche Reste die sozialistische Heimat einer Emigration, in der ihre Titel mehr gelten würden, vorgezogen haben. Ein Wesselényi redigiert die „Hungarian Revue", eine Zeitschrift, die im Westen für Ungarn wirbt, ein Széchenyi, der direkte Nachkomme des „Größten aller Ungarn", ist sogar ein Star geworden: als Großwildjäger von einem kommunistischen Staat gefördert, unterwegs in Afrika. Seine Bücher sind in jeder Buchhandlung erhältlich. Andere Aristokraten wieder sind untergetaucht in einem anonymen Beruf und kehren zu den ererbten Sitten und Freundschaften nur in den geheiligten Sälen von Gerbeaud zurück, wo die Vornehmheit zu Hause ist. So trifft man sich eben bei Gerbeaud, weil dort noch gilt, was einmal war. Es kommen die Menschen, die das Gestern suchen, und es kommen die Arrivierten von heute, die mehr als „Genossen" sein möchten. Doch sie lernen dort, wie jeder Uneingeführte bei Demel auch, daß eine gute Bedienung Nuancen kennt, kleine Unterschiede in der Aufmerksamkeit, die manchmal weh tun.

Kleine Unterschiede, die weh tun — die wird auch der alte Budapester entdecken, wenn er in seine geliebte Stadt zurückkehrt. Kleinigkeiten, die ein anderer vielleicht nicht bemerkt: die schroffere Bedienung in einem Modesalon, weil er eben staatlich ist; das plötzliche Schweigen über einen Freund, weil er gerade Schwierigkeiten mit der politischen Polizei hat, denn auch das gibt es trotz aller zur Schau getragenen Liberalität immer noch; die armselige Existenz eines achtzigjährigen Hofrates; die Frage einer Mutter nach ihrem Sohn, der 1956 nicht die Gelegenheit zur Flucht wahrnahm. Der alte Budapester wird zusammenzucken, wenn er in einem Vorort sowjetischen Soldaten begegnet. Er wird hinter die Fassaden schauen und in reichen Häusern meist nur ärmliche Wohnungen antreffen. Er wird mit Funktionären frei und offen diskutieren — und auf einmal bemerken, daß die freie Meinung einen Plafond hat; er wird von schwarzen Geschäften hören und von roter Korruption; man wird ihm von verhafteten Priestern erzählen und von Flüchtlingen, die an Heimweh gestorben sind. Budapest und die Ungarn waren stark genug — sie haben es 1956 in der Revolution bewiesen —, dem Kommunismus letzten Endes Menschlichkeit abzutrotzen, weil anders das System einfach zusammengebrochen wäre. Aber jedem Budapester, auch vielen, die das Parteiabzeichen am Rockaufschlag tragen, sind durchaus die anderen Seiten dieser Staatsform geläufig. Man zeigt sie nicht so, aber sie sind immer da. Und so fragt man sich bei jedem Wort, das ein Offizieller über die gemeinsame österreichisch-ungarische Vergangenheit sagt, ob es nicht doch nur ein Lippenbekenntnis ist.

Für die junge Generation ist das Begreifen noch schwerer. Für sie war Österreich 1956 Auffanglager für Flüchtlinge und eine Nation, gegen die man gern Fußball spielt und meistens gewinnt. Sie lernen in der Schule eine Geschichte, die nicht zu den Geschichten ihrer Väter und Großväter paßt. Sie sehen oben auf dem Gellertberg die so lange drückend auf der Stadt lastende habsburgische Zwingburg, die nach dem Sieg der Österreicher zur Warnung — und Unterdrükkung aller revolutionären Umtriebe — den Ungarn aufs Haupt gesetzte Zitadelle. Daneben winkt die monumentale Frauengestalt des Befreiungsdenkmals, das ursprünglich von Horthy zur Feier seines Sieges Seite an Seite mit Hitler in Auftrag gegeben worden war. Nun erinnert dieses Monument auch daran, daß sich noch immer mehrere sowjetische Garnisonen im Land breitmachen. In den Steinnischen der Zitadelle führen moderne Graphiken durch die diversen Belagerungen und Revolutionen. Da marschieren kapitulierende Österreicher unter einem stilisierten Doppeladler. Und drinnen in den Kasematten, wo das Pulver lagerte und wo sich mißmutige Festungssoldaten nach dem Treiben unten in Pest sehnten, wird Wein ausgeschenkt und für die Fremden aufgekocht. Unter bunten Stichen — Infanteristen, Husaren, Dragoner, Pioniere und so weiter aus Rudolf von Otterfelds Werk „Die österreichische Armee von 1700—1867" — fiedeln die Zigeuner den „Traurigen Sonntag" und — an der Stätte der Unterdrückung und „habsburgischer Willkür" —: „Wien, Wien, nur du allein ..."

## PRAG

Tatam — tatam — tatam —, der gleichbleibende Takt der Räder, das Stoßen der Schwellen, das Rütteln der Geschwindigkeit schüttelt die Reisenden durch die Wellenlandschaft Böhmens. Auf und ab, Schlösser, Klöster, Dörfer, winzige Städtchen, die ihre vom Bürgerstolz und Bürgertrutz geschwellten Plätze vor der neugierigen Eisenbahn verbergen. Laternenmasten fliegen vorüber, schwarz-gelb gestrichen, ein Spalier in den so geschmähten Farben, schwarz-gelb im ganzen Land, überall, wo Schienen gelegt worden sind, von Lundenburg bis Oderberg, von Budweis bis Eger. Kaum jemand im Abteil, der keine Beziehungen zu diesen Farben hat: der Ingenieur mit dem schütteren Haar, der in seiner Brieftasche nach der Adresse seiner Tante in Hernals kramt, der Pensionist aus Leitmeritz, der bei den 28ern gedient hat, dem Lieblingsregiment der Prager, eine Bäuerin, die kein deutsches Wort versteht, nur immer lächelnd den Mitreisenden zwischen zwei Stationen einen Apfel anbietet und an einer Kette einen Franz-Josef-Dukaten trägt. Die schwarz-gelben Masten draußen, die Erinnerungen der Menschen im Abteil, die Kronen und Heller, die in ihren Taschen knistern und klimpern — wir sind also im „Kronland" Böhmen, fünfzig Jahre nachdem man hier den Habsburgern die Krone wütend vom Kopf geschlagen hat.

„Praha!" ruft der Schaffner und noch einiges Unverständliches. Der Zug entleert seinen Inhalt auf den Bahnhof. Im Wiedersehensgedränge der Halle gelingt es kaum, Atem zu schöpfen. Eine sezessionistische Kuppel, blasse Jugendstildamen, denen die rauhe Wirklichkeit des turbulenten Bahnhofsdaseins Pein bereitet, Wappenschilder der Städte, die an den hier zusammenlaufenden Schienensträngen liegen. Wappen aus der ganzen Monarchie. Auch das weiße Kreuz im roten Feld Wiens, aber in einer Variante, wie man sie in Wien schon vergessen hat: Dort, wo die beiden Balken aufeinandertreffen, dort sitzt der Doppeladler, das Wappen eines Wien, in dem ein Lueger vom Rathaus aus die Geschicke der Stadt lenkte.

Am anderen Ende der Schienen, in Wien, liest man über der Station noch heute „Franz-Josefs-Bahnhof". „Franz-Josefs-Bahnhof" haben die Prager früher auch diesen viel eleganteren und mit viel mehr Aufwand eingerichteten Endpunkt der Linie an der Moldau geheißen. Nun wurde daraus der Hauptbahnhof, und damit ist er wohl endgültig gegen politische Umtaufaktionen gefeit. Franz Josef gibt es in Prag schon längst nicht mehr. Er wurde offiziell aus dem Gedächtnis der Nation verbannt — schon 1918.

Ein Monument gestatteten ihm die Prager aber doch. Nicht auf der Burg und nicht am Altstädter Ring, auch nicht in einem der zu Museen gestalteten Adelspaläste. Der König von Böhmen, der sich trotz seines Versprechens nie hatte krönen lassen, residiert in einer Prager Vorstadt, ein Stück hinter dem Nationalmuseum. Zwischen seelenlosen Zinshäusern, auf deren Dachboden Franz Kafka in seinem „Prozeß" anonyme Gerichtshöfe tagen läßt. Dort ist Franz Josef in einem Gasthaus abgestiegen. In Wien würde man es „Beisel" nennen, in Prag ist es ein Zentrum des unstillbaren Bierdurstes der Tschechen und ihrer ebenso trinkfesten Ehehälften; eines jener Lokale, wo das Bierkrügel die natürliche Fortsetzung der rechten Hand ist und der Kellner einem die schäumenden Trinkgefäße ungeheißen auf den Tisch stellt. Der Konsum des Gastes wird lediglich durch einen raschen Strich auf einem Papierstreifen registriert. Zur Anreicherung der Atmosphäre servieren Mädchen fettglänzende Kartoffelpuffer oder geröstetes Schwarzbrot, das auf beiden Seiten mit Knoblauch eingerieben ist. Wir sind im „Kelch" („U kalichu"), wo die Prager ihre wohl bis zur Sagenkönigin Libussa zurückreichenden Trinkriten unter den Augen Franz Josefs vollziehen.

An der Wand hängt nämlich ein offizielles Kaiserporträt. In keiner Amtsstube der Monarchie fehlte es, in keiner der Schulen, wo der immer ein wenig Angst einflößende Gestank des schwarzen Bodenöls Bestandteil des Erziehungssystems war, in keiner Kasernenstube, in der Rekruten der Inspektion entgegenbangten, in keiner Gaststätte, die etwas auf sich hielt, und in keiner Wohnung eines vaterlandstreuen Bürgers. Dieses Konterfei vertrat Macht, Größe, Unsterblichkeit, Beständigkeit, Würde und die unerreichbaren Höhen, in denen der Kaiser in der Vorstellung des kleinen Mannes thronte.

Sein Überleben im Bier- und Weindunst des lärmerfüllten Prager Lokals verdankt der Kaiser jedoch keinem Hofrat oder General, keinem bis heute schwarzgelben Bürgerherzen, sondern dem einzigen k. u. k. Soldaten, dem die Tschechen 1918 die Uniform nicht ausgezogen haben: dem braven Soldaten Schwejk.

„Um halb sechs nach'm Krieg, beim ‚Kelch'!" Dieses Rendezvous vereinbarte Schwejk mit seinem Freund, dem Sappeur Vodička. Sein dumm-wissender, liebenswürdig-dreister Stachelkopf, ausgezeichnet durch eine urböhmische Knollennase, ist selbst in diesen Tagen, da im Tornister der Volksarmisten Lehrbücher des Marxismus-Leninismus stecken, an manchem Lächeln schuld.

Die Wände im „Kelch", bedeckt mit Karikaturen und Zeichnungen, gehören dem braven Soldaten. Dort wurde Schwejk geboren, dort vertrank sich Jaroslav Hašek und sog mit dem Bier auch Sprache und Witz des Volkes ein. Und so ersann er den Schwejk. Wer die versunkene Monarchie aus dem wehmütig-sehnsüchtigen Blickwinkel der guten alten Zeit betrachtet, wird sich im Schwejk an mancher Stelle stoßen, die beleidigt, die schmerzt, die lästerhaft ist und geliebte Bilder beschmutzt. Das ändert nichts an der Bedeutung dieser Figur. Im heutigen Prag baumelt sie in jedem Souvenirladen am Schnürchen, jeder Ausländer bekommt den einzigen k. u. k. Soldaten, der noch immer seinen Dienst tut, zu Gesicht. Schwejk ist für zwei Generationen Tschechen der wichtigste Dolmetscher, der ihnen diese so fernen Jahre der Väter und Großväter nahebringt. Für die Jugend ist er vielleicht das einzige Bindeglied zu einer Zeit, die für sie doppelt so lange zurückliegt, als sie es dem Kalender nach tut. Schon die Erste Republik zwischen den beiden Kriegen ist Historie, die

Monarchie gehört jedoch in die Bereiche der Archäologie. Die Erdbeben der ersten Jahrhunderthälfte haben sie zumindest für die Zwanzigjährigen von heute total verschüttet.

„Sie werden den Schwejk wahrscheinlich ganz anders verstehen als wir", sagt ein junger Prager Historiker, der sich all den obigen Feststellungen zum Trotz die Herrschaft des Doppeladlers zum Gegenstand seiner Forschungen erwählt hat. „Wenn Schwejk vor die Kommission zur Untersuchung seines Geisteszustandes hintritt und ausruft: ‚Meine Herren, es lebe Kaiser Franz Josef I.' und die Ärzte ihn daraufhin für verrückt erklären, so enthält diese Szene für einen Österreicher wenig Komik. Das Herz eines Tschechen ließ diese Pointe damals jedoch höher hüpfen." — „Warum?" — „Weil zu dieser Zeit die Monarchie vor allem Ziel des Spottes war, zumindest für ihre Gegner. Der kleine Schwejk, der ‚thumbe Tor' der slawischen Literatur, wurde zum bedrohlichsten Feind der kaiserlichen Macht", meint der Historiker. „Ich habe viel über den Widerstand der Tschechen innerhalb der k. u. k. Armee gearbeitet. Sie hatten einfach jeden Respekt vor dem Kaiser und seinen Generalen und Beamten verloren. Darum wagten sie es, zu desertieren." Und Johannes Urzidil, einer jener deutschen Dichter der legendären Prager Schule, die dieses Bild vom Böhmen der Jahrhundertwende mindestens ebenso stark modelliert haben wie Hašek und sein Schwejk, bekennt bitter: „Das schlimmste war wohl, daß man das Habsburgerreich nicht mehr ernst nahm. Dieser Hohn war eines der gefährlichsten Kampfmittel der Tschechen."

Sind dieser Hohn, diese Verachtung die einzigen Berührungspunkte mit der Geschichte Böhmens, die so lange die Geschichte Österreichs war? Offiziell vielleicht. Denn selbst eine gebildete Dame in einer staatlichen Stelle in Prag hat pflichteifrig die landläufige Schulbuchmeinung parat: „Diese dreihundert Jahre unter den Habsburgern nach der Schlacht am Weißen Berg waren die dunkelste Periode des tschechischen Volkes." Sie redet nicht von dem barocken Prag, nicht von der hohen kulturellen Entwicklung der Tschechen im 19. Jahrhundert, von den Zeugnissen ihrer nationalen Eigenständigkeit, wie dem böhmischen Museum, dem Nationaltheater, ihrer eigenen Universität und so fort. Sie sagt nur ihr Sprüchlein auf. Der Historiker, der selbst nach einem objektiven Geschichtsbild strebt, erzählt dagegen von seinem Vater: „Er ist typisch für die Einstellung vieler alter Leute. Er war immer glühender Nationalist, ein einfacher Mann, ein Straßenbahner, Tscheche durch und durch, wie die meisten seiner Altersgenossen. Nun ist er alt. Das Feuer ist verglüht. Und wenn er von damals redet, dann weiß er nichts mehr von Streiks, Demonstrationen und Tschechentum. Nein, er sagt: ‚Weißt du, eigentlich wollte ich immer zur Marine. Das war mein Traum. Wir sind an der Moldau aufgewachsen und haben am Wasser gespielt. Aber für uns war der Fluß das Meer und Prag war Pola. Dann kam der Krieg, und ich mußte zur Infanterie einrücken. Schade, bei der Marine, da hätt' ich mich, glaub' ich, gut getan ...' "

Die Tschechen, die an Österreich noch immer etwas Positives zu finden wagen, können einen bedeutenden Zeugen zitieren: František Palacký, den Historiker und Politiker, der die Gschichte der Tschechen wiederentdeckt hat. Er schlug die Schaffung einer echten Donauföderation unter der Habsburg-Dynastie vor und sagte auch: „Wenn der österreichische Staat nicht schon seit langer Zeit bestünde, wären wir im Interesse der Menschheit und Europas verpflichtet, uns schleunigst um seine Gründung zu bemühen." 1874, zwei Jahre vor seinem Tod, resignierte er jedoch: „Ich begreife nicht, wie Österreich in eine so hoffnungslose Lage geraten konnte."

Diese Hoffnungslosigkeit beunruhigte damals wohl nur den Geist solcher weitblickender Gelehrter. Die Monarchie schien so fest gebaut wie das ewige Prag. Im Gegensatz zur Monarchie ging an Prag auch alles gut vorüber. Selbst der grausigste Altar des totalen Staatskultes, das überdimensionale Stalin-Denkmal, das wie ein Faustschlag das Antlitz der Stadt entstellte, wurde wieder beseitigt. Wenn man nun auf der Kleinseite die Stiegen hinter der Nerudagasse hinaufklettert und sich an die steinerne Brüstung lehnt, dann bietet sich einem ein Panorama, das sich in kein nationales Schema pressen läßt. Dieses Prag ist übernational; wenn es auch viele Prager nicht wahrhaben wollen, es ist nicht nur tschechisch. Die oxidierenden Kupferkuppeln der Repräsentativbauten, die das kulturelle Wiedererwachen der Tschechen künden, reflektieren Gewitterstimmungen und Sonnenstrahlen und sind unübersehbar. Aber da ist dieses andere, vielschichtige Prag, das seine Jahresringe offen zur Schau trägt, ohne daß man erst zur Säge oder zum Spaten greifen muß. Da herrscht die Burg über das Häusermeer. Der Hradschin regiert die Silhouette. Seltsam, auch in Budapest gehört das Stadtbild der Burg, die Macht war jedoch die meiste Zeit in der Wiener Hofburg deponiert, die sich nicht so auffällig anbietet, deren Dasein nicht provoziert, sondern sich bemüht, über die sie umgebenden Adelspalais und Bürgerhäuser nicht hinauszuwachsen. Die Prager Burg war nach

Kaiser Rudolfs II. Tod lange genug abgedankt und wurde dann höchstens für würdig befunden, stellenlosen Monarchen als Unterkunft zu dienen, so etwa dem von einer Revolution hinweggespülten französischen König Karl X. oder dem pensionierten Kaiser Ferdinand, der hier nach 1848 bis zu seinem Tod (1875) in seinem einfältigen Wesen angesichts des tragischen Laufes der Dinge meditierend feststellen konnte: „So hätt i's a 'troffen."

Aber Prag ist auch die Stadt der Türme, die „Hunderttürmige" — nach den neuesten Zählungen sollen es über vierhundert sein —, die von den Bauhütten des Luxemburgers Karl zu erzählen wissen und von den Bürgern, die mit diesen Vorläufern der Wolkenkratzer dem kaiserlichen Herrn auf dem Hradschin beweisen wollten, daß auch sie in die Höhe strebten. Zu Füßen der Burg, gleich einer Plantage wogender Fassaden und wie üppige Blumenkronen aufblühender Kirchenkuppeln, reift, wächst und welkt die Barockstadt Prag, ohnegleichen in ihrer Geschlossenheit in Europa — das vollendete Abbild eines auf wenige tausend Quadratmeter projizierten Kosmos, in dem die Ehre des strengen und doch so lebenslustigen und prunkliebenden Gottes der Gegenreformation zum Maß aller Dinge wurde. Das ging so weit, daß selbst das gekünstelte und raffinierte Wohlleben des Adels auch in seinen ausschweifendsten Formen noch immer katholisch blieb. Der barocke Schwung dieses Prag ist nichts anderes als das kräftigste Autogramm eines Europa, das aus der Periode seiner tiefsten Erniedrigung, nämlich der Selbstzerfleischung des Dreißigjährigen Krieges, wieder zu sich selbst gefunden hat. Auf der nach den Hungerjahren mit kunstfrohen Klöstern und weitausladenden Schlössern wieder so reich gedeckten Tafel Österreichs war Prag der filigranste und raffinierteste Aufsatz. Das Porzellan, aus dem er gebrannt wurde, entstammt ohne Zweifel einer österreichischen Manufaktur.

Ein anderes Österreich gedieh in den dunklen Winkeln gotischer Gassen der Altstadt, zwischen finsteren Portalen, die auch bei Tag einen Blick in die Nacht tun lassen, und unendlichen Durchhäusern, zwischen schroffen Herrenpalais und ärmlichen Ghettoresten. Es gehört mehr zum Österreich Sigmund Freuds und Arnolds Schönbergs als zu dem eines Johann Strauß oder Ferdinand Waldmüller. Es ist der Denk- und Schreibbereich jener Dichter und Literaten, die eben unter dem Sammelbegriff „Prager deusche Schule" zusammengefaßt werden. Inmitten der Nebelwolken des Streites um Sprache und Nation vermochten sie klarzusehen. Und in deutscher Sprache sagten sie, was in jeder Gültigkeit hatte. Es waren so verschiedenartige und eigenwillige Genies wie Kafka, Werfel, Rilke, Brod, Urzidil, Meyrink, Kisch, Willy Haas und noch viele andere. Eines war ihnen gemeinsam: Prag. Sie hatten diese Stadt zutiefst in ihre Seele aufgenommen. Sie waren krank an Prag, und sie gesundeten an Prag. Die Pragimago, die sie uns überliefert haben, ist das heute wohl treffendste und für unsere Generation bestimmendste.

Einem Prager Universitätsprofessor gelang es, Kafka auch in kommunistischen Geistesbereichen gesellschaftsfähig zu machen und nach ihm auch die anderen Dichter deutscher Zunge zu rehabilitieren. 1965 konnte in der Nähe von Prag bereits eine Tagung über diesen Dichterkreis abgehalten werden. Professor Goldstücker, der als ganz Junger selbst noch ein wenig von dieser Atmosphäre geatmet hat, deutet diese erregende Periode heute so: „Diese Jungen hatten ein Endepochenbewußtsein. Sie erkannten früher als ihre Umwelt, welche Stunde die Uhr für die Monarchie geschlagen hatte." Und dann zitierte er Rilke: „. . . die Könige der Welt sind alt und werden keine Erben haben."

Man kann den Geistern der Dichter nicht entgehen. Wohl jedes der alten Häuser, die Bären, Wassermänner, Nixen, Haustiere, Löwen, Geigen, Kronen, Mohrenköpfe oder Sterne als Hauszeichen haben und außerdem nach den Josefinischen Konskriptionsnummern gezählt werden, hat einmal einen von ihnen beherbergt oder steht in irgendeiner Verbindung zu dem immer schweigenden Kafka und dem „rasenden Reporter" Kisch, zu dem Bürgersohn Werfel aus der Mariengasse und zu seinen schwindsüchtigen Freunden. Alle zusammen konnte man im Café Arco antreffen. Beladen mit literarischem Ballast, betritt man das Lokal nahe dem Bahnhof Prag-Mitte. Man setzt sich an ein Tischchen und wartet auf den Genius loci. Aber es kommt nur der Ober. Das „Arco" ist kahl und ausgeräumt, renoviert, alle die heißen Worte jugendlicher Dichter, die Debatten und Diskussionen wurden aus den Gehörgängen der Mauern von emsigen Anstreichern mit Kalk herausgespült. Der Tisch ist noch aus Marmor, aber der Ober kennt seine Gäste nicht mehr. Das „Arco" wurde zum Durchgangscafé, zur Bahnhofswirtschaft. Es ist so, als ob jemand scherzhaft gesagt hätte: „Herr Ober, bitte einen anderen Gast." Die Bestellung wurde von der Zeit erfüllt. Die Gäste von einst sind längst abserviert. Da schieben sich dicke Bäuerinnen herein, die einen Zug verpaßt haben, und ein ältlicher Beamter schielt über seine Brille neugierig zu einem einsamen Mädchen hinüber. Aber das

Mädchen hat keinen Gedichtband aufgeschlagen wie die Freundinnen Werfels und der anderen dieser Clique, sondern ein Romanheft.

Auf eine völlig andere Spur dieses Prag vor dem ersten großen Krieg lenkt einen der „Arco"-Besucher Egon Erwin Kisch. Er beschreibt ein Etablissement, wie es großstädtischer nirgends war: das „Gogo", wie der ziemlich eindeutigen Zwecken dienende Salon Goldschmied in der Gemsengasse von seinen Kundschaften zärtlich genannt wurde. Alle waren einmal dort, die dem gestrigen Prag Leben eingeflößt haben, sogar ein Erzherzog hat sich einmal dahin verirrt, so daß bevorzugte Gäste danach stets das „Prinzenzimmer" für sich beanspruchen konnten. Im „Gogo" hat auch Christian Morgenstern ein Palmström-Gedicht ins Stammbuch gekritzelt. Und Gustav Mahler verbrachte manche Nächte hier in einem einsamen Zimmer, um zu komponieren, weil er zu Hause die Ruhe nicht fand. Er bezahlte stets, ohne zu „konsumieren". Werfel setzte sich ans Klavier und schmetterte Verdi-Arien, und der Tenor Alfred Piccaver wurde, laut Kisch, im „Gogo" für die Oper entdeckt ...

Was ist aus dem „Gogo" geworden? Kisch hat die Adresse angegeben: Gemsengasse 6. Sie existiert auch als ulice, nahe der Zeltnergasse. Es ist einer jener schmalen Durchlässe, bei denen man sich immer fragt, ob sie nicht in irgendeiner dunklen Versenkung enden. Ein Kohlenhändler färbt das Pflaster schwarz; wo keine Mauern sind, eröffnen sich Aussichten in die mit Pawlatschen bestückten Hinterhöfe. Und dann hält man vor dem Haus Nr. 6. Ein bißchen windschief ist es, und die Vorhänge oben im ersten Stock sind zugezogen. Unten öffnet man die Tür in ein Geschäft, eine Klingel schrillt. Der Geruch von heißen Bügeleisen auf feuchter Wäsche zeigt an, daß man sich in einer Wäscherei befindet. Ein altes Gewerbe wurde also gründlichst gesäubert. Eine deutsche Frage danach, was früher einmal hier gewesen sei, wird von der Frau mit verständnislosem Kopfschütteln beantwortet, und nur die Reste einer Stuckdecke weisen darauf hin, daß dieser Raum nicht immer von Wäschedunst erfüllt war. Noch ein Blick in den Hausflur. Ein altes Weiblein wirft verschreckt eine Tür zu. Man hört, wie die Kette vorgelegt wird. Und in Gedanken versunken streicht man mit der Hand über die Fliesen, die den Wänden des Hausflurs Vornehmheit verleihen sollen. Glänzende Fliesen mit Weintrauben als Bacchus- oder Fruchtbarkeitssymbolen, der letzte Glanz eines Hauses, das beleidigt gewesen wäre, wenn man es ein „Haus" geschimpft hätte. Denn es war schließlich ein „Salon".

Bei „Gogo" gab es Rangunterschiede, aber vor dem „Gogo" machte eines halt: der Nationalitätenstreit. Im „Gogo" verkehrten Deutsche, Juden und Tschechen und wer sonst noch in Prag zu tun hatte — wenn er es sich leisten konnte. Sonst jedoch wurde in der Stadt streng auf die Apartheid geachtet. Zitieren wir nochmals Kisch:

„Die 25.000 Deutschen, nur fünf Prozent der Bewohnerschaft Prags, besaßen zwei prunkvolle Theater, ein riesiges Konzertgebäude, zwei Hochschulen, fünf Gymnasien und vier Oberrealschulen, zwei Tageszeitungen, die morgens und abends erschienen, große Vereinsgebäude und ein reges Gesellschaftsleben. Mit der halben Million Tschechen der Stadt pflog der Deutsche keinen außergeschäftlichen Verkehr. Niemals zündete er sich mit einem Streichholz des Tschechischen Schulgründungsvereins eine Zigarre an, ebensowenig ein Tscheche die seinige mit einem Streichholz aus einem Schächtelchen des Deutschen Schulvereins. Kein Deutscher erschien jemals im tschechischen Bürgerklub, kein Tscheche im Deutschen Casino. Selbst die Instrumentalkonzerte waren einsprachig, die Schwimmanstalten, die Parks, die Spielplätze, die meisten Restaurants, Kaffeehäuser und Geschäfte; Korso der Tschechen war die Ferdinandstraße, Korso der Deutschen der Graben . . ."

Am Abend des Reiches wandten also Tschechen und Deutsche, im Haß vereint, alle ihre Energie auf, um das Gemeinsame zu zerschlagen. Wenn der Kaiser eine tschechische Veranstaltung besuchte, dann schwiegen die deutschen Zeitungen, und umgekehrt. Man konservierte, hegte und verhätschelte jene gereizte Atmosphäre, in der sich in jedem Augenblick „die gleichgültigsten Gegenstände, Angelegenheiten, ja bloße Wörter in heiligste Güter verwandeln konnten, um derentwillen Tschechen und Deutsche einander die Köpfe einschlugen oder irgendeinem unseligen Juden übel mitgespielt wurde".

Dennoch sieht Professor Goldstücker auch etwas Positives in diesen Zuständen; zumindest für die junge Dichtergeneration, die sich die Überwindung dieser Spaltung zum Ziel gesetzt hatte, kamen aus diesem lauten Disput zweier Völker viele Anregungen: „Prag war im Zentrum des Nationalitätenstreits — und da wurden auf beiden Seiten viele Kräfte entfesselt und Energien frei."

Nun, das Jahr 1945 fand die „Endlösung" aller Nationalitätenprobleme: Man warf die Deutschen einfach hinaus. Und die Ferdinandstraße und der Graben, die beiden Achsen der Spaltung, sind zu einer einheitlichen Geschäftsstraße geworden, die in gerader Linie den Menschensee, der sich Wenzelsplatz nennt, durchfließt. Deutsche

Bücher füllen die Regale einer Buchhandlung in der Ferdinandstraße, aus dem Deutschen Haus am Graben wurde dagegen das Slawische Haus (Slovanský dům). Dafür hat man dem funkelnden Glasgeschäft, dem berühmten „Juwelier" des Kristalls am Graben, seinen guten alten deutschen Namen Moser belassen. Auf dicken Teppichen empfängt die schwarzgekleidete Direktrice in vornehm getäfelten Schauräumen wie in einem Verkaufssalon in der Londoner Bondstreet. In den Vitrinen bricht sich das Licht in Regenbogenfarben, und man weist ebenso auf ein Service für den Kreml hin wie auf ein anderes für den persischen Hof und eines, das vor dem Krieg für den Vatikan geliefert worden ist. Der deutsche Name wird gehegt, weil er Weltruf hat und gut verkäuflich ist. Und weil den Tschechen der Nationalismus langweilig geworden ist, weil sie ihn auf den Fußballplatz oder ins Eisstadion verbannt haben.

Unberührt von diesem vergangenen Kämpfen und Ringen der Nationalitäten wacht die Burg über der Stadt. Auch der Hradschin war oft Mittelpunkt von historischen Auseinandersetzungen. Aber da ging es um Kaiser und Gott und nicht um die Besetzung des Nachtwächterpostens in Jung-Bunzlau und die Zweisprachigkeit eines Wegweisers im Böhmerwald. Die Burg war stets ein Kreuzweg der Geschichte, obwohl dort oben schon lange niemand mehr über Reiche gebot. Sie war den ersten Habsburgern zwar Residenz, ihren Nachfolgern aber nur Absteigequartier, den Republikanern wieder Instrument zur Vergoldung eines von Kronjuwelen unbeschienenen Präsidententums und den Kommunisten bis heute willkommene Staffage für ihren proletarischen Geltungsdrang. Den Dichtern vieler Jahrhunderte war sie jedoch Quell der Inspiration.

Man sollte am Abend auf den Hradschin steigen. Da begleitet einen nur das Echo der eigenen Schritte durch den Burghof. Das Mondlicht zwingt die weißen Mauern, in nächtlichen Überstunden Schatten zu werfen. Die Souvenirverkäufer haben ihre Läden vermacht. Die Fremdenführer haben dienstfrei. Aus den mehr oder weniger wissensdurstigen Touristengruppen des Tages sind in den Wölbungen enger Weinstuben um so durstigere Zechkumpaneien geworden. An einem solchen Frühlingsabend öffnet sich der Hradschin dem Besucher, obwohl die meisten seiner Tore fest verschlossen sind. Die Reihe der schwarzen Fensteröffnungen wird nur von wenigen Lichtquadraten unterbrochen. Hinter einem Vorhang bewegen sich die Umrisse eines Kastellans, als ob er für nächtliche Schattenspiele engagiert worden wäre. Sonst halten die Wände und Fenster dicht. Die Geschichte hat der Burg so übel mitgespielt, daß sie keine Histörchen erzählen will. Freigebig erhellt der Mond die Filmszenerie der Zlatá ulice, des Goldenen Gäßchens. Haus an Haus, meist aus einem Raum bestehend, schmiegt sich an die Mauer; Bestandteile einer Spielzeugstadt oder einer historischen Ausstellung? Diese fast vierhundert Jahre alten Häuser sind echt: sie waren bewohnt, in ihnen hat sich Leben geregt. Obwohl die Wissenschaft sie ihrer interessantesten Legende berauben will, hat diese Zaubergasse nichts von ihrer Romantik eingebüßt. „Alchimistengasse" hieß sie auch, denn in der Vorstellung der Prager hatte hier der Habsburger Rudolf II. eine Art Los Alamos eingerichtet: ein Zentrum konzentrierter Forschungsarbeit, um den Geheimnissen der künstlichen Herstellung von Gold und Lebenselixieren auf die Spur zu kommen, so wie die Amerikaner allen Geist zusammengetan hatten zur Entwicklung der Atombombe. Hier in den Häuschen sollen Alchimisten und Magier, Gelehrte und Scharlatane von Rudolfs Gnaden ihre Tage mit der Ergründung der Weltgeheimnisse verbracht haben. Der Schöpfer phantasievoller Puppenfilme, Jiří Trnka, hat deshalb bei der Neueinrichtung der Häuschen auch einige alte Retorten und anderes Gerät aus den Giftküchen jener Chemiker verwendet. Die gestrengen Wissenschaftler degradierten die Zlatá ulice zu einem Quartier der kaiserlichen Torwachen, die das Recht erhalten hatten, sich in die Mauerbögen ihre Unterkünfte zu bauen. Später hauste da oben allerhand Gelichter, bis viele Häuschen Privatbesitz wurden. Im Winter 1916/17 beherbergte eine dieser niedrigen Stuben einen anderen Sucher, einen Alchimisten der Sprache, Franz Kafka. Seine Schwester hatte sich hier eingemietet und ihm Asyl für seine Arbeit geboten. In einem Brief schwärmt er von dem Dasein auf der Burg: „Heute entspricht es mir ganz und gar. In allem: der schöne Weg hinauf, die Stille dort ... ich trage mir das Abendessen hinauf und bin dort meistens bis Mitternacht; dann der Vorzug des Weges nach Hause; ich muß mich entschließen, aufzuhören; ich habe dann den Weg, der mir den Kopf kühlt. Und das Leben dort; es ist etwas Besonderes, sein Haus zu haben, hinter der Welt die Tür, nicht des Zimmers, nicht der Wohnung, sondern gleich des Hauses abzusperren; aus der Wohnungstür geradezu in den Schnee der stillen Gasse zu treten ..."

Sie wurde jedoch immer lauter und zum Unterschlupf für dunkle Gestalten. Erst die sozialistische Straßenreinigung reservierte diese Rudolfinische Häuserzeile den Touristen. Der feste Tritt von Reisegruppen, das Klicken der Kameras, all der Lärm und Trubel, die

Abwässer der Fremdenverkehrsindustrie haben die Gespenster der Magier verscheucht. Auch des Nachts kann man sich höchstens Träumen hingeben und wird vergebens ihrer Geister harren. So wie auch die unruhige Schattengestalt des Habsburgers, der die Menschen so lange mied, bis sie ihn für verrückt erklärten, längst zu friedlichem Schlaf gebettet ist. Er selbst wußte wohl mit der Welt kaum mehr anzufangen als sie mit ihm. Seine Sammelwut brachte der Dynastie sagenhafte Kleinodien ein — und man bezichtigt ihn brauenrunzelnd nur der Verschwendungssucht. Sein „Fehler" war, daß er sich in die Künste verliebte und die Sterne zu seinem Glaubensbekenntnis erhob. Darum erteilten die meisten Geschichtsbücher Rudolf II. in professoraler Strenge für seine Tätigkeit als Kaiser ein Nichtgenügend.

Den Spuren Rudolfs zu folgen ist erst bei Tag möglich. Die Nacht schweigt von den früheren Bewohnern der Burg. Einzig die Gegenwart läßt einen kurz innehalten, wenn man durch das gotische Tor beim Schwarzen Turm ins Freie tritt. Auf einmal fixiert einen der Lauf einer Maschinenpistole, frisch geölt, schußbereit. Unbewegt, ein steinerner Gast bewacht der Posten der Garde den Schlaf seines Herrn, des Präsidenten der Tschechoslowakischen Sozialistischen Republik. Der Strahl eines Scheinwerfers tappt nach der weißen Standarte, und das Licht läßt die blauroten Zackenränder der Flagge flammen. Die Mähne des zornigen böhmischen Löwen aber erinnert an die schwere Allongeperücke eines jener Hochadeligen, die von den heutigen Bewohnern und Verwaltern der Palais und Schlösser nur mit einem spöttisch-mitleidigen Nebensatz über die „untergegangene Welt der Feudalherren" abgetan werden.

Bei Tag ist alles anders. Da identifizieren sich die grimmigen Wachtposten mit der Touristenschar, indem sie sich mit dunklen Brillen gegen die fast waagrechten Strahlen der Spätnachmittagssonne schützen — genau auf den Plätzen, wo schon k. u. k. Soldaten so lange strammgestanden waren, bis sich im Boden sanfte Vertiefungen bildeten. Und durch die Höfe der ummauerten Burgstadt flutet das Leben. Geschäftige Beamte, die zum Hofstaat der neuen Herren gehören, treten mit dem Anschein der Wichtigkeit in die durch Glastüren für das Publikum verschlossenen Räumlichkeiten des Präsidenten. Zwischen den Vorhängen an den Fenstern dieser Gemächer blitzen Kristalluster, und bisweilen empfängt das kommunistische Staatsoberhaupt seine Gäste unter dem Porträt Maria Theresias.

Rudolf ist dagegen auch auf der Burg ein ähnlich bescheidener Platz zugewiesen wie in den Geschichtsbüchern. Das Wappenschild, unter dem die dunkle Präsidentenlimousine die Burg verläßt, ist zwar ein habsburgisches mit Doppeladler und allem Drum und Dran, aber es sind die heraldischen Zeichen seines Bruders Matthias, jenes ehrgeizigen Erzherzogs, der im historischen Bruderzwist bei Grillparzer und in der Wirklichkeit die Oberhand behalten hatte. Ein kräftiges M über dem sogenannten Matthiastor kündet seinen Sieg und sein kurzes Kaisertum. In die Eisengitter zum Vorplatz sind die MT-Initialen Maria Theresias geschlagen.

Im Nordflügel der Burg, den Rudolf erbaute, haben jedoch Spürsinn und Detektivarbeit tschechischer Kunsthistoriker im Sinne des Kaisers gewirkt. Freilich, oben im Spanischen Saal und in der Galerie, wo er sich zwischen seinen Schätzen, Raritäten und vor allem seiner einzigartigen Gemäldesammlung vor den Fährnissen der Tagespolitik verschloß, dort tagt das Zentralkomitee der tschechischen KP, dort werden verdiente Maurermeister und Bestarbeiter geehrt und Pioniere ausgezeichnet. Einen Stock tiefer, wo früher die edlen Pferde des kaiserlichen Marstalls ihren Hafer fraßen, wurde Rudolfs irreales Reich der Künste fragmentarisch restauriert. Das heißt, beim Eintreten in diese Ausstellung konfrontieren einen Farbdias mit den in aller Welt verstreuten Kostbarkeiten des Rudolfinischen Kunstbesitzes. Gern und mit einer gewissen Wehmut zitieren die Tschechen Nicodemus Tessin den Jüngeren, den Erbauer des Stockholmer Königsschlosses. Im 17. Jahrhundert schwärmte er nach einer Pragvisite: „... habe ich dess Keijssers Kunstkammer besehen, welche von einem Cabinet, drei Galerien undt einem grossen Salon bestehet, so alle gantz behenget sejndt von unten biss oben mit trefflichen Schildereijen, so dass man wohl sagen kann, dass diese keinem Cabinet in Italien wass nachgaben undt dheme in Wien weit übertreffen ..." Diese rühmende Bemerkung konnte der Schwede sogar machen, nachdem seine Landsleute im Finale des Dreißigjährigen Krieges Reparationsleistungen in Form der kaiserlichen Kunstsammlung kassiert hatten. Ihre vergeistigte Königin Christine finanzierte durch einen Verkauf der Gemälde ihr römisches Exil. Die Habsburger, bestrebt, angesichts der widerspenstigen Stände, ihr böhmisches Königtum mit einem des Geschlechts würdigen Glanz zu umgeben, belebten den Kunsthandel in den ersten Friedensjahren durch kostspielige Käufe für die Prager Burg. Über hundert Jahre genügten dann, um den Schönheitssinn der Dynastie so weit zu ändern, daß die in handgreiflicheren Regionen denkenden Monarchen Maria Theresia und Josef II. die Bilder zu Spottpreisen verschleuderten. Einige

Zahlen aus den damaligen Versteigerungen dokumentieren die haarsträubende Deflation von Meisterwerken: Ein Tizian wurde mit zwei, Dürers „Rosenkranzfest“ mit einem Gulden taxiert, ein Breughel gar nur mit 30 Kreuzer. Der Rest flog in den direkt unter den Fenstern liegenden Hirschengraben, wo Rudolf seine Lieblingstiere, die Löwen, hielt. Was in den kaiserlichen Privatgemächern der Verkaufswut entging, wurde zum Großteil nach Wien transportiert. In Depots, auf Dachböden, in Amtsräumen, getarnt unter dicken Schmutzschichten, unbeachtet durch die Ignoranz der jeweiligen Verwalter der Burg, hielt sich dennoch einiges aus den habsburgischen Kunstbeständen. Erst in den frühen sechziger Jahren spürten Prager Kunsthistoriker die Meisterwerke auf, reinigten sie und präsentierten sie nun wieder dem Publikum. Ein Tizian wurde entdeckt; Rubens, Tintoretto, Bassano, Veronese sind andere Namen in dem eindrucksvollen Katalog. Rudolf erfährt auch in dieser Schau eine gewisse Demütigung. Während er nur als bescheidene Reiterstatue anwesend ist, empfängt einen gleich beim Eintreten der herrische Blick des Matthias, ausgerechnet von Rudolfs Lieblingsmaler, Hans von Aachen, porträtiert.

Zurückgesetzt ist Rudolf selbst in seiner letzten Ruhestätte. Auf dem Uhrturm des Veitsdomes registriert wohl ein großes R den Kaiser, im Chor des ehrwürdigen Bauwerks jedoch ruhen steinern und starr nur Ferdinand I. samt seiner jagellonischen Gemahlin und Rudolfs Vater Maximilian II. Auf dem Marmorsarkophag hingestreckt, sind sie fern der Verwandtschaft in der Wiener Kapuzinergruft. Das schlichte Renaissancemonument wird vom Grabmal jenes böhmischen Heiligen, den man sich trotz seines Wirkens zur Zeit König Wenzels im 14. Jahrhundert immer nur als barocke Brückenfigur ins Gedächtnis rufen kann, durch den Sarkophag Johannes von Nepomuks, in den Schatten gestellt. Fischer von Erlach hat die Monumentalität des Todes, ja sogar eine gewisse Freude am Sterben gestaltet, und Maria Theresia opferte die endlose weinrote Samtschleppe ihres Krönungsmantels für den Baldachin.

Fern von dieser Pracht schlummert Rudolf in der Gruft des Veitsdomes. Die Tür bemerkt man kaum. Dann leuchten jedoch scharfe Lampen auf graue Grundmauern, zur Belehrung des Eintretenden, daß auf dem Boden der Prager Burg schon Jahrhunderte vor den Habsburgern Böhmen ihren Gott um das Geschenk der Nation angefleht haben. Milderes Licht umspielt die Gitter, die die Särge von den Beschauern trennen. Schon die erste tschechoslowakische Republik hatte diese letzte Behausung böhmischer Könige der feuchten Moderatmosphäre entkleidet und in dieser Gruftkammer die Illusion einer gewissen Wohnlichkeit geschaffen. Die Rangordnung der Särge richtet sich nach der Bedeutung der Herrscher für das Geschick des tschechischen Volkes. So drängt sich der moderne Metallsarg Karls IV., des Luxemburgers, den die Tschechen als einen der Ihren betrachten, in den Vordergrund. Und die anderen Könige umgeben ihn, als ob sie nur zu seinem Hofstaat gehörten: Georg von Poděbrad, Ladislaus und die vielen Königinnen, die dieser Hof verbrauchte. Rudolfs vom Alter angenagter Zinnsarg hält sich bescheiden und unauffällig an der Rückwand — so wie ein Zufallsgast in einer Gesellschaft von Leuten, die einander alle gut kennen, schüchtern mit dem Rücken die Mauer scheuert und sich in dieser Gemeinschaft wie ein Ausgeschlossener vorkommt. Vor einigen Jahren hat man die Ruhe des Kaisers gestört. Wissenschaftler öffneten den Sarg: Der Zahn der Zeit hatte von dem Monarchen noch einiges übriggelassen — den hohen Hut (so sahen wir Werner Krauss als Rudolf oder Philipp), die Ketten, Handschuhe, Schuhe. Der Rest waren Staub und Knochen, die konsequente Fortsetzung jenes Zerfallsprozesses, der schon zu Lebzeiten des Kaisers in dessen Gehirngängen begonnen haben soll . . .

Die Krone jedoch, um die das Denken all dieser Männer kreiste, heute nur noch Reliquie, ohne die Fähigkeit, Gewalt über ein Volk zu verleihen, ist nicht weit von den Herrschern aufbewahrt: hinter der eisernen Tür in der Grabkapelle des heiligen Herzogs Wenzel. Wie vor fünfzig und vor hundert Jahren sind sieben mächtige Schlösser vor die Tür gelegt und sichern die Kroninsignien. Früher bewahrten die sieben höchsten Würdenträger Böhmens die Schlüssel auf: der Statthalter und der Kardinal, der Oberstlandmarschall, der Oberstburggraf, der Landesgerichtspräsident, der Korpskommandant und der Bürgermeister. Erst wenn alle sieben beisammen waren, konnte die Kronkammer geöffnet werden. Will man heute die Krone dem sozialistischen Staatsvolk zeigen, so ist dazu eine jener raren Zeremonien notwendig, bei der die Obersten der Republik und Vertreter der Kirche gemeinsam agieren. Denn auch heute befinden sich die sieben Schlüssel in verschiedenen Händen. Zwei davon ruhen in den Tresors des Bischofspalais, die anderen fünf verwahren der Präsident, der Ministerpräsident, der Bürgermeister, der Vorsitzende des Gebietes Prag-Umgebung und der Präsident der Akademie der Wissenschaften. Die Armee wurde aus dem privilegierten Kreis der Kronenhüter ausgeschlossen.

In einem Land, das im Namen von Marx und Lenin regiert wird, verhindert dieses Ritual, diese Feierlichkeit, von der die Krone immer noch umgeben ist, daß sie zum bloßen Museumsstück degradiert wird. Von 1526 bis 1918 war die böhmische Krone in der reichen Habsburgersammlung von kaiserlichen, königlichen, herzöglichen und fürstlichen Kopfbedeckungen einer der kostbarsten, oft aber auch umstrittensten Schätze. Selten wurde die Autorität des Kaisers so herausgefordert wie gerade hier in der Burg, in der böhmischen Kanzlei. Jeder Besucher des Hradschins läßt sich diesen unansehnlichen gotischen Saal zeigen. Und er versucht, sich jene grotesk-tragische Szene auszumalen, die eine der folgenreichsten kriegerischen Auseinandersetzungen in Europa auslöste. Hier stießen am 23. Mai 1618 die dem Kaiser zürnenden böhmischen Adeligen seine Vertreter in die Tiefe: die Statthalter Martinez und Slavata und den Geheimschreiber Fabrizius. Es muß einigen Kraftaufwand gekostet haben, die sich wehrenden Hofbürokraten über die ziemlich breite Fensterbank hinauszubugsieren. Zu ihrem Glück rettete ihnen ein Misthaufen im Burggraben das Leben. Das Unheil war jedoch von Böhmen nicht mehr abzuwenden.

Der nächste Akt des Dramas fand auf einem anderen Hügel statt, auf dem vielzitierten Weißen Berg. Heute haben auf der einen Flanke tschechische Soldaten für die Spartakiade eine Zeltstadt errichtet, die einem eine gewisse Vorstellung von der Belagerung Wiens durch die Türken vermittelt. Dort etwa hatte sich das Heer der böhmischen Stände postiert, das die Krone nicht den katholischen Habsburgern, sondern dem protestantischen Friedrich von der Pfalz zugesichert hatte. Die Hänge, über die die kaiserlichen Truppen stürmten, sind mit gleichförmigen Wohnblocks verbaut. Nur die Straßenbahn mit dem Schild „Weißer Berg" orientiert den Geschichtsbewußten. In dem Park des sternförmigen kaiserlichen Lustschlosses führen Großmütter die jüngste Tschechengeneration aus. Und die Kinder zeichnen Kreise in den Sand, sammeln Zweige und üben „Tempelhüpfen" auf den breiten Wegen, über die vor mehr als dreihundert Jahren die letzten Reste des schlecht geführten böhmischen Heeres flohen. Böhmen mußte damit für Jahrhunderte seine Ansprüche auf Selbständigkeit begraben.

In der Bierschenke am Rande des Parks liefert ein verwaschenes Bild die Vision eines Bauernmalers von der Kapelle, die für den kaiserlichen Sieg danken soll. Und einige Pensionisten beugen sich über ihre Bierkrügel so wie vor fünfzig Jahren die Soldaten der

Prager Garnison, die am Sonntagnachmittag heraufgepilgert waren und, Kaiser, Gott und alle Schlachten vergessend, nur Augen für die Mädchen hatten und auf den nächsten Tanz warteten. Der Weiße Berg ist Angelpunkt jeder Diskussion über die habsburgische Vergangenheit der Tschechen, immer wieder bemühtes Beispiel für die Unterdrückung und das Elend, das sie unter den Habsburgern litten. Der Weiße Berg ohne intellektuelle Gespräche und dickleibige Bücher hat jedoch nichts mehr mit Schlachtenlärm und Schwertergeklirr gemein. Er bietet nur Gelegenheit zu einem Sonntagsspaziergang voll bequemer Ziellosigkeit.

Aber der Gedenktag der Niederlage, der 8. November, war für die Tschechen stets Mahnung zu Widerstand und Opposition. Erst 298 Jahre nach der Niederlage, am 8. November 1918, konnte sich dieser Groll Luft verschaffen. Man schaue vom Turm des Altstädter Rathauses auf den weiten Platz des Ringes, vielleicht bemerkt man dann im Pflaster geringe Spuren eines Denkmals, das einmal hier gestanden ist: eine Mariensäule, die nach dem Sieg am Weißen Berge errichtet wurde, 1918 wählte ein wilder, schreiender Mob die unschuldige Säule zum Objekt seiner nationalen Empörung und stürzte sie um. Kein Splitter ist von dem Triumphmal der Kaiserlichen übriggeblieben. In einem Sensationsprozeß wurde der Initiator dieser handgreiflichen Geschichtskorrektur, ein stadtbekannter Anarchist, von Prager Staranwälten freigeredet.

Keine Gnade kannte freilich jenes Tribunal, das am 21. Juni 1621 die Häupter der Empörung, 27 böhmische und deutsche Adelige, am Altstädter Ring öffentlich foltern und hinrichten ließ. Achtlos treten die Passanten auf die 27 in das Pflaster eingelassenen Kreuze. Hier waren die Blutgerüste aufgerichtet. Durch Jahre hatten die Prager noch ein abschreckendes Beispiel vor Augen und Gewissen — denn Ferdinand II. ließ die Köpfe der Hingerichteten auf die Zinnen des Turmes der Karlsbrücke spießen. Für ewig haben die Tschechen diese Toten auf das Schuldkonto der Habsburger geschrieben, so wie die Ungarn bis heute immer wieder die 13 hingerichteten Revolutionäre beschwören, die nach dem Sieg über Kossuths Armee 1849 sterben mußten.

Wie damals die Prager zu dem blutigen Schauerdrama geströmt sind, so drängen sie sich auch heute wieder auf dem Altstädter Ring. Sie quellen aus den engen Gassen der Altstadt, jung und alt, Kinder winken mit Fähnchen, junge Mädchen führen ihre Frühjahrshüte aus. Die Prager haben ihren Sinn für Schaustellungen nicht verloren.

Am 1. Mai wird auf der Bühne der Prager Historie jedoch ein durchaus friedliches Stück gespielt: die Májales. Prager Studenten zelebrieren den Einzug des Wonnemonats. Sie haben sich als Ritter, Könige, als Professoren und Scholaren, als Indianer, als Millionäre und Bettler, als Scharfrichter und Clowns verkleidet. Ein Festzug des Übermuts wälzt sich zum Rhythmus von Dixielandkapellen über den Platz. Der Lärm läßt die Fensterscheiben der wackeligen Häuser erbeben. Und die winkeligen Gäßchen des Golem werden zur Rennbahn der übermütigen Jugend. Satirische Transparente werden mit Jubel begrüßt. Politik findet kaum statt.

Darum sind die Prager bei diesem Fest so ganz anders dabei als einige Stunden früher, da sie gelangweilt und uninteressant schwatzend am Wenzelsplatz in Fabriks- und Bürodelegationen zum 1. Mai für die „proletarische Einheit" demonstrierten. Rote Fahnen, Blumen, Turnergruppen, Aktivisten in blauen Hemden, wichtigtuerische Funktionäre erfüllten den einstigen Roßmarkt. Die dorthin abkommandierten Massen absolvierten einfach einen Pflichtmarsch, so wie Kinder unwillig ihre Schulaufgaben erledigen. Wofür sollten sie denn demonstrieren? In dem Prag, das vor fünfzig Jahren von Nationalitätenkämpfen zerrissen war, wo man wegen einer zweisprachigen Aufschrift oder weil die einen Aussig an der Elbe sagten und die anderen Ústí nad Labem oder wegen eines Zeitungsartikels oder wegen eines falschen Politikerwortes auf die Straße ging, dort marschiert man heute nicht mehr freiwillig. Die Erfahrungen seit 1918 haben drei oder vier Generationen Prager müde werden lassen. Da gesellt man sich lieber zu den Studenten, die ihren tollen Tag haben. Von 1956 bis 1965 waren die Májales ohnehin verboten. So klatscht man nun den Dreschern von der landwirtschaftlichen Fakultät um so lauter, den als Krankenschwestern angetanen Medizinern und den Burschen, die sich aus einer Kostümleihanstalt k. u. k. Uniformen besorgt haben. Man ist dabei, weil die Politik aus dem Festzug verbannt worden ist.

Die Prager stürmen heute keine Denkmäler mehr — das Stalin-Monument zum Beispiel wurde über Staatsauftrag gesprengt —, sie klettern höchsten auf den bronzenen Hus, dessen kämpferisches Abbild noch Anno Franz Josef der habsburgischen Mariensäule als Trutzfigur zugesellt worden ist. Für die Prager ist der Reformator zur Tribühne ihrer Neugier geworden. Oder sie lehnen sich an die Mauern des Palais Kinsky, ohne auf die Tafel zu achten, die den Februar 1948 preist. Denn damals proklamierte Gottwald in dieser ehrwürdigen Arena Prager und böhmischer Schicksalskämpfe den Sieg des Kommunismus. Gottwald verkündete den Triumph der Revolution vom Balkon des Gymnasiums, wo Franz Kafka und einige andere nachmals große Prager in die Klassenbücher eingetragen sind. Unten im Parterre klappern wochentags in einem hellen Zimmer die Schreibmaschinen. Hier ist das Büro der graphischen Abteilung der Nationalgalerie. Und wo jetzt Sekretärinnen ihre Jausenbrote auspacken, stand Kafkas Vater hinter dem Ladentisch seines Textilgeschäftes.

Jedes Haus in diesem weiten Karree weiß seine Geschichten von Smetana und Kisch, von Christen und Juden, Tschechen und Deutschen — ein Treffpunkt von Kulturen, Rassen und Religionen. Produkt dieses unablässigen Verschmelzungsprozesses war jenes geistige Gold, das der Stadt Prag als gebührendes und ehrendes Adjektiv gehört. „Im Unterbewußtsein haben wir wohl gefühlt, daß wir zusammengehören, daß einer den anderen braucht", sinniert ein k. u. k. Hofrat tschechischer Zunge, durch sein Greisenalter und die Erfahrung der schon zur Routine gewordenen Weltuntergänge dieses Jahrhunderts abgeklärt. „Aber wir waren alle nicht reif genug. In uns hat es gegärt. Selbst wir schwarzgelben Tschechen waren halt doch vor allem Tschechen. Damals ahnte keiner von uns, wieviel Leid uns noch erwartete, was wir dann auf unserem einsamen Weg als Nation noch zu erdulden haben würden." — „Was wir erdulden mußten." Die Prager Juden, oder die wenigen noch am Leben gebliebenen Angehörigen dieser einst so starken Gemeinde, könnten diesen letzten Satz mit noch tragischerem Gewicht aussprechen. Und auch die Deutschen, die ein Strom des Hasses in der unmittelbaren Nachkriegszeit brutal aus ihrer Heimat weggespült hat, konstatieren, daß sie den Preis des unseligen Nationalitätenhaders bezahlt haben.

Überall ist Vernunft jedoch noch nicht eingekehrt. Vor den verschiedenen Prager Stadtwappen in der Amtsstube des Bürgermeisters erfährt man von einer Diskussion um das uralte Symbol Prags. Natürlich hat man das Wappen nach dem Ersten Weltkrieg seines Doppeladlerhintergrundes beraubt. Nun kommen aber Wissenschaftler daher und finden noch einen habsburgischen Makel an dem Schild: den eisernen Arm, die gepanzerte Faust mit dem Schwert, die, alle Feinde wehrend, den Eintritt in das Tor der von Türmen gekrönten Stadt verhindert. Dieser Stahlarm gehört erst seit 1648 zum Wappenbild. Kaiser Ferdinand III. hat die Prager damit ausgezeichnet, weil sie die Altstadt in der letzten Phase des Dreißigjährigen Krieges so heldenhaft gegen die Schweden verteidigt hatten. Nationale Historiker argumentieren nun: „Die Schweden wollten uns doch von der Habsburgerherrschaft befreien. Wie kommen wir dazu, den Widerstand gegen das protestantische Heer in unserem Wappen zu verherrlichen?" Die Prager Bürger und Studenten, die die Wälle benannten, scheinen jedoch anderer Meinung gewesen zu sein, sie hatten immerhin schon einige Kenntnis vom Wüten der schwedischen Soldateska am Hradschin und auf der Kleinseite. Da „Befreiungen" in der Geschichte nicht immer unbedingt die Freiheit im Schlepptau haben, zogen es die Prager vor, für ihre Unterdrücker zu streiten und schließlich zu siegen.

Dafür setzten die Habsburger dann alles daran, ihre Prager wieder den römischen Katholizismus zu lehren. Das bauliche Ergebnis der religiösen Schulmeisterei der Gegenreformation ist das neue barocke Stadtbild; man überschwemmte dieses einstige Herz hussitischer Strenge und böhmischen Aufruhrs nun mit einer Flut von Kuppeln, errichtete jesuitische Universitätsbastionen und zwang alle innerlich noch nicht genügend katholischen Böhmen zum täglichen Spießrutenlauf durch die Heiligengalerie auf der Karlsbrücke. Denn was konnte einer protestantischen Seele mehr zuwider sein als diese grandiose Manifestation katholischer Heiligenverehrung? Der goldene Kelch, Symbol der Reinheit des Hussitentums, der von der Fassade der Teynkirche über die Altstadt blitzte, wurde eingeschmolzen und daraus eine Madonna gegossen. Manch ein Sonnenstrahl wird von ihr nun als anderes Siegeszeichen der Katholiken über die Dächer von Prag zurückgeworfen. Die gotische Kirche gehört den Katholiken. Wie zur Revanche sind die Hussiten gegenüber an der anderen Ecke in ein Barockheiligtum eingezogen, in die Altstädter Nikolauskirche. Die Kuppeln tanzen in beschwingten Kreisen, wie sie ihnen die Zirkel der Architekten vorgeschrieben haben, die Wände scheinen nicht stillhalten zu wollen, allegorische Figuren sind in dieser Überfülle der Bewegung engagiert, mit der ihre Schöpfer Schönheit und Gottesverehrung ausdrückten. Hier tobt sich wie in den meisten Barockkirchen Prags das sinnliche Glaubensbekenntnis der Gegenreformation aus. Nur die Farben der Fresken sind stumpf und die Nischen kahl. Die Seitenaltäre, diese Ecken privater Andacht, Quartiere von Heiligen, die einem aus irgendwelchen menschlichen Gründen besonders ans Herz gewachsen sind, fehlen. Unter dem ihnen so gar nicht zu Gesicht stehenden Gold- und Silberdekor beten die

Hussiten seit 1945 — nun tschechische Nationalkirche genannt — auf ihre Weise zu Gott. Vor dem Altar hat eine Bronzebüste des Reformators Platz gefunden. In einer früheren Kapelle öffnet eine Frau die Tür eines der vielen in die Wand eingelassenen Glaskästchen und legt Blumen hinein: Hier halten die Hussiten mit ihren Toten Zwiesprache, deren Urnen wie in kleinen Tresoren aufbewahrt werden. In der Kanzlei antwortet eine ältere Frau auf deutsche Worte nur mit fragenden Blicken. Ob sie nicht, wie die meisten Menschen ihrer Jahre, auch Deutsch gelernt hat? Hat diese Frau das Deutsche vergessen, weil Jan Hus wenig Grund hatte, die Deutschen zu lieben?

Der Mesner in der Teynkirche, der einem das Grabmal Tycho de Brahes zeigt, des großen dänischen Hofastronomen Rudolfs II., hat sein Deutsch dagegen konserviert. Er tut schließlich Tag für Tag unter dem hoch oben im Spitzbogengewölbe schwebenden kräftigen Doppeladler, der wie in so vielen anderen Prager Gotteshäusern die Einheit von Dynastie und Kirche verkörpert, seinen Dienst.

Unbeschadet hat er Habsburg-Haß, Deutschfeindlichkeit und alle anderen politischen Reizzustände überstanden, wie das kaiserliche Wappengetier in Prag überhaupt. Ja auf die Frage: „Was blieb vom Doppeladler?“ kann sich Prag mehr als irgendeine andere Stadt der ehemaligen Monarchie klar und ohne Deut die Antwort leisten: „Der Doppeladler.“

Anscheinend hatte sich die Zerstörungswut der gegen Österreich tobenden Menge 1918 nach der Zertrümmerung der Mariensäule etwas gelegt. In keiner anderen Hauptstadt eines Nachfolgestaates hat man den Doppelaar derart unter „Naturschutz“ gestellt wie in Prag. Man ärgert sich am Graben über den neugotischen Zierat auf dem düsteren Pulverturm, wendet den Kopf und wird von dem habsburgischen Vogel getröstet: Unter dem Dach des so militärisch-klassizistischen Zollgebäudes brütet er neben einem lateinischen Hinweis auf Franz I. Völlig fehl am Platz, wie ein weggelegtes Baby, thront er in Kafkas Zeltnergasse über einem Schild „Institut für Marxismus-Leninismus“. Im Militärkasino gingen hier früher die Offiziere der Garnison ein und aus — und auch der Oberst Redl, der den Russen Österreichs Aufmarschpläne in die Hände gespielt hat, mag hier manchmal einem jungen Leutnant etwas zu tief in die Augen geblickt haben. Der Doppeladler hat sein Nest auch einige Schritte weiter, um die Ecke, wo ein luftiger Gang das ehemalige Karmeliterkloster mit der zum Klemens-Gottwald-Museum beförderten Sparkasse verbindet. Der Adler, dem nicht einmal die Österreicher offizielle Funktionen anvertrauen, spannt seine Flügel nahe der Karlsbrücke, er krallt sich in das Freskengewühl mancher Kirchendecke, bläht und plustert sich unkonventionell wie ein Auerhahn über dem Portal des Jesuitenklosters an der Kleinseite auf und sitzt siegesbewußt auf der großen Nikolauskirche, die Dreifaltigkeitssäule Karls VI. zu seinen Füßen. Wenn die Parteischüler gegenüber im Liechtensteinpalais — früher Korpskommando — die Fenster öffnen, dann gelingt es ihnen wohl kaum, den Kaiseradler zu übersehen. Die Tschechen haben ihm zwar die Flügel gestutzt, aber ganz sind sie seinen kräftigen Krallen doch nicht entronnen.

Den Haß gegen Habsburg und Wien haben die meisten älteren Prager längst in dem Wust von Erfahrungen, Schicksalen und Fährnissen der letzten fünfzig Jahre begraben. Eines verzeihen sie jedoch nicht: „Prag war Provinzstadt, man hat uns degradiert. Wir standen nicht nur hinter Wien zurück, sondern auch hinter Budapest", meutert ein pensionierter Gymnasialprofessor, der noch von dem längst abgeschafften Griechischunterricht des humanistischen Gymnasiums schwärmt.

Nach dem Dreißigjährigen Krieg ließen die Habsburger Prag aus der Geschichte abtreten, und nur an den Tagen der Krönungen erstrahlte es im Glanz einer Metropole. Der Alltag in dieser Hauptstadt zweiter Klasse ließ zwar die Geschicke des Reiches für längere Zeit unbeeinflußt, lieferte jedoch ständig neues geistiges Material, und neben der Wiederbesinnung auf die tschechische erlaubte er der deutschen Kultur üppiges Sprießen und Gedeihen. Kein gebildeter Prager wird verzichten, auf diese Hochblüte hinzuweisen.

Die Prager waren es, die nach Mozarts Tod als erste zu einem Requiem in der Nikolauskirche zusammenkamen. Während die Stadt Wien für den Komponisten nur ein Armengrab übrig hatte, versammelte sich auf der Kleinseite die Gesellschaft Prags und gedachte Mozarts in der Kirche, in der er selbst eine seiner Messen aufgeführt hatte. Ja Mozart ist noch heute in dieser Stadt lebendiger als in Wien und in Salzburg. Pilgern wir hinaus nach Smíchov zur Bertramka, dem Landhaus des Musikerehepaares Duschek. Hier hat Mozart gearbeitet und sich erholt, und die Mozart-Gedenkstätte ist so gestaltet, daß man mit dem Meister noch einmal mitleben kann. Oder man setze sich in der Altstadt in den Keller des Hauses „Zu den drei Löwen". Oben hat Mozart logiert. In der Weinstube unten läuft ein Tonband mit Frank Sinatra und französischen Chansons. Im alten Nostitztheater kann man dagegen mit etwas Glück einem

„Don Giovanni“ begegnen oder einer „Hochzeit des Figaro“, vom Ensemble des „Národní divadlo“, des Nationaltheaters, aufgeführt.

In der „Prager Oberpostamtszeitung“ vom 3. November 1787 vermerkte der gestrenge Kritikus der angesehenen Gazette: „Montag den 29ten wurde von der italienischen Operngesellschaft die mit Sehnsucht erwartete Oper des Meisters Mozard, ‚Don Giovanni oder Das steinerne Gastmahl‘ gegeben. Kenner und Tonkünstler sagen, daß zu Prag ihres Gleichen noch nicht aufgeführt worden. Herr Mozard dirigierte selbst, und als er ins Orchester trat, wurde ihm ein dreymaliger Jubel gegeben, welches auch bey seinem Austritte aus demselben geschah. Die Oper ist übrigens äußerst schwer zu exequieren und jeder bewundert dem ungeachtet die gute Vorstellung derselben nach so kurzer Studierzeit. Alles, Theater und Orchester, bot seine Kräfte auf, Mozarden zum Danke mit guter Exequierung zu belohnen. Es werden auch sehr viele Kosten durch mehrere Chöre und Dekorazion erfordert, welches alles Herr Guardasoni glänzend hergestellt hat. Die außerordentliche Menge Zuschauer bürgen für den allgemeinen Beyfall.“ So referierte ein kritischer Geist über die Uraufführung des „Don Giovanni“, und in demselben Theater, das sich nur mit dem Ersatz der Kerzen und später der Petroleumlampen durch elektrischen Strom der Gegenwart angepaßt hat, stehen noch immer allabendlich Schauspieler auf der Bühne. Sie spielen Mozart und Molière, Shakespeare und Tennessee Williams. Nur anstatt seinem Erbauer, dem Grafen Nostitz, ist das Theater nun dem böhmischen Dramatiker Tyl gewidmet.

Will man sich jedoch so richtig in die Mozart-Zeit zurückversetzen, dann präge man sich das Verzeichnis der Logeneigentümer und Mieter ein, das im Kloster Strahov ausgestellt ist. Man hat im Theater eine billige Karte erstanden, vergleicht und merkt, daß dieser Platz einst zur Loge der Grafen Thun gehörte. Ein Stück eigenen Bodens im Theater besaßen sonst nur die Nostitz und Auersperg. Mieter waren unter anderen, etwa 1846, die Hocharistokraten Kinsky, Clam-Gallas, Waldstein, Kaunitz, Rohan, die Schwarzenberg, Windisch-Graetz und die Hradschiner Stiftsdamen. Aber schon drängten sich die ersten Bürgerlichen in die feudale Gesellschaft: ein Bankier Fidler konnte sich eine Loge leisten, auch eine Frau Storch. Die Mittelloge gehörte dem „Landeschef“, damals Erzherzog Stefan.

Der Logenplan nimmt sich wie eine Galerie des böhmischen Adels aus. Dabei muß die Betonung auf böhmisch gelegt werden. Im Tschechischen wird „böhmisch“ mit „česky“ übersetzt. Viele Historiker flüchten sich jedoch in den deutschen Begriff „böhmisch", wenn sie über den Adel schreiben. Die Fürsten und Grafen rühmten sich in ihren Ahnentafeln aller großen Familien der habsburgischen Welten. Sie waren übernational, kaiserlich, aber das Land hier hatte sich ihrer bemächtigt. Sie radebrechten immer dann tschechisch, wenn sie mit den Kaisern unzufrieden waren. Sie überzogen das Land mit jener delikaten Barockglasur ihrer Parks und Schlösser. Sie lieferten dem Reich Staatsmänner und Feldherren, kultivierte und gelehrte Persönlichkeiten. Und rings um die kaiserliche Burg ließen sie ihre Paläste sprießen, als ob es darum ginge, dem Kaiser fast drohend zu zeigen, wer die wirklichen Herren im Lande seien. Ein Czernin verblutete sich finanziell, als er einen Koloß von einem Palais errichtete. Schon im vorigen Jahrhundert zog hier das Militär ein, und nun wandeln geschäftige Diplomaten durch das zum Außenministerium gewordene Produkt der Überschätzung der eigenen Möglichkeiten. Um für das Wallenstein-Palais Platz zu schaffen, wurden 160 Häuser abgerissen; ein ganzer Stadtteil wich dem Geltungstrieb des Friedländers. Hinter diesem Bau, der nun Prager Kulturverwaltern, Sommerkonzerten und einer Galerie Unterkunft bietet, stand der industrielle Geist Wallensteins. Nicht umsonst nennt man ihn, der so viele Manufakturen eingerichtet, ein stehendes Heer unterhalten und seine Ländereien in Nordböhmen wie ein eigenes Reich regiert hat, den ersten Manager. Im Palais Lobkowitz geht das Corps Diplomatique aus und ein; dort betreuen staatliche Stellen die Diplomaten aus dem Ausland. Bei den Grafen Thun wurde das Hauswappen von den Löwen des britischen Gesandten verdrängt, der Vertreter Österreichs residiert in einem Nostitz-Palais, und Tausende von jungen Tschechen hören Vorlesungen in Sälen, die für höfische Festlichkeiten reserviert waren. Der böhmische Adel hatte durch Jahrhunderte — ohne Rücksicht auf Nationalität und Sprache — Musik und Dichtkunst, Architektur und Wissenschaft im Lande gefördert. Die Großen der Geisteswelt waren seine Freunde, und er war bereit, viel Geld in sie zu investieren. Die Adeligen wurden vertrieben, ihre Titel und Geschlechterfolgen sind nur in Kunstführern oder in Weinstuben erhalten. Das kulturelle Prag aber zehrt von ihrer Bau- und Unternehmungslust heute im gleichen Maß wie das diplomatische Korps. Einige wenige haben es jedoch nicht übers Herz gebracht, das Land, das ihnen Heimat bedeutete, 1945 zu verlassen. Meist waren es ältere Herren und Damen, die nicht rechtzeitig aufbrachen, die auf einmal keine Ausreiseerlaubnis erhielten, den entscheidenden Termin hinter Gittern erlebten oder ganz einfach vergessen wurden. Herren mit Namen Czernin, Lobkowitz, Mensdorff, Schönborn, um nur einige zu nennen, gibt oder gab es bis vor kurzem auch in der sozialistischen Republik. Nicht mehr als Grundherren und Mäzene, sondern als Straßenarbeiter, in Fabriken, als Pförtner, als Verkäufer. Manche durften sogar schon Österreich besuchen — und kehrten wieder nach Prag zurück. Sie sind zurückhaltend, wenn sie Fremde empfangen, und treffen einander meist nur bei Begräbnissen. „Ich wüßte nicht, wo ich hingehen sollte", sagt der Graf, der seine Herkunft nicht verleugnen kann. „Das hier ist meine Heimat. Wir sind seit einigen hundert Jahren in Böhmen, und wir gehören hierher." Er sagt das in jenem weichen Maria-Theresien-Deutsch, das wie ein fernes Echo aus Schönbrunn tönt, wohlklingend näselnd, immer, ohne arrogant zu sein, ein wenig zaudernd und zögernd, als ob sich der Ton ständig von den Wörtern distanzierte. „Ich spreche Tschechisch wie Deutsch und fühle mich dem Land verbunden. Ich bin ein Böhme, daran läßt sich nichts deuteln." Ein Tscheche von heute wird vielleicht Mühe haben, in dem Deutschen einen Landsmann zu sehen — für den Grafen ist die aus österreichischem Denken geborene Einheit unzerstörbar. Er sagt: „Ich bin Böhme", obwohl der mißtrauische Staat noch immer ein wachsames Auge auf ihn hat und obwohl er auf dem Weg zu seinem Arbeitsplatz täglich den Fortgang der Renovierungsarbeiten an seinem Palais beobachten muß, ohne es betreten zu dürfen. Er ist ein Fremder in dieser Welt, die sich um ihn aufrichtet. Obwohl knapp über siebzig, ist er im Grunde so alt wie die Nikolauskirche, das Lobkowitz-Palais oder der Wallenstein-Garten. Und dieses „Ich bin Böhme" eines deutsch sprechenden österreichischen Aristokraten wird einem Tschechen, der gelernt hat, in einer sozialistischen Republik zu leben, völlig unverständlich erscheinen. Die Massen hängen an ihrer Stadt und lieben sie. Von Prags Geschichte aber haben sie sich weit entfernt; der Lärm der letzten Jahrzehnte ist zu stark, er baut eine Barriere gegen die Vergangenheit. Eine Vergangenheit, die man auch oben bei der Lorettokirche erlebt, wo in der Schatzkammer die 6000 Brillanten auf der Monstranz der Fürstin Lobkowitz ihr ewiges Feuerwerk abbrennen. Im Hof lauscht man dem bald vierhundertjährigen Glockenspiel. Das Metall beginnt zu singen. Aber da rauschen plötzlich sechs Düsenjäger, die für eine Parade trainieren, im Tiefflug über die Kirche hinweg, und ihr Donner verschluckt das Lied der Glocken bis auf den letzten Ton.

# Provinz, die keine sein wollte

## PRESSBURG

Türschlösser, Beschläge, alte Geigenkörper, Schrauben und gedrechselte Stuhlbeine und was man sonst noch so aus einem Abfallhaufen hervorkramt, hat der Künstler zu seltsamen Gebilden geformt. Fensterriegel, Türschnallen, Konservenbüchsen und rostige Nägel schmiedete er zu einer kompakten Masse. Diesen metallenen Ameisenhaufen schweißte er schließlich nach gängiger Pop-art-Manier auf eine Küchenwaage aus Großmutters Kredenz. Das gußeiserne Meßinstrument lastet auf einem verschlafenen Löwenkopf, auf dem runden Zifferblatt steht neben der deutschen Bezeichnung „Wirtschaftswaage" etwas kleiner „Wien". Ort der Ausstellung: die Galerie Majernika in Bratislava, zu deutsch: Preßburg, der Hauptstadt der Slowakei.

Die Entdeckung des Wortes Wien auf einer Küchenwaage ist nicht gerade als Sensation zu werten, für Preßburg ist diese winzige Episode jedoch typisch. Denn Wien folgt einem hier auf Schritt und Tritt. Das schwesterliche Verhältnis der beiden Städte hat alle Wandlungen überdauert. Selbst in der Ausstellung eines Avantgardekünstlers, der sicherlich nicht in melancholischen Monarchiereminiszenzen schwelgt, wird diese nachbarliche Verbindung offenbar. Blickt man von der österreichischen Zollwache in Wolfsthal nach Osten, so gehört der Horizont den vier Türmen des Preßburger Schlosses, als ob das alles stets eins gewesen wäre und keine Grenze existierte.

Obwohl die Stadt fast ein Teil der Peripherie Wiens wurde, war sie durch Jahrhunderte Hauptstadt Ungarns. Die Preßburger haben diese Grenze nie so ernst genommen. Archäologen suchen heute nach dem geheimen Gang, der unter der Donau von der Burg nach Wolfsthal geführt haben soll. Die Straße von Wien hierher wird von den Schienensträngen der Preßburger Bahn begleitet, die die beiden Städte einander auf die Distanz einer Fahrstunde nahe brachte. Die alten Preßburger erzählen genußvoll vom Theaterzug, der sie rechtzeitig zur Oper nach Wien transportierte und, inklusive eines rasch verspeisten Würstels, die Heimkunft gegen ein Uhr nachts garantierte. Und man trauert um die elektrische Bahn, die einen Wien- beziehungsweise Preßburgbesuch auf einen Nachmittagsausflug reduzierte.

Oder auf eine Heurigenpartie. Preßburg war zwar ungarisch, und in mancher Weinstube fiedeln bis heute die Zigeuner. Die Weinbauern aber waren Deutsche, und sie richteten am Stadtrand ähnlich wie in Grinzing ihre Buschenschenken ein. Dieser Bezirk der Weinbauern ist nun ins Stadtzentrum gerückt. Und was davon übrigblieb, läßt sich mit einer gewissen Wehmut als eine „Straße der gestorbenen Heurigen" bezeichnen. Der Krieg hat in die niedrigen Häuserzeilen einige Lücken gerissen. Aber noch immer vermitteln sie Traulichkeit und Behagen. Diese Straße hat längst einen regimetreuen Namen, auf einigen zweisprachigen Schildern aber blieb sie deutsch und slowakisch die „Hohe Straße". Die Weinbauern, die diese Häuser bewohnten, sind in alle Welt zerstreut. Man öffnet eines der schweren Eisentore und blickt in einen Biedermeierhof. Weinranken winden sich zu den Veranden hinauf. Im Schatten neben dem Brunnen strickt eine alte Frau. Eine Katze schnurrt in der Sonne. Der Weinduft jedoch ist verweht, die Geigen sind verklungen. Hier spielten nicht die Zigeuner auf wie sonst überall in Preßburg, sondern hier waren die Schrammeln zu Hause, Heurigenmusikanten, die Wienerlieder schluchzten wie in Grinzing. Fast ein wenig gespenstisch mutet die lange Reihe von Kleiderhaken in der Einfahrt an. Niemand benützt sie, niemand braucht sie. Nutzlos, vergessen, kein Gast hängt hier seinen Mantel auf. Der Garten ist verwahrlost, im Haus wohnen Leute, die nichts mit Wein zu tun haben, und die tiefen Kellergewölbe wurden an verschiedene Firmen vermietet. „Schön war's hier einmal", sagt eine alte Dame. „Oft sind wir mit unseren Wiener Freunden hier gesessen. Und die haben es bei uns gemütlicher als in Grinzing gefunden."

Das Deutsch der Dame ist von chemischer Reinheit, Ausdruck

des Bemühens einer Minderheit, die Muttersprache zu verteidigen. Aber dieser Sprache ist auch alle Schärfe genommen, die zur Verbreitung nationalistischer Haßparolen nötig ist. Das Deutsch der Preßburger, oder eben das Preßburgerisch, ist mit dem Wienerischen der vornehmen Welt von gestern genauso verbunden wie die beiden Städte durch die Donau. „Wir sind stolz auf das gepflegte Deutsch, das bei uns noch immer gesprochen wird", sagt der offizielle Čedok-Fremdenführer. Dieses Deutsch knistert durch die Gespräche der Menschen in der Altstadt, immer wieder hört man einige Worte, eine kurze Unterhaltung. Noch im vorigen Jahrhundert waren von 52.000 Einwohnern 31.000 Deutsche. Es waren die Bürger der Altstadt zwischen Michaelertor und Promenade, am Fuß des Burgberges. Anders als böhmische und mährische Städte, kannte Preßburg kaum ein Nationalitätenproblem. Die Slowaken waren noch zu schwach, um den Ungarn entschieden Widerstand zu leisten. Die Deutschen dagegen lehnten sich an Wien an, verliehen dem kulturellen Leben der Stadt ihr Gepräge und kamen mit allen Nationalitäten in Frieden aus. 1945 wurden sie nicht anders behandelt als die Sudetendeutschen und gezwungen, ihre Heimatstadt zu verlassen. Ihre Sprache aber blieb zurück. „Bei uns wurde nicht nur in rein deutschen Familien deutsch gesprochen, auch bei Ungarn oder in vielen Häusern mit Mischehen", erläutert ein Universitätsprofessor. Eine Probe liefert der Einblick in ein Bürgerhaus. In dem dunklen Flur tastet man nach dem Lichtschalter und sucht die Namensschilder. Von der Haustür tönt es in lockerem Wienerisch: „Gott sei Dank, daß wir zu Haus' sind, so eine lange Fahrt macht einen ganz steif." — „Zu Haus'" — aber das müssen doch Wiener sein! Nein, es sind Preßburger, die sich meistens dieser Sprache bedienen, obwohl in ihren Dokumenten die tschechoslowakische Staatsbürgerschaft verzeichnet ist, obwohl sie von einem ungarischen Pfarrer getauft worden sind und ihre Voreltern Magyaren waren. Der greise Arzt, neunzig Jahre alt, heißt Ludwig Kovats. Mit ungebrochener Lebenskraft füllt er täglich in gestochener Schrift Manuskriptseiten mit Erinnerungen, mit Studien über ägyptische und griechische Kunst, über die heilige Elisabeth und die Geschichte Preßburgs. Sein Name ist ungarisch, seine Aussprache des Deutschen sympathisch papriziert, doch er schreibt deutsch. „Einem Preßburger Bürger war diese Sprache immer am nächsten", sagt der Doktor. „Wir waren Ungarn, eine alte Ärztefamilie, aber als nach dem Ausgleich 1867 Ungarisch auf einmal wichtig wurde, da mußte es mein Vater erst erlernen, so wie ich 1919 das Slowakische." Und die Enkel, die haben ihr Deutsch schon wieder von den Eltern ererbt. Der Fernsehapparat ist, wie in den meisten Preßburger Häusern, auf den Wiener Kanal geschaltet. „Viele Slowaken lernen heute nur deshalb Deutsch, um dem Wiener Programm besser folgen zu können." Mit der Köchin wird jedoch ungarisch disputiert, und beim Einkaufen gebraucht man die slowakische Sprache.

Tief greift der Greis, auf den diese Bezeichnung so gar nicht paßt, in die Truhen seiner Memoiren. Aus einem dicken Album, in dem man früher Familienmitglieder und Ansichtskarten gesammelt hat, zieht er das braungetönte Foto seiner Mutter: „Sie war Sängerin und die Tochter des Kaffeehausbesitzers Speneder. Das heutige ‚Savoy' auf der Promenade hat ihm gehört. Und sie hat sogar in Wien vor dem Kaiser gesungen." Auf der Kommode steht ein buntes Glas zum Andenken an eine Festaufführung der „Missa solemnis". Der berühmte Dirigent Hans Richter, enger Freund und Mitarbeiter Richard Wagners, ging in dem Preßburger Haus aus und ein. „Als Bub habe ich noch Franz Liszt gesehen, ich werde seine majestätische Erscheinung mit dem wallenden Haar nie vergessen. Er leitete eine Probe seines Elisabethoratoriums, und meine Mutter hat mich mitgenommen."

Bei seinen Wanderungen durch Preßburgs friedliche Jahre flicht der alte Herr manchmal das Wort „bei Hof" ein. „Bei Hof", das sind die gelben Flügel des Grassalkowitsch-Schlosses, das sich in einigem Abstand von den Stadtmauern spielerisch dehnt, früher inmitten von Wiesen, Weinbergen und Parks gelegen, heute von Straßenbahnen und Mietshäusern umzingelt. Dieser Preßburger „Hof" bildete, etwa durch 35 Jahre, bis 1918 die Residenz Erzherzog Friedrichs, im großen Krieg längere Zeit mit wechselndem Erfolg Oberkommandierender der Armee. In der Galerie im Bischofspalais hat man den Mann, der Preßburg zum erstenmal seit Maria Theresia wieder höfisches Leben vermittelte, in Marmor aufbewahrt: ein biederer schnauzbärtiger Offizierstyp, fast etwas zu grob und ungeschlacht neben der stattlichen Frau, der Erzherzogin Isabella, die laut Dr. Kovàts „so eine zartfühlende vornehme Dame war, eine wirkliche Erzherzogin. Mein Vater hat eines ihrer Kinder vom Typhus gerettet. Seitdem war er der offizielle Hofarzt und hatte auch gesellschaftlichen Verkehr mit der Familie des Erzherzogs". Sonst blieb ein solcher Kontakt höchstens den obersten Fünfzig oder Hundert der Stadt vorbehalten. In der „Monarchie in Wort und Bild" heißt es ehrfürchtig: „Der erzherzogliche Hofstaat verleiht dem städtischen Leben besonders bei Anlässen, die das Getriebe des Alltags in festlicher Weise erhöhen, keine geringe Anregung. In der Reihe der hier ansässigen aristokratischen Familien sind mehrere fürstliche, gräfliche und freiherrliche Häuser vertreten."

„Ja, das war immer ein Ereignis, wenn das Erzherzogspaar ausgefahren ist. Und mir hat die Erzherzogin besonders geholfen", sagt der Doktor. „Ich war zwei Jahre lang an der russischen Front, und es ist mir sehr schlecht ergangen. Die Erzherzogin hat dann erwirkt, daß ich nach Preßburg versetzt wurde."

Die Türen des Palais stehen heute weit offen, junge Leute gehen ein und aus, Mädchen in weißen Blusen mit einem roten Schlips um den Hals — und statt steifer herrschaftlicher Diener empfangen den Besucher die Fotos von prominenten Kommunisten. Aus dem Preßburger „Hof" wurde der „Klement-Gottwald-Palast der Pioniere und der Jugend". Vorher hatte er noch die französische und italienische Militärmission beherbergt, die von hier aus die Operationen gegen Béla Kuns ungarische Räteregierung dirigierte; dann diente das Palais dem Präsidenten des kurzlebigen slowakischen Staates, Josef Tiso, als offizielle Residenz, und 1945 bezogen die Abgeordneten des Slowakischen Nationalrates den Sitz des Erzherzogs.

Die Jugend ist hier erst seit 1951 zu Hause. Da man aber nun auch höheren Orts die Anziehungskraft gut erhaltener Barockschlösser auf Ausländer erkannt hat, möchte man den Pionieren gern ein anderes Quartier zuweisen und das Palais nach alten Vorlagen restaurieren. Jetzt üben jugendliche Jazzsänger im Musikzimmer Beatles-Harmonien, einst hat hier Josef Haydn, von Esterházy verborgt, für den Grafen Grassalkowitsch Konzerte geleitet. Im Boudoir der Erzherzogin haben die Modellflugzeugbauer alle Intimität gründlich beseitigt. Der weiß und gold leuchtende große Bankettsaal ist Schauplatz einer Ausstellung der technischen Fertigkeit slowakischer Jungkommunisten. Im Hof und Park trainieren Gymnastikgruppen für die Monsterturnübungen der Spartakiade, des gigantischen Massenturnfestes. Ihre Trainingsanzüge haben sie vielleicht gerade in dem Teil des Parks abgelegt, wo einst ein hitziger Tennisspieler sein Herz der falschen Dame geschenkt hat. Da das erzherzogliche Haus über eine ansehnliche Töchterschar verfügte, war nämlich Thronfolger Franz Ferdinand hierher auf Brautschau gesandt worden. Die Überraschung der ehrgeizigen Erzherzogin kann man sich vorstellen, als Franz Ferdinand nach einem Tennismatch seine Taschenuhr vergaß, an der ein Medaillon mit dem Bildnis ihrer Hofdame, der Gräfin Sophie Chotek von Chotková und Wognin, baumelte, der späteren Herzogin von Hohenberg und morganatischen Gattin des Thronfolgers. Ein tragisches Schicksal nahm in diesem von Kindergeschrei erfüllten Park seinen Anfang.

Sosehr die erzherzoglichen Familienmitglieder im Gedächtnis der k. u. k. Preßburger als Substitut für kaiserliche Hofhaltung und als Paradefiguren der Fronleichnamsprozession weiterexistieren, die Haushabsburger von Preßburg waren sie nicht. Jede dieser Provinzstädte des großen Reiches, die alle auf ihre Art Hauptstädte, Zentren waren, aber neben Wien, Budapest und — ein wenig auch — Prag in dieser Rolle doch nur ein Schattendasein führten, hält in ihren Annalen irgendeine Persönlichkeit aus dem Kaiserhaus besonders hoch. Die Preßburger waren mit kaiserlich-königlicher Bekanntschaft durchaus nicht sparsam bedacht. Denn als die Türken im 16. Jahrhundert Ofen eroberten, wurde Preßburg, ungarisch Pozsony, Hauptstadt bis auf Widerruf. Es dauerte immerhin mehr als 250 Jahre, bis es soweit war. Und bis dahin konnten die Preßburger staunend Spalier stehen: im Trubel der Krönung von elf Königen und sechs Königinnen. Die Konjunkturwellen solcher festlicher Gästefluten füllten ihre Kassen. Im Chor des Sankt-Martins-Doms sind sie alle verzeichnet, die Habsburger, die sich hier die heilige Stefanskrone aufs Haupt drücken ließen. In der ungarischen Botschaft in Wien ist eine der schönsten Fresken nicht aus Ofen oder Pest, sondern eine Darstellung der Krönungsfeierlichkeiten für Maria Theresia in Preßburg. Dieser Königin hängen die Preßburger bis heute an wie einer Art Schutzpatronin. Schon bei den Fremdenführungen ist ihr Name immer wieder zu hören. „Das hat sie gebaut, und die Burg wurde von ihr renoviert und umgestaltet, und die Stadt wuchs durch sie an Bedeutung“ und so weiter. Auch dem Čedok-Prospekt ist die Habsburgerin eine ehrende Erwähnung wert: Unter dem Motto „Meilensteine der reichen Geschichte der Stadt“ erwähnt er „die Zeit der Herrschaft Maria Theresias, als Bratislava zum Mittelpunkt des politischen und gesellschaftlichen Lebens Ungarns und teilweise auch Österreichs wurde“.

Die Kaiserin scheint es ihren Wienern vorexerziert zu haben, daß Preßburg einen und mehrere Ausflüge wert ist. Für sie hatte einer die Rettung des Reiches bedeutet: als sie in höchster Not, bedrängt von den Großmachtansprüchen des Preußenkönigs Friedrich, alle Mittel ihrer Weiblichkeit anwandte, ihr Söhnchen Josef auf dem

Arm, um den ungarischen Magnaten das glühende Treuebekenntnis zu entlocken: „Vitam et sanguinem!" — „Leben und Blut!" Dieser Begeisterungsausbruch war natürlich mit einer gewaltigen finanziellen und militärischen Kontribution für den Krieg gegen Friedrich verbunden. Das Theresianum, der Anbau an die Burg, in dem diese Szene vieler pathetischer Historiengemälde stattfand, wurde ein Raub der Flammen. Und das Maria-Theresien-Denkmal nahe der Donau, wo der Krönungshügel war, fiel den tschechischen Legionären zum Opfer. 1918 besetzten sie Preßburg, und in einer der ersten Nächte rissen sie die Reiterstatue mit Hilfe von Autos nieder. „Vitam et sanguinem" war auch in den Sockel gemeißelt, und zwei Magyaren blickten inbrünstig zu ihrer schönen Königin auf. Im Depot des Stadtmuseums steht ein Gipsmodell des Denkmals; es ist der Wut der Legionäre entgangen. Auf dem weiten freien Platz an der Donau decken flache Blumenbeete den Krönungshügel.

Lange Jahre hätte Maria Theresia die Silhouette ihrer lieben Stadt kaum erkannt. In den napoleonischen Wirren verbrannte die Burg. Die vier spitzen Türme waren abgeflacht. Fast 150 Jahre lang war die Burg zu einem Ruinendasein verdammt. Jetzt erst hat sozialistischer Renovierungseifer diesem Sitz der Pálffy und der Habsburger wieder zu seiner ursprünglichen Gestalt verholfen. Zwischen Gerüsten und auf schmalen Bretterstegen werden die Touristen in den rekonstruierten gotischen Rittersaal gelotst, wo in einer Ausstellung über die einzelnen Bauperioden der Habsburgerin wieder eifrig Tribut gezollt wird. Später wird die Burg Heimstätte des slowakischen Nationalmuseums sein.

Zu Füßen der Mauern sind die Giebel und Dächer, Bogen und Tore der Altstadt ineinander verschachtelt, als ob ein Haus dem anderen den Platz an der Sonne neidete. Nur die vielen Kirchtürme haben sich in diesem Ziegelmeer freigeschwommen und tauchen zwischen Burg und Strom in den Himmel, ein Stadtbild, wie es sich schon Maria Theresia geboten hat. Eine Anhäufung von Palais, aber nicht jene der Grafen und Fürsten, die uns in Prag auf Schritt und Tritt begegnen. Preßburg gehört zur Tschechoslowakei. Seine Palais gehören jedoch zu Ungarn. Wie in Ofen und später in Pest und wie in Wien, so hatte die ungarische Gentry, die es sich leisten konnte, auch in der Hauptstadt Preßburg ihre ganz und gar nicht bescheidenen Absteigequartiere: die Esterházy, die Pálffy als die Hausgrafen von Preßburg, die Károlyi und Andrássy, die Széchenyi, die Batthyány, die Apponyi und Zichy. Maria Theresia hat die einst verleugnete Hauptstadt in Mode gebracht, und die Magnaten folgten ihrem Beispiel.

Nun wird offiziellen Delegationen die Bekanntschaft mit diesem barocken Zentrum Preßburgs nur per Distanz von der Burg aus vermittelt. Vorläufig geniert man sich eher dafür, daß man dieses Juwel jahrelang dem Verfall preisgegeben hatte. Erst jetzt rücken Maurerbrigaden zum Kampf gegen die Vergänglichkeit aus. Die Preßburger bleiben jedoch skeptisch: „Sehen Sie sich das an, nur die Eckhäuser werden erneuert, die das Blickfeld beherrschen, das ist alles nur Augenauswischerei."

Etwas melancholisch von dem betrüblichen Rundgang, verschnauft man in der Konditorei Mayer, von der man Wunderdinge vernommen hat, das heißt von ihrer Vergangenheit. Täglich soll hier für den Kaiser persönlich ein Paket mit frischen Schokoladenkrapfen nach Wien abgefertigt worden sein. So wie der berühmteste Fabrikant von wohlschmeckenden Preßburger „Nußbeugerln" ebenfalls zum ständigen Lieferanten des Wiener Hofes gehört hat. Der Salon, der stets für die Erzherzogin reserviert war, dient nun anderen Zwecken. An Stelle eines freundlichen Service gibt es Selbstbedienung. Und man holt sich neben der Kasse Einheitskonfiserie, wie man sie in jedem anderen Zuckerbäckerladen der Stadt auch erhält. An der Wand des Cafésaales haben sich zwar noch Biedermeiderdamen, Publikum von damals, in die Gegenwart herübergerettet, auf Leinwand gepinselt. Die süßen Stunden eines müßigen Konditoreiplausches scheinen jedoch nicht mehr zu schlagen. Eine Studentin beugt sich über ihr Manuskript, weil sie im Heim wahrscheinlich nicht genügend Ruhe hat. Eine Bäuerin rührt in ihrem Kaffee, und eine Dame, die früher zu dem gehörte, was Gesellschaft hieß und heute nicht mehr so genannt werden darf, löffelt leeren Blicks ihr Eis. „Der Mayer war so elegant", hat jemand gesagt. „So wie der Demel in Wien und der Kugler-Gerbeaud in Budapest." In Wien war die Konservierung der Demel-Tradition eine Selbstverständlichkeit, und ihren Gerbeaud haben die Budapester Kádár abgetrotzt. Der Preßburger Mayer dagegen ist nichts weiter als ein sozialistischer Zuckerbäckerbetrieb, in dem man statt mit Charme mit Sollzahlen operiert. Ein Weltlokal wurde, wie so viele in der Tschechoslowakei, zum Allerweltslokal. Jeder hat Zugang, doch es unterscheidet sich nun in nichts von den Stätten, die auch früher von den Massen der Bevölkerung frequentiert wurden.

Mit der Ankunft der „Neuen Klasse", der kommunistischen Partei- und Managerprominenz, die von Preßburg aus vehement in die Lenkung der Republik eingreift, wurden alle anderen Klassen gründlich zerstört. Außer in Rumänien war der Klassenkampf, wie er im leninistischen Lehrbüchel steht, nirgends gründlicher und erfolgreicher als in der ČSSR. Die Unterschiede wurden durch eine allgemeine Nivellierung beseitigt, vielleicht ein Grund, warum hier noch so viele Menschen der deutschen Sprache mit so viel Liebe zugetan sind. Weil sie sich durch ihren Gebrauch von den anderen unterscheiden. Die Behauptung eines alten Buches: „Das gesellschaftliche Leben Preßburgs gliedert sich nach Klassen, und zwar in starrerer Weise als in anderen ungarischen Städten", hat allen Sinn verloren. Die Klassen wurden aufgelöst und durch eine breite Masse und eine schmale Führungsschicht ersetzt. Und aus dem Begriff Gesellschaft wurde „aktives gesellschaftliches Leben". Aber damit ist nur eines lobenswerte Tätigkeit im Sinne der Leitsätze Marx' und Lenins und natürlich auch Gottwalds und Novotnýs gemeint.

In den spärlichen Anzeigen der „Pravda", der führenden Preßburger Zeitung, finden sich keinerlei Anpreisungen, in denen man etwa spürt, wie der Verkäufer dienert und um die Gunst hochgestellter Kunden buhlt — wie etwa in der Inseratenbeilage der alten „Preßburger Zeitung", die schon 1767 gegründet wurde. Da wird immer streng zwischen hoch und nieder getrennt: „Die Wagenhalle des Wencel-Felix empfiehlt sich dem hohen Adel und dem verehrten Publikum." Ein Spaziergang durch die Seiten eines Jahrganges dieser geschätzten Publikation ist wie das Eintauchen in das geruhsame Leben einer Kleinstadt, die niemals eine sein wollte. In dem Schicksalsjahr 1866 leitartikelt der Chefredakteur von der Notwendigkeit eines baldigen Ausgleichs zwischen Ungarn und Österreich, stolzgeschwellt kündigt er die Entsendung eines ständigen Korrespondenten nach Budapest an. Da spürten die rasenden Reporter der „Preßburger Zeitung" in der Märzengasse bei der Tabaktrafik einen großen Stein auf, der „des Nachts die Communication behindert". Zur Selbsthilfe wird aufgerufen. In Budapest hat man von einem Schuhmacher gehört, der nach dem bloßen Hinschauen auf die Allerhöchsten Füße bei einer Audienz in der Lage war, für Kaiser Franz Josef wohlpassende Galastiefel zu schustern. Zum Jahresbeginn befleißigte sich das Stadttheater der Aufführung eines vaterländischen Prologs, „Bilder aus Ungarns schönsten Tagen", dessen Höhepunkt die Vision einer Krönung Franz Josefs mit der Stefanskrone war. Und ein bedeutender „Gymnastiker" kündigt eine Vorstellung mit drei dressierten Hunden, Castor, Pollux und Cäsar, an. Eine Sensation dürfte auch die „k. k. ausschließlich privilegierte Zahn-Zigarette" als sicheres Mittel gegen Zahnschmerz gewesen sein. Ebenso verlockend war wohl folgendes Angebot: „Ein Papagei, der sehr viel und gut spricht, samt elegantem Käfig." Das Rindfleisch wird wieder billiger, und weitere Preisrückgänge sind zu erwarten. Seine Dienste empfiehlt das „Photographische Atelier E. Kozics, das nach den neuesten, mathematischen Berechnungen erbaut ist".

Der Namenszug des unternehmungslustigen Meisters der Lichtbildkunst begegnet einem noch auf jedem der steifen und theatralischen Fotos, die einem in alten Preßburger Häusern als Belege für diese fernen Jahre vorgelegt werden; auf der Promenade, nahe dem Stadttheater, fällt das pavillonartige, schmale Gebäude auf, in dem der Meister sein Atelier hatte. 1866 konnte er es sich leisten, täglich zu inserieren. Das beschauliche Bürgeridyll wird jedoch jäh gestört. Im „Grünen Baum", dem vornehmsten Gasthof, auf dessen Grundmauern das Hotel Carlton steht, ist Feldzeugmeister Benedek abgestiegen. In der Stadt wimmelt es von Militär. Es geht gegen die Preußen. Wenige Tage später bringt die Zeitung die ersten Nachrichten von der Katastrophe von Königgrätz. Unsicherheit, Klagen. In der Stadt treffen Verwundete ein, Gymnasialprofessoren bieten sich als Briefschreiber für die Soldaten an, vornehme Damen zupfen Scharpie, das Blatt veröffentlicht eine tägliche Spendenliste. Im Feuilleton besingt der Theaterkritiker seine Überflüssigkeit: „Allein, in diesen Tagen, in denen sich eine geschichtliche Tragödie abspielt, vermögen die Bretter, die die Welt bedeuten, lediglich ein ganz sekundäres Interesse zu erregen." Der Chefredakteur aber stellt im Leitartikel die Schicksalsfrage: „Wo liegt die Rettung? Es müssen große entscheidende Entschlüsse auch für die innere Herstellung des Reiches gefaßt werden."

Man schließt den Zeitungsband. Wie die Rückblende in einem Film zeitliche Tiefe vermittelt, so wird das Geschehen in dieser Donaustadt auf einmal plastischer. Und die Bürgerhäuser sind nicht mehr so fremd, unbekannt und abweisend. Eine schwarzweiße Vorlage ist auf einmal koloriert. Auch die Umgebung des Lesenden ist historisch — er sitzt im großen Lesesaal der Bibliothek, dort, wo bis 1848 im Reichstag die ungarischen Stände in Permanenz aufzubegehren pflegten. In dieser verschlafenen Lesesaalatmosphäre, wo jedes laute Wort ein Sakrileg ist, haben Széchenyi und Kossuth in geschliffener Rede die ungarische Nation verkündet. Der Stempel auf dem Zeitungsband ist jedoch von der Bibliothek der „Königin-Elisabeth-Universität". Die Bilder zu Häupten des Lesenden stellen kluge Slowaken dar, die schon in der ungarischen Zeit für die Selbständigkeit dieses Volkes, einige auch hier am Reichstag, gestritten haben. Aber dafür, daß man in jedem größeren Geschichtswerk im Register „Preßburg" nachschlagen kann, ist nicht so sehr dieser parlamentarische Hader, ist nicht nur das Magnaten- und Bürgertum verantwortlich: Ohne aus eigener Kraft etwas dazu zu tun, wurde Preßburg zur Etikette eines jener Friedensverträge, in denen ein neuer Krieg wie ein Embryo im Mutterleib eingebettet ist. Das erzbischöfliche Palais, Werk eines prunkliebenden Batthyány, war gerade die rechte Staffage für die Unterzeichnung eines Dokumentes, in dem Napoleon Österreichs tiefste Erniedrigung schriftlich niedergelegt hatte. Ein Kardinalshut krönt die Umrisse des Baues, in dem die Verwalter der Stadt ihre Akten betreuen.

In der Vorhalle macht nur selten jemand vor der blaßroten Marmortafel halt, in der des Kaisers Debakel aufgezeichnet ist: „In diesem Haus wurde nach der Schlacht bei Austerlitz am 26. Dezember 1805 der Preßburger Friede geschlossen, welcher dem Reiche des österreichischen Kaisers Franz I. Venetien, Istrien, Dalmatien und Tirol entriß, den Kaiser Napoleon hingegen auf den Gipfel seiner Macht erhob. Die Friedensurkunde wurde seitens des französischen Kaisers von Talleyrand, seitens des Kaisers von Österreich hingegen von Liechtenstein unterzeichnet. Zum Gedächtnis des großen Weltereignisses wurde diese Inschrifttafel bei Gelegenheit der hundertjährigen Wiederkehr des Tages von der Bevölkerung Preßburgs im Jahre 1905 in die Wand dieses Hauses eingelassen."

Im Spiegelsaal des ersten Stockes müßten einige Umbauten vorgenommen werden, wollte man den historischen Akt noch einmal exekutieren. Denn heute vertreten in dem Saal die Preßburger Gemeinderäte in den Plenarsitzungen ihre Meinungen, soweit das möglich ist. Mit einigen Federstrichen war Franz I. hier um drei Millionen Untertanen und ein Sechstel seiner Einkünfte ärmer geworden. In diesem Saal kündigte sich zum erstenmal das bittere Ende an. Der Untergang der Monarchie war vorweggenommen worden, obwohl die Geschichte noch einige retardierende Momente in Reserve hatte — obwohl Franz noch über Napoleon triumphieren sollte. Zwei Putzfrauen wischen gedankenlos über die Pulte der Gemeinderatssitze. Die eine stößt sich das Knie an einer Kante und schimpft: „Kruzifix no amol." Sie ist wahrscheinlich in Zuckermantel zu Hause, dem ärmsten Distrikt Preßburgs, am Abhang der Burg, immer mit Verachtung betrachtet, weil seine Einwohner lange Zeit im Gegensatz zu den freien Bürgern der Stadt Untertanen des Burggrafen waren. Wie die Bezeichnung Blumenthal für einen anderen Stadtteil, so gebraucht man noch bis heute „Zuckermantel“ für diesen, wobei die Gelehrten streiten, woher der Name kommt, und keiner eine rechte Erklärung findet. Für die Preßburger ist Zuckermantel mit allem verknüpft, was verrufen ist. Und man wundert sich nicht. Früher hauste dort zwischen Donau und Burgmauern das, was die Soziologen als Lumpenproletariat klassifizieren. Der Sozialismus hat diese Außenseiter der Gesellschaft zwar abgeschafft, in Zuckermantel streifen jedoch noch heute dunkle Gestalten durch verwahrloste Straßen. Die Häuser warten auf den Abbruch, und die Familien krallen sich in den Wohnruinen fest, weil sie nirgends anderswohin wollen. Zigeunerkinder zerren die Ausländer an den Kleidern: „Kaugummi, Schilling, Krone...“ Irgendwo hinter einem Fenster keift ein altes Weib: „I hau dir ane oba...“ Der Zuckermanteldialekt ist nicht ausgestorben. Er hält sich hier wie die dicklichen Blondinen, die verschlafen in die Mittagssonne blinzeln, zerrauft und halb angezogen, den Verdienst der letzten Nacht überschlagend.

Eine Zone menschlichen und materiellen Verfalls, die unterste Schicht der so vielgestaltigen kulturellen Ablagerungen des Kaiserreichs an diesem Donauufer; zum alten Preßburg gehörig wie der heilige Martin von Raphael Donner im Dom oder die zum Konzertsaal gewordene Redoute, in der sich die Bürgerschaft aristokratisches Gehaben anmaßen konnte. Rund um dieses österreichisch-ungarische Preßburg breitet sich längst das große moderne slowakische Bratislava. Der Kern hat überdauert. Nicht zuletzt deshalb, weil die Preßburger immer den Atem Wiens fühlten, selbst als der Eiserne Vorhang noch keine Lücken hatte. Die Donau konnten sie weder mit Minen noch mit Drahtverhau aufhalten. Und die Wellen nahmen unverdrossen den Weg von Wien nach Preßburg, als unzerreißbares Band zwischen zwei Städten, die sich Schwestern nennen.

# BRÜNN

Für zwei Kronen geht man in Brünn ins Kino, kann sich mehrere Zeitungen oder Straßenbahnfahrten leisten, ein großes Bier erstehen oder die Gruft besuchen. Die Gruft ist die Attraktion, die in Brünn mehr Touristen fesselt als alle Kunstschätze, Festungen und Maschinenmessen. Die Gruft, das ist die Brünner Kapuzinergruft. Sie hat mit ihrem Wiener Pendant nur die Eigenschaft einer Beerdigungsstätte gemein, und ihre Insassen — wenn man sie so nennen darf — haben es höchstens bis zum Grafen oder Fürsten gebracht. In Wien sind die Särge der Habsburger durch die Zinnpest vom Zerfall bedroht. In Brünn bleiben sogar die Leichen unversehrt. Eine seltsame Fügung hat in der Krypta der Kapuzinerkirche gerade jene Lufttrockenheit erzeugt, die das Sterbliche an uns vor der totalen Auflösung bewahrt. So wurden hier respektable Bürger der Stadt Brünn in luftgetrocknetem Zustand als Mumien zu einem wesentlichen Objekt des Fremdenverkehrs.

Die geistlichen Hüter der Grabstätte versuchen die Würde des Ortes zu retten. In der Verpackung der Kuriosität verkaufen sie einem ein unerbittliches „Memento Mori", erschreckend, deutlicher und eindringlicher als jedes Aschenkreuz zu Beginn der Fastenzeit: durch die schwachen Lampen, die in Lustern aus Totenköpfen und menschlichen Knochen glühen, die gekreuzten Gebeine an den Wänden und die Gegenwart dieser Toten, bei denen der Tod nicht ganz auf seine Rechnung gekommen zu sein scheint. Sie liegen offen in ihren Särgen, mumifiziert in ihren Kleidern, grau, aschig, feindlich allen Farben, ihre Gesichter haben noch nicht den Vermassungsprozeß durchgemacht, dessen Resultat der einheitliche Totenkopf ist. Sie erhielten sich ihren Ausdruck, eine Spur von ihren Empfindungen. Im Gegensatz zu einem Skelett haben sie einen Hauch von Leben behalten — zum Schrecken für die Hinterbliebenen. Da liegen sie also, allen Blicken preisgegeben, in der gestörten Intimität ihres Todes. Der Architekt Moritz Grimm, der so ziemlich bei jedem barocken Umbau in Brünn seinen Zeichenstift im Spiel hatte, einige Edelleute, dann die Kapuzinermönche, deren Armutsgelübde ihnen sogar das

Recht auf einen Sarg verwehrte, sie alle sind vor uns ausgebreitet wie die Beute nach einer Treibjagd; der eine umklammert ein großes Tragkreuz wie einen Wanderstock zum Himmel, der andere scheint noch immer die Perlen des Rosenkranzes durch die knöchernen Hände gleiten zu lassen. Die einen haben ihre Gesichter verloren, den anderen blieben Fratzen. Der Überschwang barocker Frömmigkeit endet hier in einer Vision der Vergänglichkeit, die Wirklichkeit ist. „Sie sollen ruhen in Frieden", denkt man und weiß nicht, ob der Gedanke ein Gebet ist oder nicht. Und dann dieses Mädchen, diese Komtesse Zinzendorf. Auch ihr Vater ruht hier, der Kommandant der Festung Spielberg. Für das Mädchen paßt jedoch das Wort „ruhen" nicht. Der Führer hat dafür eine nüchterne Erklärung: „Die Ärzte nehmen an, daß die Komtesse scheintot war und zu früh begraben wurde." Man starrt auf die Leiche und fühlt sich als Zeuge einer schrecklichen Tragödie, ohne helfen zu können. So wie wenn man auf dem Fernsehschirm den Flug eines Astronauten verfolgt, dessen Rückkehr zur Erde durch einen technischen Fehler unmöglich geworden ist. Die Haltung der anderen Mumien in der Gruft drückt das Endgültige des Todes aus. Dieses Mädchen aber verkrampft seine mageren Hände in die Schenkel; seine Beine sind ein wenig angezogen, der Körper ist gekrümmt. Unruhe, Entsetzen, Angst, Verzweiflung — all das bekennt diese Mumie in einem einzigen stummen Aufschrei für die Ewigkeit. Jetzt ist ihr Sarg geöffnet. Damals war er geschlossen, und das Mädchen erwachte. Vielleicht schon hier in dieser Gruft, wo es für jedes Klopfen und Schreien zu spät war, während oben die Mutter die Kränze zählte und die Blumen mit ihren Tränen netzte.

Der Totentanz in der Kapuzinergruft von Brünn ist nichts spezifisch Österreichisches, obwohl alle seine Akteure treue Untertanen des Kaisers waren. Star dieser angsteinflößenden Leichenschau ist der Baron von Trenck, der gefürchtetste Reiterführer der Kaiserin Maria Theresia, der mit seinem Räuberhaufen im Erbfolgekrieg die preußischen Lande verwüstete und Österreich das Gegenstück zu einem Kosakenregiment lieferte. Aus dem Glanz kaiserliche Gnade in die düstere Schattenwelt einer Zelle am Spielberg verbannt, starb er 1749 in Brünn und wurde bei den Kapuzinern bestattet. Auch sein Sarg ist offen, als Beweis dafür, daß selbst aus dem schneidigsten Offizier der großen Kaiserin eine häßliche Mumie werden kann. Der Kopf mit den hohlen Augen ist jedoch Gegenstand eines bis heute ungeklärten Kriminalfalles — Trencks Leiche war spätestens vierzehn Tage nach dem Begräbnis geköpft und der Kopf gestohlen worden; grausige Tatsachen, die in den Akten einer Untersuchungskommission in Brünner Archiven aufbewahrt werden. Die seltsamen Diebe konnten nie ausgeforscht werden. Man vermutet, daß die Trenck-Reliquie zu Verwandten nach England geschafft wurde. Der Kopf, der nun im Sarg liegt, ist der eines damals verstorbenen Kapuzinermönchs. Diesen letzten Dienst waren die frommen Brüder dem Trenck schuldig, denn er hat ihnen sein Vermögen vermacht.

Von der Kopfräubertat ist in der Gruftkapelle nichts zu lesen, dafür stellt eine Gedenktafel einen späteren Trenck vor, der ebenfalls eine kriegerische Laufbahn eingeschlagen hatte: „Franz Freiherrn von der Trenck, k. u. k. Oberst und Commandant des Panduren-Corps, geb. zu Calabrien. Seinem Vorfahren gewidmet von seinem Großneffen und letzten Descendenten in Österreich, Heinrich Freiherrn zu Trenck, k. u. k. Major, 1872."

Das Foto eines Gemäldes zeigt den gefürchteten Abenteurer und Soldaten in Person. Einer Kopie des Bildes stehen wir in der Schloßkapelle der Festung Spielberg gegenüber, in einer Nische neben dem Altarstein eines nationalsozialistischen „Heiligtums" mit Hakenkreuz und zerkratztem Reichsadler. Eine etwas unpassende Umgebung für einen kaiserlichen Offizier. Das Konterfei enttäuscht. Bar aller Romantik ist dieses Durchschnittsgesicht. Hans Albers, der 1940 für die Tobis-Film in die Kleider des Panduren geschlüpft ist, sah viel heldenhafter, viel echter aus. Dieser Trenck ist ein Spießer in Uniform, seine Tracht jedoch eine Melange von Europa und Orient, wie es auch die Panduren waren: die Pelzmütze mit einer Art Klingelbeutelfortsatz auf der gepuderten Perücke, ein breit silberverbrämter Waffenrock, eine rote Jacke mit Schachbrettmuster und eine Piratenschärpe, aus der ein Dolch und Pistolen drohen.

In der Kapelle da oben sind wir schon in jenem Brünn, das uns fremd und seltsam ist. Beim Durchschnittswiener löst der Begriff Brünn Assoziationen aus wie: eine Tante, nahe Verwandtschaft, Leo Slezak, die Köchin aus „Brien", der mährische Wein, ein böhmakelnder Schneider, gemütliche Nachbarschaft, problemloses Nebeneinanderleben, wobei Wien stets die Stadt und Brünn eher das Land oder, besser, die Peripherie war. Selbst die Brünner Garnison unterstand ja dem Wiener Korpskommando. In den entlegensten Winkeln der Monarchie waren jedoch an den Namen Brünn noch ganz andere Vorstellungen geknüpft. Viele Jahrzehnte hindurch mußte jeder, der sich zu einem Widerstand gegen die Staatsgewalt entschloß, der in seinem Volk Unabhängigkeitswünsche nährte und dem Kaiser den Gehorsam aufsagte, diese Stadt in seine Pläne einkalkulieren. Denn Brünn wird von der grünen Höhe des Spielbergs gekrönt, und am Spielberg hatten die Habsburger das schrecklichste Gefängnis ihres Reiches eingerichtet. Darum liefert dieses für uns so idyllische Brünn Gespenster- und Gruselatmosphäre wie etwa das Chateau d'If, das Gefängnis des Grafen von Monte Christo inmitten der paradiesischen Schönheit des tintenblauen Mittelmeeres.

„... wegen vieler Greueltaten wurde ihm ein peinlicher Prozeß gemacht, der ihm vielleicht mehr zur Last legte, als erweisbar war, weshalb er sich an dem Präsidenten des Kriegsgerichts, Feldmarschallleutnant Graf Löwenwalde, tätlich vergriff, worauf er, aller militärischen Chargen verlustig, in lebenslängliche, wenn auch milde Gefangenschaft auf den Spielberg bei Brünn gebracht wurde ...", vermerkt „Meyers Großes Konversationslexikon", Jahrgang 1908, über den Pandurenobersten Trenck. Ja, die Zelle, in der er drei Jahre in der Festung verbrachte, war ein Palast — aber nur im Vergleich zu den Kasematten für andere Verbrecher. Keine langen Gänge führen zu ihr. Man betritt sie gleich nach dem Eingang in das rote Ziegelgemäuer der Festung. Die Zelle gewährte dem Gefangenen noch ein anderes Privileg: ein schmales Fenster dicht unter der Decke — die Wohltat eines Stückchens Himmel. Das Grün der Bäume, das heute dort freie Natur vorspiegelt, fehlte damals. Denn die Basteien und Höfe und Gräben der Festung waren bar aller Vegetation. Der Oberst durfte auch Besuche empfangen. Die Kapuziner aus der Stadt sollen ihm sogar zu einem gottgefälligen Ende verholfen haben, doch das war die ganze Milde, sonst: sechs Schritte von der Bettstatt zur Tür und sechs Schritte von der einen Wand zur anderen. Und dazu die beklemmende Feuchtigkeit, diese tödlichste aller Foltern, die der Spielberg für seine Opfer bereit hat!

Mit ihr macht man einen Stock tiefer Bekanntschaft, in einem der erschütterndsten Monumente eines erbarmungslosen Strafvollzuges. Draußen umfängt einen die Frische eines heiteren Juninachmittags. Drinnen schlägt einem Moderkälte entgegen. Ziegelgänge, große Zellen, kleine Zellen. Der Erdboden ist weich, Wasserlachen stehen in den Ecken, von den Wänden rieseln kleine Bäche, ab und zu trifft einen ein Tropfen von der Decke. Die Steine schwitzen — vor Kälte. Natur und Mensch scheinen sich miteinander verbündet zu haben, um eine eisige Hölle zu schaffen. Nach zehn Minuten in diesem danteschen Inferno, in dem Wasser Feuer ersetzt, ist einem die

Nässe in die Glieder gekrochen. Man hustet und glaubt sich auf einmal anfällig für Gicht und Rheumatismus. Die Lunge scheint aufzubegehren, und die Kleider sind nur noch hauchdünne Fähnchen, die die Feuchtigkeit aufsaugen wie ein Löschblatt. „Acht Grad hat es hier unten, Sommer und Winter, aber das schlimmste ist das Wasser. Vier Monate hat es einer höchstens ausgehalten, länger nicht. Dann war er entweder wahnsinnig oder tot." Der Alte, der am Eingang die Karten abriß, hat es mit der mitleidlosen Routine des professionellen Fremdenführers gesagt. Und dann noch vom Kaiser Josef II. geredet: Der Fürst wußte zwar, daß sich hier nur Schwerverbrecher ihrem Ende entgegenquälten, aber er wollte erfahren, wie es da unten wäre. Darum ließ er sich in einer der Zellen selbst die Ketten anlegen. Zwei Stunden lang wollte er unten bleiben. Nach einer halben rief er die Wachen. Der Kaiser hatte genug — und schloß den Kerker für immer.

Das heißt, im 20. Jahrhundert war man wieder so weit, sich für diesen Zwinger zu interessieren. Zwischen den alten Zellen, von denen manche sehr geräumig waren, sind neue saubere Ziegelwände aufgeführt, Holzverschläge, ja sogar die Anschlüsse für eine Telefonzentrale entdeckt man noch an der Mauer. Die Deutschen müssen den „Ruhm" für die Reaktivierung dieses unmenschlichsten Teiles des Spielbergs auf sich nehmen. Sie hatten dort zuerst eine Hinrichtungsstätte und planten, diese Todeszellen in ein Massengefängnis umzuwandeln. Bevor der Plan jedoch ausgeführt wurde, war der Krieg zu Ende.

Im Obergeschoß, dem „menschlicheren Trakt", leben in den Zellen Erinnerungen an längst verstorbene Gefangene. Da flüstern die Mauern vom Postmeister Jean Baptiste Drouet, der König Ludwigs XVI. Flucht über die Grenze verhinderte und deshalb von den Österreichern zwei Jahre lang auf dem Spielberg festgehalten wurde; von der legendären Gräfin Filangieri, die Hochverrat geübt und deshalb mit ihrer Kammerzofe hier einige Jahre dahingedämmert haben soll; vom Revierförster Anton, der als Opfer der Justiz für einen Mord, den er nie begangen hatte, von 1816 bis 1834 eingekerkert war; von dem „berühmten" Räuber Babinsky, der sogar aus diesen festen Mauern zweimal zu entkommen versuchte. Dem Aufruhr gegen die Herrschaft der Habsburger sind in dieser bedrückenden Umgebung mehrere Gedenkstätten gewidmet: den italienischen Carbonari und den antiösterreichischen Verschwörern des „Giovine Italia", zu denen die Dichter Silvio Pellico und Pietro Maroncelli gehörten und Adelige wie ein Conte Confalonieri und Pallavicini; den ungarischen Jakobinern, die, angesteckt vom französischen Bazillus, schon Ende des 18. Jahrhunderts eine Republik verlangten; den polnischen Revolutionären, die nach dem Krakauer Aufstand 1839 auf den Spielberg verbannt wurden. Inschriften, Gedenktafeln, Kränze, Blumen, die in einem Kettenrest stecken, formen sich zu einem Museum des Widerstandes gegen die Habsburger, aber auch der Strenge und Härte eines Geschlechtes, dem so oft Weichheit und übergroße Nachgiebigkeit vorgeworfen werden. An den Hängen des Spielberges spielen heute Kinder, und Großmütter haben ein wachsames Auge auf sie. Die drohenden Mauern sind überwachsen, und man atmet, aus dem Gebäude tretend, dankbar die frische Luft. Aber das Grauen steckt einem noch in den Gliedern. Das also war die andere Seite der Monarchie, die nichts gemein hat mit den Standardbegriffen von Schlamperei, Gemütlichkeit, nichts mit jener fröhlichen Reise in den Abgrund, Wein, Weib und Gesang inklusive, mit der mancher Betrachter die letzten hundert Jahre des österreichischen Kaiserstaates verwechselt. Am Spielberg tritt die absolute Staatsgewalt in unerbittlicher Form auf, und alle, die diese Macht haßten, hielten hier liebevoll das Andenken der Männer hoch, die diese Monarchie verneinten.

Ein Blick vom Spielberg auf die hügelige Stadt rückt das Bild wieder zurecht: Die mährische Hauptstadt war nicht nur eine k. u. k. Gruselkammer. Einer ihrer berühmtesten Söhne, Sänger, Komiker und Schriftsteller in einem, Leo Slezak, schrieb: „Wenn ich die spitzen Türme des Domes oder die Silhouette des Spielberges am Horizont auftauchen sehe, wird mir wohl ums Herz.“ Und er sagt auch: „Ich bin ein echter Wiener. Alle echten Wiener sind aus Brünn. Jeder, der etwas auf sich hält, etwas bedeuten will, ist aus Brünn.“

Zu unseren Füßen breitet sich das Brünn aus, das viele Wiener sofort vor sich sehen, wenn ein Volkssänger die Hymne wienerisch-tschechischer Gemeinsamkeit schmettert: „Als Böhmen noch bei Öst'reich war ...“ — obwohl Brünn ja die Hauptstadt von Mähren ist. Wenn einen Österreicher beim ersten Brünnbesuch von vielen Plakaten und Wappenschildern das gewohnte Rot-Weiß-Rot grüßt, so ist das jedoch keine Freundschaftskundgebung für das Nachbarland. Man sollte sich die Stadtfarben von Brünn genauer ansehen: sie sind nämlich Rot-Weiß-Rot-Weiß und waren den Brünnern schon heilig, bevor der erste Habsburger hier die Huldigung der Bürger entgegennahm. Die ominösen Doppeladler dagegen sind „echt“: auf dem

Rathausturm, gleich neben dem dort aufgehängten Brünner Drachen, der ein von einer exotischen Gesandtschaft der Stadt vermachtes Krokodil ist. Über der Bühne des früheren deutschen Stadttheaters und jetzigen Janáček-Opernhauses hat man das Wappentier frisch vergoldet, und von der Kaiserloge, die nun Präsidentenloge ist, lauscht man dem in tschechischer Sprache gesungenen „Lohengrin". Vor siebzig Jahren debütierte Slezak in dieser seiner späteren Glanzrolle auf dieser Bühne — allerdings in Wagner-Deutsch.

Im Ständehaus langweilt sich eine passable Sammlung von Habsburgern bei den Reden der kommunistischen Stadträte und anderer hoher Funktionäre. Alle sind sie an der Wand des großen Saales aufgereiht, von Ferdinand I. bis Karl VI., farblos, so wie sich Haushofmeister ihre Kaiser erträumen, alle ein wenig uniform, ihre Herrscherwürde durch Lorbeerkränze ausweisend. Über ihnen hat der große Meister Daniel Gran mit Engelgeflatter und Wolkenspielen Mährens Ruhm glorifiziert, und man fragt sich, wem diese flammende barocke Allegorie gilt: den aufrührerischen mährischen Ständen, die sich in diesem Saal vor der Schlacht am Weißen Berg von Habsburg losgesagt haben, oder der steifen, an die Wand gedrängten Habsburgerparty. Die Zweifel sind berechtigt, denn diese Stadt war lange Zeit Kampfplatz zwischen dem Deutschtum der Bürgerschaft, die das Zentrum verteidigte, und dem ihnen langsam, aber sicher über den Kopf wachsenden Tschechentum.

„Auch unter Österreich wäre Brünn tschechisch geworden", sagt der Stadtarchivar, den diese Fragen interessieren. „Die Deutschen konnten sich in der Gemeinde nur mit Hilfe der Wahlgeometrie behaupten. 1910 hatte die Stadt 125.000 Einwohner, davon waren 57 Prozent Deutsche und 43 Prozent Tschechen. Aber Brünn wuchs in die Breite, es schluckt die rein tschechischen Dörfer seiner Umgebung. Aus taktischen Gründen wurden sie jedoch nicht eingemeindet. Die Deutschen in der inneren Stadt saßen da wie in einer belagerten Festung. Sie hätten sich nie halten können. Ihnen fehlte das Hinterland. Sie lebten inmitten eines Meeres von Tschechen und verloren selbst an Substanz — Wien war zu nahe, die Anziehungskraft der Großstadt für die junge deutsche Intelligenz zu stark." Dann vermerkt der Archivar noch etwas: „Sehr wichtig war für Brünn die starke Judengemeinde. Die meisten Juden waren fanatische Deutsche. Sie ermöglichten es zum Beispiel durch ihren finanziellen Beitrag, daß auch nach dem Ersten Weltkrieg in Brünn noch immer deutsch Theater gespielt wurde. Sie trugen das Defizit."

Wenn man zu Schlachtfeldern pilgert, stößt man auf verrostende Kanonen, Kugeln, Waffen, Gräber, Sieges- oder Totenmale. Gibt es auf diesem Brünner Schlachtfeld des Nationalitätenstreites, der sich nicht nur auf akademische Diskussionen beschränkte, sondern zu recht handgreiflichen Debatten ausartete, noch irgendwelche vergleichbare Relikte? Wohl versehen mit allen alten deutschen Straßennamen, macht man sich auf den Weg in die Innenstadt. Aus der Ferdinandsgasse wurde die Siegesstraße, aus der Rudolfsgasse die Tschechische Gasse, und die so „schmackhafte" Krapfengasse wurde für das Zeitalter der Raumfahrt aktualisiert und nach Gagarin benannt. Am Großen Platz, pardon, Freiheitsplatz, lassen sich Neugierige von einem Autowrack einen Schauer über den Rücken jagen: Die Polizei hat den Unfallwagen an den Pranger gestellt, um andere Automobilisten zur Vorsicht zu erziehen. Oder man ergötzt sich an farbigen Propagandafilmen, die man über einem Kinoeingang gratis im Freien verfolgen kann. An der Mariensäule glänzt das Gold der lateinischen Inschrift; sie wurde nach einer Renovierung der Säule durch die mährischen Stände in den Sockel geritzt. Die deutschen Worte darunter, die eine Renovierung durch die deutsche Bürgerschaft rühmen, sind zum Verblassen verurteilt. In einem ständigen Strom an der Längsseite des Platzes wälzt sich die Menge der bummelnden Brünner von der Ferdinandstraße bis zur Rudolfstraße. Hier brüstet sich die Stadt mit allem, was sie ihren Einwohnern zu bieten hat; und die Brünner marschieren auf und ab, wie es schon ihre Großväter und Großmütter getan haben. Denn die Rudolfstraße, die war der Korso der Tschechen. Die Deutschen hatten dagegen die sogenannte AB-Linie gepachtet. Leo Slezak erzählt: „Bei einem Besuch in der Heimat war es üblich, mit den Honoratioren auf der Linie A-B, dem Brünner Korso, sich zu zeigen, zu lustwandeln, wo sich alles traf, sich alles kannte und sich bei jedesmaligem Begegnen respektvoll grüßte. Ganz Brünn war versammelt. Die Jugend flirtete und kokettierte, die Damen führten ihre neuen Modelle aus Wien spazieren und freuten sich, wenn sie Furore machten und Neid erregten. Auf Schritt und Tritt sah man bekannte Gesichter, mußte jeden Augenblick stehenbleiben und Rede und Antwort stehen ..."

Heute könnte selbst Leo Slezak völlig unbehelligt über diesen Korso spazieren. Denn der Ort ist ausgestorben, leer, zu einer gewöhnlichen Straße degradiert, die zu nichts anderem dient, als daß man sie durcheilt oder in ihr wohnt, die aber in keiner Weise das Leben der Brünner beeinflußt. In anderen Städten wurde der Deutsche Korso nach 1918 oder nach 1945 von den Tschechen okkupiert. Man paradierte täglich auf dem Grund des besiegten Gegners. In Brünn wurde die Rennergasse — so hieß die AB-Linie nämlich — zur Běhounská ulice und sonst nichts. Die Tschechen behielten ihren alten Korso, und die zum Gähnen reizende Langweiligkeit der Linie A-B verkündet es ohne Unterlaß: Brünn ist nicht mehr Brünn, auch nicht mehr „Brien", wie es jede Brünner Zunge formt, auch wenn sie Deutsch noch so gut beherrscht, sondern das tschechische Brno.

In dem selbst am Pfingstsonntag nur schütter besetzten Dom wird natürlich tschechisch gepredigt. Die Steine rund um die gotischen Mauern reden deutsch — in der Sprache der Kirchenfürsten, die meist auch als Fürsten geboren waren und oben am Petersberg eine reiche Diözese geleitet haben. Ein Franz Graf Khevenhüller-Metsch teilt der Nachwelt mit, daß er, der k. k. Feldzeugmeister und Großprior des Johanniterordens, seinem Verwandten, Vinzenz Fürst von Schrattenbach, Bischof von Brünn, Inhaber des Großkreuzes des Leopoldsordens, 1857 diesen Gedenkstein gesetzt habe. Und darunter hat sich auch noch seine Nichte, die Gräfin Kálnoky, geborene Schrattenbach, geschrieben. Von vornehmer Abkunft mußte man sein, um Bischof zu werden, und oft stand diese Aristokratie, der Sprache der tschechischen Gläubigen nicht mächtig, einem eher freindlichen, die nationalen Interessen verfechtenden niederen Klerus gegenüber. Probleme, die der Kirche heute ebenso fremd sind wie etwa die Sorgen um ihre Ländereien und anderen Besitz. Denn für die Männer, die heute die tschechische Kirche dirigieren, gibt es nur eine Frage: Wie überleben wir, wie behalten wir unsere Gläubigen?

In älteren Brünnern spuken jedoch noch immer Parolen und Gefühle von einst herum: „Die Auseinandersetzungen in unserer Stadt waren immer sehr scharf, und dann kamen die Deutschen wieder und führten gerade bei uns ein besonders hartes Regiment", meint ein Mann, der die erste und die zweite Phase dieser Reibungen, Konflikte und offenen Zwiste aktiv und passiv erlebt hat. Die Jungen dagegen wissen nichts oder haben alles vergessen. Die Mädchen in der Bar des Hotels International reden von anderen Dingen: von Nylonstrümpfen, Wochenendfreunden aus Wien, Jazzplatten und ihrer Sehnsucht, einmal nach Österreichs Hauptstadt zu reisen — aber nicht wegen der dortigen Tante oder irgendwelcher vergangenheitsbezogener Gefühle, sondern ganz einfach, weil dort der Westen anfängt, der sie fasziniert.

Ein Stück Westen, eine funkelnde Herberge für deutsche, österreichische, amerikanische, englische und französische Industriemanager und Messegäste haben die Tschechen auch mit dem Hotel International hingestellt, auf dem Boden der im Krieg zerbombten und zerschossenen verrufensten Gassen von Brünn. In der Bar wird zwar wenig Whisky getrunken, dafür russischer Wodka mit kubanischem Orangenjuice. Und eine hübsche Brünnerin, für die Franz Josef genauso fern ist wie ein ägyptischer Pharao, seufzt: „Ich habe das hier alles so satt. Geld spielt mir keine Rolle. Mein Vater ist ein großes Tier in der Partei, aber ich weiß, daß ihm alles egal ist; daß es ihm nur um den Erfolg und um das gute Leben geht. Und das verstehe ich nicht, das kotzt mich an. Diese Scheinheiligkeit, dieses Lügen." Sie hat schon einige Gläser Wodka getrunken, die nicht viel Wirkung taten. „Ich warte nur auf einen Wiener, der mich heiratet, nur pro forma, verstehen Sie, zum Schein, damit ich 'raus kann, und drüben lasse ich mich sofort wieder scheiden ..." Neue Aspekte von Beziehungen zwischen Wien und Brünn tauchen auf. Die Musik versucht einen etwas gealterten Twist. Gläser klirren. Das Mädchen will tanzen ...

Eine Begegnung bei Tag mit einer anderen Brünnerin im Museum. Sie spricht den Fremden an, als er sich fragend über eine tschechische Beschriftung beugt. „Das ist ein Schreibsekretär aus dem Besitz des Grafen Mensdorff", sagt sie und hat eine Menge historischer und künstlerischer Details parat. Für sie ist die Vergangenheit Studienobjekt. Aber sie hat auch ihre Erfahrungen mit ihr: „Ich kannte den Grafen Mensdorff. Man hat ihm drei Zimmer in seinem Schloß in Boskovice gelassen. Dort lebte er als Rentner. Seine Frau strickt für Geld Pullover. Eine rührende, feine Frau ..." Vor einem wertvollen englischen Schrank mit filigranen chinesischen Lackarbeiten beschwört das Mädchen eine andere Figur von gestern: „Das stammt aus der Sammlung des reichsten Möbelfabrikanten von Brünn. 1948 wurden seine Schätze beschlagnahmt. Aber er konnte sich von seinen Lieblingsstücken nicht trennen. So meldete er sich hier im Museum und arbeitete als Aufseher und Führer. Bis zu seinem Tod, nur weil er ohne die Schränke, Vasen und Tischchen nicht sein konnte ... er hat sein Leben drangehängt ..."

Maria Theresia und Franz Stefan von Lothringen sind in Silber vertreten, über einer buntbemalten Truhe, die fast ein wenig bäuerlich wirkt. Die Truhe entpuppt sich als Karteikasten. „Der älteste in der Tschechoslowakei, kopiert nach einem Apothekerschrank." Sein Besitzer: Fürst Wenzel Metternich, der Kanzler Franz' I. Und die

Aufschriften auf dem Kasten sind ein Inventar seines Privatlebens. „Briefe meiner Mutter, Richards, meiner Tochter; Bayna, Plass, Johannisberg, Königswart, Kojetein, Paris, Bilder, Wien, Zeichnungen, Aufträge, Karten, bezahlte Rechnungen, Erinnerungen, Kupferstiche, Gesuche, Rechnungen, Verschiedenes, Notizen, Briefe" — der Besitz, das Tun und Denken des größten Diplomaten, der je den Habsburgern seine Dienste gewidmet hat, in Schubladen zerlegt. Das Gespräch kommt auf die Geschichte, auf die Habsburger, auf Metternich, auf die Arbeit an diesem Buch. Die freundliche Führerin wird auf einmal national: „Sie dürfen das alles nicht mißverstehen. Wir haben diese Schlösser nicht geplündert. Natürlich waren die meisten Adeligen deutsch, aber wir haben ein Recht auf diese Kleinodien, wir haben dafür gearbeitet und geschuftet, wir, das tschechische Volk, das die Felder der Herren bestellt hat..."

Sie sagt es leidenschaftlich und kämpferisch und auch so, als ob sie die Porzellandamen in den Vitrinen, die hohen Herren in Öl und all das polierte Holz, die beschlagenen Truhen und anderes Beiwerk feudaler Wohnkultur vor dem Wiener verteidigen müßte — als ob man als Österreicher nur nach Brünn käme, um zurückzufordern. Dann beruhigt sich das Mädchen wieder und schwärmt von den Brillanten einer Fürstin und von den prächtigen Roben, die im Depot des Museums eingemottet sind. Das Mädchen ist so verzückt, als ob es einer Fürstin einmal die Schleppe halten möchte. Es fragt nicht nach Wien, es hängt an Brünn. Und alles Österreichische hier ist dieser Brünnerin ebenso ein Stück ihrer Heimatstadt wie das Dům Besedy, das tschechische Versammlungshaus, und Janáček und der Krautmarkt mit dem Fischer-von-Erlach-Brunnen, die Maschinenmesse und die Topfengolatschen, die im „International" auf der Speisekarte stehen. „Brien is scheen", sagt das Mädchen, weil es seine Stadt liebt. Wie ein nur leicht verzerrtes Echo tönt dazu später auf der Straße die Stimme der alten Dame, die sich weinend von der Schwester verabschiedet. Sich in den direkten Autobus nach Wien mühend, sagt sie: „Brünn war schön." Sie hat in dieser Stadt das Alte gesucht und zuwenig davon gefunden. Mit dem Neuen wußte sie nichts anzufangen. Wie auch viele von denen, die Brünner geblieben sind...

## KRAKAU

Nur der Regenschirm fehlt, sonst sieht es aus wie auf Spitzwegs idyllischem Bild des „Armen Poeten“. Obwohl es drei Uhr nachmittags ist, empfängt der alte Herr von seinem Bett aus, das ihm nicht nur als Schlafstätte, sondern auch als Arbeitsplatz dient. Statt der spitzen Feder des Poeten hat er neben sich ein Tischchen mit einer Schreibmaschine. Aufrecht sitzt er im Bett, das schwache Rückgrat durch einige hohe Polster gestützt. Der Hausrock über dem Pyjama verrät verblichene Eleganz. Ein rundes weißes Käppchen bedeckt das weiße Haar. Lebhaft gleiten die Augen hin und her. Dem Knebelbart unter dem Kinn verleiht die Bürste täglich fast übertriebene Korrektheit. Aus dem zittrigen Mund quillt ein unaufhörlicher Strom eines pariserischen Französisch. „Entschuldigen Sie die Unordnung, Monsieur, aber ich bin zu einer etwas beengten Lebensweise gezwungen.“

Das Zimmer ist nicht klein, aber angeräumt wie ein Depot. Die Einrichtung von drei oder vier Räumen wurde hereingezwängt, zusammengeschoben. Das breite Bett hat sich mit einem Wall von Bildern, Schriften, Briefbündeln, Nippfiguren, Büchern und Medizinfläschchen umgeben. Früher hatte Fürst Pusłowski das ganze Palais bewohnt. Die polnischen Kommunisten haben den Adel nicht ausgelöscht oder zu einem erbärmlichen Schattendasein verurteilt wie die Tschechen — für seinen Besitz aber zeigten sie den erwarteten Appetit. Um sich wenigstens eine Wohnung in seinem Palais zu retten, schenkte Fürst Pusłowski sein Krakauer Heim der Universität und wahrte so sein Anrecht auf ein Quartier im Hause seiner Väter.

Fürst Pusłowski ist einer der letzten Angehörigen jener alten polnischen Geschlechter, die in der Monarchie auf das Kaiserhaus gesetzt und deshalb auch an der Lenkung dieses Staates so großen Anteil hatten. Der Fürst leugnet diese Bindungen nicht, und in diesem Asyl seiner Erinnerungen ließen sie sich auch schlecht verleugnen. Denn mitten im Zimmer, auf einer Staffelei, ist dem Gemälde eines k. u. k. Admirals ein Ehrenplatz reserviert: Über dem dunkelblauen Waffenrock mit der goldenen Feldbinde und den mit goldenen

Epauletten dekorierten Achseln schweift ein kühner Blick in die Ferne. Der Seeheld par excellence. Das vom Bart umrahmte Gesicht weist den Mann jedoch unverkennbar als Habsburger aus: „Sie haben recht, das ist Erzherzog Karl Stefan in jungen Jahren. Er war mein Freund." Erzherzog Karl Stefan — die Polen haben diesen Habsburger für sich gepachtet. Der gelernte Krakauer sagt zu dem Wiener spätestens bei einem Schluck Bier aus der Brauerei Saybusch: „Das war einmal das Bier des Erzherzogs." Der Enkel Erzherzog Karls, des Aspernsiegers, hatte nämlich die Herrschaft von Saybusch, nicht weit von Krakau, erworben und dort eine Brauerei gegründet. Und weil sich das schwarzgelbe Herz des Habsburgers nach und nach, angesteckt von der patriotischen Umgebung, in ein polnisches Rot-Weiß verfärbte, sagen manche Krakauer noch heute von ihm: „Unser Erzherzog."

„Ich glaube, er war mehr Pole als Habsburger", meint der Fürst von dem Mitglied der kaiserlichen Familie. „Seine Liebe zu unserem Volk, sein Bemühen, sich mit uns zu identifizieren, gingen oft kuriose Wege: Er stellte nur polnische Bedienstete an, sie wurden zu seinen wichtigsten Sprachlehrern, und so schlichen sich in sein Polnisch oft recht seltsame Dialektworte ein, die bei feierlichen Anlässen manches Schmunzeln erregten. Aber der Erzherzog war ein feiner Mann. Vor dem Krieg unternahmen wir eine herrliche Schiffsreise durch das Mittelmeer. Und dann, als auf einmal alles zu Ende schien, wurde Karl Stefan als Kandidat für die polnische Krone genannt. Er wollte jedoch keine Marionette der Großmächte sein, er stellte eine Bedingung: Polen müsse unbeschnitten innerhalb seiner historischen Grenzen wiedererweckt werden. Doch davon wollte damals niemand etwas wissen."

Auch die Nachkommen des Habsburgers erwiesen sich ihres „Polentums" würdig: Der Enkel lenkte in einer polnischen Einheit einen Panzer gegen Rommels Afrikakorps. Und die beiden Enkelinnen ... dem greisen Fürsten wird jetzt noch schwindlig, wenn er daran denkt: „Nach dem Krieg befand sich die Mutter der beiden Erzherzoginnen in Schweden und bat mich, auf die Mädchen aufzupassen. Aber was soll ich Ihnen sagen, ich war schon damals ein alter Herr, und die beiden spürten auf einmal eine bisher nie gekannte Freiheit. Ich wollte sie in große Häuser einführen, mit ihnen Ausstellungen besuchen, aber sie hatten ganz andere Ideen. Ich habe mich ehrlich bemüht, aber gegen die beiden Erzherzoginnen war ich machtlos. Auf alle Vorwürfe antworteten sie nur: ‚Jetzt sind wir endlich freie Menschen.‘ Sie müssen wissen, in Saybusch hatte man immer streng auf die Etikette gehalten. Und auf einmal war es soweit: Sie, die Erzherzoginnen, traten in die kommunistische Studentenorganisation ein. So mit roten Tüchern und allem Drum und Dran ... Ich war verzweifelt. Da half dann nur mehr die Mama. Sie erreichte, daß die beiden ‚roten‘ Habsburgerinnen nach Schweden ausreisen durften ...“

Die Affäre endete harmlos. Vielleicht hat es einiger „Gehirnwäsche“ bedurft. Aber beide Erzherzoginnen sind heute mit durchaus kapitalistischen schwedischen Aristokraten verheiratet.

In Krakau wird die Geschichte heute als Beispiel dafür kolportiert, daß die Habsburger eben stets einem gewissen polnischen Einfluß unterlegen sind, selbst dem der polnischen „Volksdemokratie“. Zwei Goluchowski, Badeni, Potocki und viele andere große Polen haben in der Monarchie zu reden gehabt. „Wir haben Minister gestellt und Regierungschefs, Offiziere und Universitätsprofessoren“, sagt ein Historiker, der eher zu denen gehört, die die Vergangenheit aus einem sozialistischen Blickwinkel erforschten. Aber das Gespräch ist ohne den sonst so häufigen Ballast von Ressentiments möglich. Sicherlich waren die Beziehungen zwischen den einzelnen Teilen der Monarchie kein problemloses Nebeneinanderleben. In Krakau scheinen die Österreicher jedoch eine wirksame Formel gefunden zu haben, die Polen an sich zu binden: „Zuerst bedeuteten auch die Österreicher nur Fremdherrschaft für uns. Aber vor hundert Jahren änderte sich vieles; man sah in uns Polen nicht nur Untertanen, sondern eben Polen. Wir erhielten unsere Autonomie. Der Polenklub im Wiener Reichsrat war eine der einflußreichsten Fraktionen. Wir waren frei.“ Der Krakauer, der dieses Loblied auf Österreich singt, betont noch etwas: Polen war unter Österreich, Preußen und Rußland aufgeteilt. Und in den beiden anderen Staaten fanden die polnischen Wünsche nur wenig Gehör, dort regierten die preußische Fuchtel und die Knute des Zaren. „Die Österreicher aber haben unsere Nation am Leben gelassen, und von Krakau aus konnten wir die Vereinigung Polens, die Auferstehung unseres Volkes vorbereiten.“ Darum war Krakau auch bereit, so viel von Österreich anzunehmen. Niemand hatte Grund, Widerstand zu leisten.

Das offizielle Krakau, wie es von den Büchern vorgestellt wird, ist eine Stadt der Gotik und Renaissance. Seine Geschichte wurde weniger von den Habsburgern als vielmehr von den polnischen Königen, den Jagellonen und Wasa, geschrieben. Sie haben das Rom der Slawen geformt, ihm Bedeutung und Schönheit geschenkt, es zu einem Hort polnischer Heldensagen erhoben. Die Herrscher und die Bürger, reiche Deutsche, Italiener, Niederländer, Polen, die Kirchenfürsten und die Oberen der Klöster bauten die Mauern und Paläste, sammelten Kleinodien und stellten eine Kirche neben die andere; ihnen verdankt Krakau seine Stellung als Wallfahrtsort für alle Polen und die drei Sterne im Baedeker. Bereit, sich mit dieser Welt der roten Ziegelmauern, spitzen Türme, aus denen wieder Türmchen sprießen, und Heiligenfiguren in Nischen und über Toren auseinanderzusetzen, erlebt man die Überraschung des österreichischen Krakau. Schon der Bahnhof im milden Grau der Ärarbauten und in belanglosem Kasernenstil gehalten, spricht wienerisch. Und sobald man draußen zwischen Springbrunnen und Autobussen nach einem Taxi ruft, umgibt einen wie in den meisten Provinzstädten der Monarchie eine Art Exportwien. Denn es war damals wohl eines der höchsten Ziele, ohne Rücksicht auf die lokalen Gegebenheiten emsig die Metropole zu imitieren und in allen Ländern ein etwas verwischtes Spiegelbild Wiens aufschimmern zu lassen.

Der mittelalterliche Stadtkern ist von Promenaden, Pensionistenspazierwegen, protzigen Zinspalästen und manchen charakterarmen Zweckbauten umgürtet. Inzwischen haben aber auch die einzig von der Inspiration des Nachahmungstriebes beseelten Häuser Erinnerungswert erhalten. Denn sie vertreten nicht nur ein Barock, wie es sich ein Fleischermeister erträumte, die Renaissance eines Hausherrn oder steife Hofratsgotik — sie sind schon wieder Ausdruck des Bauwillens ihrer Zeit geworden. Und darum beginnt man, sie mit anderen Augen anzusehen.

Am Ringplatz jedoch, wohin es jeden zieht, der das Krakauer Pflaster betritt, lockt das Schaufenster einer Antiquitätenhandlung: Das Nähtischchen könnte in unzähligen Fächern zwischen Wollknäueln und Stricknadeln die intimen Briefschaften einer schönen Frau verbergen, das Spiel der Einlegearbeiten verwirrt das Auge mit seinen optischen Täuschungen und nimmt Op-art vorweg. An dem Biedermeiersekretär hat wohl ein kaiserlicher Hofrat seine vertraulichsten Akten erledigt. Barocke Engel lächeln weinerlich, Orden warten auf Uniformen, die ihres Schmuckes bedürfen. Auf festen Säulen ruhen Empireuhren — sicherer als die Imperien Napoleons. Das Herz dieses Organismus aus Altertümern ist das Bild einer kräftigen Frau. Der Maler wollte ihrem Gesicht Größe geben. Weil er aber selbst kein Großer war, wurde nur eine biedere Hausfrau daraus, eine Frau, deren Kleidung jedoch nicht für den Herd bestimmt ist; es war der primitive Versuch, die Kaiserin Maria Theresia auf die Leinwand zu bannen, das Werk eines Unbekannten. Etwas ausdruckslos, so als ob sie nach langem Regieren an nichts mehr denken wollte, mustert sie den Beschauer und beobachtet das bewegte Treiben auf einem der schönsten Plätze Europas, der sich in der Auslagenscheibe spiegelt. Diese Hilflosigkeit in ihren Zügen vermindert vielleicht den Preis des Gemäldes. Aber sie paßt gut zu den Worten, mit denen Maria Theresia einst die Teilung Polens und den Erwerb Galiziens kommentiert hat:

„Placet", schrieb sie unter das Protokoll über die Teilung Polens, „weil so viele große und geehrte Männer es wollen; wenn ich aber schon längst tot bin, wird man erfahren, was aus dieser Verletzung von allem, was bisher heilig und gerecht war, hervorgehen wird."

Was ging daraus hervor? Nach fast hundertjährigem Ringen konnten die Polen unter Österreichs Herrschaft einen Teil ihres politischen Eigenlebens wiedergewinnen. Die Widergewinnung der völligen Freiheit bezahlten sie mit der schrecklichen Katastrophe des Zweiten Weltkrieges, in dem das Polentum noch einmal zum Tode verurteilt worden war. Die kommunistischen Machthaber haben längst begriffen, daß sie dieses Land nur regieren können, wenn sie dem Polentum Konzessionen machen, wie das schon hundert Jahre früher die Berater des Kaisers erkannt hatten.

So sind an diesem Abend, da in Krakau gerade der 20. Jahrestag des Kriegsendes gefeiert wird, die roten Fahnen spärlich. Rot-Weiß dominiert am Ringplatz. In dem weiten Häuserquadrat verliert sich die von kommunistischen Funktionären veranstaltete Kundgebung. Die Scheinwerfer, die Fackeln, die Musikkapellen und die erhobene Stimme des Redners reichen nicht aus, um die Aufmerksamkeit jener Menschen zu erregen, die gemächlich und müßig über den Platz schlendern. Rund um den Redner sind Schulkinder mit ihren Lehrern angetreten und schwatzen, als ob die Reden für irgend jemand anderen gehalten würden. Stramm stehen eigentlich nur die Soldaten. Sie geben dem Ganzen schon wieder einen internationalen Anstrich. Denn ihre Kleidung hält sich nicht an das einheitliche Schema osteuropäischer Uniformschneiderei. Diese Angehörigen von Kommandoeinheiten, also einer Elitegruppe, einer Mischung von Fallschirmjägern und amerikanischen Special Forces, sollen die Polen wohl eher an die Sodaten ihrer Legion, die auf seiten der Alliierten gekämpft hatte, gemahnen als an die sowjetischen Instrukteure, die in der heutigen Armee das große Wort führen möchten: Schicke Baskenmützen, die braunen Blusen über der Brust geöffnet, enge Keilhosen, die in hohe Fallschirmjägerstiefeln verlaufen, dazu den kurzen Lauf einer Maschinenpistole, das ist die Adjustierung der Soldaten, die so etwas wie einen Zauber der Montur liefern sollen. Sie sind „fesch", so wie das früher wohl manches Krakauer Mädchen bewundernd von einem Blaurock der k. u. k. Garnison geseufzt haben mag.

Diese militärische Attraktion kommt jedoch gegen die Anziehungskraft gewisser ziviler Institutionen rund um den Platz nicht auf. Erstens bummelt ein Krakauer nicht zum Ringplatz, weil es ihm befohlen wird oder die Regierung ihn dorthin ruft. Er will dort freier atmen, wann es ihm paßt; so wie die Stadt mit dem Gassengewirr und ihrer Gedrängtheit und Beengtheit, ihrer Dunkelheit sich hier den Luxus der Weite, Geräumigkeit und des Lichtes leistet.

Der Redner läßt den Sozialismus hochleben, im Jugendklub neben der Barbarakirche kreischt jedoch eine Dixielandband. Und im ersten Stock des Palais Potocki schleifen die Füße von hundert Tanzeleven über das Parkett. „Hoch, hoch, hoch", schreit es unten — und oben kommandiert der Tanzlehrer: „Eins, zwei, drei, eins, zwei, drei..." Franz Josef und Kronprinz Rudolf haben in dem Saal, umgeben vom allzeit getreuen polnischen Hochadel, diniert. Der letzte Potocki wurde dann umquartiert und sein Palais zum „Kulturhaus" ernannt.

Die staatliche Kulturförderung reizt die Menge, die das Karree des Platzes immer wieder mit ihren Schritten ausmißt, nicht so sehr, wie etwa der „Wierzynek", das vornehmste Restaurant der Stadt, wo der Maître d'hôtel über Gäste, die er für unpassend befindet, genauso arrogant hinwegzusehen vermag wie sein Kollege im „Ritz" oder „Imperial". Zu einer schlichteren Abspeisung drängt man sich in dem von einer gewissen Schäbigkeit befallenen Buffet Havelka. Mit dem gleichnamigen Wiener Literatencafé ist es nicht verwandt, aber es hat Vergangenheit. Der Fürst Windischgrätz, der in Krakau gedient hat, weiß davon in seinen Memoiren zu berichten: „Zur österreichischen Zeit gab es in Krakau ein berühmtes Restaurant, das ‚Havelka' hieß und fast ausschließlich von Offizieren besucht wurde. Ein Tscheche hat es eröffnet, er war aber gleich in Konkurs geraten und hatte die Gaststätte an einen Juden verkauft, der sie rasch zu größtem Erfolg brachte. Bei ihm nahmen wir täglich unseren Satteltrunk, bei ihm feierten wir jede dienstliche Beförderung bei Tokaier und Champagner."

Neben dem Namen rettete das Krakauer „Havelka" wenig von der einstigen Lebenslust und Luxusatmosphäre in die Gegenwart herüber. Nun ist es eher ein Delikatessengeschäft, in dem Sardinendosen gestapelt sind und eilige Zivilisten im Stehen zu einem Glas Wodka ein belegtes Brötchen kauen.

Wer Muße zu einem gemütlichen Plausch hat, wählt einen Tisch in einem der vielen Cafés; die Innenstadt von Krakau zählt ihrer 21, denn Krakau ist bis heute mehr Kaffeehausstadt als Budapest, Prag, Preßburg — und sogar Wien. In Krakau werden noch die Stunden nach den Kaffeehausbesuchen bemessen: Bei einem gewissen Sonnenstand zieht es die Menschen magisch zu ihren Stammtischen. Das weiß man einfach, daß man den Herren Professoren um drei Uhr im „Literatska" begegnen kann und dem Redakteur um sechs im „Europejska". Da haben kühne Architekten zwar Espressi mit Pfiff entworfen, aber selbst die Studenten der ehrwürdigen Universität und ihre Mädchen flüchten sich lieber in die Antiquiertheit der Cafés, um dort für eine Stunde inmitten der bewegten Gästeschar ein- und zweisam zu sein.

Im Kaffeehaus küssen die Herren den Damen die Hand, und dort kann man auch, wie in Wien, am Telefon noch manchmal das „Küss' die Hand" als Gruß vernehmen. Wenn man nicht „nein" sagt, dann türmt sich auf dem schwarzen Kaffee automatisch der kalorienreiche Obersgupf, der auch auf polnisch „Schlag" heißt, und der Ober legt einem unaufgefordert Zeitungen hin, selbst wenn man sie weder lesen will noch kann. Ja, in Krakau, da ist das Café noch, was es war. Wie in Budapest besteht in diesen Spiegelsälen mit den jungen und alten Serviererinnen unter Spitzenhäubchen und den diskreten Obern, die auch „Ober" gerufen werden, die Fiktion einer Gesellschaft, einer eleganten Welt, die sich trotz Lenin und Gomulka behaupten möchte. Und wenn man dann gar einige Parteifunktionäre beobachtet, die ihrem Sozialismus die Krawatte umgebunden haben und sich den Spielregeln dieser Kaffeehaussociety unterwerfen, möchte man fast an einen Kreislauf glauben: Die Steinzeit des Kommunismus war eine Periode der Kaffeehausphilosophen und -anarchisten; und wenn nun der Kommunismus wieder ins Kaffeehaus zurückkehrt, dann dürfte er sich so weit vermenschlicht haben, daß Koexistenz nicht nur ein Schlagwort der Angst, sondern des Vertrauens wird. Aber bis dahin werden wohl noch einige Chruschtschows, Breschnjews und Schelejpins vergehen.

Einer dieser täglichen Sammelpunkte der Krakauer ist das Café

Sukiennice-Tuchhalle in dem 600 Jahre alten Einkaufszentrum mitten auf dem Ringplatz. In den Tuchhallen boten Jahrhunderte hindurch Kaufleute ihre Ware an, so wie heute die Verkäuferinnen holzgeschnitzte Adler, Ansichtskarten und andere Souvenirs. Der lange Wandelgang ist durch die Jahre ehrwürdig wie ein Klosterhof geworden und wird durch das geschäftige Treiben ein wenig entweiht. Vor siebzig Jahren hatte hier die große Welt Krakaus die Anwesenheit des Kaisers Franz Josef in einer rauschenden Ballnacht gefeiert. Jetzt wimmelt es in dem Gewölbe von Touristen, Neugierigen, Kauflustigen und Spaziergängern. Und weil es noch ein bißchen kühl ist, strahlen auf der Kaffeehausterrasse elektrische Heizkörper ihre Wärme auf die Gäste. Die Hände brauchten sie ihnen nicht zu wärmen, denn entgegen der Wiener Tradition wird hier der Kaffee wie der Tee im Glas serviert, und wenn man kein gelernter Krakauer ist, verbrennt man sich bestimmt die Finger daran. Auch das himbeerrote heiße Getränk, das da in Schalen serviert wird, weist auf die östliche Lage Krakaus hin: eine leere, überaus erquickende Suppe aus roten Rüben, eine Verwandte des russischen Borschtsch.

Nicht weit vom Ringplatz, in der Ulica Forianska, der Krakauer Florianigasse, wird einem der Kopf jedoch wieder in Blickrichtung Wien gedreht: denn was sich Wiener Architekten und Maler um die Jahrhundertwende als Jugendstil erträumt hatten, wurde hier von jungen Polen mit einem gewaltigen Überschuß an Mut und Phantasie verwirklicht. Sie tobten sich aus und machten das Literatencafé Jama Michailikowa zu einem musealen, aber nie um Gäste verlegenen Zufluchtsort sezessionistischer Spielereien; unter dem grünlichen Schatten des Glasdaches verbreitet sich aus den von Stoffschirmen bedeckten Lampen nur schummriges Licht. Die Gestalter dieser Künstlerklause formten die Sessel wie Throne, deren Lehnen hoch über die Köpfe hinausragen — der Gast soll König sein. Der Wunsch nach Abgeschiedenheit wurde durch lauschige gepolsterte Logen erfüllt, von denen die einen den Wagenschlägen schaukelnder Biedermeierkutschen gleichen, die anderen bequemen Erste-Klasse-Abteilen der Nordbahn. Auf den Glasfenstern wird ein eckiger Pegasus mit Mokka getränkt, und in Vitrinen schlummern Marionetten in historischen Trachten: Requisiten eines Kabaretts, das sich immer wieder in verschiedenster Form in dem Kaffeehaus halten konnte. Der schwere Schlag der Stehuhr und das asthmatische Rasseln ihrer Messinggewichte mengen sich in das zarte „Ich küsse Ihre Hand,

Madame“ des Pianisten. Während ein Versicherungsbeamter von seiner Heimatstadt Lemberg erzählt, weil auch dieses Café ursprünglich als eine Lemberger Konditorei gegründet worden war, phantasiert der Pianist über Chopin-Themen. „Ja, Lemberg, viele sind wir hier aus dieser Stadt, in die wir nie mehr zurückkönnen“, sagt er nachdenklich. Er weiß, daß das sowjetische Lemberg heute von Krakau weiter entfernt ist als Prag, Budapest oder sogar Wien. Das Stimmengewirr wird von der getäfelten Wand gedämpft, und der Mann am Klavier fordert mit wattierten Akkorden auf: „Komm mit nach Varasdin ...“

Ein blasser k. u. k. Medikamentenakzessist aus Salzburg, der 1914 schon das Gesicht eines Menschen von 1960 hatte, Georg Trakl, hätte in der befreienden Enge des „Jama Michailikowa“ vielleicht Erlösung von den Schreckensbildern der ersten galizischen Schlachten finden können. Aber gehetzt von den Visionen der Toten und der Sterbenden, war der Dichter im Oktober des ersten Kriegsjahres in eine gefängnisartige Zelle des Krakauer Garnisonsspitales gesperrt worden. Und aus dem Entsetzen der Schlacht um Grodek wurden Verse:

Am Abend tönen die herbstlichen Wälder
Von tödlichen Waffen, die goldnen Ebenen
Und blauen Seen, darüber die Sonne
Düstrer hinrollt; umfängt die Nacht
Sterbende Krieger, die wilde Klage
Ihrer zerbrochenen Münder.

So beschrieb Trakl die Landschaft Galiziens und die Landschaft des Krieges. Mehr konnte er nicht mehr geben. Im Trakt 5 des Garnisonsspitales Nr. 15 verließ er dieses Leben, weil eine Überdosis Kokain sein Herz gelähmt hatte. Er starb, weil er das Sterben der anderen nicht ertragen konnte.

Vor dem klotzigen Hospital in der Ulica Wroclaw, wo noch immer marode Rekruten kuriert werden, stehen nun polnische Soldaten auf Wache. Den Namen Trakl haben sie nie gehört. Und selbst die gebildeten Krakauer horchen auf, wenn man von der Tragödie Trakls erzählt. Den meisten ist dieser österreichische Sanitätssoldat, der im Feldspital 7/14 gedient und den heranbrechenden Weltuntergang in Verse gefaßt hat, ein Unbekannter.

Für die Krakauer sind die Beziehungen zur österreichischen Garnison anderer Natur. Die Polen werfen den Soldaten des Kaisers vor, dem Wawel, dem Königsschloß über der Weichsel, zuwenig Respekt gezollt zu haben. Selbst das sonst in unkritischem Huldigungston verfaßte Monumentalwerk „Die Monarchie in Wort und Bild“ tadelt die Armee: „Die königliche Burg ist in eine Kaserne umgewandelt worden; von Militärspitälern umgeben, durch Feuersbrünste, Einfälle und das Hausen der Rekruten ganz zugrunde gerichtet, besitzt sie nur mehr wenige Spuren ihrer einstigen Pracht. In einem der größeren Säle wurden die Marmorsäulen durch hölzerne Pfeiler ersetzt, in einem anderen wurde die kassettierte Decke durch eine Tünchsoffitte verkleidet. Die herrlichen Fenster sind vermauert. Die schönsten Türen muß man in der Regimentsküche suchen. In dem alten, gewölbten, auf einem Pfeiler ruhenden Saal liegen jetzt kranke Soldaten. Die ganze südliche Seite des Wawel nehmen jetzt moderne häßliche Bauten ein, Spitäler oder Kanzleien ...“

Das wurde 1898 geschrieben. Einige Jahre später siegte die Vernunft über die Ansprüche der Militärs, und der Wawel wurde geräumt. Der Posten am großen Tor wurde von einem gar nicht kriegerischen Herrn der polnischen Wach- und Schließgesellschaft abgelöst. Er hütet nun diese Schatzkammer der polnischen Nation.

In der Regimentsküche, im Krankensaal und den anderen Prunkräumen gewährt das polnische Königtum wieder Audienzen. Vorbedingung ist, daß die Besucher sich Filzlatschen über die Schuhe binden, um die kostbaren Böden zu schonen. Das Motto der Schau in den Herrschertum und Reichtum verheißenden Sälen scheint zu sein: „Wie ein König wohnen.“ Denn die Gestalter des Wawelmuseums haben aus der Kaserne wieder den Thronsaal Polens erstehen lassen. Den Tausenden von Schulkindern, die täglich an Himmelbetten, der mythologischen Theaterszenerie unbezahlbarer Bildteppiche, an funkelndem Geschmeide, den Gemälden finster blickender Renaissancemenschen und drohenden Waffen vorbeigeschleust werden, könnte kein überzeugenderer Beweis für die Größe des ewigen Polen geliefert werden. Es spricht für die Habsburger, daß sie es erreichten, von den mit einem so großen Erbe belasteten Polen durch mehr als sechzig Jahre als Souveräne anerkannt zu werden. Die polnischen Herrscher standen dem Haus Österreich zeitweise sehr nahe. Die Führerin im Wawel stellt immer wieder habsburgische Erzherzoginnen vor, die in dieser Burg Königinnen waren und wieder polnische Könige geboren haben. Mit einer gewissen Überlegenheit weist sie auf die Gemälde von jener großen Schlacht um Wien hin, in der Johann Sobieski mit seinen Polen und dem Reichsheer die Kaiserstadt aus der Türkennot befreite.

Ein Teil des Honorars, das sich Sobieski für die Rettung des Abendlandes ausbedungen hat, ist im Wawel nur mit besonderer Genehmigung zu besichtigen: die Prunkzelte des Großwesirs Kara Mustafa, die dieser bei seiner panischen Flucht vor den Mauern Wiens vergessen hatte. Auf höchster Ebene wußten die Türken einen Krieg komfortabel zu führen; sie verschönerten sich ihr militärisches Campingleben durch Perserteppiche; die Zelte ihrer Heerführer waren nichts anderes als zusammenlegbare Paläste. Im Wawel füllen sie, aufgespannt, mehrere Räume.

Dem hauptberuflichen Türkenbesieger Johann Sobieski begegnen wir auch in der „polnischen Westminster Abbey", der Wawelkathedrale. Wie in einem Massenquartier schlafen dort die edelsten Sprosse der Herrschergeschlechter. Sobieskis Abbild — es ist das eines rauhen und listigen Kriegers mit kahlem Kopf, spitzem Schnurrbart und einem tatarischen Ausdruck — huldigen geschlagene Türken. Sein Sarkophag ist auch in der düsteren Krypta, wo an die vierzig königliche Särge auf das Jüngste Gericht warten, einer der prunkvollsten. Die Habsburgerinnen auf Polens Thron sind hier ebenso bestattet wie der Freiheitsheld Tadeusz Kosciuszko, der zuerst für die Unabhängigkeit Amerikas gestritten und dann 1794 in Krakau zum Freiheitskrieg gegen Russen und Preußen aufgerufen hatte. „Den Kranz hat Robert Kennedy bei seinem Besuch in Krakau niedergelegt", vergißt der Führer nicht zu sagen. Auch Franz Josef hat sich in diesem Massengrab der Könige verewigt: Er stiftete dem unglücklichen König Michael, einer der unbedeutendsten Erscheinungen in Polens Geschichte, einen festen Sarg und vermerkte auch seinen Namen darauf. Wohl, weil Michael mit der Schwester Kaiser Leopolds I. verheiratet war.

Dem aus der kühlen Düsternis der Gruft wieder in den Dom Zurückgekehrten fällt noch eine Tafel an einem Seitenaltar auf: Hier hat der nachmalige Papst Johannes XXIII. bei einem kurzen Aufenthalt in Krakau 1912, also noch in der Monarchie, die heilige Messe gelesen. Das Ewige Licht, das über dem Altar flackert, deutet darauf hin, daß die Kathedrale trotz der Menschenkolonnen, die sie täglich durchwandern, kein Museum, sondern Gotteshaus ist. Niemals würde sich die Kirche aus diesem Schrein des Polentums verdrängen lassen. Denn die Kirche und Polen waren und sind stets eins, vor allem in den Jahren, da die Großmächte den Namen Polens von den Landkarten gelöscht hatten.

Die Leute bekreuzigen sich, wenn sie an einer Kirche vorbeigehen, und das tut man im frommen Krakau alle zwei, drei Minuten. Wenn sich ein Eisenbahnzug in Bewegung setzt, schlagen mindestens vier von sechs Leuten im Abteil ein Kreuz. Zum Straßenbild Krakaus gehören die jungen Priesterstudenten mit schwarzen Baskenmützen und Windjacken über den Soutanen. Und die vielen Nonnen, junge und alte, vor Devotionalienhandlungen und Läden mit Kommunionkleidern, in den Kirchen, auf den Plätzen, in den Gassen. Die Augen verlieren sich in der Inbrunst, Bewegtheit und Dramatik der Apostelfiguren des Veit-Stoß-Altars in der Marienkriche. Fern von allen kunsthistorischen Betrachtungen, nur dem Gebet hingegeben, knien einige Nonnen unter diesem Juwel gotischer Plastik. Ihr Gebet gilt der Gottesmutter, die die Polen in einer der verzweifeltsten Perioden ihrer Existenz zur Polin ernannt haben, zur Königin ihres Landes. Und sie hat diese Position behauptet. In den Maiandachten drängen Junge und Alte in den Kirchenschiffen. Um die Marienaltäre winden sich Schleifen in den rotweißen Landesfarben, und unter dem Kreuz sitzt der polnische Adler. Der Kommunismus ist die eine Kraft im Land, die andere aber ist die Kirche. Vielleicht war die Religion auch ein Grund, warum die Polen in Österreich so etwas wie eine Heimat sahen. Das Gottesgnadentum der Habsburger war katholisch, die Hohenzollern waren Protestanten, die russischen Zaren orthodox. Um die Polen zu regieren, muß man jedoch katholisch sein — oder den Katholizismus zumindest verstehen, wie es seit 1956 Polens KP-Chef Gomulka versucht. Denn ändern kann die Polen niemand. Sie klammern sich an das Alte. Deshalb wird auch das Trompetensignal des Türmers von Sankt Marien, dessen Töne von morgens bis abends alle sechzig Minuten die Stunde über die Dächer von Krakau rufen, niemals verstummen. So war es unter den Polenkönigen, so war es unter den Habsburgern und unter der Republik. Der Türmer blies niemals die Hymne eines Herrschers oder einer bestimmten Staatsform, immer nur ein Lied, das die Polen zur Ehre Mariens singen.

## AGRAM

Sie schreien „Hoch“ und winken, klatschen sich auf die Lederhosen, und die Bauernkapelle bläst einen Tusch. Dann hoppelt ein zittriger Alter herein, gestützt auf zwei seelenlose Lakaienfiguren. Ohne zu erkennen, was um ihn vorgeht, stiert er das Begrüßungskomitee an, durch die breite Krempe des etwas zu großen Steirerhutes offenbar ebenso sehbehindert wie durch schwache Augen. Verständnislos trippelt der Greis durch die Welt und antwortet auf alles und jedes mit einem lallenden: „Ja, ja", eine Kreuzung zwischen dem Spottbild eines vertrottelten Aristokraten und eines aus dem Asyl entsprungenen Gewohnheitstrinkers. So tritt heute Kaiser Franz Josef, fünfzig Jahre nach seinem Tod, in einer der Provinzhauptstädte der ehemaligen Monarchie auf. Anscheinend erschreckt vor dem Mut, Kaiser Franz Josef überhaupt auf die Bühne zu schicken, zeichnet man ihn als Karikatur jener Operettenfigur, zu der er bei uns bis zum Überdruß erniedrigt wurde. So rächen die Kaiserszenen aus Ralph Benatzkys Operette „Im Weißen Rößl" im Agramer Komödientheater alle Kroaten, die jemals wegen Majestätsbeleidigung eingesperrt worden sind.

Die Vorstellung, in der man sich auch über manche teutonische Eigenschaften der Westösterreicher lustig macht, ist vor allem von Schulkindern besetzt. Die wissen mit dem kretinhaften Männchen genausowenig anzufangen wie mit der Ankündigung eines als Fremdenführer verkleideten Ansagers, daß die „Große Vorstellung unter Mitwirkung von Kaiser Franz Josef" stattfinden wird. Die Kinder hören über Kaiser und Könige in der Schule wenig Gutes. In dieser Operetteninszenierung wurde noch ein Letztes getan, um alle Assoziationen von Glanz, Größe und Gewalt im Zusammenhang mit dem Kaiser zu unterbinden. Fast drei Stunden lang schwelgen die Künstler in frisch aufpolierter Operettenherrlichkeit. Zehn Minuten benötigen sie nur für ihre Tiefschläge gegen den guten Geschmack, so als ob es noch immer gälte, durch einen solchen politischen „Spaß" den Habsburgern eins auszuwischen.

„Was wissen denn die", bemerkt ein Mann, der schon seinen Siebziger mit sich herumschleppt. „Die Leute vom Theater erfüllen ein ideologisches Soll. Nachdenken zahlt sich für sie bei diesen Dingen nicht aus. Wenn schon ein Kaiser auf die Bühne muß, dann darf er nur ein Vollidiot sein." Der Herr redet sich in Rage. Die Fliege unter seinem Kinn wippt im Takt des aufgeregt auf und ab wandernden Kehlkopfes. In dem hellen Sommeranzug und dem weißen Strohhut, der die Glatze des alten Herrn bedeckt, könnte man ihn als Denkmal des Altösterreichers aufstellen, des pensionierten Obersten, des Hofrats, des Universitätsprofessors, der vergeblich versucht hatte, in das Herrenhaus zu kommen, kurz und gut, als Denkmal all der Menschen, die ein Stück von der Würde des Kaisers für sich abgeschnitten hatten, um damit irgendwo im weiten Reich den Staat und den Monarchen zu repräsentieren.

Diese Vorstellungen können manchmal täuschen. Man sieht die alten Herren von heute immer so, als ob sie schon vor fünfzig oder sechzig Jahren Greise gewesen wären. Der Agramer, der nun seinen Kaiser gegen die Schauspieler verteidigt, war aber damals ein junger Mann, ein zorniger junger Mann. „Ich war schon als Mittelschüler kroatischer Nationalist. Im Krieg diente ich in der kroatischen Honvéddivision, der 42.; wir waren in der österreichischen Armee, gehörten zum ungarischen Honvéd und hatten Kroatisch als Kommandosprache. Man nannte uns die Teufelsdivision. 1916, nach dem Tod des Kaisers — ich war Fähnrich —, desertierte ich. Ich glaubte nicht mehr an die Monarchie, ich wollte lieber für Kroatien und Jugoslawien fallen als für einen jungen Kaiser, zu dem ich kein Vertrauen hatte." Der Eidbrüchige und Fahnenflüchtige von einst, den bei einer Gefangennahme durch seine ehemaligen Kameraden nichts vor dem Galgen hätte retten können, stellt sich nun, fünfzig Jahre später, schützend vor diesen Staat. Es scheint fast, daß er ein wenig Heimweh nach ihm hat. „Österreich ist untergegangen, weil die Menschen zu blöd dafür waren. Ich, wir alle, auch die Deutschen in der Monarchie."

Der Exfähnrich, der sich dann dem Bücherschreiben zugewandt hat, nestelt an seinem Mascherl. „Wir waren früher oft in Alt-Aussee auf Sommerfrische — so hat das damals doch noch geheißen —, und da fuhr ich einmal eigens nach Ischl, um den Kaiser zu sehen. Die Leute zogen den Hut vor der Hofequipage, und ich war beeindruckt. Franz Josef wird von vielen unterschätzt. Er war sehr gescheit, er stand über den Dingen. Er hatte die Weisheit des Greisenalters ..."

Nach einem ersten Rundgang durch Agram würde man diesen kritischen Betrachter der Weltenläufe der Oberstadt zuordnen. Denn Agram ist nicht eine Stadt, sondern besteht aus vier Städten. Oben am Berg liegt die Altstadt, in der die „großen Familien" einer anderen Ära ihre letzten Bastionen behaupten, darunter das „Kaptol", die Stadt des Bischofs und der Kanoniker, dann jener aufgeräumte und geplante Stadtteil der Amtsgebäude, Schulen und öffentlichen Parkanlagen, den man als das „k. u. k. Agram" bezeichnen könnte, und schließlich die Stadt der gläsernen Hochhäuser, der Wohnviertel aus Beton, der Autostraßen und Fabriken.

Der freundliche Gesprächspartner wohnt zwar im „k. u. k." Viertel, ist jedoch ein Stück aus der Oberstadt. Die Hetzjagd nach Geld und Erfolg, durch die gemilderten Formen des jugoslawischen Kommunismus wesentlich härter und hektischer als in Preßburg oder Krakau, tobt auch durch die Behausungen einer beschaulicheren Amtstätigkeit von Anno dazumal. Die Oberstadt scheint jedoch für die Gegenwart noch „off limits" zu sein. Die Zahnradbahn, die einem den Anstieg über den niedrigen Hügel erspart, verwandelt ihre Passagiere, ob sie wollen oder nicht, in Touristen. Man steigt in der lärmerfüllten Ilica, der Hauptgeschäftstraße, ein, wo die Tramway mit schrillen Pfiffen einer Lokomotive die Passanten erschreckt, und findet sich bei der Endstation unter hohen Bäumen an einem Stadttor wieder, das Wochentagsagram zu Füßen. Denn hier heroben ist immer Sonntag, genauer: Sonntagnachmittag. Die Straßen sind verwaist, jeder einzelne Fußgänger stört den Frieden und lockt verhutzelte Weiblein an die offenen Fenster. Wie ein Fremdkörper drängt sich in diese Mischung aus barocker Festlichkeit und Biedermeierbehaglichkeit grelle Radiomusik, zu laut aufgedreht, einmal eine Zigeunergeige, dann die bosnische Gusla, dann wieder ein Marsch. Viele Häuser haben sich einen grünen Mantel aus Weinlaub angezogen, und sie offenbaren ihr Inneres erst, wenn man sich in die Höfe wagt: Denksteine mit deutschen Inschriften, altes Werkzeug; Museen, Institute, Privathäuser. Ein Vergleich mit der Prager Kleinseite drängt sich auf oder mit der Ofener Burg. Aber in Agram ist alles ein wenig bescheidener, einfacher, man leistete sich billigere Architekten als die Ofener und Prager, man verzichtete da auf eine Säule, dort auf eine steinerne Schlingpflanze, und statt marmorner Herkules- und Atlasfiguren engagierte man schlichte Pfeiler zum Stützen der Portale und Erker. Man war in Agram um eine Spur bäuerlicher, ärmer. Die Grenze war nahe, und die Herren waren die Ungarn oder die Österreicher, da ziemte sich Zurückhaltung. Selbst das Palais des berühmten Geschlechtes der Zrinjski erweckt keine Ausrufe des Staunens. Und die Residenz des Banus, des kroatischen Vizekönigs, gleicht eher einer Kaserne.

Über den Grat des Hügels, auf dem die Stadt nistet, führt eine lange Straße. Auf einem lauschigen Platz dösen im Schatten eines Bildstockes zwei Holzfäller auf ihrer antiquierten Motorsäge und warten im Mai auf den nächsten Winter. Dann verliert sich die Stadt in einem Park. Das Gittertor raunzt in den Angeln, die Villa im großen Garten, dem die Hand des Gärtners mangelt, hat nicht mehr die Kraft, ihren Jahren Widerstand zu leisten. Oder fehlt es nur am Geld? Unter der siebenzackigen Krone der Baronie steht an der ersten Tür im Parterre der Name Lubienski. Eine resolute Frau, das graue Haar straff zurückgekämmt, empfängt. Und wieder einmal vernimmt man dieses angenehme österreichische Deutsch, das Mädcheninternate in Wien oder Sankt Pölten, Kadettenschulen, Gymnasien und nachmittägige Kaffeekränzchen von der Adria bis zum Pruth weiterverbreiteten. Man tritt ein und steht Kaiser Franz Josef gegenüber: dem Porträt des Prinzen, der schon Kaiser war; jugendlich, optimistisch, überzeugt, allen Fährnissen der 48er-Revolution ohne Schwierigkeiten begegnen zu können, so hat sich Franz Josef dem Maler dargeboten, oder so wollte ihn der Maler sehen. Vis-à-vis ein großes Ölbild der Kaiserin Elisabeth, aber ein Teenagerporträt mit Schmollmündchen à la Sissy und einer Vielzahl kleiner Wellen im Haar, als ob die Kammerzofe mit der Brennschere ein wenig zu eifrig gewesen wäre. Elisabeths Hand ziert ein Ring mit einer Miniatur Franz Josefs. Die Wohnung ist geschmackvoll vollgestopft mit Altertümern, Gemälden, Plastiken, Büchern, Porzellanfiguren — ein reiches Heim, eine Heimstätte der Kunst und zugleich eine Reservation des alten Österreich. In jedem Agramprospekt ist das Haus Lubienski-Durieux als bedeutendste Privatsammlung der Stadt verzeichnet. In Jugoslawien hat Privatsammlung selten etwas mit Museum zu tun; dieser Begriff ist vielmehr der Rettungsring für alten Besitz: Man widmete seine Schätze der Öffentlichkeit und durfte sie behalten, unter der Bedingung, daß die Sammlung zu gewissen Stunden zugänglich sein müsse. So konservierte die Baronin Lubienski den Kern dessen, was einmal das Heim eines hohen Offiziers war. Wie ein austrifizierter Hindenburg steht er da, in Öl gemalt, der Korpskommandant, der früher diesen von Malereien und anderen schöngeistigen Übungen erfüllten Räumen auch einen militärischen Anstrich gegeben hatte. „Mein Vater war in Hermannstadt, in Klausenburg, in Temesvár und in Przemyśl. Ich weiß noch, wie er von seiner Wiener-Neustädter Akademiezeit erzählt hat", erinnert sich die Frau. „Er war im selben Jahrgang wie der spätere Flügeladjutant des Kaisers, Bolfras. Die Besten des Jahrganges wurden ab und zu nach Laxenburg zur kaiserlichen Tafel eingeladen. Das war jedoch meist eine hungrige Angelegenheit, denn die Majestäten aßen so schnell, daß die Militärakademiker bei Wahrung der Etikette nur wenige Bissen in höchster Eile in den Mund schieben konnten." Die Baronin weist auf die weiße Uniform ihres Vaters auf dem Bild. „Er hat immer Uniform getragen, nur ins Bad nach Rohitsch-Sauerbrunn fuhr er in Zivil. In dieser Galamontur wurde er begraben." Die anderen verblichenen Uniformstücke behütet die Frau sorgfältiger als alle die Kunstwerke, die ihr tägliches Leben umrahmen. „Mein Vater war streng kaiserlich gesinnt und Abonnent des konservativen und braven ‚Fremdenblattes'. Seinem Bruder, der die ‚Neue Freie Presse' bezog, konnte er dieses liberale Blatt niemals verzeihen."

Dabei geht in diesen Räumen der Geist eines großen Liberalen um, des Mannes, der die Kroaten wieder gelehrt hatte, Kroaten zu sein: des Bischofs Joseph Stroßmayer. Sein Porträt ist das eines durchgeistigten Gelehrtenkopfes, das Gesicht eines geistlichen Weltmannes, der alles Schöne schätzt und das zu verteidigen weiß, woran er glaubt. Er heißt zwar Stroßmayer und stammt von Deutschen ab, aber in Agram hat er den Beinamen „der größte Sohn Kroatiens". Er war nicht Erzbischof von Agram, nein, seine Diözese war das unbedeutende Djakovo in Slawonien. Aber Stroßmayers Bischofshof war ein Hort der Kultur und Bildung, dem der Bischof wie ein Renaissancefürst präsidierte. Zeitgenössische Schriftsteller fanden kaum die Worte, einen Besuch in Djakovo zu schildern: Stroßmayers Lipizzaner, nur mit denen in Lipizza und in der Hofreitschule von Wien vergleichbar (übrigens waren alle seine Haustiere weiß), Stroßmayers Gemäldesammlung, die den Grundstock der heutigen kroatischen Nationalgalerie bildet, Stroßmayers Kollektion altslawischer Gold- und Silberkreuze, Stroßmayers Sprachenkenntnisse — er sprach perfekt Deutsch, Italienisch, Tschechisch, Russisch, Serbisch, Französisch und vor allem ein brillantes Latein —, das Niveau der Konversation und der Gäste, die Zeitungen aus aller Welt, die im Schloß umherlagen, in diesem offenen Tor für alle Geistesregungen, und sein unermüdlicher Kampf um die Selbsterkenntnis der Südslawen, alle diese Striche und Farbtupfen vereinen sich zum Abbild eines universalen Geistes, eines Mannes, für den keine Zeit groß genug war. In die Annalen des Ersten Vatikanischen Konzils 1869/70 hat sich Stroßmayer als einer der großen Debattenführer im Ringen um die Unfehlbarkeit des Papstes und um die künftige Kirchenpolitik eingetragen. Seine Reden erregten wilde Proteststürme, weil er damals schon die Sprache — des Zweiten Vaticanums gebrauchte. Er verlangte eine Internationalisierung des Kardinalskollegiums, er forderte, daß alle zehn Jahre ein Konzil abgehalten werden müsse, er verteidigte die Protestanten und wehrte sich bis zuletzt gegen das Dogma von der Unfehlbarkeit des Papstes. Einige Male antworteten tobende

Chöre auf das geschliffene Latein des kroatischen Bischofs mit: „Er ist Luzifer! Fluch! Fluch!“

Aber deswegen würde der Staat Titos keinen Platz und keine Straße nach dem katholischen Oberhirten benennen. Stroßmayer gilt als der erste Südslawe, der die Vereinigung von Slowenen, Serben und Kroaten, vielleicht auch Bulgaren, anstrebte — aber nur unter dem Schutzmantel eines föderalistischen Österreich. Kein Wunder, daß ein solcher Mann unbequem war. Noch dazu haßte er die Ungarn, die Kroatien kommandierten. Dieser so laute deutsche Erzkroate steht zu der stillen Villa in der Agramer Oberstadt in enger Beziehung. Als Großonkel der Besitzerin — manche böse Zungen behaupten: Großvater — hinterließ er dem Haus Lubienski einen Teil seines Privatbesitzes. Die Porträts des Kaiserpaares hatte der leidenschaftliche Nationalist in seinen Amtsräumen hängen gehabt; griechische und römische Plastiken, die holländischen Landschaften, die Miniaturen, eine Kreidezeichnung von Kupelwieser, die „Heilige Familie“ von Overbeck, ein kleiner Breughel und andere alte Meister sind wertvolle Stücke aus Stroßmayers Sammlungen. Jene Greisin mit dem zärtlich-gütigen Blick zum Beispiel, die hat der einige Jahre in Agram wirkende Waldmüller porträtiert: Stroßmayers Mutter. In krassem Gegensatz dazu, aber doch in unmittelbarer, harmonischer Begegnung stehen auch die hölzernen Barlach-Figuren, die Chagall- und Klee-Zeichnungen, die Bilder von Orlik, Slevogt, die ozeanischen Idole und chinesischen Vasen und Pferde — und das Garderobezeug einer Schauspielerin mit dem Monogramm T. D. — Tilla Durieux. Es gehört der großen deutschen Tragödin, die der offiziellen Bezeichnung der Sammlung Lubienski-Durieux den zweiten Namen angehängt hat. Der dritte Mann Tillas, Katzenellenbogen, flüchtete vor dem Krieg nach Agram, und so gelangten Tillas Sammlungen, die zum Teil wieder auf ihren zweiten Mann, den Berliner Kunsthändler Paul Cassirer, zurückgehen, nach Agram. Die Beziehungen der Schauspielerin zu Kroatien: Ihr Großvater stammt aus Semlin. Tilla Durieux aber hat ihre Kleinodien zum letztenmal 1956 betrachtet.

Eine seltsame Kreuzung: Eine Momentaufnahme aus den turbulenten zwanziger Jahren in der kleinen, aber bis ins letzte geordneten Welt eines k. u. k. Offiziers, die wieder durch die Weitsicht eines österreichischen Bischofs Größe erhält. An diesem kulturellen Cocktail nippt täglich eine Frau, die von alldem gekostet hat, die gewohnt ist, damit zu leben und davon zu leben; die auf dem Flügel neben einem offen daliegenden Hölderlin-Band, einer englischen Shakespeare-Ausgabe und einem französischen Buch von Sartre die letzten Nummern von „Life“ und „National Geographic“ wahllos ausgebreitet hat. Das Moderne ist ihr ebenso geläufig und vertraut wie die Biographie des düsteren, schneidigen Offiziers, dieses Urtyps des Kriegers — im Gegensatz zum braven Verwalter von Rekruten, Kompanien und Regimentern —, der sich hier noch gemalt findet, auch im k. u. k. Weiß. Es ist ein Mann, dem viele Kroaten die gleiche Verehrung zollen wie dem Bischof Stroßmayer, obwohl er sicher nicht so gebildet war und beim gegenwärtigen Regime auch keineswegs eine so gute Nachrede hat wie der Bischof, nämlich der Banus Joseph Jellačić.

„Die Kroaten bei Schwechat“ und „Die Kroaten in Wien“ heißt es unter zwei Stichen, die die kroatischen Grenzer in einer ungewohnten Umgebung zeigen. 1848 war die 45.000-Mann-Armee des früheren Grenzoffiziers und nunmehrigen Vizekönigs von Kroatien die einzige Macht, auf die sich der Kaiser in den Revolutionstagen verlassen konnte. Von dem Haß gegen die ungarischen Oberherren getrieben, rückten die Kroaten begeistert ins Feld, um für den Kaiser gegen die Revolutionäre zu streiten. Die Quittung für diese kroatische Treue waren Undank und Verrat. Da letzten Endes die Ungarn gegenüber Wien doch stärker und dem Hof wichtiger waren, wurden ihnen die Kroaten völlig ausgeliefert. Der Traum der kroatischen Selbständigkeit innerhalb der Monarchie war ausgeträumt. Das Erwachen der Kroaten war erfüllt von Bitternis, Agram litt an einem historischen Katzenjammer, für den man einzig und allein die Habsburger verantwortlich machte.

In diesen Stunden der Enttäuschung rief Georg Jellačić, der Bruder des streitbaren Banus, im Sabor, dem kroatischen Landtag, unter tosendem Beifall aus: „Ich will mein Volk lieber unter dem türkischen Joch sehen als unter dem ausschließlichen Einfluß seiner anderen zivilisierten Nachbarn. Denn die Türken begnügen sich mit dem Vermögen und bisweilen auch mit dem Leib der geknechteten Völker. Die zivilisierten Nationen aber verlangen von denen, über die sie herrschen, außer Vermögen und Leib auch noch die Seele, das heißt die Nationalität.“

Die englische Schriftstellerin Rebecca West, die tief in die Psyche des Balkan eingedrungen ist, in ihrer Slawenliebe jedoch zu einer unbändigen Habsburgerhasserin wurde, kommentierte dieses tragische Geschehen, wie es heute noch viele Kroaten sehen: „... die Kroaten wurden den Ungarn ausgeliefert wie eine Viehherde. Ich kenne in der Geschichte keine schäbigere Tat als diese. Sie ist von jener Niedrigkeit, wie sie von sehr vulgären und schamlosen Leuten in sexuellen Dingen zur Schau gestellt wird: der Mann verläßt seine Frau und verführt ein Mädchen, seine Geliebte zu werden. Dann versöhnt er sich mit seiner Frau und setzt das Mädchen, um der Frau zu gefallen, einer öffentlichen Demütigung aus ...“

Eine winzige Genugtuung wurde den Kroaten zuteil: der große zentrale Platz in Agram wurde Jellačićplatz benannt, und der „Kavallerist“ unter den prominenten Bildhauern der Monarchie, Anton Fernkorn (das Prinz-Eugen- und das Erzherzog-Karl-Denkmal auf dem Wiener Heldenplatz stammen von seiner Hand), schuf eine Reiterstatue Jellačićs. Jahrzehnte hindurch schien der Banus in seiner stattlichen Tracht über das Marktgetriebe zu seinen Füßen zu befehlen. Als besondere Pointe streckte er seinen Säbel kriegerisch und drohend in Richtung Budapest aus. Diese Mahnung an den Kampf der Kroaten gegen die Magyaren blieb auch in den Jahren unangetastet, da Ungarns Macht über Kroatien am größten war.

Die nun zum „Platz der Republik“ gewordene freie Fläche am Fuß der Oberstadt ist auch heute noch der Knotenpunkt Agrams. Die meisten Straßenbahnen treffen einander dort, die Terrassen zweier Cafés laden zu längeren Plauderstunden ein. Wem ein Türkischer zu teuer ist, der gesellt sich zu den Hunderten von Eckenstehern, die hier Neuigkeiten austauschen, wie das anderswo mit Briefmarken geschieht. Die Auslagen der Geschäfte sind zur Zwanzigjahrfeier der Befreiung Jugoslawiens dekoriert. Und zwischen Gavrilović-Salami und Schafkäse marschieren Titos Partisanenregimenter auf vergrößerten Fotos in die Stadt ein. Sie paradieren über den Platz, und der Banus Jellačić nimmt mit gezogenem Degen die Parade ab.

Das war die letzte geschichtliche Funktion des Grenzeroffiziers, den die Ereignisse bis zum Feldzeugmeister, Grafen und Maria-Theresien-Ritter emporgetragen hatten. Für Tito war der Kroate nur das „Schwert der Reaktion“, und darum mußte er in den Keller. Das Denkmal wurde trotz dem Murren der Kroaten abgetragen. In der Agramer Glyptothek, einer ziegelroten ehemaligen Lederfabrik, wo man noch über die Gleise des Werkbähnchens stolpert, hat der Banus vorläufig seine letzte Residenz gefunden; in einer Ecke des Depots neben außer Dienst gestellten Marmorjungfrauen, in alle seine Gußteile zerlegt, der Körper des Pferdes separat, die Säbelhand in einer leeren, vergeblichen Geste gegen die Decke des finsteren Raumes gereckt, so wartet der große Krieger darauf, daß ihm die Geschichte das so mühsam erworbene Recht auf Unsterblichkeit eines Tages wieder zuspricht.

Kroatien war bis 1918 ein Teil Ungarns. Die Magyaren setzten, sehr zum Unwillen der Kroaten, hinter jeden Fahrkartenschalter einen Ungarn, aber das Volk stritt um die winzigsten Privilegien, um jedes Zipfelchen Souveränität, und schimpfte auf Budapest und Wien in gleichem Maße. Magyarisiert wurde Agram jedoch nicht. Es wehrte sich, blieb kroatisch, es blieb dieses etwas nach Süden verlagerte Graz, verschlafen, gemütlich, eine Stadt, die vor allem Anlaß für einige schattige Promenaden gibt, auf denen Pensionisten in endlosen Spaziergängen ihr langes Leben noch einmal durchwandern.

Als eine Stadt zum Promenieren empfängt einen Agram schon am Bahnhof. Nirgends in der Monarchie wurde eine neue nichtmilitärische Stadt so geplant angelegt wie dieses Rechteck von Parkanlagen, Repräsentativbauten und Zinspalästen, das sich vom Bahnhof bis in die Innenstadt erstreckt. Der Bahnhof wurde wie in einem Kurort seiner Rauchigkeit entkleidet. Man verbarg die Lokomotiven hinter einer Schloßfassade, noch immer herrschaftlich genug, daß man sie bis heute des Abends im Licht indirekter Beleuchtung herzeigt. Dieser im Zusammenhang mit Gleisen und Waggons ungewohnte Schönheitssinn pflanzt sich bis zum Restaurant fort. Im Sommer gibt es sich unter einem riesigen Sonnendach als Promenadencafé im italienischen Stil aus, mit Bar, Espressomaschine, aber mit dem unvermeidlichen Geruch von Kohle und Ruß. Und das Bemühen, die Tischtücher länger als einige Stunden weiß zu halten, ist nicht von Erfolg gekrönt. Davor dehnt sich das Grün des früheren Kaiser-Franz-Josefs-Platzes und verschweigt dem Ankommenden, daß er es hier nicht mit einer erholsamen Kurstadt, sondern mit einem der größten Geschäfts- und Industriezentren des Balkan zu tun hat. Dienstmänner in roten Kappen wie einstmals in Wien, schauen nicht allzu begehrlich nach Arbeit aus. Den Raum zwischen dem Bahnhof und den spitzen neugotischen Türmen der Kathedrale hat die Monarchie anscheinend als eine Zone des Müßigganges und der Repräsentation konzipiert. Oder war es ein gewisses Schuldbewußtsein gegenüber den Kroaten, daß man ihre Hauptstadt mit einem so eleganten Vorzimmer, einer solchen königlichen Hall ausstattete?

Die Agramer fragen nicht danach. Sie genießen die Natur der Gärten im Herzen der Stadt wie die Stille der Oberstadt oder die Atmosphäre der Großen Oper, die Fellner und Helmer mit ihrem Kroatischen Nationaltheater nach Agram exportiert haben wie in alle österreichisch-ungarischen Provinzen, die der unermüdliche Fleiß der Wiener Bühnenfabrikanten mit einem Theater beglückte. Von sieben bis zwei wird in Agram gearbeitet, und dann reservieren sich viele ein Stündchen für einen Bummel in den gepflegten Anlagen, wie sich in der katholischen Stadt so mancher vom Tageslauf seine fünf Minuten für ein kurzes Gebet in der Kühle des gotischen Domes abschneidet. Besucht er den Dom, dann überschreitet er die Grenze zu einer anderen Welt. Das Getriebe des Platzes der Republik nimmt, wie die Auslagen der Geschäfte, die neuen Espressi, die Kleider der Damen und die Autos immer mehr italienischen Charakter an. Trotz Kommunismus und manchen ererbten Vorbehalten gegenüber den Italienern wird Jugoslawien langsam in den Bereich der „Fiat-Kultur" gezogen. Freudig und bereitwillig unterwirft es sich den Konsumgebräuchen der Italiener. Nur eine Minute vom Zentrum dieses Wohlstandskultes entfernt kehrt die Kapitelstadt dem weltlichen Hasten und Handeln fast feindselig den Rücken. Mauern, Wehrtürme, barocke Häuser, alles ist zum Dom und zum Bischofspalast hin orientiert — weg von der Stadt, weg vom Lärm; wie eine Enklave, eine abgeschlossene Burg inmitten von Agram. Ein Zug von hundertfünfzig Seminaristen wendet sich, aus dem Dom kommend, dem alten, dunklen, hohen Haus zu. „Die schwarze Schule", sagen die Agramer, weil hier früher einmal ein Domherr wohnte, der von den Türken gefangengenommen worden war und zum Islam übertrat. Die Kirche exkommunizierte ihn, ließ die Türen und Fenster seines Palais vernageln und die Wände mit schwarzer Farbe bestreichen. Später wurde es zur Heimstätte des Seminars. Der Name aber wurde nicht vergessen.

An der Portierloge schiebt sich ein grauer Stichelkopf durch das Fenster. „Sie wünschen?" Ein Gespräch beginnt. Portier ist nur eine Nebenfunktion des Mannes. Überzeugt von seiner Wichtigkeit, stellt er sich vor: „Ich bin der einzige Talarschneider Jugoslawiens, ich arbeite für den Kardinal und für die kleinsten Dorfpfarrer, von überall kommen sie zu mir, und ich weiß nicht, wie ich mit der Arbeit nachkommen soll." Er erzählt von seiner Wanderzeit vor dem ersten Krieg. „Ich hab' in Berlin gearbeitet und mußte dann nach Korneuburg zum Eisenbahnregiment einrücken. Aber der Hauptmann hat mich nie an die Front gelassen, ich war unabkömmlich, ich mußte Uniformen schneidern." Er streift mit der Hand über einen Kleiderständer, voll mit priesterlichen Gewändern. „Ja, in Wien ... es war nicht schlecht. Damals waren wir alle zufrieden ..."

Auch Kardinal Šeper, der Erzbischof von Agram, ist noch als k. u. k. Untertan geboren: in Esseg, der Name Šeper-Bier hatte einen guten Klang. Die Brauerei gehörte dem Onkel des Kardinals. In einem der langen Gänge des Palais begegnen wir dem Kirchenfürsten: ein hochgewachsener Mann in schlichtem schwarzem Talar; kluge Augen, in denen viel Realismus steht, blicken uns an, die Augen eines Mannes, der die Überlegenheit hat, die Rechte der Kirche mit einem System auszuhandeln, das die Existenz Gottes leugnet.

Sein Vorgänger Stepinac wurde ein Opfer der Kampfzeit seiner Kirche. Im Dom hinter dem Altar bringen ihm die Kroaten ihre Verehrung dar wie einem Märtyrer, wie einem Heiligen. Nie sind die Stufen vor der Gruftplatte leer, immer knien dort einige Frauen und Männer, Nonnen, Mädchen. Sie kommen aus der Stadt und vom Land, sie legen Blumen hin, zünden Kerzen an und schreiben auf kleine Zettel Worte der Dankbarkeit für die Erhörung ihrer Gebete.

Im Chor des Domes wird offen ein Mann geehrt, den das Regime jahrelang in Gefangenschaft hielt und als Verräter und Staatsfeind gebrandmarkt hat. Im Bischofspalais, für dessen dringend nötige Renovierung niemand das Geld aufbringt, versammeln sich gerade die Bischöfe der jugoslawischen Diözesen und beraten Probleme des schwierigen Nebeneinanderlebens von Kommunismus und Katholizismus. „Noch gefährlicher ist aber dieser Wohlstandsmaterialismus, der vom Westen langsam zu uns dringt", bemerkt ein Priester mit Sorge in der Stimme. Er lenkt das Gespräch wieder zurück in die Vergangenheit. Denn auf dem Treppenabsatz droht eine Artilleriegranate, ein Fremdkörper in dieser Umgebung von Heiligenbildern und stumm durch die Gänge huschenden Nonnen. Es ist eine italeinische Granate mit der Inschrift: „Dem Förderer und Freund der Amee 1915—1916, Monte Santo, 16. Korps". Und darunter ist das Faksimile der Unterschrift des berühmtesten kroatischen Soldaten, des Feldmarschalls Svetozar Boroević. Vom Isonzo, wo dieser unbeugsame Feldherr einen der grausamsten und blutigsten Abschnitte der Weltkriegsfronten hielt, hatte er seinem Bischof die Granate als Erinnerung gesandt.

Boroević war nicht der einzige Kroate in des Kaisers Rock. Feldzeugmeister Philippović hatte die Besetzung Bosniens kommandiert. Historiker werten in Agram eben die Tagebücher von Generaloberst Sarkotić aus, der am Lovćen gekämpft hat. Und der größte Dichter der Kroaten, Petar von Preradović, war Offizier des Kaisers. Als Denkmalfigur in Agram trägt der Dichter, einst Adjutant des Banus Jellačić, volle Uniform.

Im Roman seines Lebens, „Pave und Pero", läßt die Dichterin Paula von Preradović die Frau ihres Großvaters sagen: „Ich bin Dalmatinerin und stamme aus Italien, mein Mann ist österreichischer Offizier und stammt aus Kroatien. Mein Bruder sagt, er fühle sich als Österreicher, und mein Pero tut das auch, obgleich er anderseits ein leidenschaftlicher Slawe ist..." Das war damals um die Mitte des vorigen Jahrhunderts, nachdem die Stürme des achtundvierziger Jahres wieder abgeflaut waren, noch möglich: die reine Idee Österreichs, nämlich die Behauptung der eigenen Sitte, des Volkstums, der eigenen Kultur innerhalb eines mächtigen Reiches. Und unzählige Soldaten aus allen Völkern waren bereit, für diese Idee ihr Leben hinzugeben.

In einem Keller, wo bauchige Fässer die Tische ersetzen, kippen junge Leute stehend einige Gläser Weißwein hinunter und essen Sardellen dazu. Ihre Gesichter sind erhitzt vom Wein und vom Kellerdunst. Ihre Unterhaltung ist laut. Sie schimpfen gedämpft auf die Serben und preisen das fortschrittliche Kroatien. Sie analysieren Fußballspiele zwischen Agramer und Belgrader Mannschaften mit der gleichen Leidenschaft wie die jungen Leute vor fünfzig Jahren, wenn sie irgendein politisches Match zwischen Kroaten und Ungarn oder Kroaten und Deutschen besprachen. Dann stößt jedoch ein lang aufgeschossener Bursche aus der Provinz sein Glas um, daß der Wein auf dem Faß Landkarten malt, und ringt sich die Worte ab: „Ich weiß ja nichts von eurem Österreich und vom Kaiser, aber vielleicht war doch irgend etwas dran, vielleicht war das mit der Nation gar nicht so wichtig, vielleicht..." Er hält inne, sammelt sich wieder und sagt dann nur: „Nein, wir verstehen das nicht, wir haben andere Sorgen..."

Die Burschen haben recht. Warum sollte sich ein Student in Agram den Kopf mit Daten von Kaisern belasten, mit Geschichten und Anekdoten aus einer Fabelzeit? Der sozialistische Alltag wird ihm dieses Wissen niemals abverlangen, es sei denn, eine der unvermeidlichen Begegnungen mit dem Reich von gestern nötigt ihn, ein wenig darüber nachzudenken.

Da laden einige Freunde zu einem vergnügten Abend ein. Nicht in der Stadt, sondern einige Kilometer außerhalb. Ein Schloß wurde, westlicher Mode folgend, zu einem Nachtlokal. Im ehemaligen Sommersitz der Erzbischöfe, in Brezovica, servieren die Kellner flammende Spießgerichte. Der Chef eines Staatsgutes hat seine alten Eltern zu einem Ausflug in die große Welt verleitet. Ein Pärchen berät, ob es sich ein Zimmer nehmen soll oder nicht. Und einen Stock höher, im Großen Saal — wie jedes Schloß hat auch dieses einen Großen Saal —, stampft der eiserne Beat der Kapelle einen Twist nach dem andern. Die Haare der Mädchen fliegen wie ihre Kleider, und vor den Augen tanzen die Wände... Da schwanken auf einmal weißberockte Soldaten im Rhythmus der elektrischen Gitarre, und Festungswälle beginnen zu wackeln. Die Kugeln, die von Front zu Front fliegen, drohen ihre Schußbahn zu verlassen. Die jungen Leute tanzen nämlich mitten im Siebenjährigen Krieg. Der Erbauer des Schlosses, der Graf Sermage, hat sich alle Schlachten und Gefechte des Siebenjährigen Krieges, in denen er gefochten hat, an die Wand pinseln lassen. Nicht als wildes Getümmel von Rossen und Reitern, sondern als eher nüchterne Schlachtenpläne mit Figuren, die wie Zinnsoldaten marschieren, mit Laufgräben und Batterien: das Schema der Belagerung von Glatz und Schweidnitz, das Panorama der Schlachten von Leuthen und Lingitz, ein Überblick über den Kampf um Prag und Olmütz. Österreicher in Weiß, Preußen in Blau, ungarische Husaren, kroatische Grenzer, Sachsen, die Reiter Ziethens, ein großer Krieg in Schaubildern, die es dem Veteranen erlaubten, an stillen Winterabenden beim Schein des flackernden Kaminfeuers diese Scharmützel und Treffen im Geist noch einmal durchzufechten — und sich beim Blitzen der Kanonen an lebendigen Details am Rande der Schlachten zu ergötzen, etwa an dem Soldaten, der seine Schuhe repariert, oder dem andern, der unbekümmert seine Notdurft verrichtet, und an den Marketenderinnen, die mit Offizieren schäkern... „Twist, Twist." Die Kapelle schreit es. Die Luft wird dicker. „Twist, Twist." Der Siebenjährige Krieg kann nicht lauter gewesen sein als diese Musik. Die Jungen tanzen und schütteln sich. Sie werfen ihre Hüften, ohne die Schultern zu bewegen. Der Unterleib scheint sich selbständig gemacht zu haben. Die Soldaten an den Wänden spielen noch immer Krieg. Die fröhlichen Agramer zu ihren Füßen merken es nicht. Die Könige und Kaiser wurden längst ins Exil geschickt. Ihre Fahnen zerfallen in Museen. Die gemalten Erinnerungen des Veteranen haben nicht mehr die Kraft, Aufmerksamkeit zu erwecken, Beachtung zu fordern. Niemand schlägt in diesem Schlachtenlexikon nach. Niemand stellt Fragen. Die Soldaten an den Wänden sind pensioniert, aber sie sind immer noch da.

# LAIBACH

Neugierig drehen sich die beiden Burschen um. Sie begreifen nicht, was an dem steinernen Kopf so interessant sein soll. Sie gehen jeden Tag über den Platz, der sich einbildet, ein Park zu sein. Und sie haben dem bärtigen Herrn auf dem Marmorsockel noch nie Aufmerksamkeit geschenkt. Warum auch? Er rührt sich ja nicht, er ist stumm, und er war immer da. Denkmäler sind doch nur für die Ausländer hingestellt; den Einheimischen erleichtern sie es nur, ihre berühmten Männer zu vergessen. Man erfüllte seine Dankesschuld, und damit erstarren die Gefühle zu Marmor. Der Fremde, der aus Wien zufällig auf den Laibacher Slowenischen Platz gerät, sollte dennoch den von Schmetterlingen umflatterten Gelehrtenkopf im Schatten der Bäume genauer ansehen. Der Herr, dem Schwalbenschwänze und Tagpfauenaugen Gesellschaft leisten, hatte zwar mit Wien zu tun, sein Name muß aber nicht jedermann geläufig sein. Der Sprachforscher Franz Miklošič war vor dem Weltkrieg Ordinarius für Slawistik an der Wiener Universität. Das Bemerkenswerte an dem Herrn Professor ist jedoch die in wehende Schleier gehüllte Dame, die ihm vom Sockel der Büste aus mit anbetender Geste huldigt; auf der anderen Seite des Blocks unterbricht ein muskulöser Arbeiter ehrerbietig für einen Augenblick sein Hammerschwingen — eine ungewöhnliche Art, akademische Verdienste zu ehren. Der Professor weiß nicht recht, wie er dazukommt. Denn die Dame und der Muskelmann meinen gar nicht ihn. Sie wurden lange vor dem Professor hier in Stein gehauen. Um den Bindungen zwischen Dynastie und Slawentum sichtbaren Ausdruck zu geben, war nämlich auf dem Slowenischen Platz vor dem Krieg ein Franz-Josef-Bildnis aufgestellt worden. Der Kaiser wurde 1918 gestürzt, der Sockel blieb, und die Dame und der Arbeiter erhielten Professor Miklošič als neuen Gegenstand ihrer Verehrung zugewiesen.

„Diese Geschichte zeugt für den praktischen Sinn der Slowenen“, sagt ein Laibacher Universitätsprofessor. Er hat einiges über die Nationalitätenfrage in der Monarchie geschrieben. „Aber Sie werden da auch gleich auf Professor Miklošič hingewiesen; er ist ein typischer

Vertreter der Slawen in der Monarchie. Ihr geistiges Zentrum war nicht Belgrad oder Petersburg oder Moskau, von wo aus die panslawistische Propaganda gesteuert wurde, es war Wien. Alle zog es dorthin. In Wien arbeiteten unsere Wissenschaftler, und dort wurden unsere Geschichte und unsere Sprachen am besten gelehrt, unsere Literatur am gründlichsten interpretiert. Die meisten Intellektuellen, die wir für unsere Eigenstaatlichkeit brauchten, erhielten in Wien oder in Graz, einige wenige auch in Prag ihre Ausbildung. Auch unser bedeutendster Architekt, Plečnik, der das Laibach der zwanziger und dreißiger Jahre geplant hat, verbrachte eine wesentliche Periode seines Lebens in Wien: Mit Otto Wagner baute er Stadtbahnstationen und arbeitete an der Rotunde mit, in Prag an der Restaurierung des Hradschin."

Diese Verbeugung vor Wien im heutigen Laibach hat man nicht unbedingt erwartet. Denn wo immer man ein Buch über das politische Geschehen im alten Österreich aufschlägt, ist Laibach ein Stichwort für erbittertste Kämpfe zwischen Slowenen und Deutschen. Selbst in jenen Katastrophentagen 1895, als Laibach den Zeitungen in aller Welt Schlagzeilen lieferte, weil ein Erdbeben einen Großteil der Stadt zerstörte, konnte ein neutraler Beobachter nicht über diesen ständigen Zwist hinwegsehen. Der steirische Dichter Peter Rosegger rief in einer Reportage über die tragischen Ereignisse zur Einheit auf: „Deutsche und Slowenen, was soll das kindische Streiten? Ich glaube, das Erdbeben hat die Herzen aufgerüttelt, und die Menschen wissen nun wieder einmal, daß sie zusammengehören. Was die Sprache trennt, soll der Gedanke wieder einen. Ein Laibacher hat mir damals strahlenden Auges erzählt: ‚Die Türen offen, die Habe auf der Straße und kein Diebstahl. Auf einmal keine Feindseligkeit mehr zwischen Deutschen und Slowenen.' "

Die Versöhnung durch die Katastrophe währte nicht lange. Bei den drei Brücken über die Laibach, die einen Knotenpunkt der Stadt bilden, hält dem Österreicher eine Gedenktafel vor, daß österreichische Soldaten 1908 an dieser Stelle slowenische Patrioten erschossen haben — bei einem Wirbel anläßlich einer Feier für die beiden Slawenapostel Kyrill und Method. Dabei hatten damals die Slowenen auf allen Linien gesiegt. Das Rathaus war von ihnen erobert worden, und die deutsche Bürgerschaft hatte vor der Übermacht der Slowenen kapituliert. Slowenische Politiker übten von Laibach aus einen Druck auf Wien aus: Nun sei es an der Zeit, den Slowenen und den anderen Südslawen mehr Mitspracherecht, mehr Selbständigkeit zu geben! Aber an eines haben damals die wenigsten gedacht: die Monarchie zu verlassen.

Schon in diesen Jahren machten sich die Dynamik der Slowenen und ihr Organisationstalent bemerkbar. Sie legten den Grundstein zu der Stadt, die heute bei weitem die europäischste Jugoslawiens ist. Auch die Slowenen als Volk nehmen eine ähnliche Position ein. Nicht in Belgrad ist der Lebensstandard am höchsten, sondern in Laibach. In der Partei vertreten die Slowenen die modernen Ideen und bekämpfen die Rückständigkeit anderer Gebiete. In der Kunst und Kultur kommen aus Laibach die stärksten Impulse, dort scharen sich Künstler und Intellektuelle um einige Zeitschriften und versuchen westliche, europäische Wege zu gehen. Und auf die altdeutsche oder altösterreichische Traulichkeit der Laibacher Altstadt folgen Hochhäuserviertel voll von Neongefunkel und in einem Ring von Autobahnen.

Verwundert liest man die Bemerkungen eines so scharfen Beobachters wie Heinrich Laube, des späteren Burgtheaterdirektors. Als er um 1830 mit der Postkutsche in Laibach haltmachte, hatte er an dem Städtchen recht viel auszusetzen:

„Am anderen Tag waren wir in Laibach. Das ist berühmt durch einen Kongreß und durch seine großen Krebse. Die Landschaft ist ziemlich gewöhnlich, ein paar Waldberge sind da, ein Flüßchen, viel Grün und was sonst noch zur einfachen Hausmannskost gehört. Die Bewohner sehen wie halbe Türken aus oder wie Ungläubige, um mich besser auszudrücken. Dieses Aussehen hatten sie aber gewiß schon vor dem Kongreß. Die Frauen tragen nämlich einen großen Türkenbund aus Handtüchern um den Kopf. Es schien mir, als sei viel Türkisches in diesem Land. Die Abstufung vom Osmanischen zum Albanischen, von da zum Istrischen, Steirischen, Wienerischen ist niedlich und kommt einem Norddeutschen manchmal recht unbedeutend vor ...“

Den Laibacher Bürgern hätte Laube mit diesen Vorhaltungen nicht kommen dürfen, sie hätten ihm dafür tüchtig eingeheizt. Anscheinend war Laubes Urteil durch die Richtung seiner Reise getrübt. Er kam aus dem Norden, er hatte nicht gesehen, wie sehr sich dieses Städtchen von dem, was weiter südlich liegt, unterscheidet. Denn wenn man Laibach auf die Fassaden reduziert, die schon zu Metternichs Zeiten standen, dann befindet man sich in einem biederen Städtchen, das vor allem deutschen Charakter hat, wie die meisten Städte der Monarchie in jenen Tagen.

Die Burg auf dem Schloßberg ist keine dräuende Festung mehr, sondern ein von ewigem Grün umwachsenes Ausflugsziel. Rund um das Rathaus schieben sich die spitzen Giebel immer enger zusammen, und die winzigen Läden ohne Auslagen stapeln die Waren nahe der Tür in mittelalterlichen Gewölben. In einem weichen Bogen schmiegt sich das Häusergewirr wie Schutz suchend an den Berg. Über dem Gemüsemarkt schweben die Duftwolken der Blumen, die Kirchen sind Empfehlungsbriefe für ihre italienischen Baumeister, einige Adelspalais zeigen an, daß auch die Herren Krains zu leben wußten, und überall geht's so recht nach dem Gemüt eines Menschen, dem Winkelwerk und Altertümlichkeit Behagen vermitteln können. Selbst die neuen Hotels hat man nicht „International" oder „Metropol" genannt, sondern „Slon" (Elefant) und „Lev" (Löwe) wie die Einkehrgasthöfe, in denen die Reisenden auf einer langen Postkutschentour von Wien nach Triest Rast zu machen pflegten.

In dieses gemütliche Laibach, das Napoleon für einige Jahre aus einem Provinzdasein zur kurzlebigen Hauptstadt seines Illyrien erhoben hatte, verschlug es einmal sogar mehrere Kaiser zugleich: Man hatte nämlich beschlossen, aus dem Wiener Kongreß eine Art Fortsetzungsroman zu machen und sich von Zeit zu Zeit zur Erhaltung des konservativen Europa zu treffen. 1821 war die Wahl auf Laibach gefallen. Auf dem weiten Platz vor der Ursulinenkirche kann man sich davon überzeugen, wieviel Raum Kaiser Franz, der Zar aller Reußen und Staatskanzler Metternich zu einem standesgemäßen Auftreten der Heiligen Allianz beanspruchten. Das Kapuzinerkloster wurde abgebrochen, um ein genügend großes Aufmarschareal zu schaffen. Metternich zum Hohn wurde dieser Platz nun zu Ehren der Revolution benannt, und ein Park hat dem Trg revolucije jeglichen militärischen Charakter genommen.

Die Kaiser kamen in das Laibach der Deutschen. Damals hatte das Gedicht des slowenischen Nationaldichters France Prešeren noch Gültigkeit:

> Deutsch sprechen in der Regel hierzulande
> Die Herrinnen und Herren, die befehlen,
> Slowenisch die, so von dem Dienerstande.

1850 prophezeite der Dichter Anastasius Grün, der ein Graf Auersperg war und damit einem der großen Geschlechter der krainischen Landschaft angehörte, in einem Brief: „Die deutsche Sprache wird hier noch eine gewisse vorübergehende Zeit Bedeutung haben. Dann wird sie diese Funktion verlieren. Und es wird nicht tragischer sein als der Tod eines Greises." Der Dichter mit diesen toleranten Ansichten wurde dennoch später von den deutschen Nationalisten als Sänger des militanten Deutschtums auf den Schild gehoben; sein Denkmal aber wurde 1918 durch eine Marienstatue ersetzt.

Die „gewisse vorübergehende Zeit" ging schnell vorüber. Als an dem unglückseligen Ostermontag 1895 die Erde bebte und die Mauern einstürzten, blieb zwar manches alte Gebäude stehen, aber mit einem Teil der Stadt war auch die Vorrangstellung der Deutschen dahin. Peter Rosegger hat dieses an Skoplje erinnernde Inferno erlebt: „Eingestürzte Stiegen, Zimmerdecken, gewaltige Sprünge in den Wänden, schiefgerückte Mauern, Trümmer und Schutt überall. Die Geschäfte geschlossen, die Gasthäuser menschenleer. Kommissionsbeamte, die den Schaden prüften, Feuerwehrmänner, Arbeiter, die Stützbalken einsetzten, belebten einzig die Räume. Die Fenster der verlassenen Häuser waren halb offen, man sah hinein, man sah an den Wänden die Kästen, die Bilder, scheinbar in bester Ordnung und daneben die geborstene Mauer. Mehrere Paläste, darunter die Burg, Ruinen, die nur noch auf das Wegräumen zu warten schienen. Die Gärten waren überfüllt mit Zelten, Nothütten wurden aufgeschlagen. Unter Bäumen standen Altäre, an welchen Gottesdienste gehalten wurden, denn die Kirchen waren verschlossen. Unmittelbar nach den Erdstößen trugen Priester die Hostie umher und erteilten dem Volk Generalabsolution, denn man glaubte, der Jüngste Tag sei gekommen. Gerüchte hatten sich erhoben: das in Laibach sei noch nichts. Innsbruck sei zerstört, Troppau brenne, Triest liege im Schutt, Venedig wäre im Sinken ..."

Von dieser Weltuntergangsstimmung hat sich im hektischen Alltag des modernen Laibach nichts erhalten. Für die Deutschen aber war mit der Katastrophe auch die Zeit der großen Rückzugsgefechte angebrochen. Um die Jahrhundertwende standen 21.000 Slowenen nur mehr 5000 Deutsche gegenüber, und der Wiederaufbau wurde von der slowenischen Stadtverwaltung bestimmt und geplant. Man suche sich nur einen höher liegenden Aussichtspunkt, dann bemerkt man die rechten Winkel, in denen ganze Stadtteile gebaut sind: gerade, breite Avenuen, quadratische Plätze und Grünflächen, eine Stadt mit Luft, ein Reißbrettbezirk. Dort, wo das Erdbeben am ärgsten gewütet hat, fanden die jungen Architekten ein willkommenes Versuchsfeld für ihre sezessionistischen Ideen. Gelernt hatten sie es in Wien, und so kann Laibach heute mit ganzen Straßenzügen aufwarten, in denen Architekten von 1900 miteinander darin wetteiferten, modern und fortschrittlich zu sein: Slowenische Volkskunstmotive auf Bankgebäuden, schlanke Türmchen ohne Schnörkel, glatte Flächen, von farbigen Kacheln unterbrochen, Sgraffito. Was in Wien nur vereinzelt realisiert werden konnte oder in den Schubladen der Architekten liegengeblieben war, wurde in Laibach von Leuten wie Fabiani, Koch, Subić und anderen verwirklicht. Wer von den Architekten Slowene war, der baute national. Für sie wurde es das weiße Ljubljana (für sie gab es ja kein Laibach), und es war nur selbstverständlich, daß der größte Platz, den sie anlegten, der Slowenische Platz wurde, eben jene Stätte, auf der man dann Franz Josef für einige Jahre duldete.

Trotz aller nationalen Begeisterung läßt sich das Gesamtösterreichische auch aus Laibach nicht so einfach wegreden; auch die Slowenen wurden zu sehr von diesem Staat oder dieser Lebensart geformt. Da kommt man aus Belgrad und Agram und hat das Gefühl, auf einmal in einem steirischen Dorfwirtshaus zu sein. Natürlich reden sie slowenisch, die Bauern mit dem grünen Band auf den — fast möchte man sagen — „Steirerhüten", aber mancher Tonfall ihrer Sätze, manches Wort scheint dem Kärntnerischen und dem Steirischen abgelauscht. Aus den dicken Krainer Würsten, wie man sie auch in Graz bei jedem Würstelstand ißt, spritzt das Fett. Die Bauern, diese alpenländische Slawen, die alle etwas von Fichtennadeln, Almrausch und Enzian an sich haben, bestellen einen „Spritzer". Der Wirt sagt von seiner Mutter, daß sie in „Štajerska", in der Steiermark, geboren ist. Aber er meint damit die Gegend um Marburg, die frühere Untersteiermark. „Von der Mutter hob i Deitsch g'lernt", sagt er und packt die „gute alte Zeit" aus. „Wir waren in Triest, weil mein Vater bei der Südbahn gearbeitet hat. Dann ist der Krieg gekommen. Ich war ein kleiner Bub, aber ich kann mich erinnern, wie die italienischen Flieger über der Stadt gekreist sind und die Piloten mit den Händen Bomben abgeworfen haben. Und ein Onkel von mir war bei den Deutschen, Marineflieger. In Frankreich ist er im Luftkampf umgekommen ..."

Bei diesen Geschichten müssen sich Deutsche und Slowenen wieder vertragen. Es sind ja auch genug von beiden Völkern unter der gleichen Fahne gefallen, schon als Österreich noch im Lager des alten Radetzky war. Der Feldherr hatte, immer von Schulden bedrückt, eine Zeitlang in Laibach Ruhe gesucht. In Erz gegossen ist er heute noch im Museumshof daheim, der wackere Haudegen. Lebensgroß, die Brust mit Orden gepanzert, steht er da, und in den Sockel sind die Worte eingekratzt, mit denen er 1849 seinen erfolgreichen Blitzkrieg gegen die Piemontesen einleitete: „Soldaten, der Kampf wird kurz sein!“ Und an der Museumswand ist ein so stattlicher Doppeladler montiert, daß er bei einer Auktion all der in den Nachfolgestaaten erhaltenen Wappenvögel sicher einen Höchstpreis erzielen würde. Er wurde auf das alte Rathaus gehievt, als Karl VI. der Stadt die Ehre gab. Bei der Ankunft der Franzosen wurde der Adler zum erstenmal in einen unterirdischen Käfig gesperrt. Als dann die Österreicher wieder an der Reihe waren, brachte man den Aar im Triumphzug an seinen angestammten Ort — bis man ihm nun wieder die versteckte Stelle im Hausflur des Museums anbot. Die Zeiten ändern sich ...

Karl VI., Maria Theresia, Josef II. — wie in all den Städten, über die sie einst herrschten, haben sie auch hier noch das Recht auf ein Ölbild im Museum oder auf eine Büste. Und schon etwas wackelig, aber doch Autorität verleihend, steht hier der Herzogsstuhl, von dem aus vor vierhundert Jahren Erzherzog Karl von Innerösterreich, der in Graz residierende Herr über die Lande an der Save, die Huldigung der krainischen Stände entgegengenommen hat.

Hundert Kilometer weit von Laibach hat sich dieser Karl von Innerösterreich ein hoffentlich unvergängliches Denkmal gesetzt. Von Triest wäre der Weg direkter. Nun wird der Karst jedoch von Slowenien verwaltet, und die Herren, die einmal über Lipizzas Schicksal entscheiden werden, sitzen in den Bürohäusern von Laibach. „Besucht Lipizza“, heißt es in einem Prospekt, der einem schon an der Grenze in die Hand gedrückt wird. Dennoch scheint sich Lipizza vor der Welt zu verstecken. Über eine enge, holprige Straße zuckelt der Wagen. Hohe Eichen breiten ihr Schattendach über den staubigen Grund; bis ockerfarbene Mauern in der Ferne schimmern: die Stallungen, die Verwaltungsgebäude, ein winziges Kirchlein, alles noch so, wie es die Habsburger erbaut haben — das ehemalige Hofgestüt Lipizza. „Das Hofgestüt hat die Aufgabe, die Hengste für die Spanische Schule in Wien, den einzigen noch bestehenden Hort gediegener höherer Reitkunst, zu liefern. Auch werden die Lipizzanerpferde, die sich durch leichten Gang, Ausdauer und Willigkeit auszeichnen, bei Hof zu leichten Jucker- und Sechserzügen verwendet“, erläutert das Monumentalwerk „Die Monarchie in Wort und Bild“.

Das mit der Spanischen Hofreitschule hat noch immer seine Berechtigung. Die Lipizzaner aber bezieht Wien heute aus dem steirischen Gestüt Piber, und Lipizza, das diesen königlichen, nein, kaiserlichen Pferden seinen Namen borgte, ringt seit einigen Jahren um seinen Bestand.

Vor 387 Jahren — Anno 1580 — kaufte der unternehmungslustige Erzherzog Karl nach einem Triestbesuch dem dortigen Bischof die Villa und Herrschaft Lipizza (= Kleine Linde) ab, hoch über der Stadt, auf einer Ebene, wo der Karst die Wälder noch nicht völlig aufgefressen hat. Und er brachte Araberpferde aus Spanien dorthin und kreuzte sie mit den widerstandsfähigen einheimischen Rassen. Der nordafrikanischen Pferdearistokratie führte er frisches Bauernblut zu, und die einfachen Karstpferde ließ er durch die edlen arabischen Renner hoffähig werden. Nach mehreren hundert Jahren war eine der meistbewunderten Pferderassen Europas das Resultat. Stuten und Hengste, denen die Gesetze der Spanischen Hofreitschule so in Hufe, Fesseln und Gehirne übergegangen waren wie die Regeln der spanischen Etikette ins Herz ihrer hochgestellten Besitzer.

Der Hengst, der zögernd und seiner Würde bewußt aus dem gemauerten, mit Säulen und Inschriften dekorierten Stalltor, gleichsam wie aus einem Palast für Pferde heraustrabt, schnuppert erhaben und majestätisch die scharfe Höhenluft des Sommertages: ein **k. u. k.** Hofpferd, obwohl es längst einer „sozialistischen" Zucht unter der Schirmherrschaft Titos entstammt. Er kann seine vornehme Verwandtschaft nicht verleugnen, so wie ein Graf eben ein Graf bleibt, auch wenn er sich einmal ein rotes Halstuch umbindet. Er ist weiß wie die porzellanenen Souvenirlipizzaner. In seinem Namen Neapolitano Batosta XXI — einer der großen Lipizzanerstämme — steckt etwas von der Südlandsehnsucht einer deutschen Kaiserfamilie, die lange Zeit hindurch zu ihrer respektablen Kollektion an Kronen auch einige aus Italien zählen konnte. Italienisch ist beim Eingang des Hengststalles auch vermerkt: „Dieser Stall wurde 1703 erbaut." Und über dem Tor werden in lateinischer Sprache die Kaiser Leopold und Josef beschworen.

Im Stall scharren die Hengste in ihren geräumigen Boxen. Alles strahlt hier die Vornehmheit des Alters aus, nur die Pferde sind jung. Aus den steinernen Trögen hat jahrhundertelang der Nachwuchs der Spanischen Hofreitschule sein Wasser geschlürft. Und die berühmten Stämme sind die gleichen wie in Piber und in Wien: Maestoso, Favory, Pluto — jeder dieser Hengste trägt statt eines Sattels ein unsichtbares Geschichtsbuch mit sich herum.

In der Sattelkammer nimmt der Direktor behutsam ein lilienbeschlagenes Riemenzeug von der Wand: „Wir haben erst vor kurzem erfahren, daß dieses Geschirr früher einmal in die Hofstallungen gehörte." Der Hufschlag der Pferde auf dem Betonboden des Stalles tönt etwas fremd: „Ja, früher war hier natürlich Holzpflaster. Aber nach dem Krieg haben die Amerikaner da ein Magazin eingerichtet und alles betoniert", erläutert der Direktor. Dann deutet er auf einen weißen Pferdekopf aus Gips, der über einer der Boxen wie ein Heiligenbild angebracht ist: „Den haben die Italiener fabriziert."

Italiener und Jugoslawen, Wien und Amerika — die Jahrhunderte sind über diese stille und friedliche Oase der Pferdezucht nicht spurlos hinweggegangen. Was die Habsburger hier zu ihrer Freude betrieben, war immer wieder vom Neid der Feinde bedroht. Deshalb ist den Lipizzanern das Flüchtlingsschicksal nicht fremd: Dreimal wurde das Gestüt in den napoleonischen Zeiten auf Wanderschaft geschickt, als der Korse seine Hand nach Triest ausstreckte. Die weißen Pferde der Habsburger bekam er nicht, sie waren in Kroatien und in Ungarn in Sicherheit. Auf einer dieser unfreiwilligen Reisen entstand in Djakovo das bis heute existierende kroatische Lipizzanergestüt, später der Stolz des Bischofs Stroßmayer.

1915 donnerten nur 20 oder 30 Kilometer entfernt die Kanonen. Und die weißen Pferde wurden in Viehwaggons vor den Stahlgewittern der Isonzoschlachten in Sicherheit gebracht. Diesmal hießen die Fahrtziele Laxenburg und dann Kladrub in Böhmen. Nach dem Frieden von Saint-Germain wechselte Lipizza die Nationalität, es wurde italienisch, und die k. u. k. Hofpferde wurden es zur Hälfte (107 Stück) auch. Mit dem Rest gründeten die Österreicher das Gestüt Piber. Die Italiener unterstellten Lipizza dem Kriegsministerium, und das Hofgestüt wurde zum militärischen Pferdedepot. Doch 1943 hieß es schon wieder packen: Hostinec in Böhmen wurde den Pferden als Unterschlupf angewiesen. Dann bewahrten die Amerikaner die unersetzliche Herde vor der Vernichtung. Nach Kriegsende wurde wieder geteilt — und für Lipizza blieben elf Pferde übrig. 1964 tummelten sich auf den 311 Hektar des Gestüts 98 weiße und — wenn noch jung — schwarze Pferde, davon 28 Mutterstuten.

In dem Dorf Lokev, das fast zum Gestütbereich gehört, streichelt der alte Andrej Stoppa seine Katze. Früher, als Stallbursche, hatte er die Hofpferde gestriegelt. Er ist einer der wenigen von den Stallburschen und Pferdepflegern, die vor ihre Berufsbezeichnung noch ein k. u. k. setzen konnten. „Ja, ich war noch jung, damals", sagt er. „Aber ich hab' viel gesehen. Der Erzherzog war da, der Ferdinand, der Thronfolger." Er denkt ein wenig nach. „Wir haben ihn sehr gefeiert, aber streng war er auch, ein bißchen unheimlich. Die anderen sind uns auch oft besuchen gekommen, die Erzherzoge und Prinzessinnen und Grafen. Es war manchmal so, als ob wir selber bei Hof wären. Den Kaiser hab' ich nicht gesehen, aber die Elisabeth, wie sie einmal von Miramare heraufgekommen ist. Schön war sie, und von den Pferden, da hat sie etwas verstanden." Ein hohes Lob von einem Mitglied der Familie Stoppa. Denn sie ist Lipizzaadel. Seit zweihundert Jahren sorgt diese Familie für die Pferde des Kaisers. Und heute führt Andrejs Tochter Maria als Agraringenieur die Stutbücher.

Im Büro des Direktors haben sich zu grauen Stichen des Lipizza von einst Trophäen aus der Gegenwart gesellt: eine Originalzeichnung Walt Disneys für seinen Film „Fantasia": Pegasus mit einer geflügelten Fohlenschar, und Fotos aus Walt Disneys Lipizzanerfilm, aufgenommen in Bruck an der Leitha. Das Gestüt hatte für die Massenszenen die Pferde geliehen, Piber und der Hofreitschule war das Pferdematerial für die Filmkunst zu kostbar gewesen. So hatten die Reitknechte von Lipizza, die den Transport begleiteten, zum erstenmal die Chance, in der Hofreitschule in Wien zu erleben, wie gelehrig und elegant „ihre" Pferde sind.

Es schien also alles in Ordnung zu sein da oben auf der Hochebene, wo im Sommer stets ein kühler Wind die Hitze mildert und im Winter die Bora die Menschen erstarren läßt. In einem zum Hotel umgewandelten Stall lärmen deutsche Feriengäste, die hier einen Urlaub hoch zu Roß verbringen. Ein Mädchen mit langem fliegendem Haar galoppiert an der Kamera eines bayrischen Fernsehteams vorbei. Im ehemaligen Hofgestüt ist Leben. Aber neben den diversen habsburgischen Inschriften liest man an der Eingangstür zum Schloß „Jadran, Export-Import". Und diese Firma, die mit Triest Handel treibt, hat schon Grund für einige Nachrichten geliefert, die die Pferdefreunde in aller Welt alarmierten. Da das Gestüt nicht rentabel ist, haben es die Geschäftsleute unter ihre Fittiche genommen. Sie wollen mit den weißen Pferden trotz allem Geld verdienen. Manchmal, nach dem Urteil einiger Kritiker, auf ganz billige Art — indem sie die Lipizzaner kiloweise verkaufen, für Salamifabriken in Triest. Immer wieder hört man von Versteigerungen, von der bevorstehenden Auflösung des Gestüts.

In Lipizza selbst läßt man als Gegenargument die Fohlenherde über die steinigen Matten galoppieren und tut so, als ob nichts passieren könnte. Dennoch ist dieses habsburgische Pferdeparadies in Gefahr, wie so manche andere Institution, die bis jetzt die Zeiten wie durch Zufall überlebt hat. Ein Pferdefreund in Belgrad meinte besorgt: „In Jugoslawien weiß man nie, was der Regierung einfällt. Für sie ist Lipizza eine Belastung. Hier gehen Traktoren vor Schimmel, und Bilanzen, die stimmen, sind wichtiger als alle Dressurkunststücke."

Die kaiserlichen Rosse sind im kommunistischen Programm nicht vorgesehen, darum könnte es wohl passieren, daß der fast vierhundert Jahre alten Habsburgerherrlichkeit im Karst durch den Federstrich eines Funktionärs in Laibach ein für allemal ein Ende bereitet wird.

# Die kleine Garnison

Hilflos wie in der Bratpfanne liegen sie auf dem Pflaster, die Beine wurden ihnen mit Bindfaden gefesselt. Nur mit kurzem und kläglichem Gackern begehren sie gegen ihr Schicksal auf. Neben den Hühnern recken Gänse nervös ihre langen Hälse aus geflochtenen Körben und klappern mit den orangefarbenen Schnäbeln. Berge von Salat und Gemüse türmen sich auf den Holztischen, und unter Nylonhauben verlocken weiße Topfenlaibe zu einer richtigen kroatischen Bauernjause. Der saure Rahm, den man über den Topfen gießt, wird daneben in Flaschen angeboten, und die grünen jungen Zwiebeln, die noch dazugehören, kann man hier auch kaufen. Bäuerinnen, schwarz in schwarz, feilschen mit buntscheckigen Bäuerinnen aus Dörfern, wo man die Farben mehr liebt. Ein wackeliger Veteran, der sich nur einmal in der Woche rasiert, bringt mit einem Handschlag einen Sensenstiel an den Mann und begießt das Geschäft mit einem kräftigen Schluck Rotwein aus der unvermeidlichen Korbflasche. Geschrei, Gerede, Getümmel — in Karlovac ist Markt, wie jeden Freitag, und so wie es schon war, als Karlovac noch Karlstadt hieß. Aus der Umgebung strömen sie in die Stadt, in überfüllten Autobussen, zu Pferd, auf Panjewagen. Sie kommen aus den Tälern ringsum und aus dem Uskokengebirge, katholische Kroaten und orthodoxe Likaner. Der Markttag war stets ein Datum, nach dem sie ihr Leben eingerichtet haben.

Der Fotoapparat sucht sich die dankbarsten Typen, die Trachten, das Streiten und das lebhafte Handeln. Filmszenen am laufenden Band, dargestellt von einer unbezahlten und unbezahlbaren Komparserie. Aber da nimmt sich einer plötzlich die Kamera aufs Korn. Er sieht den Fremden forschend an, und man merkt, daß man gegen ein oberstes Gebot in den Oststaaten verstoßen hat. Denn mit jedem Abdrücken hat man nicht nur die fröhlichen Marktfahrer, sondern auch ein Stück Kaserne eingefangen. Wohin man auf dem Marktplatz auch blickt, der Hintergrund wird immer von den feindseligen Mauern militärischer Baulichkeiten ausgefüllt. Nur die zwei Kirchen haben zivilen Charakter. Keine Posten und keine Fahnen, einzig schmale dunkelrote Schilder verraten, daß hier die jugoslawische Volksarmee zu Hause ist. Auf den Schildern liest man die Namen von Partisanen, die Titos Soldaten als Vorbild empfohlen werden. Eine Armee von heute wird hier ausgebildet, aber das Kasernenkarree, das den Marktplatz umfaßt wie die Paradeformation eines Garderegimentes bei einer Ansprache des Oberbefehlshabers, dieser Soldatenzwinger in Habtachtstellung ist durch und durch altmodisch. Kasernen sollen ebenerdig sein, damit es kein Laufen über Stiegen gibt, schreiben heute die Etappenstrategen vor. Wenn in Karlovac Alarm geblasen wird — sofern derlei in der jugoslawischen Armee noch üblich sein sollte —, dann müssen die Rekruten mit ihren Genagelten über abgetretene Steintreppen hasten. Es hört sich an wie das Donnern einer Rinderherde, und die Fenster- und Türstöcke zittern. So wie vor fünfzig Jahren, wenn das Signal die Schläfer aus den Betten riß, so wie vor hundert Jahren, so wie vor zweihundert Jahren. In Karlovac wohnen die Soldaten noch immer dort, wo die Soldaten der Kaiser ihre Spinde und ihre Strohsäcke hatten, die Soldaten Franz Josefs und die Soldaten Josefs II. Denn so alt sind die wichtigsten Kasernen in dieser Kasernenstadt.

In der Auslage des Stadtfotografen berichten Amateurfotos aus dem Jemen, daß irgendein Karlovacer, ein Offizier oder ein Ingenieur, im Zeichen der blockfreien Freundschaft zwischen Tito und Nasser in Nahost Entwicklungshilfe geleistet hat. Daneben wird man jedoch von einer Porträtsammlung von Rekruten fixiert, eine ganze Auslage voll, Kopf an Kopf, alle in der gleichen Pose, mit der Würde und Geschraubtheit aller Uniformierten, bemüht, ernst und wichtig dreinzuschauen. Fotos, wie sie dann in Briefen in ferne Dörfer geschickt und von den Mädchen ihren Freundinnen unter die Nase gehalten werden: „Schaut, das ist er." Und genau das will die

Pose jedes einzelnen der Vaterlandsverteidiger erreichen: jedes dieser Fotos sagt stolz und verlegen zugleich: „Das bin ich, der Soldat Ivo Horvath“ oder Ljubo Vlajnčić oder wie er sonst heißen mag. Ähnliche Fotoserien mit ähnlichen Gesichtern und nur leicht variierten Uniformen bringen dem Fotografen im böhmischen Beneschau genauso Geld wie dem in Czernowitz oder Temesvár. Sie gehören zu den Garnisonsstädten wie der Zapfenstreich, der den Soldaten plötzlich fluchtartig von seiner Schönen und aus seinem Stammlokal wegreißt.

In diesen typischen kleinen Garnisonen, um die so viele heitere und traurige Geschichten gewoben wurden, hat man die schwarzgelben Fahnen eingerollt, die Embleme der k. u. k. Armee von den Wänden gerissen und die Offiziere bespuckt. Aber die meisten Garnisonen sind Garnisonen geblieben. Namen wie Karlstadt, Beneschau, Warasdin, Brandeis, Ödenburg und so weiter, bei denen dem Altösterreicher sofort irgendwelche Regimentsnummern mit den dazugehörigen Farben der Aufschläge einfallen, sind weiterhin mit Militär verbunden, mit anderen Armeen, denen das moderne Kriegshandwerk längst alle Farben geraubt und der Marxismus noch zusätzlich die meisten Traditionen zerbrochen hat. Früher war die Garnison die Seele einer solchen kleinen Stadt. Sie brachte Geld in die Läden und Gasthäuser, sie lieferte der höheren Gesellschaft und den Dienstmädchen Bräutigame und Liebhaber, sie versorgte den Alltag mit Aufregungen und Skandalen. Ihre Offiziere wurden für die jungen Damen vom Gymnasium zu Märchengestalten und für die Geldverleiher zu Schuldnern, auf die man ein Auge haben mußte. Sie jagten ihre Pferde über Exerzierplätze, wo Rekruten, die in einer fremden Sprache fluchten, den Staub schluckten. Die Offiziere tranken und langweilten sich, sie machten Dienst und Schulden. Sie dichteten und schrieben Nächte hindurch an wissenschaftlichen Werken. Die Offiziere und ihre Soldaten waren das Leben, und alles drum herum war ein Teil davon. Ohne sie mußte so ein Städtchen sterben.

Und heute? Der Soldaten sind mehr geworden; der Lärm ihrer Autos weckt die Schläfer eher als das Hufgetrappel einer Schwadron. Aber heute gehören sie nur zu dem Städtchen dazu, das Städtchen ihnen aber nicht.

Ein Abend in Warasdin. Die Vorstadt dieses vielbesungenen Ortes scheint nur aus Kasernen zusammengesetzt zu sein, wie schwarze Schatten stehen die klobigen Unterkünfte in den Wiesen mit den Sportgeräten und den Zielscheiben. Posten gähnen. Vor dem Hotel lungern Soldaten herum und sprechen Mädchen an. Drinnen sitzen sie zusammen an mehreren Tischen, getrennt von den Zivilisten. Und in Karlstadt ist es ebenso.

Die Witwe eines Offiziers, die noch genug Garnisonsluft eingeatmet hat, sagt: „Zwischen Garnison und Bevölkerung besteht heute kaum ein Kontakt. Die meisten Offiziere sind einfache Leute, die nur mit ihresgleichen verkehren. Gesellschaftliche Veranstaltungen wurden abgeschafft, einen Offiziersball oder so etwas Ähnliches kennen wir nicht. Sie sind so ganz andere Menschen, die höchstens einmal zu einer politischen Feier ausrücken. Man begegnet bei uns wohl auf Schritt und Tritt Uniformen, aber unser Leben wird davon kaum berührt."

Ein Berührungspunkt blieb aber auch in diesem glanzlosen Garnisonsdasein: Überall, wo Soldaten Ausgang haben, dort warten Mädchen auf sie, und das gilt heute wie je — in Karlstadt und in Beneschau, in Kremsier und in Tarnopol.

Als Schauplatz für Romanzen scheint Karlstadt nicht gerade der ideale Ort zu sein. Es wurde als Festung gegen die Türken gebaut, ein Bollwerk mit Mauern, Bastionen und Gräben. Eine Luftaufnahme enthüllt die Gesetze des Verteidigungskrieges, nach denen Karlstadt angelegt worden ist: ein regelmäßiges Sechseck, von Generalen in Auftrag gegeben, nur nach militärischen Überlegungen geplant, hundertprozentig symmetrische ärarische Vierkanter, die zivileren Häuser jedoch in ebenso strammer Formation, so daß sie wohl alle sofort „rechts um" machen würden, wenn ein Korporal das Kommando nur laut genug über die Dächer hinweg brüllte.

Vor hundert Jahren wurde die Festung dann — nutzlos geworden — aufgelassen, die Stadt aus der Zwangsjacke der Mauern befreit. In den Gräben wuchsen Parks, und unter den Bastionen, im einstigen Schußfeld der Batterien, dämmerten verschwiegene Wiesenwege. Die Rekruten vom Infanterieregiment Nr. 96 exerzierten hier schon Händchenhalten und was die Dienstvorschriften der Liebe sonst noch verlangen.

Die 96er hatten diese Stadt in Besitz genommen. Sicher, es waren da noch die Kadetten aus der Kaserne, in der nun Titos Unteroffiziere ausgebildet und unterrichtet werden, und in der Ramberg-Kaserne war das kroatische Honvédregiment Nr. 26 untergebracht. Die Herren von Karlstadt waren dennoch die 96er, das Regiment des rumänischen Thronfolgers. Am großen Marktplatz, in der Brentano-Kaserne und der Zeughauskaserne, da waren sie zu Hause. Und am Sonntagnachmittag füllten sie in ihren blauen Waffenröcken mit den karmesinroten Aufschlägen und den goldenen Knöpfen die Gassen.

An den Bärentatzen, den Litzen an den Ärmeln und an den engen Hosen erkannte der Eingeweihte sofort, daß dieses Regiment nur in Ungarn stationiert sein konnte. Die 96er waren natürlich k. u. k. — kaiserlich und königlich —, so wie die ganze Armee auch nach dem Ausgleich von 1867 im Gegensatz zur Landwehr und zu den Honvéds ein gesamtösterreichisches Instrument blieb. Die Honvéds in der Ramberg-Kaserne schrieben ein k. u. — „königlich-ungarisch" — vor ihre Regimentsnummer. Sie gehorchten ihrem eigenen Honvédminister in Budapest. Für die Magnaten sollte dieses magyarische Privatheer den Grundstock für eine selbständige ungarische Armee bilden. In den „im Reichsrat vertretenen Königreichen und Ländern", wie der papierene und inhaltlose Sammelbegriff für die nichtungarischen Teile der Monarchie lautete, unterhielt man als Pendant zu den Honvéds die k. k. Landwehr. Das fehlende „und" zwischen kaiserlich-königlich drückt aus, daß für diese Truppen nur das halbe Österreich zu zahlen hatte.

Diese Abkürzungssprache in einer abkürzungsarmen Zeit bereitete niemandem Mühe. Problematischer war das Ringen um die Erhaltung der Armee als der einzigen absolut verläßlichen Institution, auf die die Dynastie zählen konnte. In den unruhigen Jahren vor dem großen Krieg, als da und dort Soldaten auf Demonstranten schossen und Politiker den Völkerzwist in die Armee schmuggeln wollten, bewährte sich das Offizierkorps. In Galizien und in Böhmen, in Warasdin und in Karlstadt erhitzten sich junge Offiziere zwar manchmal in endlosen Diskussionen, aber das große Wunder, die Armee und vor allem ihre Führungsgarnitur aus dem Streit und der Politik herauszuhalten, gelang.

Was war das Geheimnis dieser absoluten Treue, die in der eleganten Umgebung Wiens oder Budapests genauso galt wie in der reglementierten Langeweile von Karlstadt? Selbst ein Dramatiker wie John Osborne („Blick zurück im Zorn"), der in jeder Revolution mehr Verwandte entdecken wird als in einem österreichischen Offizierskasino, bezeugte der k. u. k. Armee seine Ehrerbietung. Er schrieb ein skandalumwittertes Stück über den Fall des Obersten Redl und stellte die seelischen und moralischen Beweggründe der Spionageaffäre so drastisch auf die Bühne, daß das Londoner Royal Court Theatre zum privaten Klub erklärt werden mußte, bevor die Aufführung von „A Patriot for me" (Ein Patriot für mich) überhaupt gestattet wurde. In einem Vorwort im Programm würdigte Osborne jedoch einen Wesenszug der k. u. k. Armee — ihre Klassenlosigkeit. Nur die vornehmen Kavallerieregimenter waren Reservat des Adels, sonst war jedem Bürgerlichen der Aufstieg zu den höchsten Positionen im Generalstab möglich. Keine andere Armee der Jahrhundertwende räumte der Tüchtigkeit so viel Platz ein. Und die Generale, die die Schlachten des Ersten Weltkrieges schlugen, waren meistens Bürgerliche, die erst im Heeresdienst vom Kaiser mit einem Adelsbrief ausgezeichnet worden waren.

Zu dieser Klassenlosigkeit kam der übernationale Charakter. Als die NATO das Experiment einer Multilateralen Atommacht (MLF) studierte, wurden mit viel Druckerschwärze die Erfahrungen auf einem international bemannten Schiff gerühmt. Da waren Amerikaner, Türken, Italiener, Briten, Niederländer und Deutsche gemeinsam an Bord. Unter den Fahnen des Kaisers von Österreich war dieser Internationalismus Routine. Denn von je hundert Soldaten des k. u. k. Heeres waren 25 deutsch, 23 ungarisch, 13 tschechisch, 4 slowakisch, 8 polnisch, 8 ukrainisch, 2 slowenisch, 9 kroatisch, 7 rumänisch und einer italienisch.

Die 96er rekrutierten sich hauptsächlich aus den Bauern der Umgebung, aus den Nachkommen der Grenzer, aber ihre Offiziere waren nur zum Teil kroatisch; zum anderen Teil waren sie deutsch, und dann waren da noch Polen und Tschechen. Den Kern dieser Führung bildeten jedoch die Deutschen. Über sie, diese typischen k. u. k. Offiziere, urteilt einer von ihnen, Edmund Glaise-Horstenau: „Der deutsch-österreichische Offizier fühlte entsprechend der Eigenart seiner Stellung nicht national deutsch, sondern anational, altösterreichisch, schwarzgelb, wie außer ihm nur noch ein ganz geringer Teil der Aristokratie und der Bürokratie, und er durfte unbekümmert um manchen Vorwurf aus dem Lager des eigenen Volkes nur so und nicht anders fühlen, wenn er das Ferment der Wehrmacht bleiben wollte, das er noch immer war. Als Apostel eines Österreichertums, das außerhalb seiner Reihen kaum mehr gekannt wurde, verbrachte er sein Leben, zumeist fern von der Heimat, inmitten einer anderssprachigen und andersdenkenden Gesellschaft, die ihn als Fremdling, als Eindringling, zeitweilig sogar als Feind betrachtete."

Nationale Streitigkeiten waren in Karlstadt eher ein Fremdwort. Die Garnison hielt Frieden mit der Bevölkerung. Sie war beliebt. Und in den Herzen der Menschen hier saß noch ein wenig von der Unterwürfigkeit und dem Respekt der Grenzer gegenüber jeder militärischen Organisationsform. Die meisten Bürger der Stadt waren so etwas wie der Troß der Garnison oder verdienten ihren Lebensunterhalt durch die Soldaten. Von den Bauern auf dem Marktplatz wird noch mancher Alte ein Souvenir an seine Dienstzeit besitzen.

Das Offizierskorps der 96er wurde nach der Niederlage in alle Winde zerstreut. Aber drei 96er haben Karlstadt nicht verlassen. Sie suchten sich kein Pensionistenstädtchen aus, sie wählten auch für den Lebensabend ihre kleine Garnison. Der eine — er diente später im jugoslawischen Heer — liegt krank im Bett. Der nächste war k. u. k. Hauptmann. Vorsichtig öffnet sich die Tür in dem Bürgerhaus nahe der Honvédkaserne. Nur einen Spalt breit — vom Gesicht des Mannes erscheint eine Hälfte, ein unruhiges Auge. Die Tür geht ein Stück weiter auf, aber das mißtrauische Männchen in einer an vielen Stellen gestopften Weste verwehrt dem Fremden den Eintritt wie einem aufdringlichen Waschmaschinenvertreter. Aus dem Offizier der 96er haben Leiden, Enttäuschungen und die Politik einen gebrechlichen Kleinrentner gemacht, der heute jeden Fremden mehr fürchtet als früher das Urrähgeschrei eines russischen Angriffs. Seinem Mißtrauen lassen sich nur wenige Worte abringen: „Ich habe alles vergessen. Es ist so lange her. Was wollen Sie überhaupt von mir? Ich rede mit niemandem." Dann sagt er doch noch etwas von Orden und Uniform, die man ihm genommen hat, von harten Jahren, von Armut — und drückt schließlich aufatmend die Tür wieder zu. Der Fremde, der sich in sein Leben drängen wollte, hat aufgegeben, hat kapituliert. So wie der Hauptmann in der Stadt, durch die er einst in der Uniform vom besten Schneider paradierte, die Waffen gestreckt hat vor der Zeit. Und vor seinen Erinnerungen hat er die Jalousien des Vergessens herabgelassen.

Einer ist noch übrig, ein Oberleutnant. Hat auch er schon total abgerüstet? Das Haus ist knorrig wie ein Baumstamm, noch aus der Festungszeit. Der Weg zur Mansarde erfordert eine mühselige Kletterei über knarrende Holzstiegen. Türen tun sich auf, und zerraufte Frauen stecken die Köpfe heraus. Oben öffnet eine freundliche alte Dame in weißer Schürze, die ohne Zögern und Stocken sofort deutsch spricht. Eine Bürgersfrau alten Schlages, zurückhaltend und doch resolut, eine von jenen Frauen, bei denen sich der Mann niemals einen Gedanken darüber machen muß, was zu Hause geschieht. Es stimmt immer alles, alles ist selbstverständlich, solange diese Frau da ist.

Der Herr Oberleutnant strafft seinen greisen Körper, wenn man ihn mit seinem Dienstgrad anredet. Er hat sich gerade mit seinen Briefmarken beschäftigt oder mit abgegriffenen Briefen. Da war er nur der Pensionist. Aber das „Guten Abend, Herr Oberleutnant" hat ihm auf seinen Hausrock sofort unsichtbare Distinktionen genäht und seiner Stimme etwas vom Befehlston wiedergegeben. Wie er sich jedoch zu einer militärischen Begrüßung aufrafft, stiehlt ihm ein Hustenanfall die Worte von der Zunge. Er räuspert sich und entschuldigt sich mühsam: „Ein Überbleibsel vom Isonzo, eine Gasgranate. Seitdem habe ich mit der Lunge zu tun." Wie so oft, wenn man „Menschen von früher" besucht, drückt auch hier die Enge einer viel zu kleinen Wohnung, in die der Inhalt eines größeren Heimes gepfercht wurde, auf das Gemüt. Auf dem Hochzeitsbild von 1917 trägt der Oberleutnant einen Schnurrbart wie Kaiser Karl. Heute steht nur ein grauer Rest von einem Bärtchen über der Oberlippe, und in die Augen des Alten ist die Müdigkeit eines Menschen gezeichnet, der sich jeden Morgen nach einer halbdurchwachten Nacht die Frage stellt: „Warum bin ich eigentlich noch am Leben?"

Trotz diesem Fatalismus, mit dem sich so viele seiner Generation gegen eine fremde und unbegreifliche Umwelt panzern, ist er vorsichtig. Das, was diese Menschen in den letzten zwanzig oder dreißig Jahren durchgemacht haben, hat sie zur Vorsicht erzogen. Der Oberleutnant begegnet dem Gast nicht als der kühne Frontoffizier, der 1914 vor den Schwarmlinien in Manöverformation in die russischen Maschinengewehrgarben gestürmt ist. Nein, er verhält sich wie ein Offizier der Abwehr. Er läßt sich Paß und Ausweise zeigen. Er stellt Fangfragen und verhört ihn wie einen Überläufer. Dann ist er zufrieden und teilt mit dem Fremden seine Vergangenheit — die Vergangenheit der 96er.

„In Karlstadt waren wir jungen Offiziere große Herren. Das Regiment war alles." Und er malt die Bilder von der Fronleichnamsprozession, vom Offiziersball, von Kaisers Geburtstag. „Das ist einem so in Fleisch und Blut übergegangen. Noch heute sage ich zu meiner Frau am 18. August: ‚Du, heute ist Kaisergeburtstag. Erinnerst du dich, auf der Generalswiese, wie die Garnison zur Feldmesse angetreten ist?' Ja, das war Franz Josef; den Geburtstag vom Kaiser Karl, den weiß ich längst nicht mehr. Und die Generalswiese ist auch schon verbaut." Der Offizier beschwört den Geist des Regimentskommandeurs, des Wiener Obersten Kraut, zu dem er — das war der Ton in der Armee — „Du, Herr Oberst" gesagt hat. Dieses aristokratische „Du" ist im österreichischen diplomatischen Dienst noch gebräuchlich, und ein junger Attaché kann schon damit seine Eignung beweisen, wann und wie er das „Du, Herr Botschafter" gebraucht. Der Oberleutnant redet von seiner Heimatstadt Marburg und von den Bosniaken, die sich den Fes vom Kopf schießen ließen, ohne mit der Wimper zu zucken. Er blättert im Familienalbum. Da gelten die von der Geschichte verschleuderten Werte noch. Da versteifen sich die Opfer des Fotografen und zwingen ihre Körper und Schnurrbärte, Autorität zu mimen, denn nur damit schien man damals wichtig zu sein. Autorität, wie sie der Fotograf hatte, auch wenn er seinen Kopf in lächerlicher Pose wie in einem kindlichen Versteckspiel unter dem schwarzen Tuch verbarg.

„Das war unser Gesangverein ‚Zora' — Morgenröte!" Eine stattliche Schar junger Damen und Herren in festlichem Gewand hat sich da vor dem Objektiv aufgepflanzt: sie singen nicht, aber die Bässe wölben ihre Brustkörbe, als ob sie im nächsten Moment in ein donnerndes „Hallelujah" oder „Dies irae" ausbrechen würden. Aber es wird nicht einmal „Am Brunnen vor dem Tore" daraus. Der Offizier sagt das „Zora" fast schwärmerisch, und seine Frau bindet sich in der Küche die Schürze los, als dieses Wort fällt. Denn „Zora" bedeutete für Karlstadt Kultur, Liebhaberaufführungen vom „Dreimäderlhaus" und vertonten kroatischen Heldengeschichten. „Zora" — das waren Opern und Operetten, Bälle und Kränzchen. Mit dem illyrischen Gesangverein „Zora" revanchierten sich die Zivilisten für das Uniformgepränge und die Tschinellenfestlichkeit, womit die Garnison die einstige Festung beglückte ... Vor den Basteien, gleich neben dem Kino, klettern Maurer auf Gerüsten herum und werfen auf ein theaterartiges Gebäude frischen Verputz. Die ramponierte Lyra über dem Eingang weist die Halle als den Sitz des Gesangvereins aus. „Wir konnten uns damals den Bau einer solchen Halle leisten. Wir machten sogar Auslandsreisen", sagt die Frau des Offiziers. Sie und ihre fünf Brüder, aus dem Haus eines Karlstädter Druckereibesitzers, waren alle „Zora"-Mitglieder. „Es war der älteste Gesangverein von Kroatien. Er wurde schon 1858 gegründet." 1858 — da schlugen die Engländer in Indien den Aufstand ihrer meuternden eingeborenen Soldaten nieder, China mußte sich dem Willen der Großmächte unterwerfen, und in Wien jubelte man über die Geburt eines Kronprinzen, der Rudolf getauft wurde. In diesem Jahr waren einige junge Leute aus Wien nach Karlstadt zurückgekehrt. Sie hatten in der großen Stadt beim Männergesangverein gesungen und brachten die Statuten gleich mit. Sie ließen die „Morgenröte" über Karlstadt aufgehen, und das Militär zählte zu den dankbaren Bewunderern.

„Was sonst noch war im alten Karlstadt?" Der Oberleutnant gießt

Sliwowitz — „der ist echt, vom Bauern gekauft" — nach. „Wir hatten unsere Cafés und die Kartenpartien, die Stammtische. Aber im Hotel Fiume, da hat heute ein Fleischhauer seinen Laden, und im Café Sezession ist eine Buchhandlung. Das war der ‚Sitz' der 96er-Offiziere. Dann das ‚Grand' und das Hotel Zentral, aber die gibt es ja noch. Und noch einige Lokalitäten, die man als Offizier nicht aufsuchen konnte. Ich habe früher neben dem ‚Grand' gewohnt. Am 28. Juni 1914 ging ich gerade ins Kaffeehaus hinüber, um ein wenig bei einer Preferencepartie zu kiebitzen, als die Schreckensnachricht vom Attentat in Sarajewo eintraf. Na, und dann waren wir auf einmal in Galizien ..."

Das war die Stunde, da aus der Garnison die Soldatenfabrik wurde. Das familiäre Verhältnis, diese verwandtschaftlichen Beziehungen zwischen Bürgerschaft und Armee, endete in der Anonymität der Tausenden von jungen Menschen, die nun in Schnellsiederkursen auf das Sterben vorbereitet wurden. Die Garnison war nur noch Ersatzkader, das Regiment irgendwo weit draußen in einem fremden Land, dem Städtchen in den kroatischen Bergen durch die täglich wachsende Verlustliste verbunden. In den Kasernen wurden nur neue Marschkompanien aufgestellt.

Ähnlich anonym wie die Soldaten in Kriegszeiten scheinen für die Karlstädter auch die Rekruten Titos zu sein, diese Soldaten aus dem Süden, die Heimweh haben und in ihren grüngrauen Monturen Müllerburschen gleichen. Der dumpfe Kasernenmuff ist wohl noch genauso drückend wie vor fünfzig Jahren, und außer daß die Waffen schneller schießen und einige Bilder in den Schreibstuben und Unterrichtsräumen ausgetauscht wurden, hat sich wenig geändert. Statt der achtzig deutschen Kommandoworte, die das Gehirn des kroatischen Rekruten behalten mußte, ertönen jetzt natürlich serbokroatische. Und sollte einmal ein Soldat doch darüber nachgrübeln, wer wohl vor ihm diese Stuben bewohnt hat, dann wird ihm wahrscheinlich nur Titos Urteil über die k. u. k. Armee einfallen:

„Der Dienst in der k. u. k. Armee lockte mich aus verschiedenen Gründen nicht. Es war eine Armee der Unterdrückung, weil sie nicht nur mein eigenes Volk in einem Zustand der Unterwerfung hielt, sondern dazu gebraucht wurde, um auch andere Völker zu versklaven. Überdies war man dort altmodisch und wenig intelligent. Alles ging nach Reglement und Vorschriften, und statt den Leuten beizubringen, wie sie kämpfen sollten, lernten sie nichts als Drill. In der österreichisch-ungarischen Armee wurde persönliche Initiative auf keine Weise ermutigt. Gleichwohl benutzte ich die Gelegenheit, soviel wie möglich militärisches Wissen zu erwerben. Ich wurde auf eine Unteroffiziersschule geschickt und war dann der jüngste Wachtmeister im Regiment. Ich gewann die Regimentsmeisterschaft im Fechten und wurde später Zweiter bei der Armeemeisterschaft in Budapest. Das Schilaufen beherrschte ich auch bald. Wir übten an den Hängen des Sljeme, dicht vor Agram, wo ich meine Dienstzeit in der Kaserne des 25. Landwehrregimentes abdiente."

Soweit die Worte Titos, die für einen jugoslawischen Soldaten das Gewicht eines Evangeliums haben müßten. Titos Dienst für den Kaiser dauerte immerhin bis zum Frühjahr 1915, als er in den Karpaten im Rang eines Feldwebels verwundet und von den Russen gefangengenommen wurde.

Unter den Augen des satten und mit dem Erreichten zufriedenen Nationalhelden heben die Rekruten wie ihre kaiserlich und königlichen Vorgänger im „Central" die Bierkrügel. Das Bier dürfte im Geschmack etwas verloren haben, das Wappen der Karlstädter Brauerei samt dem Gründungsjahr 1894 behauptet sich jedoch auf dem Etikett. Der Kellner deckt für eine Hochzeitstafel, und ein Unteroffiziersschüler wirft einige Dinarmünzen in die Jukebox. Eine englische Stimme beginnt zu plärren. Draußen regnet es, die Offiziere haben sich Kapuzen über die Kappen gezogen, und auf einmal ähneln sie so den verwegenen Likaner Grenzern.

In der Nachbarschaft, zwischen einigen Verwaltungsburgen und der Messe, in der Geschirr klappert und Köche ihre hohen Mützen aus dem Fenster stecken, steht ein schlichtes „Kavana" über dem Café Grand, das früher alles, was in Karlstadt für vornehm galt, in sich zu vereinigen schien. In dieser Erholungsstätte des Bürgertums und der Offiziere warten jetzt durchfrorene Marktfahrer einen Wolkenbruch ab. Und unter den Stucklianen strecken spinnenartige Luster, die für modern gehalten werden, ihre lichtspendenden Arme aus. Die Bauern debattieren, und einem Alten, so in den Jahren, daß er noch bei den 96ern gedient haben könnte, fällt immer wieder das Kinn auf die Brust. Nach einigen Minuten richtet er seinen leeren Blick in eine unendliche Ferne, nippt an seinem Rotwein und nickt wieder ein. Zwei Soldaten bestellen Kaffee und breiten Briefpapier auf das Tischchen. Die braungelbe Gesichtsfarbe des einen lokalisiert ihn irgendwo tief in den südlichsten Bergen Jugoslawiens, der andere hat den intelligenten Römerkopf eines schwarzen Dalmatiners. Der kleinere mit den abstehenden Ohren beugt sich liebevoll über das Papier, und seine klobigen Finger haben Mühe mit dem Kugelschreiber. Doch nach jeder Zeile, die ihm gelungen ist, verzieht sich sein Mund zu einem Lachen, und genießerisch liest er sein Werk, um sich dann mit gerunzelter Stirn weiter zu plagen. Daneben gleitet die flinke Feder des anderen über das Papier, als ob das Schreiben sein Hauptberuf wäre. Beide haben nicht nur die Uniformen gemeinsam, sondern auch ihre Sehnsüchte und Ziele. Weit weg sind die, denen sie schreiben, und sie schreiben ganz gewiß die typischen Soldatenbriefe: vom letzten Ausgang und Fußballspiel, vom schlechten Essen und vom Unteroffizier und vom besten Freund und davon, daß sie gern zu Hause sein möchten.

Der Regen hat nachgelassen. Vor dem Meilenstein, der den Beginn der josefinischen Straße nach Zengg anzeigt und auch noch weiß, wie viele deutsche Meilen es vom Meer bis nach Wien sind, schwingen sich Soldaten auf Lastwagen. Sie fahren zu einer Geländeübung irgendwo rund um die Stadt, wo schon so viele Soldaten schwitzten und geschunden wurden. Vielleicht ins Jammertal, das die Kroaten auch heute noch, ohne zu wissen, warum, Jamadol nennen. Damit ist nicht der Jammer von Rekruten gemeint, sondern ein Besuch Kaiserin Elisabeths kurz nach der Mayerlingtragödie. Auf einem langen Spaziergang in dieses grüne Tal soll sich ihr Schmerz dort in Tränen gelöst haben.

Aus einem Fenster dröhnen Fanfaren und Pauken und Tschinellen. Militärmusik, wie sie früher einmal so oft die Bürger von Karlstadt aufgerüttelt hat, ein Marsch, den der Herr Militärkapellmeister vielleicht selbst komponiert hat, einer von jener Gattung, wie sie Joseph Roth definiert: „Alle Märsche glichen einander wie Soldaten. Die meisten begannen mit einem Trommelwirbel, enthielten den marschrhythmisch beschleunigten Zapfenstreich, ein schmetterndes Lächeln der hohen Tschinellen und endeten mit einem grollenden Donner der großen Pauke, dem fröhlichen und kurzen Gewitter der Militärmusik ..." Aber der Donner der Pauken verrollt wieder. Auf der Skala des überlaut aufgedrehten Radioapparates sucht ein Unbekannter eine andere Station. Die eilende Stimme einer Sprecherin wird hörbar, die in einem Einheitstonfall ihren Text verliest — von der Zubereitung von Rindsgulasch vielleicht, von der Bedeutung der Laserstrahlen oder der Entstehung der kroatischen Dichtung. Wer weiß, was noch. Ihre Stimme wird durch ein neuerliches Drehen am Knopf abgewürgt. Auf der Straße dröhnt der Marschtritt einer Kompanie, links, rechts, links, rechts, ein vertrautes Geräusch in einer kleinen Garnison. Nur das Getrappel des Pferdes fehlt, in dessen Sattel sich früher ein Herr Hauptmann gereckt — und zu einem bestimmten Fenster hinaufgegrüßt haben mag.

# Die rote Donau

Die Nacht heilt alle Wunden, die die Jahrhunderte in das Gemäuer hoch oben auf dem Felsen geschlagen haben. Das Dunkel fügt die Ruinen wieder zu einem festen Bollwerk zusammen. Stille umfängt das Schiff, leise schiebt es sich durch die Wellen des Stroms. Das Licht aus dem Speisesaal fällt aufs Wasser, und die Strahlen ertrinken in dem schwarzen Spiegel. Ein Lichtpunkt am Ufer. Ein Wachtturm? Auf dem Vorderdeck hat sich ein baumlanger Matrose in gestreiftem Ruderleibchen aufgepflanzt. Er scheint auf ein Zeichen zu warten, das nicht kommt. Aber er weiß, was er zu tun hat. Mit schnellen Griffen zieht er die rotweißrote Fahne ein. Und eine Minute später erleuchtet der Suchscheinwerfer von der Brücke die weißrote Fahne mit dem blauen Dreieck. Das Schiff hat die Grenze passiert. Nur 60 Kilometer nach Wien verläßt die Donau Österreich. Wir sind in der ČSSR, und die blaue Donau bleibt bis zu ihrer Mündung ein roter Strom.

„Charascho", grinst Wassilij, der Matrose. Er meint: „In Ordnung" und will nun sein Essen fassen. Er ist Ukrainer und lebt an der Donaumündung in Ismail. Sein Schiff ist eines der beiden Luxusboote, mit denen die Sowjets den Donauverkehr zwischen Wien und dem Schwarzen Meer bestreiten, die „Dunaj". Für den Österreicher ist die Reise auf der „Dunaj" oder ihrem Schwesterschiff „Amur" (außer auf den turnusmäßigen rumänischen Passagierschiffen) vorläufig die einzige Möglichkeit, auf dem Wasserweg von Wien bis zum Schwarzen Meer zu reisen. Etwas von Österreich haben jedoch auch die „Amur“ und die „Dunaj“ an sich. Neben der Schiffsglocke steht es in großen Lettern: „Erbaut 1960 in der Schiffswerft Korneuburg.“

Im Speisesaal versuchen russische Serviererinnen, flinke, hübsche Mädchen unter Spitzenhäubchen, die Sprachschwierigkeiten zu überbrücken. Die Passagiere, die noch keine Zeit hatten, eine Gemeinschaft zu bilden, betrachten einander forschend und lauernd. Da hebt einer eine zu Boden gefallene Serviette auf und nimmt so Kontakt mit seiner Tischnachbarin; dort wird der erste Wodka getrunken und der zweite, und man spricht auf einmal etwas lauter: englisch, französisch, deutsch — die Österreicher sind in dieser internationalen Gesellschaft eher in der Minderzahl. Der dicke Kapitän geht grüßend durch den Speisesaal. Ein freundliches „Paschalsta“, und die Kellnerin hält einem rote Lachsschnitten hin. Das Schiff ist neu und sauber, aber es wird von demselben Geruch nach Seife und russischem Parfüm durchweht wie alle Hotels zwischen Lemberg und Moskau, Leningrad und Alma Ata.

Auf der „Dunaj“ beginnt die Sowjetunion bereits in Wien, unterhalb der Reichsbrücke, wo der Donaupassagier die Sperren des Zolls passieren muß. Vor fünfzig Jahren zeigten sich die ersten Grenzbeamten erst 1000 Kilometer östlicher: tief im heutigen Rumänien, in Orsova, drei Schiffstage von Wien. Das Völkergemisch der Donau, wie es dieser Strom schon immer gegen seinen Fluß nach Wien heraufgespült hat, macht sich auch heute noch rund um die Wiener Reichsbrücke breit. Wenn man von der Donau der Monarchie erzählen will und von dem, was von der im wahrsten Sinn des Wortes verflossenen Gemeinsamkeit noch erhalten blieb, dann muß man mit dem Mexikoplatz in Wien anfangen. Dort sind die Kais, dort legen die Schleppzüge und die Passagierschiffe an. Mexikoplatz — das soll an das kurze Kaisertum des Habsburgers Maximilian in Mittelamerika erinnern. Nun sind hier die Matrosen aus Preßburg, Komorn und Budapest zu Hause, aus Neusatz und Belgrad, aus Orsova, Giurgiu und Galatz, aus Ismail und manchmal sogar aus Odessa. Rings um die wuchtige neuromanische Jubiläumskirche, deren Grundstein anläßlich des fünfzigjährigen Regierungsjubiläums Franz Josefs vom Kaiser selbst gelegt worden ist, herrscht die Betriebsamkeit eines orientalischen Handelsplatzes. Nicht zufällig hat einer dieser vielen Ramschläden ein „Basar“ auf dem Schild. Hier gibt es alles das, woran in den Oststaaten Mangel ist: Nylonstrümpfe, japanische

Transistorradios und Kameras, Anzüge, Kleider, italienische Regenmäntel, Blue jeans, Wäsche, Feuersteine und so weiter. Mit der Vielfalt dieser Läden können nur Großkaufhäuser konkurrieren. Aber die haben keine Wechselstuben. Hier ist nämlich auch das Geld Handelsware. Alle Währungen der Donaustaaten — Tschechenkronen, ungarische Forint, rumänische Lei, russische Rubel — holen die Geschäftsleute aus verschiedenen Laden oder tiefen Aktentaschen. Und die Sprachen schwirren durcheinander. „Bitteschön" und „Tessék", „Prosím" und „Hvala ljepo", „Dobar dan" und „Guten Tag". Man versteht alles, man gehört zusammen, in dunklen und ehrlichen Geschäften; in den Cafés und Kneipen an den Kais ist Wien noch die Hauptstadt der Donau, das sehnsuchtsvoll erwartete Ziel all derer, die die Donau bergwärts fahren.

Die „Dunaj" hat inzwischen die Grenze passiert, die im Mondlicht gespenstische Aulandschaft des „Marchkastls", der Marchmündung. Fünfzehn Jahre nach dem Ende des Zweiten Weltkriegs hatten Schatzsucher hier in die Tiefen getaucht. Angeblich sollen die Ungarn 1945 hier den Kronschatz, also auch die Stefanskrone, versenkt haben. Das Resultat der geheimnisumwitterten Taucherarbeiten war negativ, und die Krone wartet wohl in einem amerikanischen Tresor auf die Auferstehung eines magyarischen Königtums.

Als drohende Grenzwehr Ungarns beherrschte oben auf ihrem Felsen die Burg Theben oder slowakisch Devín — weil dort einmal die altslawische Göttin Deva gehaust haben soll — den Strom. Die Feste hatte schon längst an Bedeutung verloren, als sie die Franzosen 1803 in die Luft sprengten. 1939 erlebte das Dorf Theben am Donauufer noch eine Wandlung: Hitler gliederte es wegen seiner vorwiegend deutschen Bevölkerung (die aber meist slawische Namen trug) an die „Ostmark" an. Beide Ufer der Marchmündung gehörten also von 1939 bis 1945 zum „Großdeutschen Reich".

Nach wenigen Minuten Fahrt bietet sich einem Preßburg als Schattenriß dar. Im Speisesaal herrscht Unruhe. Man debattiert, ob sich der Landausflug lohnt, eine nächtliche Stadtrundfahrt oder der Ausflug in die Kleinen Karpaten.

Čedok-Damen kommen an Bord und klimpern mit Wechselkassen. Wie ein Schranken liegt das Eisengerüst der ehemaligen Franz-Josefs-Brücke über der Donau. Am Ufer haben sich die Preßburger versammelt, nicht viele, aber doch eine beachtliche Schar, so wie es sie zu jedem Schiff zieht, das von Wien kommt oder nach Wien fährt. „Kai der Sehnsucht" könnte man diesen von den Zollbeamten und Grenzpolizisten abgesicherten Teil des Ufers taufen. Denn dort legt nun mehrmals in der Woche die tschechische „Raketa“ an, ein sowjetisches Schnellboot, das während der Fahrt mit dem halben Rumpf aus dem Wasser ragt. 70 Stundenkilometer macht es, und es hat Wien wieder in die alte Distanz von einer Stunde gebracht, wie man es von der Preßburger Bahn her gewohnt war. Nur, Visum war damals nicht notwendig. Darum sind die Küsse heute so lang und die Umarmungen so fest, wenn die „Raketa“ ihre Passagiere für Wien aufnimmt. „Servus, komm bald wieder!“ heißt es, und eine Träne wird schnell abgewischt.

Für die „Dunaj“-Passagiere hat Čedok ein weniger sentimentales Programm ausgearbeitet. Man fährt durch die Nacht im Bus bis zu irgendeiner stilisierten Holzknechthütte. Über dem offenen Feuer dreht sich ein Ferkel am Spieß. Aus Tonkrügen fließt slowakischer Wein, und der Čedok-Führer, der zuerst von Maria Theresia erzählte, übersetzt nun das Lied, das die Zigeuner spielen: von einem wilden Räuber, der in den Wäldern seine Schlupfwinkel hatte und dem Kaiser und König seine Dienste anbot. Wie die Geschichte endet? Der Wein ist stark, und das Ferkel schmeckt nach Feuer. Aus den anonymen Mitreisenden werden Menschen, und das Zimbal hat so einen Glockenklang, daß sich der Räuber in blauem Dunst auflöst und der Kaiser auch.

Die erste Nacht an Bord. Es schläft sich gut auf der Donau. Der Strom hat etwas Beruhigendes, er vermittelt eine Schiffsreise, ohne die Landratte einer festen Unterlage zu berauben. Durch die Luke blinkt ab und zu ein Leuchtfeuer, eine Ufermarkierung. Der Rumpf des Schiffes vibriert von der Kraft der Motoren, die die „Dunaj“ beständig auf 29 Stundenkilometer Geschwindigkeit halten. Man streckt sich in dem weichen Bett und blättert in einem abgegriffenen Büchlein vom Eilschiffverkehr auf der Donau im Jahre 1874:

„Das bemittelte oder zum Vergnügen reisende Publikum benützt mit Vorliebe das zweimal wöchentlich verkehrende, an Comfort und eleganter Ausstattung nichts zu wünschen übrig lassende Eilschiff. Die gewählteste und gebildetste Gesellschaft findet sich auf diesem Schiff vereint, und obwohl die französische die Modesprache ist, kann man sicher sein, sich in jeder europäischen Sprache gesellig bewegen zu können. Die ausgesuchtesten Speisen, vereint mit den besten Ausbruchweinen und sonstigen Getränken, stehen hier in jeder Menge zur Verfügung. In der Eilschiffsküche findet fast ausschließlich die französische Kochkunst Anwendung. Die Speisen- und Getränkeverabreichung, deren Bezahlung nicht separat erfolgt, sondern bereits in dem Fahrpreis begriffen ist, geschieht zu folgenden Zeitpunkten: Morgens Caffee, Thee, Chokolade, Vormittag 10 Uhr ein reiches Gabelfrühstück, Nachmittag 5 Uhr Diner, welches einem herrschaftlichen Mahle zu Ehren gereichen würde. Abends 9 Uhr Thee. Auf diesen Eilschiffen stehen den Reisenden auch Bäder zur Verfügung. Ein bequemeres und angenehmeres Reisen als auf diesen nach amerikanischer Art gebauten Schiffen läßt sich kaum denken. Das Ameublement des Schiffes selbst ist luxuriös zu nennen, ein allgemeiner Verdeck-, Speise- und Schlafsalon, letzterer mit separaten, weichen und höchst reinlichen Betten, gestatten eine ungehinderte freie Benützung. Eine genügende Anzahl Cabinen stehen zur Verfügung, ja selbst für ein gesondertes Rauch- und Bade-Local ist vorgesorgt, auch ermangelt nicht eine kleine Nothapotheke ..."

Mit diesem Traumreisenkomfort von Anno dazumal versuchen die Russen zu wetteifern. Die Kellnerinnen bieten zum Frühstück roten Kaviar und heiße Pfannkuchen mit saurem Rahm an. Und die vornehme Gesellschaft wird auf dem Eilschiff von Mr. Frederic Jones aus Los Angeles, einem Veteranen vieler Weltreisen, vertreten. Er reicht später an der Bar die Visitenkarte mit dem Vermerk: „Weltreisender, internationaler Liebhaber, letzter der großen Verschwender." Und nach einem doppelten Wodka holt er ein Schächtelchen mit Pillen aus der Rocktasche und läßt davon zwei Stück vorsichtig in seine rauhe Kehle gleiten. An der Donau fasziniert ihn, daß man hier so friedlich und bequem durch die Länder dieser „terrible reds", der „schrecklichen Kommunisten", gleiten kann. Und jeden Wachtturm, der vom tschechischen Ufer nach Ungarn hinüberspäht, begrüßt er mit dem Enthusiasmus des Berufsabenteurers, der sich vor einem MP-tragenden roten Grenzer ebensowenig fürchtet wie vor dem Augenaufschlag der bei einer „Hongkong-by-night"-Tour speziell für alternde Amerikaner bestimmten Taxigirls. Von den Habsburgern kennt er nur „diesen alten Mann mit dem komischen Bart, Franz Josef or what was his name", und von der Tatsache, daß Österreich nicht kommunistisch ist, war er erst überzeugt, nachdem er in Grinzing den Heurigen besucht hatte.

Da mischt sich ein Berg von einem Menschen, ein John-Bull-hafter Engländer, seines Zeichens ehemaliger Labour-Abgeordneter und politischer Berater des ghanesischen Präsidenten Nkrumah, ein. Er redet von der Monarchie, von den guten Dingen, die Churchill über sie gesagt hat, und warum sie zerfallen mußte. „Ich glaube, die einzelnen Nationen waren damals — nicht kulturell, aber in ihrem Nationalismus — in einem Stadium wie jetzt die Völker Afrikas. Nation ging ihnen über alles. Und sie waren bereit, für ihre Selbständigkeit jeden Preis zu bezahlen ..."

Die dicke Matrone hinter der Bar — kein flinker Barmixer und keine zum Trinken verführende Schöne, sondern eine mütterliche Russin, die den Wodka eingießt wie die Milch in eine Babyflasche — wird wieder beschäftigt. Draußen dehnt sich die Donau immer mehr in die Breite. Das Wort Strom erhält jetzt erst seinen Sinn. Die Dynamik dieser Weite wird offenbar. Einst war auf beiden Seiten Ungarn, nun ist bis zur Eipelmündung, kurz vor dem Donauknie, der Strom die Grenze zwischen der Slowakei und Ungarn. An den Ufern ändert sich die Szenerie kaum: baumumstandene Dörfer, Gänse, Enten, Fischerboote, Soldaten, Pferdefuhrwerke, Kühe am Rand des Wassers, barocke Kirchtürme, Fabriken mit einem roten Stern, ein ungarischer Raddampfer, von dem Schulkinder winken. Er hat sicher seine fünfzig Jahre auf den Schaufeln. Er hat bestimmt zur Flotte der alten DDSG gehört, der „Ersten kaiserlich-königlichen privilegierten Donaudampfschiffahrts-Gesellschaft".

Auf der österreichischen Donau tun noch heute mehrere Passagierschiffe ihren Dienst, bei deren Taufe noch immer Hochrufe auf den Kaiser ausgebracht worden sind. So ist die „Hebe" 1905 „geboren", die „Budapest" 1912, die „Franz Schubert" und die „Schönbrunn" 1913, und der Schiffskörper der „Johann Strauß" gar 1853 — damals war Franz Josef gerade fünf Jahre Kaiser, Johann Strauß Sohn achtundzwanzig Jahre alt, und weil sich die Großmächte über die Aufteilung der bis dahin türkischen Donaufürstentümer stritten, begannen sie den Krimkrieg. Diesen Zittergreisen der Donauschiffahrt kann man nur noch zwischen Passau und Wien, eventuell auch bis Hainburg begegnen. Aber es ist durchaus möglich, auf der roten Donau einen österreichischen Schlepper zu sehen, der Kähne hinter sich herzieht aus einer Zeit, da die DDSG noch „k. k. privilegiert" war.

Über Privilegien braucht sich die Donaudampfschiffahrts-Gesellschaft nun nicht mehr zu beklagen. Die Herren der Donau sind die anderen, die Nachfolgestaaten und die Sowjets. Für den müßigen Schiffsgast ist es ein gemütlicher Zeitvertreib, ganz vorne über dem Bug zu sitzen und sich den Film des Donauverkehrs vorführen zu lassen: Die Schornsteine sind der Ausweis der Schlepper oder Remorqueure wie sie in der Sprache der Donau heißen. Die zwei schwarzen Rechtecke im schwarzweißschwarzen Feld der ČSPD, der tschechischen Reederei, das HMTR im Schwarz-Weiß-Schwarz der ungarischen Mahart, der rote Stern in der blauweißroten Trikolore der jugoslawischen JRB, der schwarze Schornstein mit den zwei blauen Streifen und dem blauen N und R der rumänischen Navrom, das kyrillische BRP der Bulgaren auf blauem Grund, die rote Binde der Russen — das ist die Farbenskala der blauen Donau. Die schwarzen Schornsteine der DDSG-Remorqueure sind in dieser roten Flotte rar wie US-Straßenkreuzer in Budapest und Mercedeswagen in Moskau. Und doch, die DDSG ist eine der wenigen Institutionen, in denen Österreich in dem Bereich der alten Monarchie noch präsent ist. Auch die DDSG ist verstaatlicht, aber sie setzt in direkter Nachfolge die Tradition einer Gesellschaft fort, deren erster Aktionär der Kaiser war. Und ihre Schiffe werden angesehen wie Gegenstände, die aus einer zerbrochenen Ehe übriggeblieben sind. Sie erwecken die Gedanken an die verlorene Gemeinsamkeit und eine unbestimmte Sehnsucht nach dem Vergangenen.

„Was ist das für eine seltsame Kirche?" Am rechten Ufer wölbt sich die Kuppel der Kathedrale von Gran, Esztergom. Sie ist anscheinend so gebaut worden, damit jeder Fremde versteht, warum die Ungarn zu einer Kirche „Tempel" sagen. Auf dem Felsen da oben ist der Sitz des Primas von Ungarn, und die Kirche birgt den leeren Thronsessel Kardinal Mindszentys — seit 1949 konnte der Kirchenfürst seine Kathedrale und seine Residenz an der Donau nicht mehr betreten. Der steinerne Kardinalshut über dem Portal des Bischofspalastes verlangt nach einem Purpurträger, in Ungarn wurde jedoch ein anderes Rot zur Modefarbe deklariert. Und darum ist heute die einzige Funktion Grans an der Donau, als Wahrzeichen einer trotz allen Waffenstillstandsabkommen noch immer kämpfenden Kirche zu dienen.

Langsam kriecht ein Schleppzug bergwärts. Auf steuerbord schwenkt ein Matrose eine blaue Fahne, die „Dunaj" antwortet mit dem gleichen Zeichen. Entgegen dem auf der Donau geltenden Backbord-an-Backbord-Verkehr, also Rechtsverkehr, will der Remorqueur die „Dunaj" steuerbord passieren. Er hat die ungarische Flagge gesetzt, weil er durch Ungarn fährt, das Rot-Weiß-Rot Österreichs, weil er „Döbling" heißt und sein Heimathafen Wien ist. Wir winken hinüber, und die grüßen uns. Auf einem der Schleppkähne spannt eine Frau eine Wäscheleine, aus dem wohnlichen Häuschen steigt Rauch. Es ist bald Mittag.

Die „Döbling“ ist einer jener sieben bis zehn Remorqueure der DDSG, die auf der Donau zwischen Theben und dem Schwarzen Meer unterwegs sind — eine verschwindende Minderheit gegenüber den Schleppzug- und Frachtschiffflotten der anderen. Denn die DDSG ist klein geworden, vor allem auf der Donau von Wien meerwärts. 1830 starteten die englischen Schiffsbauer John Andrews und Joseph Prichard zum erstenmal den Dampfer „Franz I.“, von 60 Pferdekräften getrieben, zu mehreren Versuchsfahrten zwischen Raab, Waitzen und Budapest. Damit war die DDSG geboren. 1875 zählte sie bereits 201 Zugschiffe mit insgesamt 71.000 PS, 701 Kähne mit einer Ladefähigkeit von 254.000 Tonnen; 1914 bestand der Schiffspark aus 140 Selbstfahrern, die es auf 64.700 PS brachten und 858 Kähnen (470.000 Tonnen). Nun werden von der DDSG-Zentrale am Wiener Donaukanal 32 Zugschiffe und ein Schubzeugschiff mit 35.000 PS kommandiert und 208 Güterkähne plus 48 Tankkähnen mit einer Gesamttonnage von 221.187 Tonnen. Von den Güterkähnen wurden siebzig bis achtzig bereits vor 1914 auf Kiel gelegt. So sieht also die stolze Flotte aus, die einst auf der Donau Hausherr war. Einige Vergleichszahlen von 1963: Der DDSG-Stand war: 40 Zugschiffe, 2 Frachtschiffe und 312 Kähne; die Sowjetunion betrieb: 57 Zugschiffe, 27 Frachtschiffe und 383 Kähne, Jugoslawien gar 243 Zugschiffe, 24 Frachtschiffe und 953 Kähne.

Bei einer Zahlenspielerei hat die heutige DDSG nichts zu gewinnen. Österreich muß angesichts der übermächtigen Konkurrenz froh sein, überhaupt noch in irgendeiner Weise mithalten zu können. Aus der Kabine des Funkers vernimmt man das Radio: Wasserstandsmeldungen für die Donauschiffer. Zuerst französisch, dann russisch. Der Apparat ist auf den ungarischen Sender „Petöfi“ eingestellt. Auch die Jugoslawen geben russisch und französisch Informationen über den Donauverkehr, denn das sind die beiden offiziellen Verhandlungssprachen der Internationalen Donaukommission, des Verwaltungskörpers, in dem auch Österreich Sitz und Stimme hat. Deutsch — das Esperanto der Donauländer — ist vom Amts wegen nicht gefragt. Doch immer wieder ist es bei Sitzungen und vor allem im privaten Gedankenaustausch der Kommissionsmitglieder dazu gekommen, daß man sich plötzlich in der wichtigsten Sprache der Doppelmonarchie unterhielt. Macht der Gewohnheit ...

Wenn aber jemand auf einem österreichischen Schleppzug einige ungarische Worte hört, so soll er nicht überrascht sein. Die Mannschaft auf den DDSG-Schiffen ist noch immer ein wenig gemischt, nicht so bunt wie einst, aber doch. In Budapest nehmen ungarische Steuerleute das Ruder in die Hand und lenken das Zugschiff bis nach Orsova. Sie sind DDSG-Angestellte. Und in Orsova kommen dann Rumänen an Bord. Das war auch früher so. Die Donau ist voller Tücken und Untiefen. Ein Steuermann muß sich seinen Streckenabschnitt einprägen wie ein Autorennfahrer oder ein Slalomläufer seinen Kurs. Diesem Merkvermögen sind Grenzen gesetzt. Darum beschränkt sich die Tätigkeit der Steuerleute nur auf bestimmte Stromabschnitte.

Dann sind aber noch an die hundert Ungarn ständig bei der DDSG beschäftigt, und in Wien ist man geneigt, wegen des Personalmangels noch mehr anzuheuern. Man hält sich auch dabei nur an überkommene Gebräuche. Die Donauschiffer wurden meist aus ein und denselben Dörfern rekrutiert. Heute ist es in Göny„ westlich von Komorn, noch immer selbstverständlich, auf die Donau zu gehen, und unten in Harta, nahe von Mohács, werden die Kinder schon mit der Schaufel in der Hand geboren. Von dort holte sich nämlich die DDSG ihre Heizer, kräftige Burschen, Schwaben und Ungarn. Die müssen sich heute nach anderen Beschäftigungen umsehen, denn das Wort „Dampf“ in der Bezeichnung „Donaudampfschiffahrts-Gesellschaft“ muß bald gestrichen werden. Ein Dampfer nach dem anderen wird kassiert, wie die Pensionierung eines Schiffes im Fachjargon heißt. Weitere Schifferdörfer im alten Ungarn, die auch heute noch gute Matrosen und Steuerleute produzieren: Theben, nun in der Slowakei, dann Apatin in Jugoslawien und Orsova, die Stadt der Kataraktlotsen.

Durch diese Mischung der Mannschaften (an Bord eines Zugschiffes befinden sich 12 bis 16 Mann, auf jedem Kahn ein Steuermann und ein Matrose, die je nach Raum auch ihre Familien mitbringen, in einer Abwandlung überkommener Moralbegriffe ist im Einzelfall sogar die Mitnahme einer Lebensgefährtin gestattet) lebt man an Bord auch heute nach alter Donausitte. Man sehe sich nur einen Speisezettel auf der „Döbling“, der „Traisen“ oder der „Schwechat“ an. Der Geist der Donauföderation ist in den Kochtopf gefallen. Hungrigen Donauschiffern aus Wien und aus Linz werden Halászlé (ungarische Fischsuppe), serbische Čevapčiči, Lecsogerichte, rumänische Čorba (eine saure Suppe), alle Arten von Gulasch, Topfenhaluschka, Krautwickler und was in den Dörfern an beiden Ufern sonst noch gekocht wird, aufgetischt. Und ab und zu noch wienerische Zwetschkenknödel. Nur die russischen Eßsitten, wie sie auf der „Dunaj“ gepflegt werden, haben auf den DDSG-Schiffen noch keinen Eingang gefunden. Und das, obwohl das russische Essen gut und kräftig und die gesamte Donaumündung in sowjetischen Händen ist.

Von all den Geschichten und Zahlen und Regeln der Donauschiffahrt bekommt der Passagier eines Fahrgastschiffes wenig mit. Da muß man sich schon in eine der Schifferkneipen in den Häfen verirren oder in die Agentie der DDSG in Budapest. Die Repräsentanz österreichischer Stromschiffahrt in Budapest hat kein eigenes Heim, obwohl die DDSG dort einst wahre Paläste besaß. Sie ist in einem Wohnhaus eingemietet, schlicht und unauffällig wie ihre Tätigkeit. Dabei waren früher die Kais der königlichen Donaustrecke zwischen Pest und Ofen eine Domäne der Gesellschaft, so wie einst die Werft in Obuda (auf der heute Seeschiffe vom Stapel laufen), Zinshäuser, Bergwerke und andere Unternehmungen in Ungarn die DDSG zu einem der aktivsten Unternehmen der Monarchie werden ließen.

Auch der Frachtverkehr lief damals unter anderen Vorzeichen: Aus den Industriezentren Innerösterreichs, Böhmens und Mährens wurden Fertigwaren nach dem Südosten transportiert — und von unten floß ein ununterbrochener Strom von Agrarprodukten donauaufwärts. Manche Kähne waren für den Schweinetransport spezialisiert, andere für Getreide. Heute werden bergwärts vor allem Erze, Mineralöle und Kohle gefrachtet, talwärts dagegen hauptsächlich Stückgut. Da übernahm die DDSG zum Beispiel Badewannen für Persien oder Bleche für Barcelona. (Der Umweg über die Donau und das Schwarze Meer erwies sich als am billigsten.) Und sogar Getreide wurde talwärts geschifft, also eine Kehrtwendung um 180 Grad: als die Mißernten in der Sowjetunion den Kreml zu Weizenkäufen in den USA, Kanada und Australien veranlaßten. Ein Zweig des Donauverkehrs ist restlos untergegangen: das lokale Güterschiff, das wie ein Personenzug Dörfer belieferte, Greißler und Poststationen, und das bei Übersiedlungen den Spediteur ersetzte.

Obwohl Budapest damals wie heute Mittelpunkt dieser vielgestaltigen fließenden Geschäftigkeit war und ist, trägt die Donau in der Stadt kein Arbeitsgewand. In Wien ist das etwas anderes, da rückt die Stadt mißtrauisch weg vom Ufer, sie bannt den Strom in die Quarantänezone des Überschwemmungsgebietes und zeigt sich ihm nur mit Lagerschuppen, Kränen, Hafenanlagen und billigen Bassenaquartieren. In Budapest hat die Stadt alles, was an ihr schön ist, an die Donau gestellt. Ihre beiden Ufer vereinen sich durch die vielen Brücken zu einer Triumphpforte, wie sie dem Strom nirgends sonst errichtet worden ist. Auf der einen Seite die Burg, eine Paradeformation der Königstreuen, auf der anderen das Parlament, dieser Dom magyarischer Beredsamkeit, direkt an das Ufer geschoben. Auch in London haben Big Ben und Parlament die Nähe der Themse gesucht. In Budapest aber hat der Anblick des freien, ungebundenen Stromes die Politiker leider nur zu selten Respekt vor der Freiheit des einzelnen gelehrt.

„Oh, how marvellous!“ — „Magnifique!“ — „Schau da des an!“ Ausrufe des Entzückens lassen in den Reisenden das an der Donau gelegene Wien auf einmal zu einem kleinen Dorf verblassen. Und die Fahrgäste sowie die russische Besatzung machen sich auf, um in der Stadt zu erforschen, wieweit sich Eleganz mit Kommunismus vereinbaren läßt.

Im Mátyás-Keller fiedeln die Zigeuner unermüdlich, aber es heißt, wieder an Bord zu gehen. Und Scheinwerfer tasten nach den Kuppeln und Zinnen, nach dem Siegesdenkmal und nach der Fischerbastei, und die „Dunaj“ vertraut sich wieder der Strömung an.

Eine Nacht und einen Tag lang durch Ebenen ohne Grenzen. Der Horizont ist Unendlichkeit. Ziehbrunnen und Sonnenblumen aus der Bilderbuchszenerie der Pußta, dichtes Laub am Ufer, Bäume und Sträucher, mit deren Wurzelwerk der Strom ein Strip-tease veranstaltet; Pferde im Wasser, Rinderherden, Dörfer, in denen noch Schwaben leben, Dörfer, aus denen sie vertrieben worden sind; seltsame Vögel auf Stelzfüßen mit breiten Schwingen und langen Schnäbeln, weiße und schwarze. Hitze, Exotik, das träge braune Wasser und diese Kraniche, Kormorane, Reiher und in den Baumkronen oder am Himmel die Fischadler. Die Summe all dessen ist die erhabene Langeweile, die aufregende Einförmigkeit dieser Stromstrecke ohne Berge, zu der den Reiseführern nichts einfällt.

An der Reling lehnt Lena, die immer strickt und englisch dolmetscht, und erzählt von der ukrainischen Steppe, von einem Kosakendorf. Mohács nähert sich, das Schlachtfeld, auf dem die Ungarn durch ihre totale Niederlage gegen die Türken ihren König Ludwig, den Jagellonen, verloren und die Habsburger die Stefanskrone gewannen. 30 Kilometer nördlich gleitet das Schiff unter einer imposanten Eisenbahnbrücke durch, zwischen Bataszek und Baja. Die Bahn kommt von Stuhlweißenburg. Hier sollte man Station machen, nicht weil die Brücke so schön ist, sondern weil hier die Geschichte einen Schlußpunkt gesetzt hat. Hier wurde ein dickes und schweres Buch zugeklappt. Am Allerheiligentag 1921. Drei Züge, davon zwei mit ungarischen Soldaten, blockierten die Brücke. Und am Ufer hatte das britische Kanonenboot „Glowworm" (Glühwürmchen) angelegt. Der päpstliche Nuntius war da, und mehrere Offiziere gingen auf und ab. Britische Offiziere geleiteten einen blassen jungen Mann und eine zartgliedrige Frau auf das Schiff. Ungarische Soldaten standen stramm. Irgend jemand rief: „Auf Wiedersehen!" Der Nuntius hob segnend die Hand. Dann begannen die Motoren des Schiffes zu arbeiten. Ungarn hatte seinen König exportiert. Der letzte König aus dem Hause Habsburg verließ nach zwei Versuchen, wenigstens in Ungarn seine Krone zu retten, das Land. Die Habsburger verschwanden aus der Geschichte Ungarns, Karl und Zita wurden von den Briten nach Madeira geschafft, und kein Stein, kein Baum, nichts erinnert an das Geschehen, an Ort und Stunde.

Nach tschechischen und ungarischen Zollbeamten blättern nun Jugoslawen in unseren Pässen. Der Grenzen sind viele an der Donau, und bald gehört die Sicht dem stolzesten Denkmal der österreichischen Donauherrschaft, der Festung Peterwardein. Auf der einen Seite hat sich eine neue Stadt niedergelassen — Neuneusatz müßte man die vielen modernen Viertel rund um den alten Kern nennen, nun Novi Sad, die Hauptstadt der Vojvodina, eine Hauptstadt der Batschkaschwaben, die gehen mußten, eine Hauptstadt der Ungarn, die zur Minderheit wurden, eine Hauptstadt der orthodoxen Serben, die mit ihren Patriarchen und Priestern aus dem Süden von den Türken unter die Obhut des Kaisers geflohen sind. Und der Kaiser hat ihnen als sichtbares Zeichen seines Schutzes die schon bestehenden Wälle der Festung Peterwardein nach dem System des größten Festungsbauers der Zeit, Vauban, ausbauen lassen: Ein roter Berg aus Ziegelbasteien und Bastionen, wehrhaft, drohend und gefährlich, diktiert hier an der Donau seine Macht. Das ist Peterwardein. Nie haben die Türken dieses Hindernis überwunden; das heißt, als die Festung fertig war, da war sie auch schon überflüssig. Nie wurde sie angegriffen. Für das 18. Jahrhundert hatte Peterwardein die Abschreckungswirkung einer Atombombe. Die Türken wußten, daß Peterwardein für sie unüberwindlich war. Deshalb war man sicher, daß sie den Platz auch nicht angreifen würden. Prinz Eugen hatte seinen Sieg bei Peterwardein 1716 außerhalb der noch unfertigen Mauern erfochten.

Die Feste hat sich aber auch gegen die Zeit gut gehalten. Kein Fort und keine Festung im alten und neuen Österreich sind so intakt wie Peterwardein: die Kasematten und unterirdischen Pulvermagazine, die gedeckten Schießstände, die Artilleriepositionen, die vielen Tore, das Eckwerk der Schanzen und Basteien, die Offiziersunterkünfte.

Eine Stadt für sich, die 30.000 Mann Quartier geben konnte. 1964 saß im Informationsbüro noch eine Wienerin, die lange Zeit in Sarajewo gelebt hatte. Hinter ihr wachte das Modell eines maria-theresianischen Soldaten. Heute muß man oben lange suchen, bis man jemandem mit Deutschkenntnissen begegnet. Die Dame aus Wien ist im Ruhestand, das übrige Personal stockserbisch. Vor den Systemen Vaubans steht man dennoch in Ehrfurcht erschauernd. Was hat das gekostet! Wieviel Mühe, wie viele Leben! „Sicher viele", sagt ein Professor, der hier zu Hause ist. „Die Vojvodina war ungesund. Rund um Peterwardein verbreiteten die Donausümpfe ein gefährliches Fieber. Noch heute ist die Lebenserwartung in der Vojvodina kürzer als anderswo in Jugoslawien. Im alten Österreich wurde eine Versetzung nach Peterwardein wie eine Verbannung nach Sibirien betrachtet. Bei uns ist es immer feucht, selbst im Sommer schwitzen die Wände der Häuser vor Nässe. Bei den Bauarbeiten hier sind viele gestorben." Kein sehr freundliches Zeugnis stellt auch Tito Peterwardein aus. Der jugoslawische Staatschef war 1914 als österreichischer Soldat wegen „zersetzender Reden" in Peterwardein eingesperrt worden.

„Der Kerker dort war eine Höhle, ohne jedes Fenster. Im Dunkeln allein gelassen, begann ich nach allen Seiten umherzutasten. ‚Komm her, hierher', hörte ich eine Stimme auf deutsch. Ich nannte meinem Zellengenossen meinen Namen und sagte, daß ich ein Arbeiter sei, worauf ich von ihm erfuhr, daß er ein deutscher Soldat und ebenfalls Arbeiter wäre. Er teilte mir ferner mit, daß er bereits seit zwei Wochen in diesem Loch sitze und noch nicht ein einziges Mal vernommen worden sei. Da schlug ich heftig Lärm. Mit den Fäusten gegen die Tür donnernd, verlangte ich, umgehend vor den Kommandanten gebracht zu werden. Nach vier Tagen hatte ich Erfolg. Der Kommandant schenkte glücklicherweise einem der Zeugen, der mein Freund war, Glauben, und ich wurde entlassen."

Ob Titos „Höhle" ein Museum ist? Man plant eines einzurichten, aber vorläufig beansprucht diesen Trakt der Festung noch immer das Militär. Prinz Eugen hat gut vorgesorgt. Auch in dem Städtchen Peterwardein hat das Militär Vorrang wie in Karlovac. In einem Barockhaus schreibt jedoch ein alter Anwalt, Politiker und Journalist an der Geschichte der Festung. In seiner Bibliothek stecken alle die deutschsprachigen Bücher, die vor dem Weltkrieg und zwischen den Kriegen zum Rüstzeug des Gebildeten gehörten. Früher einmal war der alte Herr Semliner Korrespondent der Wiener „Reichspost". Später wurde er von den Ustaschas verprügelt, noch heute zeigt er sein über und über mit Blutflecken bedecktes Hemd von damals. Sein Bett steht in dem Zimmer, in dem der Banus Jellačić geboren ist. Und wenn er von gestern redet, dann ist man mit ihm in eleganten Salons in Wien und Agram, hört von der Leidenschaftlichkeit der Politik, die dennoch den Menschen mehr achtete als heute. Sofort dreht er den Spieß um und will alles über Wien wissen: Ob es das „Tagblatt" noch gibt und die „Presse", was in der Oper los ist und wie es um Schönbrunn steht. Eine alte Wohnung in der Hauptstraße eines aus der Mode gekommenen Festungsstädtchens — aber ihr Besitzer hat sich dort eine altösterreichische Zitadelle errichtet, genauso fest und unangreifbar wie Peterwardein. Und das, obwohl er ein begeisterter Kroate ist.

Die nächste Festung flußabwärts, die ihre Mauern gegen die Donau kehrt, war schon dem Halbmond untertan: der Kalemegdan von Belgrad. Längst nicht so kriegerisch und perfekt wie Peterwardein, liegt er über der Stadt. Viermal haben die Österreicher diesen Hügel erobert, zweimal nahmen sie die Weiße Stadt den Türken ab und im Weltkrieg zweimal den Serben. Die Wunden dieses Krieges sind alle geheilt, und nirgends sieht man mehr die Einschläge der Artillerie der Donaumonitoren. Die Donauflottille war eine der schlagkräftigsten Waffen der Österreicher. Die wendigen kleinen Panzerboote eröffneten mit dem Bombardement serbischer Stellungen bei Belgrad den Krieg, und sie kehrten 1918 trotz ihrer vielsprachigen Besatzung nach dem Waffenstillstand in voller Ordnung und Disziplin, bis zuletzt den Rückzug der Infanterie deckend, nach Budapest zurück.

Ein Abend in Belgrad. Zufällig rauscht der Gefangene von Peterwardein, Marschall Tito, in einem Mercedes 600 über einen Boulevard. Das Sirenengeheul der Eskortefahrzeuge fegt die Straße leer. Der ehemalige Korporal sitzt aufrecht und allein im Fond. Die goldgeränderte Brille und die energischen Gesichtszüge lassen den Herrn über einen großen Teil der ehemaligen Monarchie alt und würdig erscheinen. Ein Korrespondent, der schon lange in Belgrad sitzt, bemerkt dazu: „Tito ist in der Monarchie zur Schule gegangen. Das merkt man bis heute. Nicht nur weil er gut Deutsch spricht, er hat es verstanden, sich seinem Volk als eine Art Ersatzkaiser zu verkaufen. Nur daß er keine Krone trägt. Aber die Leute in den Dörfern und kleinen Städten nehmen ihn für so etwas Ähnliches."

Um Mitternacht werden die Anker gelichtet. Und am nächsten Morgen erwacht man, weil die Motoren ausgesetzt haben und das Schiff nun die sanften Stöße der Donauwellen weitergibt. Durch die

Luke zeigt sich ein Landungssteg. Zollbeamte, jugoslawische und rumänische, schleppen Aktentaschen mit Pässen und Schiffspapieren. Schiffszüge liegen vor Anker und ein rumänisches Passagierboot. Wo die Donau, so wie vorher zwischen Serbien und Ungarn, nun zwischen Jugoslawien und Rumänien geteilt wird, holen die Schiffer noch einmal Atem, bevor sie sich den Gefahren der Kataraktstrecke der Greben- und Kazanenge und des Eisernen Tores aussetzen. Sie nehmen Abschied vom Flachland, weil sie sich nun wie der Strom durch den Sperriegel der Karpatenausläufer kämpfen müssen. Und sie haben ihre Wartestunden, weil nur immer eine gewisse Zahl von Schiffen die schwierigen Stellen passieren kann. Diese Felsenbarrieren vor uns sind eine logische Grenze für ein großes Reich; jenseits dieser Wirbel und Strudel, verborgenen Granitplatten und Untiefen, steil aufschießenden Felswänden und undurchdringlichen Wäldern war die Donau jahrhundertelang türkisch. Erst nach dem Berliner Kongreß (1878) traten an der unteren Donau die Fürstentümer Rumänien und Serbien und noch später Bulgarien das türkische Erbe an.

Auf der „Dunja" wird jedoch kein Geschichtsunterricht abgehalten, sonden die „Äquatortaufe" der Donau vorbereitet. Jeder, der zum erstenmal durch die Katarakte und das Eiserne Tor reist, muß getauft werden. Während sich an den Ufern steinerne Mauern aufrichten und das Flußbett immer enger, die Strömung immer reißender wird, bläst die Bordkapelle einen Tusch, Flußgötter halten Reden, und Passagiere lassen sich in vollem Dreß in das mit lauwarmem Wasser gefüllte Miniaturschwimmbecken werfen. Und der Kapitän stiftet ein Flasche Wodka. Auf den gewöhnlichen Donauschiffen wird der Brauch auch gepflegt, aber mit einem Kübel schmutzigem, öligem Wasser, der dem Neuling ohne Warnung über den Kopf gegossen wird.

Die lärmende Beschwörung der Flußgottheiten kann jedoch mit der Wucht der Landschaft, dieser Stätte des Ringens zwischen Wasser und Stein, nicht konkurrieren. In diesen Stunden in den Katarakten fesselt einen das Naturgeschehen so wie den Lotsen auf der Brücke die verborgenen Klippen. Seit der dickliche kleine Mann in der schweren Lederjacke an Bord ist, tut der Kapitän nur noch Handlangerdienste. Zwischen Veliko Gradište und Orsova kommandiert nur einer: der Lotse. Der Mann kennt diese Strecke so, daß er sie wohl auch in der Nacht schaffen würde, obwohl kein Schiff eine solche Fahrt wagt. Sein Vater war schon Lotse und sein Großvater.

Jetzt ist er Angestellter der Navrom, der rumänischen Schiffahrtsgesellschaft. Sein Vater und sein Großvater hatten in ihrem Lotsenbuch als Arbeitgeber noch die DDSG stehen.

Am serbischen Ufer zerbröckeln Mauern und verfallen eckige Türme: die türkische Festung Golubac (Taubenschlag). Und wie ein Eisberg im Meer scheint mitten in der „Fahrbahn" ein Felsen zu schwimmen. Sein Name Babakaji weist darauf hin, in welch orientalische Welten das alte Österreich reichte. Wie die Lorelei soll auf diesem Block Babakaji gesessen sein, die wegen ihrer Untreue auf den Felsen verbannte Lieblingsfrau eines türkischen Kommandanten von Golubac. Kletterpartien auf dem Felsen sind auch heute nicht ratsam. Vom anderen Ufer spähen die rumänischen Wachtposten, und ein Motorboot schafft im Nu Ordnung. Babakaji wäre heute nicht lange ungestört geblieben.

Sie ist so etwas wie eine freundliche Empfangsdame an der Schwelle der unfreundlichen Katarakte. Und nach ihr begegnet man hier nun unzähligen historischen Figuren. Denn die Bemühungen der Menschen um diese Schlüsselstrecke des großen Stromes waren mindestens so aufregend wie der permanente Wettstreit der Elemente. Ein Dörfchen, aus dem Kinder winken und Bauern in ihre Zillen springen: Drenkova, eine Verballhornung des Namens Trenck: Der Pandurenchef hat dieses Dorf einmal besessen. Man wundert sich über die schmale Straße, die aus dem linken, also früher ungarischen Ufer herausgesprengt worden ist. Wenn der Wasserstand der Donau zu niedrig ist, werden die Passagiere ausgeladen und per Autobus weitertransportiert. Und dabei wird noch immer die alte Széchenyi-Straße benützt, die 1832 der führende Mann des alten Ungarn, der Graf Stefan Széchenyi, der Talenge abgerungen hat. Gegenüber, am unwegsamen serbischen Ufer, haben noch ältere Straßenbauer ihre Spuren hinterlassen: In die Felsen sind in regelmäßigen Abständen viereckige Löcher geschlagen — Kaiser Trajans Legionäre hatten hier über die reißende Donau eine zum Teil auf Balken über dem Wasser schwebende Straße gebaut und so diese Felsenstrecke überwunden. Römische Inschriften zum Ruhme des Kaisers sorgen dafür, daß dem Erbauer der Straße stets die gebührende Ehre zuteil wird.

Aber im Kazan und unterm Greben wurde nicht nur gebaut, da wurde auch gekämpft. In den Annalen der österreichischen Maria-Theresien-Ritter findet sich ein k. k. Artillerieoberleutnant Johann Voith von Sterbetz. Und Sterbetz oder Strbac heißt auch der eine Berg, dort, wo die Passage am erregendsten und am schwierigsten ist. Der „Oberlieutenant“ hat sich seinen Titel hier geholt. Gegenüber dem Berg bemerkt man bei aufmerksamem Beobachten vielleicht das schwarze Loch, das den Eingang eines Höhlensystems bildet. Hier hatten sich zweimal die Österreicher gegen die Türken gewehrt. Und einmal zeichnete sich der Artillerieoffizier, der mit seinem Geschütz den Angriff einer türkischen Donauflottille zurückschlug, besonders aus.

Das erstemal saßen die Österreicher 1692 in der Falle, als der Türke vor Wien schon längst geschlagen, Ofen wiedererobert und auch sonst der Sieg an die Fahnen des Kaisers geheftet war. Von der Höhle aus sperrten 300 kaiserliche Soldaten 45 Tage lang, bedrängt von 3000 Janitscharen, den Türken die Schiffsverbindung nach Belgrad. Der Befehlshaber der Türken, Ali Pascha, sandte dem österreichischen Kommandanten Baron d'Arnau eine Kapitulationsaufforderung: „Der Commandant läßt Euch sagen, wenn Ihr wollet hinausgehen, sie wollen Euch gehen lassen, aber wenn Sie mit Bomben und mit Stuck schießen, so geben sie Euch kein Quartier mehr, denn das ist ja keine Stadt nicht, sondern ein Aufenthalt für Räuber und Bären.“ Die Antwort des Österreichers war ein überzeugendes „Nein“ und endete mit dem Satz: „... ich freylich gern mit gewaffneter Hand sterben will, als den Kopf mit Schand und Spott verlieren.“ Hunger und Mangel an Munition zwangen dennoch nach einiger Zeit zu einer ehrenvollen Übergabe.

Nicht ganz hundert Jahre später, in dem unglücklichen Türkenkrieg Josefs II., rückte neuerlich ein österreichisches Detachement in die Höhle ein, errichtete Schanzen und postierte seine Kanonen. Und wieder tauchten die schnellen Tschaiken vor den Mündungen der Geschütze auf, diese mit Segeln und Rudern ausgestatteten Kriegsschiffe, mit denen die Türken die Donau unsicher machten. Diesmal hielten sich die Österreicher, deren Moral durch die wenig erfolgreiche Kriegführung geschwächt war, 21 Tage lang. Der Oberlieutenant Voith notierte in sein Tagebuch: „... und hatten 20 Tage keine andere Nahrung als ein wenig und zum Teil verfaultes Commismehl, aus welchem die Soldaten einen Teig machten und in der heißen Asche backen ließen.“ Als am Ende jeder Widerstand aussichtslos war, hißte man die weiße Fahne. Und Voith schreibt: „Man erhielt vom Großvezier auch ein Attestat, daß wir uns 21 Tage tapfer verhielten, worüber Seine Majestät der Kaiser alle Zufriedenheit bezeigte und jeden Mann mit einem Dukaten beschenkte.“

Wo sich die Bergschlünde wieder öffnen, wo sich die Donau wieder dehnen und ihren Lauf mäßigen kann, also wenige Kilometer südlich von Kazan, sticht jedoch mitten im Strom die Nadel eines Minaretts in den Himmel. Eine Insel macht aus einer Donau zwei, und wir wissen, daß die Türken trotz allen Niederlagen und der langsamen Liquidation ihres europäischen Besitztums noch immer einen Vorposten nicht an, sondern in der Donau haben: Ada-Kaleh, die vergessene Türkeninsel in der Donau. Sie war früher auch so etwas wie ein Prellbock für den Donaureisenden. Denn der lange Arm des Kaisers reichte nur bis hierher und nicht weiter. Den Schiffen der DDSG gehörte auch die untere Donau. Aber ihre Ufer wurden nun auf beiden Seiten von fremden Herren regiert.

Dieser Begrenzung des Reiches bewußt, nimmt man Abschied von der „Dunja", läßt Kaviar, Wodka und gute Freunde zurück, gibt die anheimelnde Schiffsgemeinschaft auf und setzt seinen Fuß auf die staubigen Straßen von Orsova, einst der letzten Dampfschiffstation unter österreichisch-ungarischer Flagge. Auch heute hat dort die DDSG ihren letzten südöstlichen Vertreter: Ein Lotse in Ruhe bildet die Einmannagentie, die dafür sorgen muß, daß Österreichs Rechte auf der Donau nicht in Vergessenheit geraten.

An der Landstraße hinter dem Bahnhof von Orsova spielt ein Soldat mit dem Verschluß seiner Maschinenpistole. Völlig unerwartet trifft man auf diesen Uniformierten, den ein grüner Streifen an der Kappe als Angehörigen der Grenzwache ausweist. Sorgfältig prüft er den Paß und notiert sich den Namen. Dann erst darf der Fährmann seines Amtes walten und den Fremden über die Donau zur Insel rudern. Am andern Ufer empfängt einen wieder ein Soldat, der die Papiere kontrolliert. Nicht daß Ada-Kaleh nicht zu Rumänien gehörte, aber es liegt so nahe an Jugoslawien; und mehr als einmal haben junge Rumänen die Insel als Zwischenstation auf ihrer Flucht über den Strom benützt. Lange Zeit war Einheimischen das Betreten der Insel überhaupt untersagt.

Einen eigenen Status hat Ada-Kaleh schon immer gehabt. Die türkische Festungsinsel war mehrmals von den Österreichern erobert und dann wieder verloren worden. Als Europa daranging, den türkischen Balkan mit neuen Fahnen und Grenzen zu versehen, beim Berliner Kongreß nämlich, da vergaß man zuerst die Insel in der Donau. Und weil man mit diesem Flecken Erde und den paar hundert waschechten Türken darauf nichts anzufangen wußte, stellte man sie unter österreichischen Schutz. Die Osmanen auf der Insel blieben jedoch unbehelligt, waren vom Wehrdienst befreit, ebenso von der Steuerpflicht, und lebten ihr gewohntes Leben. Nur daß in der Festung kein türkischer Kommandant mehr saß.

Ein Chronist aus Orsova beschreibt die Insel, wie sie vier Jahre vor dem Kongreß ausgesehen hatte:

„Unbelästigt weht die Sultansflagge von den ausgedehnten Werken dieser Inselfestung. Ihr Verfall ist jedoch ein unverkennbarer. Außer einigen besser aussehenden ursprünglich österreichischen Kasernen erweckt die türkische Niederlassung nur klägliche Eindrücke. In einem plumpen, der Baukunst wenig zur Ehre gereichenden Gebäude wohnt der Kommandant von Ada-Kaleh, ein zwischen manchmal ausgekramtem Gerümpel hockender Mir-Alai (Major), sehr wohlwollend. Die Bewohner sind ausschließlich Türken, beschäftigen sich mit wenig Handel, unter welchem große Armut herrscht."

Reich sind sie bis heute nicht geworden. Und in den schattigen Ufergärten scheinen Träumen und Dösen noch immer die Hauptbeschäftigung zu sein. Erst der scharfe Tabakgeruch, der die ganze Insel parfümiert, verrät die Fabrik, in der die Mehrzahl dieser rumänischen Türken ihre Zigaretten und ihren Unterhalt verdient. Wie in Bosnien balancieren Frauen in Pluderhosen Krüge auf dem Kopf, und manch ein Alter dreht die Bernsteinkugeln eines mohammedanischen Rosenkranzes zwischen den Fingern. Die Türken haben auf der Donau, die ihnen einst bis nach Budapest gehörte, ein Freiluftmuseum osmanischer Lebenskunst und Schicksalsergebenheit zurückgelassen. Das Minarett, das türkischste Stück auf der Türkeninsel, ist jedoch ein Teil der früheren Franziskanerkirche, die in eine Moschee umgewandelt worden ist. Von österreichischer Hand — zur Zeit Karls VI. — wurden auch die Mauern der Festung und die Tore aufgeführt, die die niedrigen Häuser umschließen. Ein winziges Männlein sperrt die Moschee auf und jammert über die schönsten Teppiche, die „zur Reinigung" nach Bukarest gingen — und wahrscheinlich nicht mehr nach Ada-Kaleh zurückkehren werden. Aber auch die Tage der Türkenkolonie mitten in der Donau sind gezählt, denn Rumänien und Jugoslawien setzen in den Donaukatarakten nun gemeinsam das Werk fort, das Österreich vor achtzig Jahren begonnen hat: die Regulierung des Stromes und seine Schiffbarmachung im Eisernen Tor. Anfang September 1964 trafen einander bei Orsova der jugoslawische Staatschef Tito und der damalige rumänische Präsident Gheorghiu-Dej auf einem Donauschiff und beschlossen den gemeinsamen Bau eines gigantischen Kraftwerkes und Dammsystems. Am 27. September 1896 hatten Franz Josef, der König von Serbien und der König von Rumänien in Orsova die Eröffnung des 80 Meter breiten Schiffahrtkanals durch die den Strom in der Quere durchschneidende Felsenbarriere des Eisernen Tores gefeiert. Nun soll sich die Donau durch den neuen Damm auch beim Greben und im Kazan in ein träges Wasser verwandeln und Seeschiffen die Fahrt hinauf bis nach Budapest gestatten. Ein Opfer muß dafür jedoch gebracht werden: Ada-Kaleh, die Insel, ist wie Orsova zum Tode verurteilt. Sie wird in einem riesigen Stausee versinken. Und alle, die sie kennen, werden ihr gewiß eine Träne nachweinen.

Eine Stätte sentimentaler Gefühle — zumindest für jeden begeisterten Magyaren — wird auch zur Endstation dieser altösterreichischen Donaufahrt: Nahe dem Strom, nicht weit von der Anlegestelle des Fährbootes zur Insel, liegen unter schiefen Kreuzen Soldaten: Österreicher, Rumänen, Deutsche aus dem Ersten Weltkrieg und dann noch einige aus dem Zweiten. Durch diese Allee von Kreuzen gelangt man zu einer Kapelle, einem unscheinbaren Kuppelbau, zu fest gefügt für so einen verwahrlosten Kriegerfriedhof, aber auch zuwenig traurig und todverbunden für ein Friedhofskirchlein. Es ist ein Heiligtum eigener Art, nicht zur Anrufung eines Schifferpatrons oder eines anderen katholischen Schutzheiligen errichtet. Nein, es ist ein Tempel für die Menschen, denen eine Krone heilig ist. In der Mitte des Raumes hinter einem Gitter hat man in eine brunnenartige Vertiefung eine große Marmortruhe versenkt. Eine Inschrift erzählt, daß Franz Josef hier eine geraubte Krone wiedergefunden hat, die ihm neben der österreichischen die wichtigste war: die Krone des heiligen Stefan.

Es war im August 1849. Die Sache der ungarischen Revolution war verloren. Die Habsburger hatten mit Hilfe der Russen gesiegt. Petőfi war gefallen und viele andere auch. Lajos Kossuth und einige seiner Rebellenführer hatten sich in diese letzte Ecke des alten Ungarn geflüchtet. Und sie führten den größten Schatz der ungarischen Nation mit sich, die Krone. Bevor die Österreicher Kossuth gefangennehmen konnten, vergrub er hier an dieser Stelle eine feste Truhe mit den Insignien. Und dann gab er sich in die Hände der Türken.

Lange wurde die Krone gesucht. Der König bedurfte ihrer, um seine Herrschaftsansprüche über Ungarn auch äußerlich zu begründen. Nach systematischen Grabungen hatte man 1853 Erfolg. Der Chronist berichtet: „Die Truhe war drei Meter tief in der Erde. Die Insignien waren feucht, weil in demselben Jahre die Cserna die Gegend überschwemmte. Der Königsmantel wurde in einem geheizten

Zimmer getrocknet, während die Krone mit den anderen Insignien tags darauf unter militärischer Bewachung ausgesetzt, wozu auch das Volk zugelassen war, welches dieselbe unter Andachtsbezeugungen begrüßen durfte."

Der Kriegsdampfer „Albrecht" brachte die Krone, von einer Ehrenkompanie beschützt, nach Wien. Und „an der Stelle, wo die Krone vergraben war, hat Se. k. u. k. Apostolische Majestät im Jahre 1856 aus eigener Privatschatulle zum Andenken der Auffindung der Krone eine schöne Kapelle im gotischen Stil bauen lassen, welche von allen Patrioten, die diese Gegend bereisen, besucht wird . . .".

Unwillkürlich denkt man auf einmal an das andere Ende der Reise, fast tausend Kilometer weit von hier, bei Theben, wo im „Marchkastl" Taucher vor einigen Jahren wieder nach der Stefanskrone geforscht haben. Aber wer braucht noch Kronen. Sie sind nicht mehr Mode, man trägt sie kaum.

Langsam schlägt man auf der Landstraße den Weg zurück nach Orsova ein. Die Sonne brennt mit südlicher Intensität. Große Schmetterlinge tanzen von Blume zu Blume. Und die Donau breitet sich aus wie ein protziger Teppich. Viel haben die Ingenieure jetzt mit ihr vor. Ihr rauhes Antlitz wird einer kosmetischen Behandlung unterzogen werden. Das ganze Land hier wird in ihrem Wasser ertrinken, und wohl auch die Kapelle der Krone.

Schiffe tuten, und die graubraunen Wasser fließen und fließen. Und es fällt einem der Amerikaner ein, der einmal an einem Abend auf der „Dunaj" gesagt hat: „Ich werde die Europäer nie begreifen. Da habt ihr einen so schönen Fluß und an seinen Ufern so viele Grenzen. Wie ist das möglich? Bei den Russen, da ist überall, wo die Wolga fließt, Rußland — und bei uns am Mississippi gibt es auch keine Zöllner . . ."

# Wo die Deutschen geblieben sind

Schwere Lastwagen poltern durch die Einfahrt in den Hof der staatlichen Ablieferungsstelle in Orsova. Rumänische Arbeiter laden Getreidesäcke ab, kleine dunkelhaarige Männer, denen die Sonne am Donauufer ihre ganze Kraft in die Haut gebrannt hat. Ihre Gesten sind lebhaft, und Arbeit verwechseln sie mit Lärmerzeugung.

Den Gesang aus dem Kirchlein gegenüber können sie jedoch nicht ganz ersticken. Gesang, obwohl man einen Wochentag schreibt. Ohne die schrillen Frauenstimmen da drinnen hätte man die Kirche wohl übersehen, der Turm versteckt sich auf dem Dach wie eine von Hunden gejagte Katze. Er scheint zu gebrechlich, um eine Glocke zu tragen; so bleibt es den Frauen auf dem Chor überlassen, zu dieser Morgenstunde das Lob Gottes zu verkünden.

Einst war Orsova von Bedeutung: als letzter österreichisch-ungarischer Donauhafen, als Festung, als Grenzstation, als Schwelle zu einer anderen Welt. Ein Stück weiter südlich sagte man nämlich statt Gott „Allah“ und statt Kaiser „Sultan“. Auch als später Rumäniens Könige dort regierten, herrschte noch das Morgenland. Für „Ordnung“ fehlte das rechte Wort, so daß in diesen Breiten österreichische Gemütlichkeit und Schlamperei wie preußische Zucht wirken mußten.

Orsova gehört nun zur Volksrepublik Rumänien. Aber der Kalender über dem Weihwasserkessel mit dem Abbild der Sixtinischen

Madonna verzeichnet die katholischen Feste deutsch und ungarisch — und als kleine Aufmerksamkeit für das Regime auch noch Lenins Geburts- und Todestag (so kommt der Weltrevolutionär doch noch in die Kirche). Auch die Gottesdienstordnung ist ungarisch und deutsch verfaßt. Rumänisch werden die Besucher darauf aufmerksam gemacht, daß sie sich an einer geweihten Stätte befinden. Was jedoch oben auf dem Chor brüchige Stimmen hinter dem zähen Orgeln des Harmoniums herzittern, läßt sich nicht so leicht einordnen. Es ist keine der hier gebräuchlichen Sprachen. Erst als der Priester Kelch und Meßbuch in die Sakristei getragen hat — der Ministrant ist ausgeblieben —, wird das Rätsel gelöst: Die Frauen haben tschechisch gesungen.

Der Priester gebraucht das weiche Deutsch der Banater Schwaben. Der Geistliche hat in Temesvár studiert. Seine Pfarre erstreckt sich nicht nur über Orsova, sondern auch über die ganze Umgebung: „Ich habe mehrere Dörfer zu betreuen. Ich glaube, meine Pfarre ist größer als manche kleine Diözese in Italien." Er predigt abwechselnd deutsch und ungarisch, denn viele Katholiken sind Magyaren. In mehreren Dörfern in den nahen Bergen hausen auch Tschechen und Slowaken. Die Lage in heimischen Notstandsgebieten hat sie in der zweiten Hälfte des vorigen Jahrhunderts ins Banat getrieben, sie verstehen den Pfarrer, wenn er deutsch oder rumänisch spricht: „Ich muß für alle da sein", sagt er. An diesem Morgen hat er ein Requiem für einen verstorbenen Tschechen gelesen. Und die Frauen sind aus dem Bergdorf heruntergestiegen, um mit den alten Liedern ihre Trauer zu verschleiern.

Der Weg nach Orsova führte über die Donau. Denselben Weg haben vor 250 Jahren die ersten schwäbischen Kolonisten auf Wunsch Prinz Eugens und Kaiser Karls VI. gewählt. Ihre Schiffe hatten jedoch weiter nördlich angelegt. Und auf der Bega fuhren sie bis nach Temesvár, der den Türken vom Savoyer entrissenen Festung. In den 250 Jahren danach gehörte das Banat aber nicht nur den Schwaben. Wie in einem Kartenspiel wurden da unten noch einmal Menschen aus fast allen Völkern der Monarchie gründlich zusammengemischt. Und die kunterbunt gefleckte Sprachenkarte des k. u. k. Reiches paßte, entsprechend verkleinert, auch auf diese Provinzen und späteren Komitate. Das Land an der Donau wuchs zum Babylon des alten Österreich heran, zu einem Schmelztiegel aller seiner Völker — und es war reich genug, allen Brot zu geben.

Nirgends ist das Miteinanderleben dieser Völker noch so Wirklichkeit wie im heutigen Rumänien. Die verschiedenen Nationalitäten müssen zwar mit einem Staatsvolk koexistieren, das seine Verwandtschaft mit den Römern als Legitimation für seine Vorranganspruche geltend macht. Und die erstaunliche Fruchtbarkeit der Rumänen verhindert alle Bemühungen, die einzelnen Volksgruppen „rein" zu erhalten. So vermischen sich in Rumänien die Rassen, aber der Kern der einzelnen Völkerschaften geht, vorläufig wenigstens, dennoch nicht unter.

Orsova ist ein gutes Beispiel dafür. Dieses rumänische Städtchen, dessen Lebensrhythmus von der aufgelockerten Gleichgültigkeit des Balkan diktiert wird, schillert in hundert Farben. Außer den Rumänen, Tschechen und Serben konsumieren dort Pensionisten und Beamtenwitwen, die irgendwo im Haus noch k. u. k. Diplome hinter Glas und Rahmen an der Wand haben, ihren Lebensabend. Und in manchen vergilbten Heimatschein mit Franz-Josef-Stempelmarken ist mit steiler Feder Graz, Wien, Budapest, Brünn, Krakau oder Preßburg eingetragen. Und mancher Bauernbursch aus einem Schwabendorf hat hier im ersten Stadium der Landflucht innegehalten, in der Kleinstadt.

Nicht nur Orsova erlaubt den Blick in ein Nationalitätenkaleidoskop. Wie jedes Dorf, wie jeder Markt, hat auch die Banater Haupt- und Universitätsstadt Temesvár lokale „Internationalität" zu bieten. Im „Čina", dem schicksten Gartenrestaurant der Stadt, wiegt hinter dem Mikrophon ein schlanker blonder Bursche seine Hüften und imitiert deutsche Schlagerstars: „Twist, Twist, alle tanzen Twist . . ." Das jugendliche Publikum in dem kühlen Garten fängt Feuer. Auf die Frage: „Sind Sie Deutscher?", antwortet der gefeierte Sänger: „Nein, ich bin Ungar." Und dann stellt er seine Freunde vor, die in der Amateurkapelle heiße Musik produzieren. Der etwas gestauchte, überall gut gepolsterte Buchdrucker, den sie Harry rufen, wurde in seinem Schwabendorf einmal Heinrich genannt. Und er fährt noch jeden Sonntag zu Besuch aufs Land. Im Restaurant eifert er mit heiserer Stimme Ray Charles nach. Der schweigsame, intelligente Pianist, den man am ehesten für einen Rumänen halten würde, ist ebenfalls Schwabe: Ingenieur, Jazzfan und Leiter der Kapelle. Die Trompete bläst dagegen ein schwarzer rumänischer Bodenkulturstudent. Aber Harrys junge Frau antwortet auf jede deutsche Frage nur mit: „Nem tudom." Ihre Wiege stand in einem ungarischen Haus. Die Sprache ihres Mannes ist ihr fremd. Ein Mädchen, dessen Haar so dunkel ist wie die Schatten unter den Augen, beteuert immer wieder: „Weiß ich nicht, was ich bin, mei Vater war Ungar, mei Mutter Schwobin . . .“ Sprachen, Dialekte und Akzente vermählen sich in einer hitzigen Debatte, die bis in die Morgenstunden dauert. Verständigungsschwierigkeiten gibt es nicht, man hat gelernt, in mehreren Sprachen zugleich zu reden — so wie die Männer, die das alte Österreich gelenkt haben, gewohnt waren, die Gedanken verschiedener Völker zu denken. Wenn man unter den Bäumen der Temesvárer Boulevards in das Gemurmel und Gerede der auf und ab wogenden Menge lauscht, wird man zum Ohrenzeugen einer neuen Sprachverwirrung. Nur, in dieser vielzüngigen Gesellschaft gehört diese „Verwirrung“ zur gewohnten Ordnung.

Auch draußen in den Dörfern gebraucht man für „Ich liebe dich“ fünf oder sechs verschiedene Idiome, und beim Fluchen ist man genauso beredt. Ein Beispiel: Das stattliche Schwabendorf Varias, 120 Kilometer von Temesvár. Die Hälfte der Bevölkerung stammt aus Serbien, in dem Staatsgut kommandieren Rumänen, Zigeuner spielen am Sonntag in der Schenke auf, Tschechen sind Nachbarn, Bulgaren züchten seit der Zeit, da sie vor den Türken unter den Schutz des Kaisers geflüchtet sind, einige Kilometer weiter das beste Gemüse. Auch jiddische Brocken schnappt man manchmal auf. Und die Ungarn sind ohnehin eine Selbstverständlichkeit. Bei manchen Deutschen haben sich dann auch noch französische Namen wie Marschall bewahrt, denn ihre Ahnen sind aus Lothringen eingewandert. Darum sagt man auch heute noch im Dorf zu einem flotten Mädchen: „Die ist aber alert.“ Wenn man noch ein wenig mehr Ahnenforschung betriebe, würde man wohl auch auf einige Menschen mit italienischem und spanischem Blut stoßen — von so weit hatte der General Mercy, der berühmte erste Gouverneur und „Vater“ des Banat, Siedler in die jungen Städtchen und Steppendörfer gerufen. Die Südländer haben freilich nicht lange ausgehalten. Nur einer, der italienische Freiherr von Griselini, hat sich ein Denkmal gesetzt: als der große Geschichtsschreiber dieser Kolonisationslandschaft.

In dieser vielstimmigen Völkerorgel waren die Deutschen durch Jahrhunderte der unentbehrliche Blasebalg. So wie die Nachkommen der schon vor acht Jahrhunderten eingewanderten, später lutherischen Sachsen in Siebenbürgen neben einer blühenden Bauernkultur in gotischen Städten dem Land eine hochgebildete Intelligenz stellten, repräsentierten die katholischen bäuerlichen Schwaben Reichtum, wirtschaftliche Fortschrittlichkeit und Fleiß. Und die kommunistischen Planer des heutigen Rumänien zählen diese Menschen in ihren Bilanzen noch immer zu den entscheidenden Aktivposten. Der Krieg hat zwar nur knapp die Hälfte der Deutschen in ihrer Heimat gelassen, aber es sind immer noch fast 400.000 (fast 200.000 Sachsen in Siebenbürgen, der Rest Schwaben im Banat).

Gut und Geld, Boden und Häuser, Vieh und Maschinen, das gab es bei den Schwaben im Überfluß wie kaum in einem anderen Teil der Monarchie. Kein Wunder, daß sich die Hauptstadt Temesvár bald zu der langen Reihe von Städten zwischen Adria und Pruth gesellte, die den Ehrentitel „Klein-Wien" für sich beanspruchten. Selbst der 1964 in Bukarest erschienene Stadtführer von Timişoara, wie die Rumänen die Stadt nennen, kokettiert mit diesem nun eher antiquierten Prestigehunger: „Innerhalb der Festung entstanden Gebäude, die irgendwie die Wiener Atmosphäre vortäuschen sollten, um dem Wunsch der höheren Militärchargen zu entsprechen, die sich hier keineswegs in der Verbannung fühlen wollten. Timişoara erhielt einen gewissen Glanz."

Dieser Glanz ist durch die Abnützung seit dem letzten Krieg etwas matt geworden. Im einstigen Offizierskasino tauchen hinter den Fenstern die braunen Uniformen rumänischer Leutnants auf. Die für unzerstörbar gehaltenen Quadern der 1719 erbauten Siebenbürgerkaserne, des Standortes des VII. Korps der 2. Armee, sind jedoch vor kurzem unter schwereren Sprengladungen geborsten. Wo einst Rekruten des Kaisers beim Exerzieren den Staub des Banat schluckten, pflegen jetzt Gärtner Grünanlagen. Nur in der Reitschule, die man neben einem alten Gemäuer noch übriggelassen hat, gellen wilde Schreie: Man spielt Hallenhandball, den rumänischen Nationalsport, an dessen Entwicklung die Rumänendeutschen so großen Anteil hatten. Das Haus des Gouverneurs, das Mercy-Palais, von dessen Fenstern man früher das Treiben auf dem Kasernengelände beobachten konnte, hat nun einen ungehinderten Blick in die Ferne. Amtsstellen und Privatwohnungen teilen sich die Zimmerfluchten des Barockpalastes, in dem vor zweihundert Jahren das Herz des Banat schlug. Die Carpati-Fremdenführer präsentieren den Touristen auch noch das Prinz-Eugen-Tor, durch das der Savoyer im Triumph eingeritten ist.

Die Formen des Vaubanschen Verteidigungssystems lassen sich nur noch am Stadtplan — aus der Anlage der Straßen — ablesen. Im dämmrigen Licht der barocken Kathedrale — man hatte sich den Sohn Fischer von Erlachs, Joseph Emanuel, als Architekten ins Banat bestellt — sind österreichische Festungskommandanten auf marmornen Gedenktafeln verewigt. Einer der Steine ist dem „Freiherrn Rukavina von Widovgrad, k. u. k. General, Feldzeugmeister, Commandant der Festung Temesvár während der heldenmütigen Verteidigung vom 25. April bis 9. August 1849, gestorben am 9. September 1849 im 70. Lebensjahr", gewidmet. Nur um einen Monat hat der greise General den Entsatz seiner Festung überlebt.

Im Hunyadi-Schloß, heute Museum, wird das Andenken der Gegner des Freiherrn in Ehren gehalten: Da verstaubt in der Vitrine ein graues haariges Etwas, die Perücke des Revolutionsgenerals Bem, und daneben liegt der flammende Aufruf Petőfis, des Poeten, der in Bems Heer gefallen ist: „Schmerz und Kampflust spricht aus uns. Unsere Worte sind wie der Wind, der in das Läuten der Sturmglocken dreinpfeift. Feuer, Feuer ist! Auf, ihr Bürger, steht ihr jetzt nicht auf, so werdet ihr liegen, solange die Welt steht!"

Kann man Revolution in zündendere Worte kleiden? An die „Bewohner Ungarns" ist der Aufruf gerichtet, aber in deutscher Sprache, denn sonst hätte man ihn in den Städten wohl kaum verstanden. Und neben den Bildern des türkischen Temesvár, des Belagerungsheeres Prinz Eugens und einem von ihm unterschriebenen Befehl ist ein zweites österreichisches Belagerungsheer in Kupfer gestochen: Soldaten in hellen Waffenröcken, Dragoner und Ulanen im Getümmel; die Kaiserlichen haben gesiegt! Ein Aufruf kündet davon: „Landsleute! Die Revolution, welche unser Vaterland ins Unglück stürzte — das schöne Banat mit Feuer und Schwert verwüstete —, naht ihrem Ende. Pest, die Hauptstadt des Landes, hat sich am 5. Januar den kaiserlichen Truppen ohne Schwertstreich ergeben. Mit Gottes Hilfe werden wir uns nach vielen Leiden bald der ersehnten Ruhe erfreuen können. Seid frohen Mutes, seid einig und dankt Gott, daß er der guten Sache einen so großen Sieg verliehen hat."

Dieses Temesvár war aber nicht nur eine Stadt der Türken und Husaren, der Revolutionäre und Generale; hier hatte auch ein auf Reputation und Wohlstand bedachtes Bürgertum sein Heim. Die gesellschaftlichen Erschütterungen haben diesen Begriff fast zum Schimpfwort gemacht. Seine Vertreter mußten in den Schicksalsjahren des Krieges meist ihre Ruhe und Behaglichkeit mit einem unsicheren Flüchtlingsdasein vertauschen. Was von ihnen blieb, wurde museumsreif: Zinnteller, Vereinsfahnen, Keramikschüsseln mit der Aufschrift „Gott schütze Temesvár", Ehrenzeichen des deutschen Fischervereines, Zeitungsblätter, Theaterzettel der „Schüllerschen deutschen Schauspielgesellschaft", die 1788 „Die Majestät in der Klemme" aufführte, ein Programm der Salieri-Oper „Der Jahrmarkt in Venedig", und schließlich eine Probe ironischer Kritikerbissigkeit wie aus einem Wiener Literatencafé. Da vermerkt die Zeitschrift „Thalia / Kritische Betrachtungen der Temesvárer Bühnenleistungen für Gebildete" 1852 über eine Aufführung von Grillparzers „Ahnfrau":

„Herr Schwarz möge sich mit dem Applaus, welchen einzelne lichtscheue Zeloten zu seinen Gunsten im Theater rege zu machen suchten, trösten, wohl vergleichbar den Wetterhähnen, welche kreischen und knarren, der Wind mag kommen, woher er will. Herr Müller mußte den Räuber Boleslav darstellen. Dieser Part wollte dem Herrn Müller, welcher sich nur in der Sphäre schlichter, biederer Charaktere bewegt, nicht zusagen. Wohl aber hätte der intrigenreiche Genius des Direktors Hirschfeld dieser Rolle vollends genügt."

Die Kunstbetrachter von heute dürfen in Rumänien ihrer Bosheit sicherlich nicht so hemmungslos freien Lauf lassen. Immerhin hat ein deutscher Theaterberichter hier wieder ein Betätigungsfeld, denn vor dem großen Opernhaus überrascht ein Plakat für — Nestroys „Lumpazivagabundus". Das deutsche Theater von Temesvár reist mit Nestroys literarischen Bildern der Vormärzgesellschaft durchs Land. „Es war der größte Erfolg seit Jahren", referiert ein Temesvárer. „Endlich etwas Lebendiges, nicht immer Kolchosen- und Fabriksdramen." Nur den Schluß hat man den Gegebenheiten sozialistischer Moral angepaßt. Während im Original nur zwei der drei Handwerksburschen bekehrt werden und der Schuster Knieriem weiterhin dem Alkohol frönt, wird er hier — ein aufrechtes Arbeiterkind — geläutert wie die beiden anderen.

Unter den Schauspielern der Theatergruppe, unter einigen jungen Künstlern und in wenigen alten Familien lebt das Temesvár von einst noch weiter. Doch in der Stadt ist die Widerstandskraft viel geringer als auf dem Land. Man sagt noch Josefstadt und Elisabethstadt zu verschiedenen Quartieren und „Fabrik" zu jener Vorstadt, wo unter Josef II. die ersten Technisierungsexperimente unternommen worden sind. Der Platz vor der Kathedrale mit der Dreifaltigkeitssäule, dem Komitatshaus und den anderen Domizilen österreichischer Verwaltungstätigkeit hat allen Umwälzungen getrotzt. Auch die Bäuerinnen halten hier wie vor hundert und zweihundert Jahren Gemüse und duftende Blumen feil. Und viele von ihnen bieten ihre Ware in schwäbischem Dialekt an. Sie ziehen aus den Dörfern in die Stadt — sie kommen von dort her, wohin man fahren muß, um zu wissen, wie die Deutschen heute in Rumänien wirklich leben.

„Wenn Sie ein Dorf kennenlernen wollen, dann fahren Sie doch am Sonntag mit mir, Sie sind natürlich unser Gast", hatte das Mädchen gesagt.

So einfach ist das heute. Vor nicht allzu langer Zeit mußten selbst Verwandte aus dem Ausland noch in den Städten bleiben und in Hotels übernachten. Nun vergeht im Sommer kaum ein Tag in einem Schwabendorf, an dem nicht irgendwelche Leute von „draußen", aus der deutschen Bundesrepublik oder aus Österreich, auftauchen. Dennoch lasten neugierige Blicke auf dem Ankömmling. Die Straße vom Bahnhof zieht sich schnurgerade von einem Dorfende zum anderen. Varias ist eine späte Siedlung aus der Zeit, da die Türkengefahr endgültig beseitigt war. Da mußte ein Dorf nicht mehr nach Festungsprinzipien angelegt werden, man nahm einfach ein Lineal und setzte die Häuser in geraden Linien und rechten Winkeln in die Ebene, mit breiten Straßen, an denen Maulbeerbäume ein Schattendach spannen und mit ihrer grünen Wand die ebenerdigen Häuserzeilen verdecken: eine Promenade für watschelnde Gänsescharen und rasselnde Pferdefuhrwerke. Die obere Hälfte des Dorfes ist serbisch — bis zu einer gewissen Straße, wo eine unsichtbare Grenze durch das Dorf gelegt ist. Da leben die Deutschen. Und heute noch hat diese Grenze solche Geltung, daß ein Mädchen, das über diese Barriere hinausheiratet, also in ein Serbenhaus einzieht, bei den Deutschen kaum noch auf Freunde zählen kann.

Nah der serbischen Kirche — sie ist ohne besondere Kennzeichen, die Gebete gelten da und dort demselben Gott — steht das bescheidene katholische Gotteshaus. In Varias hat man auf die Kirche nie allzuviel gegeben, denn das Dorf war lange Zeit Kirchengut, Besitz des Bischofs von Agram. Und die Kolonisten hatten Jahrzehnte hindurch die Richter gegen die geistlichen Grundherren angerufen, so lange, bis das Land ihnen gehörte. Eine etwas reservierte Haltung gegenüber dem Pfarrer ist bis heute das Resultat. Im Nachbardorf dagegen strömt alt und jung jeden Sonntag ins Gotteshaus. Doch dort sind die Gassen krumm und eng. Dort haben sich die Siedler um dreißig Jahre früher niedergelassen als in Varias. Der Kenner hört auch, daß die Leute aus einer anderen Gegend eingewandert sind, ihre Mundart ist anders. „Wir können mit ein wenig Gehör sofort bestimmen, aus welchem Dorf ein Schwabe stammt", sagt das Mädchen.

Jedes Dorf hier hat sein Schicksal. Auf das eine schaut man noch immer ein wenig von oben herab, weil hier Maria Theresia einstige

Sträflinge angesiedelt hat. In der Nachbargemeinde bildet man sich etwas darauf ein, daß hier Kaiser Josef einmal gerastet hat. Und in einer gebirgigen Gegend hat sich sogar ein Dorf namens Tirol erhalten; der Kaiser wollte hier nach der Niederwerfung des Tiroler Aufstandes von 1809 geflüchteten Freiheitskämpfern, die von Andreas Hofers Freund Speckbacher geführt wurden, eine neue Heimat schaffen. Sie bauten sich Häuser im Tiroler Stil, mit Steinen auf den Dächern. Aber ihr Heimweh war zu stark: Sobald es wieder möglich war, schnürten sie alle ihr Bündel. Einige Handwerker blieben in Temesvár hängen, und dort kennt man heute noch eine Tiroler Gasse.

Doch das ist nur Heimatkunde, Geschichte! Die Schwaben, die sich noch an die kümmerlichen Reste ihres einst so gewaltigen Besitzes klammern, haben andere Sorgen: Die aktuellen Probleme der Auseinandersetzung mit einer Gesellschaftsform, die ihrem tief eingewurzelten Streben nach Eigentum völlig zuwider ist.

In den ersten Stunden der Gastfreundschaft verbergen Höflichkeit und Zurückhaltung Klagen und Fragen. „Fühlen Sie sich bei uns wie zu Hause", sagt die stämmige Frau einladend im Hoftor. Ein struppiger Hund verbellt den Gast. Das Haus liegt am Ende der Straße, festgemauert, langgestreckt, eine Jahreszahl über dem Giebel samt Initialen, ein rundes Tor, Kukuruzbündel im Hof, Raumverteilung und Architektur, wie man es von den Vätern ererbt hat: auf der einen Seite das Haupthaus mit dem offenen Hausgang, aus dem man direkt in die Küche tritt. Vor 75 Jahren beschrieb ein Buch über die deutschen Gemeinden Südungarns ein solches Haupthaus so: „Vom Gange öffnet sich eine Tür nach der geräumigen und zumeist bemalten Küche. Aus der Küche führt rechts und links eine Tür nach den Zimmern. Rechts liegt die Stube, die in keinem deutschen Haus fehlt, aber nur als Festgemach zum Empfang von Gästen benutzt wird. Auf beiden Seiten hochgetürmte Betten voll schneeweißer Kissen, hie und da auch schon Sofas, Rohr- und Armstühle, Blumentöpfe. Das andere gegen den Hof hin gelegene Zimmer heißt Kammer, die Schlafstube."

Dieser Schilderung braucht man nur wenig hinzuzufügen. Vielleicht das Tonbandgerät auf dem Küchentisch, ein Bild vom Heidelberger Schloß in der Stube und gerahmte Hochzeitsfotos. Auf der anderen Hofseite ist ein kleineres Wohnhaus, für die Alten im Ausgedinge gedacht, nun aber wegen der Kühle der dicken Mauern als Sommerküche dienend. Hier wird im Sommer gekocht. Hier ist der

Radioapparat meist auf Wien eingestellt, hier trägt die Hausfrau frische Trauben vom Spalier auf.

Eine Schwabenfamilie, seit Jahrhunderten hier zu Hause. Der Bauer und sein Sohn verdienen als Handwerker in einem Kollektiv ihre Lei, die Tochter lebt unter der Woche in der Stadt und arbeitet in einer Konservenfabrik, der Großvater verdingt sich noch als Taglöhner im Staatsgut, die Mutter hält das Haus sauber, züchtet Kleinvieh (Schweine, Hasen, Hühner, Gänse), damit der Speisezettel etwas abwechslungsreicher wird. Dem Gast zu Ehren wird ein Hase geschlachtet und in der guten Stube ein Bett hergerichtet: „Sie müssen selbstverständlich über Nacht bleiben. Bei den Schwaben schickt man niemanden weg. Auch heute nicht", heißt es. In dieser Stube wird einem bewußt, wie man hier einst gelebt hatte, selbst in einem Haus, von dem die Besitzer einschränkend sagen: „Wir waren nie reich, aber heute sind wir noch ärmer." Aus dieser Stube sind schon längst alle bäuerlichen Möbel verschwunden, wie in den meisten Banater Dörfern: sie ist städtisch eingerichtet, mit schwerem, altdeutschem Mobiliar. Die Schwaben mühten sich zwar bei ihrer Bauernarbeit, aber der Ertrag ihrer Felder war so hoch, daß sie zu Bürgern wurden. Und das wollten sie dokumentieren. Darum wohnten sie wie Stadtherren. Noch immer spiegeln die Häuser diese Wohnkultur, obwohl die Schwaben so viel verloren haben.

Die Not, die totale Enteignung nach dem Krieg haben manchen Deutschen im Banat verbittert. Andere wieder lernten nachdenken. Wie schrieb man doch vor 75 Jahren? „Der südungarische Deutsche ist im allgemeinen ein sehr praktischer, häuslicher Mensch, dabei fleißig, anstellig, ein guter Wirt und beinahe bis zum Geiz sparsam. Sein Ideal ist die Wohlhabenheit, viel Geld und soviel Grundbesitz als möglich. Daher begnügt er sich selten mit seinen eigenen Äckern, sondern pachtet noch in der Nachbarschaft dazu. In seinem ehelichen Leben herrschen gewöhnlich Frieden und Glück, obgleich bei den Eheschließungen nicht das Herz der jungen Leute, sondern der rechnende Verstand der Alten zu entscheiden pflegt."

Nur eine Ergänzung dieses Urteils ist die Meinung eines alten Lehrers, der seinen französischen Namen hegt und Wert auf seine Lothringer Abkunft legt. Kahlköpfig und herrisch ist er, und sein Wort gilt viel. Die Bauern anerkennen ihn als den Dorfgelehrten, der Mann der Bücher, der die Geschichte kennt, und die Menschen. „Sie waren zu reich", sagte er. „Der Boden bedeutete alles. Rundherum hatten sie schon alle Felder aufgekauft, weit in die Nachbargemeinden hinein. Sie plagten sich und schufteten weiter. Sie heirateten ohne Liebe — statt der Herzen zählten die Hektar. Schon vor dem Krieg waren Einkindehen bei uns keine Seltenheit, damit der Besitz nicht zerteilt werden mußte. Das Studieren hat man den Sachsen in Siebenbürgen überlassen, wenn nicht gerade einmal ein Bursch Geistlicher wurde oder Lehrer. Und als das alles dahin war, meinte so mancher, es sei endgültig aus. Sein Leben hatte keinen Inhalt mehr ..."

Der alte Lehrer hatte jedoch in diesen Jahren seine Mission erkannt. Er hatte mit den starrköpfigen Männern, die alle einmal vor ihm die Schulbank gedrückt hatten, gerungen. Er wollte ihnen die Augen öffnen: daß es notwendig sei, weiterzuleben, daß man sich mit dem neuen System arrangieren, daß man sich einfügen müsse. Er wurde angefeindet, weil er sich in die Partei hatte einschreiben lassen — bis man ihn wegen Unzuverlässigkeit aus der Partei hinauswarf. „Was habe ich den Leuten zugeredet, als die Kollektivierung begann. Tretet bei, es gibt keinen anderen Ausweg. Sie zögerten. Und auf einmal war es zu spät. Nun müssen die, die übriggeblieben sind, ins Staatsgut." Mit der Melancholie des Weisen breitet er seine Philosophie vom Überleben aus, die Dogmen eines Abgeklärten für den Existenzkampf einer Minderheit. „Wir dürfen uns nicht abkapseln, uns nicht vom Leben überrollen lassen."

Der Lehrer schenkt den selbstgepreßten erfrischenden Wein ein und zerpflückt die Geschichte seines Volkes. „Auch die Österreicher haben uns nicht immer glücklich gemacht. Das Banat war immer wieder ein Pfand für die Botmäßigkeit der Ungarn, deshalb war unser oberster Herrscher einmal Kaiser, dann wieder König. Wir haben trotzdem immer Kaiser gesagt. Und wenn uns die Ungarn regierten, bekamen unsere Dörfer andere Namen, und die Lehrer mußten ungarisch unterrichten. Aber wir haben es überstanden."

Unter der rumänischen Regierung nach dem Ersten Weltkrieg entfaltete sich das Banat noch einmal zu voller Blüte. Der Reichtum wuchs wie das Selbstbewußtsein. Die Deutschen hörten viel von Deutschland und gewöhnten sich an, eher nach Berlin zu blicken als nach Wien, zumindest die mittlere Generation. Wie bei den Sachsen in Siebenbürgen, steckten sich die Menschen Parteiabzeichen an, und ihre Kinder gehörten auf einmal zu Fähnleins und Gefolgschaften. Eine immer schon stolze Minderheit läßt sich von einem plötzlich verbrieften Herrenrassetum nur allzu leicht ködern.

Der Fall war tief. Wer sich nicht den Rückzugkolonnen der Deutschen Wehrmacht anschloß, mußte büßen. In der Nähe von Hermannstadt, in einer jener Sachsenstuben, die im Gegensatz zu den Banater „Repräsentationsräumen“ das Bauerntum nicht verleugnen, schlägt der Hausvater das Familienbuch auf, zwischen wurmstichigen buntbemalten Truhen und Schränken. Von der Wand starrt Luther auf eine abgegriffene Bibel hinab, die auf dem Tisch liegt. Und an jedem freien Fleckchen liefern gestickte Sprüche überkommene Lebensregeln, wie „Morgenstund hat Gold im Mund“ und „Ehrlich währt am längsten“. In der Chronik des Hauses ist jedoch wenig vom Familienidyll und romantischer Heimchen-am-Herd-Stimmung aufgeschrieben. Sie reicht zurück bis zu den blutigen Zeiten der Türkennot, als die Sachsen in ihre Wehrkirchen flüchteten und den Sturm vorüberbrausen ließen. Von Glück und Not wird erzählt in steiler Kurrentschrift, von wechselnder Hand. Das fast unberührte Weiß zweier leerer Seiten läßt beim Blättern innehalten. In großen Buchstaben steht hier nur ein Satz: „Fünf Jahre in Rußland.“ Sonst nichts. Die Frau, die ihrem Jüngsten gerade ein Grießkoch einflößt, sagt: „Auch ich war dort, fünf Jahre lang.“

Jede Sachsenfamilie, jede Schwabenfamilie hat einen Vorrat an solchen Schicksalen. Alle Männer und jungen Burschen, aber auch alle arbeitsfähigen Frauen wurden 1945 in Viehwaggons verladen und verschwanden in den Steppen der Ukraine und in den Bergen des Ural. Als sie den „Propusk“ zur Heimkehr in Händen hielten, hatten sich in ihren Häusern längst Rumänen, Zigeuner und Serben breitgemacht, und die Zurückgebliebenen hausten in Ställen oder engen Kammern.

Viele Frauen erlebten herbe Enttäuschungen: Sie hatten ihre Männer verloren, obwohl diese nicht gefallen oder gestorben waren. Auf dem Kartoffelfeld einer Kollektivwirtschaft in Siebenbürgen arbeiten etwa zehn Frauen, kein Mann weit und breit. Sie strecken für eine kurze Pause die gekrümmten Rücken. In ihre zerfurchten Züge hat sich nicht nur die Gewalt der Sonne eingegraben. Bei manchen haben die Lippen über den Kiefern den Halt verloren, weil die Zähne ausgefallen sind und ein künstliches Gebiß auf dem Land Mangelware ist. Zehn Frauen auf dem Feld, die jüngste ist 55, die älteste 75. „Wir müssen die schwere Arbeit tun, sonst könnten wir nicht leben“, seufzt eine. „Wir sind alle Witwen, ob unsere Männer leben oder nicht. Viele sind nach dem Krieg nach Deutschland verschlagen worden und haben uns vergessen, andere geheiratet, was wissen wir ... Wahrscheinlich sind sie glücklich geworden.“

Das Vokabular der Schwaben enthält ein Schreckenswort, das für die Sachsen keine Bedeutung hat: „Baragan". Nach ihrer Rückkehr aus Rußland wurden viele Schwaben in den frühen fünfziger Jahren noch einmal verschickt: alle die, denen man irgend etwas Belastendes aus den Kriegsjahren nachsagen konnte. Die Auswahl hing jedoch von der Willkür der örtlichen Behörden ab. Mit Kindern, Frauen, Großmüttern setzte man sie in der Baragansteppe nahe dem Schwarzen Meer auf freiem Feld aus: sie sollten sich von Gras ernähren und mit ihren Händen Erdlöcher wühlen, um darin zu schlafen. Da lagen sie lange im Grundwasser, bis sie so weit waren, sich primitive Hütten zu bauen. Aus einem zerfetzten Schulheft liest ein siebzigjähriger Schwabe, der noch Soldat des Kaisers war, das „Lied vom Baragan" vor. Ein primitives Lied, gesungen nach der Melodie des „Argonnenwaldes", ein einfaches Lied, keine Dichtung, aber ein Dokument:

O Baragan, o Baragan, jetzt sind wir in der Wüste dran.
Der Wind weht kalt, der Staub fliegt hoch,
Die Menschen hausen nur in einem Loch.
Man setzte uns auf freies Land,
Da gruben wir tief in den Sand,
Ein Häuschen klein, mit Stroh gedeckt,
Wo wir dann haben uns schnell 'reingesteckt.
Und mit dem Spaten in der Hand,
So mancher vor dem Loche stand.
Mit Sehnsucht denkt er an sein Lieb,
Ob er es wohl noch einmal wiedersieht?
Wir leiden jetzt schon bitt're Not,
Wir stehen tagelang ohne Brot.
Es ist auch meistens hart und alt.
Doch wir schweigen und hoffen auf anderes bald.
Und drückt uns auch das Schicksal schwer,
Wir Menschen fürchten uns nicht mehr.
Und wenn auch mancher von uns fällt,
Wir gehen stolz und tapfer durch die Welt.
O Baragan, o Baragan,
Ein stiller Friedhof fängt hier an.
In deiner kühlen Erde ruht
Bald manches tapfre Banater Blut.

„Heute begreife ich kaum, daß ich überleben konnte", sagte der Bauer. „Als wir dann endlich wieder frei waren, mußten wir in die Kolchosen eintreten. Unsere Höfe waren verrottet. Die Rumänen erkannten schließlich, daß es doch besser ist, uns wenigstens die Häuser zurückzugeben. Damit sie nicht verfallen." Mit feierlicher Gebärde rollt er das Dokument auf, das ihm das Eigentum an seinem Haus garantiert. „Man sieht das Ergebnis: früher war das Dorf am Verkommen, jetzt hat jedes Haus wieder frischen Verputz."

Eine Reise durch jene Länder der Donaumonarchie, in denen die Deutschen geblieben sind, erschöpft sich nicht in Reminiszenzen, Kaiserschmarren und k. u. k. Schwärmereien. Nein, hier wird man mit den harten Tatsachen einer verlorenen Welt konfrontiert, die aber dennoch besteht. Kolonistenzähigkeit in Türkennot und Pestzeit wurde von Bürgerbehaglichkeit und Wohlstandshybris abgelöst. Aber dieselbe Generation wurde dann wieder in den Zustand, den der Wahlspruch der Siedler mit dem Wort „der Zweiten Not" bezeichnete, zurückgestoßen. Ohne Hoffnung und wehrlos wurde diese Generation beim Einsturz ihres auf den Pfeilern Eigentum und Fleiß ruhenden Denkgebäudes mitgerissen. Sie wurden arm und im klassenlosen Staat Menschen zweiter Klasse. Sie sanken so tief, daß einfache Bauern plötzlich philosophierten: „Das Leben hat keinen Sinn mehr." Das Banat, dieses auf kaiserlichen Befehl geschaffene Paradies, drohte sich in eine absterbende Landschaft zu verwandeln, der Parteierlässe kaum neues Leben einzupflanzen vermochten.

Dann siegte jedoch der Arbeitswille dieses ausdauernden Menschenschlages. Niemand wundert sich, daß das Staatgut in Varias, als bester derartiger Betrieb Rumäniens, Preis, Ehrenfahnen und andere Orden der Arbeit einheimst; daß an langen Sommerabenden in den Höfen der Häuser wieder alte Lieder erklingen; daß da und dort bei Hochzeiten die Trachten aus den Schränken geholt werden; daß man wieder drei Tage feiert und jeder seinen Obolus dazu beisteuert; daß man mit Wein, Tanz, Gesang und Musik kurze Illusionen der Fröhlichkeit erzeugt.

Man versammelt sich lieber zu Hause; denn im Gasthaus, wo die Zigeuner aufspielen, ist das Bier meistens knapp. Oder man geht zur sonntäglichen „Unterhaltung".

„Sie müssen zu unserer Unterhaltung kommen", hatte das Mädchen entschieden. Denn die „Unterhaltung" ist der Höhepunkt nach einer Woche der Normen und des Planerfüllens. Die „Unterhaltung" lockt sogar die jungen Leute ins Dorf, die sechs Tage lang ihr Geld in der Stadt verdienen und immer enger an diese neue Umgebung gebunden werden. Hier jedoch, in diesem Tanzsaal, ist die Welt von gestern bewahrt, ein weniges von jenen Jahren, aus denen die Eltern wehmütig märchenhafte Geschichten wissen.

Von der grauweißen Decke des sonst schmucklosen Saales flattern bunte Bänder wie bei einer Karnevaldekoration. Von der Bühne dringt das stampfende M-tata einer Blasmusik. Neben der Kapelle sitzen, wie der Chor oder eine Gruppe von Ehrenjungfrauen, mehrere weibliche Wesen und betrachten das Treiben zu ihren Füßen: die Gattinnen der Musiker. Auf einer Tribüne bilden Frauen meist älteren Jahrgangs eine Galerie der Wachsamkeit. Sie stricken, flüstern miteinander und halten ihre behütenden Augen über die Mädchen, die vor ihnen zur Ecke der Burschen hinüberflirten und sich den nächsten Tanz erhoffen, eine Polka, bei der die Röcke fliegen.

Sorgfältig wird die Geometrie des Anstandes gewahrt, wie es die Väter und Großväter gelernt und gelehrt haben — hie Frauen, hie Männer, hie Mädchen, hie Burschen. Und die Kapelle unterwirft sich der traditionellen Tanzordnung: Marsch, Polka, Walzer . . .

Vor fünfundzwanzig Jahren war es so im Vereinshaus. Man möchte nun gern das mystische „Früher“ wieder zum Leben erwecken. Jedoch um alle Zweifel zu beseitigen, jubelt über der Bühne ein rotes Transparent: „Hoch lebe der 23. August“, der rumänische Befreiungstag. Das kurz vor Kriegsbeginn erbaute Vereinshaus wurde zum „Kulturhaus“ aufgewertet. Bei der Garderobe wird kein Bier ausgeschenkt, sondern nur eine schale Limonade. Und heute ist auch die linke Längsseite des Saales besetzt. Dort drängen sich die Serben, die andere Hälfte der Dorfbevölkerung. Auf dem Tanzboden mischen sich die Paare zum Takt der Musik. Dennoch sind durch den Raum imaginäre Trennungslinien gezogen. „Wir tanzen nicht mit den Serbinnen, und die Serben nicht mit unseren Mädchen“, stellt ein Bursch kategorisch fest — so wie auf den Feldern der Kolchose Serben und Schwaben meist getrennt arbeiten. „Früher haben die Serben ihre eigene ‚Unterhaltung‘ gehabt. Jetzt schickt man sie zu uns.“ Die befohlene Gemeinschaft funktioniert jedoch nicht; in mancher Samstagnacht fliegen die Fäuste zwischen jungen Serben und Deutschen. Aber am Montag grüßt man einander wieder.

„Wir sitzen im selben Boot. Nach dem Krieg waren die Serben zwar obenauf und haben sich unsere Maschinen, Möbel und Pferde genommen. Dann hat man auch ihnen alles verstaatlicht, und nun schimpfen sie mehr als wir“, berichtet ein schwäbischer Bauer.

Die Burschen haben den Gast aus Österreich an die Wand gedrückt. Die Menschen von „draußen" sind heute zwar nicht mehr so selten wie vor einigen Jahren. Dennoch prasseln die Fragen auf jeden hernieder, in sorgfältig gewählten Worten, eindringlich und manchmal fast bittend: „Wieviel verdient ein Metallarbeiter bei euch in der Stunde? Was kostet die Butter bei euch? Haben Sie ein Auto?" Die meisten kennen die Antworten schon, aber sie wollen sie immer wieder hören. Sie machen keinen Unterschied zwischen Österreich und der Bundesrepublik Deutschland. Sie denken kaum an ihre österreichische Vergangenheit. Sie sind Deutsche — und Österreich und die Bundesrepublik sind Länder, in denen deutsch gesprochen wird. Der Gedanke an diese beiden Länder gibt dem Leben so vieler im Banat und in Siebenbürgen einen neuen Inhalt. Denn sie wollen alle weg, zurück in die Landschaften, aus denen ihre Urväter nach Südosten gewandert sind. Von zehn Deutschen in Rumänien versichern einem neun: „Wann immer sich eine Gelegenheit bietet, werden wir auf und davon gehen."

Ihre Wunschträume kreisen um dieses Ziel. Sie horten jedes Stück von „draußen" wie einen kostbaren Schatz: deutsche Bücher, Schlagerplatten, Zeitungen — und sei es selbst das österreichische KP-Blättchen —, Sportzeitschriften. Sie reden vom Fußball, von Rapid und Austria, von der Deutschen Bundesliga. Ihre Radioapparate empfangen meistens Wien. Am Sonntagvormittag dröhnt aus dem Friseurladen die Wiener Frühschoppenmusik. Zu Mittag wundert sich die Hausfrau über die Meldungen von den vielen Autodiebstählen, die die Sendung „Autofahrer unterwegs" bereichern. Und wenn dann eine weibliche Stimme im „Landfunk" die Bauersfrau mit guten Kochtips versorgt, seufzt die schwäbische Bäuerin. Denn im Radio wird gerade als Rezept des Tages „Eierschwammerln mit Kalbshirn" empfohlen. „Ja, Kalbshirn, Kalbfleisch, das haben wir schon seit Jahren nicht mehr gegessen." Die kollektivierte Landwirtschaft drückt hier auf die Menschen. Sie können sich nicht einmal die Kuh leisten, die ihnen zusteht, weil man zuwenig Futter bekommt. Mangel ist im Dorf noch immer das brennendste Alltagsproblem. „Was war das doch für ein Paradies", sagt ein Bauer. „Früher hätten Sie herkommen sollen. Wie waren unsere Wirtschaften doch modern! Viele von uns waren um 1900 in Amerika, haben sich dort Geld gespart und Maschinen ins Banat gebracht, wie sie nirgends sonst in Europa arbeiteten. Und jetzt ist alles hin."

Ein junger Österreicher, der aus dem Banat stammt, erzählt nach dem ersten Besuch in seinem Elternhaus in der Nähe von Temesvár: „Ich habe aus Briefen gewußt, wie es den Leuten geht. Ich habe mir auch keine falschen Vorstellungen gemacht. Aber als ich das alles mit eigenen Augen gesehen habe, da mußte ich zuerst einmal eine Stunde lang weinen."

Darum klammern sich die jungen Menschen da unten vor allem an die eine Hoffnung: wegzukommen. Sie erleben dieses andere Europa peripher: durch das Radio, durch Briefe und durch die Berichte derer, die „draußen" Erfolg hatten. Von Zeit zu Zeit erhalten einzelne die Ausreiseerlaubnis. Meistens sind es Fälle einer Familienzusammenführung. Schon nach ein, zwei Jahren besuchen viele ihr Dorf wieder und schildern dieses andere Leben, manche vielleicht sogar zu rosig — und die Menschen unten hören kritiklos zu. Ihr Sehnen wird wieder stärker. Gerüchte werden genährt. Sie suchen wieder an, stehen bei den Behörden Schlange und warten. Und erhalten wieder einmal ein kurzes Schreiben: abgelehnt.

Nicht alle können so ein Gesuch riskieren. Wer eine besondere Stellung hat, wer in dieser sozialistischen Gesellschaft Karriere machen will — wenn für die Deutschen die Möglichkeiten dazu auch beschränkt sind —, der muß sich zu dieser Gesellschaft bekennen. Ein Ausreisegesuch würde ihm den Weg nach oben verschütten. Dennoch hat selbst das Parteiabzeichen am Revers manche nicht abgehalten, vor die Behörden hinzutreten und zu fordern: „Wir möchten hinaus."

Die Begründung, die alle haben, ist immer die gleiche: berechtigtes Vertrauen in die eigene Tüchtigkeit. Der Wunsch nach dem höheren Lebensstandard. Sie fragen nicht nach dem Preis: „Hier müssen wir schuften, schuften und wieder schuften. Für wenig oder für nichts. Draußen wissen wir, was wir für unsere Arbeit bekommen und daß sich unsere Plackerei lohnt."

Auf den Alten lastet noch etwas anderes: Bedrückung, Furcht und die Ausweglosigkeit des Minderheitendaseins. Einer, der einmal sehr reich war, offenbart sich: „Ich würde auch nicht nach Amerika auswandern. Denn auch dort spricht man nicht deutsch. Und ich weiß zu gut, was es heißt, Minderheit zu sein. Nein, ich will dort leben, wo alle deutsch reden."

Die Männer unter den Rumäniendeutschen, denen noch immer eine inoffizielle Führerrolle zugeteilt ist — Priester und Lehrer —, warnen jedoch vor Phantastereien und Hirngespinsten: „Wir dürfen die Leute nicht verrückt machen. All die Gerüchte von Massenauswanderungen erschweren nur das Leben. Wir dürfen keine falschen Hoffnungen wecken. Wir müssen uns mit den Bedingungen abfinden, unter denen wir existieren."

Die Deutschen in Siebenbürgen flüchten sich oft in die Vision eines neuen Sachsenzuges: So wie vor mehr als 800 Jahren ihre Vorfahren dem Ruf der ungarischen Könige Géza II. und Andreas II. gefolgt und in die unbewohnten Landschaften Siebenbürgens getreckt waren, so möchten sie nun wieder mit Sack und Pack in umgekehrter Richtung aufbrechen und ihre Heimat aufgeben. Fast 200.000 Sachsen wären bereit, alles liegen und stehen zu lassen: ein Land, in dem sie viel mehr verwurzelt sind als die Schwaben, in dem sie durch Jahrhunderte eine altdeutsche Stadt- und Dorfkultur gepflegt haben und wo sie sich den Ehrentitel verdient hatten: „Germanissimi Germanorum", die Deutschesten der Deutschen. Die feste Stadt Hermannstadt erwarb sich in der Türkenzeit das Prädikat: „Des Reiches und aller Christenheit schirmendes Bollwerk, Mauer und Schild."

Noch heute stemmt sich der Schutzwall im Süden der Stadt mit seinen mittelalterlichen Türmen gegen einen unbekannten Feind. Da hat man eine Fahrt in einem rumänischen Personenzug hinter sich, zwei Stunden zwischen Kartoffelsäcken und Stoffbündeln, barfüßigen Bauern in engen weißen Röhrenhosen, neben einer Zigeunerin, die ihrem Baby zwischen zwei Stationen die Brust gibt, neben verschmierten Soldaten, die Karten dreschen; eingehüllt in sämtliche Gerüche des Südostens und schon selbst behaftet mit diesem Parfüm aus Knoblauch und Zwiebel, entrinnt man endlich der überquellenden Balkanherrlichkeit — und holpert auf einmal in einem offenen Fiaker über bucklige Pflastersteine mitten hinein in ein urdeutsches Kleinstadtidyll: trotzige Mauern, steile Giebel, breite Tore und enge Pforten, bei denen sich selbst ein zu kurz geratener Bürger bücken muß; steinerne Wappen, die von verblaßten Geschlechtern raunen; Hauszeichen, Zunftsymbole, winkelige Höfe mit Brunnen, aus denen Generationen ihren Durst gelöscht haben, Blumen auf verglasten Hofveranden, Erker als „Kanzeln" für neugierige Bürgerfräulein und strenge abweisende gotische Pfeiler an Hauswänden, die von der Zeit benagt sind. Wenn man die Ohren spitzt, fängt man zwischen diesen krummen Häuserzeilen ein bergbachklares Deutsch auf. Die Vokale scheinen synthetisch gereinigt zu sein. Draußen auf dem Land, da sind die sächsischen Dialekte ein Sammelsurium von Wort- und Aussprachevarianten, ein Arbeitsfeld für den Linguisten, für den Uneingeweihten aber eine Fremdsprache, die von den Sachsen in einem leichten Singsang an ihn herangetragen wird. In der Stadt dagegen ist das reine Deutsch den Sachsen heilig wie der von ihren Reformatoren übernommene lutherische Glaube. In dieser Stadt war man dem Kaiser immer treu, aber man hatte in ihm wohl eher den deutschen Souverän als den österreichischen gesehen. Und wenn man heute nach dem einzigen großen Hotel fragt, nach dem „Palatinis", dann wird der Sachse antworten: „Sie wollen wohl zum ‚Römischen Kaiser'?" Diesen Namen vermochte auch der Sozialismus nicht auszumerzen.

Manchem österreichischen oder ungarischen Leutnant aus irgendeiner fernen Stadt der Monarchie wird Hermannstadt wohl Rätsel aufzulösen gegeben haben. Denn Hermannstadt und Rothenburg ob der Tauber oder andere wallumschlossene Restbestände des Mittelalters sind miteinander mehr verwandt als Hermannstadt und Temesvár. Die katholische Hauptstadt des Banat, die Gassen und Plätze der einstigen Festungen haben barocken Charme in die Neuzeit herübergerettet. Hermannstadt dagegen, in seiner traulichen, aber doch etwas schroffen Beschaulichkeit eines altdeutschen Gerichts-, Wehr- und Verwaltungszentrums, trägt protestantische Strenge, so als ob der bronzene Bischof Teutsch vor der ernsten Fassade der gotischen Kirche noch immer mahnend puritanische Einfachheit und Eifer verkündete. Das vom Norden Deutschlands stammende Erbe wurde gehärtet durch den permanenten Abwehrkampf dieser Kulturinsel, aber auch gemildert von der Sonne und Fruchtbarkeit des Südostens und der unbeschwerten Lebensart jener Völker, mit denen die Sachsen in Nachbarschaft lebten.

In der Kirche schimmert das durch Glasfenster in viele Farben zerlegte Licht gotischer Kathedralen. An diesem Wochentagvormittag brausen aus den gewaltigen Lungen der Orgel, der größten südöstlich von Wien, Choräle aus dem Bachschen Orgelbüchlein. Auf den Bänken sind in Fraktur die Namen ihrer Benützer eingeritzt. Die deutschen Gesang- und Gebetbücher harren des nächsten Gottesdienstes. Unter dem letzten Bogen ruft ein Stein zum Gebet für die Toten des Ersten Weltkrieges. Und nach mühevollem Klettern über Schneckentreppen und Leitern erreicht man den letzten Horst des Doppeladlers: In der Turmstunde auf der großen Glocke, die allen Einschmelzaktionen entgangen ist, hält er einsame Wacht im Südosten, und darunter hat sich der Meister verewigt: k. u. k. Hofglockengießer Sellenhoffer und Söhne aus Ödenburg. Unter den Fensterluken wogt das Dächergewirr, spitz und steil, verschlungen und gezahnt. Erst am Rand des eigentlichen Stadtkerns bemerkt man die Ergebnisse österreichisch-ungarischer Bautätigkeit. Dort dehnen sich die Kasernen der Garnisonsstadt, wo die k. u. k. Armee einstmals an die 4000 Mann liegen hatte.

Zu Füßen des Turmes fügt es sich, daß wir einem „Hinterbliebenen" der habsburgischen Siedlungpolitik begegnen, einem jungen Burschen am Steuer eines Taxi. Als er die rumänisch gestammelte Adresse vernimmt, lacht er: „Mit mir können Sie ruhig deutsch reden." — „Sind Sie Sachse?" — „Nein, ich bin ein Landler." Landler — wieder ein neuer Begriff in diesem Fleckerlteppich der Völker. In drei Dörfern in der Umgebung von Hermannstadt, in Neppendorf, Großau und Großpold, werden von den Deutschen zwei grundverschiedene Mundarten gebraucht und andere Trachten getragen, nur der Glaube ist derselbe. Und darum sind die „Landler" auch nach Siebenbürgen eingewandert, das heißt verschickt worden. Kaiser Karl VI. und Maria Theresia befreiten sich auf diese Weise von halsstarrigen Protestanten, die vom Katholizismus nichts wissen wollten. Deshalb wurden einige tausend Bauern aus Oberösterreich — dem „Landl", von dem sie ihren Namen haben —, aus Salzburg, der Steiermark und Kärnten nach Siebenbürgen umgesiedelt, zu den reformierten Sachsen.

Und die Landler sind bis heute Landler geblieben. In Großau, wo sich Sachsen und Landler die Waage halten, wird eine Sächsin scheel angesehen, wenn sie einen Landler heiratet, und umgekehrt. Dem jungen, energischen Pastor werfen die Landler vor, daß er bei Hochzeiten für Sachsen im sächsischen Dialekt, bei Landlertrauungen jedoch hochdeutsch spricht. Denn der Pastor ist eben Sachse. Wenn einmal gerauft wird, sind die Fronten meist zwischen Sachsen und Landlern abgegrenzt. Die Notzeiten haben die beiden Gruppen näher zueinanderrücken lassen. Für die Sachsen sind die Landler dennoch Zugewanderte, mit denen sie nie viel anzufangen wußten. Sie haben ihren Stolz und ihre Tradition. Das wird einem in der Kirchenburg von Großau klar, in dieser einst beinahe unbezwingbaren Festung mit den Mauerringen und dem Turm, in dem die ganze Gemeinde Schutz fand. Hier ritten so manche Türken-, Tataren- und Kuruzenbanden vorüber und warfen Brände in die Häuser. Das Volk aber überlebte. Fast jedes Sachsendorf rühmt sich so einer Wehrkirche. Und sie hat heute anderes abzuwehren als wilde Reiterhorden. Die Leute hängen ihr noch immer an, und deshalb hat der

Pastor in vielen Dörfern noch immer mehr Autorität als der Parteisekretär. Die Landler bekamen es jedoch zu spüren, daß sie an der Geschichte der Sachsen nicht teilhatten, sie mußten bis heute manch verächtliches Wort über ihre Abkunft vernehmen aus dem Mund einer Bauernaristokratie, die ihre Vorfahren oft bis zur Herrschaft der frühen Ungarkönige zählen kann.

Wie im Banat ist es jedoch auch in Siebenbürgen der schlechteste Augenblick, sich mit kleinlichen Zänkereien aufzureiben. Der Daseinskampf der Deutschen hat ein Stadium erreicht, wo sie sich fragen müssen: Haben wir überhaupt noch eine Chance, uns so zu erhalten, wie wir waren und sind, oder ist alles zwecklos? Viele Sachsen haben schon resigniert.

In einem Dorf bei Kronstadt am Fuße der Karpaten. Aus den offenen Fenstern flattert eine vertraute Melodie: „Kommt ein Vogel geflogen ..." Und den Eintretenden grüßen die Kinder mit „Grüß Gott". Die deutsche Lehrerin malt dennoch ein düsteres Zukunftsbild: „Man nimmt uns Schritt für Schritt Raum, fast unmerklich. Immer neue Bestimmungen und Änderungen. Die letzte Schulreform hat unsere Bewegungsfreiheit wieder eingeengt. Bis jetzt waren die deutsche und die rumänische Schule getrennt, in eigenen Gebäuden untergebracht. Nun hat man alles zusammengelegt, hier eine rumänische Klasse, da eine deutsche. In der Pause spielen die Kinder gemeinsam im Hof. Dagegen haben wir natürlich nichts, obwohl die Disziplin unserer Kinder dadurch nachgelassen hat. Aber die Schule war die deutsche Kulturstätte im Dorf. Wir haben Theater gespielt, Singabende veranstaltet und so weiter — und da kamen die Leute, sahen ihre Kinder und fühlten, daß sie doch noch zusammengehörten. Heute können solche Veranstaltungen nur noch gemeinsam mit den Rumänen organisiert werden. Und die Deutschen bleiben verärgert und interesselos zu Hause ..."

Wie der Stundenplan aussieht? Außer der Muttersprache werden Mathematik, Physik, Chemie, Musik, Turnen und Zeichnen deutsch unterrichtet, Erdkunde, Geschichte und Bürgerkunde rumänisch. In Kronstadt, Hermannstadt, Schäßburg, Temesvár und Bukarest gibt es auch noch deutsche Gymnasien, und auch viele Rumänen schicken ihre Kinder in diese Schulen. In der Dorfschule halten die Lehrer gerade Konferenz — vier Deutsche und drei Rumänen. Die Konferenzsprache ist selbstverständlich Rumänisch.

„Wir werden immer schwächer", sagt ein Sachse, der für das rumänische Reisebüro arbeitet. Er hat so wie viele andere junge

Leute die Bindung zu einem Dorf verloren. Er strebt nach Bukarest, weil er weiß, daß ihm Österreich und Westdeutschland doch verschlossen bleiben. Er wird vielleicht im Sommer wieder am Schwarzen Meer Dolmetscherdienste tun. Andere, die wie er studiert haben, schreiben in der Redaktion der deutschen Tageszeitung „Neuer Weg": ein linientreues Blatt, das in den letzten Jahren etwas von seinem Parteichinesisch einer objektiveren Berichterstattung geopfert hat. Die Deutschen haben auch ihre Literatur und ihre Zeitschrift: „Neue Literatur". Noch dichten sie so, wie es die parteiamtlichen Verwalter der Dichtung verlangen. Da singt Oskar Pastior die Hymne:

„Als der neue Hochofen fertig war, wurde er angeblasen,
und nun liefert er
Roheisen, Charge um Charge,
im immerwährenden August."

Paul Schuster erzählt unter dem Titel „Als ich begann, sehen zu lernen" von Unterkreisleitern, SS-Männern und Pimpfen zu Kriegsende in Hermannstadt. Und Christian Maurer dichtet von den „Augen des Patrice Lumumba" — aber auch von einer unvergänglichen Kirchenburg.

Seit einigen Jahren darf wieder deutsches Volkstum gepflegt und Geschichtsforschung betrieben werden. Die Sektion für Gesellschaftswissenschaften der Rumänischen Akademie der Wissenschaften in Hermannstadt publiziert sogar eine Zeitschrift: „Forschungen zur Volks- und Landeskunde". Die Wissenschaftler müssen sich zwar der marxistisch-leninistischen Sprachregelung unterwerfen, aber sie haben Gelegenheit, sich ernsthaft mit der Vergangenheit ihres Volkes zu befassen. Einige Themen der ersten Nummer: „Betrachtungen zum fortschrittlichen Denken der Siebenbürger Sachsen im 19. Jahrhundert", „Der Hermannstädter Aufstand des Jahres 1556" und eine Geschichte der „Landler": „Die Zwangsverpflanzung österreichischer Untertanen nach Siebenbürgen im 18. Jahrhundert". In die Liste der Autoren haben sich auch Namen eingeschlichen von den Geschlechtern berühmter Siebenbürgener Humanisten: Capesius, Fabritius, Schullerus.

Unter den Sachsen keimt also wieder ein Geistesleben, es wird wieder gedacht und geforscht. Auf dem stattlichsten Barockbau in Hermannstadt prangt der Name Brukenthal, der Name des Barons Samuel Brukenthal, des einzigen sächsischen Gouverneurs von Siebenbürgen. Maria Theresia zählte ihn zu ihren Beratern. Als der Baron starb, verwandelte er testamentarisch seine wertvollen Sammlungen in ein Museum. Kein noch so kühner Neuerer wagte dieses berühmte Brukenthal-Museum anzutasten. Der Direktor der Sammlungen ist jedoch Rumäne.

Im Depot öffnet ein Mann die schwere Schublade. Er will das Bild von der Landnahme der Sachsen zeigen, von dem Treueid, den damals Kolonisten und Deutschordensritter einander geschworen haben. Der Mann, ein deutscher Museumsangestellter, hat sich bitter darüber beklagt, daß das Bild nicht im Museum hängt. Die Archivarin beginnt in der Lade zu kramen und zieht als erstes einen großen Farbdruck hervor: Kaiser Franz Josef in der goldverschnürten ungarischen Husarenuniform. Der greise Monarch blieb nicht die einzige Denkwürdigkeit der österreichisch-ungarischen Jahrhunderte Siebenbürgens. Im Depot schlummern schnauzbärtige Generale, Porträtsammlungen von sämtlichen Garnisonskommandanten, Manöverfotos, Dragonerhelme, Kavalleriesäbel — die „große Schweigerin", die k. u. k. Armee, schweigt im Keller des Barockpalais. Kritisch bemerkt der sächsische Angestellte: „Wir haben immer weniger zu reden. Die Spuren unserer Kultur in den Schauräumen werden immer geringer. Nur eine einzige sächsische Tracht ist in der Volkskundeabteilung ausgestellt, und von unserer Kolonisation sieht man in den geschichtlichen Sälen auch recht wenig."

Dort ist man erst bis zur Zeit Josefs II. gelangt, und die Geschichte schließt mit dem angefärbelten Stich von der grausamen Hinrichtung des Bauernführers Horia, der 1784 Siebenbürgen mit seinen Brandfackeln erschreckt hat. Heute wird er als großer nationaler Revolutionär gepriesen.

Anderen Umgang mit der Geschichte pflegt man in Kronstadt. Der Handelsgeist seiner Bürger wurde oft gerühmt. Vom einstigen Reichtum seiner deutschen Einwanderer künden die unbezahlbaren Orientteppiche an den Wänden der „Schwarzen Kirche", gestiftet von den vornehmsten Kronstädter Familien. Schwarz ist dieses gotische Bauwerk übrigens, weil, wie ein Fremdenführer gerade einer Reisegruppe aus Dresden erläutert, vermutlich die Österreicher die unbotmäßige Stadt vor einigen hundert Jahren in Brand gesteckt haben. Darüber streiten jedoch die Historiker.

Der Geschäftssinn der Kronstädter offenbart sich auch im „Hirschen", einem der stattlichsten Bürgerhäuser, einst Besitz der Apollonia Hirsch. Dort klatschen nun Buben und Mädchen in die Hände, schreien „Hei, hei, hei" und hüpfen zu den Fiedeln der Zigeuner in lockeren Tanzschritten und singend durch den langen Schlauch eines Kellerlokals. Die Lichter verlöschen, und in der Parodie einer Prozession werden flambierte Fleischattrappen hereingetragen — bis der Kinderchor zu einem Twistballett wird. Das Haus der Kaufmannswitwe Apollonia Hirsch wurde von tüchtigen Fremdenverkehrsmanagern zu Kronstadts Touristenattraktion Nummer zwei — gleich nach der „Schwarzen Kirche" — umgestaltet. Die Fröhlichkeit der Feriengäste und Delegationen an den Nebentischen wirkt jedoch wenig ansteckend, wenn einen ein paar Stunden vorher junge Leute flehentlich gebeten haben: „Haben Sie Mitleid mit uns, schonen Sie uns, wenn Sie über uns schreiben."

Es war nach einem langen Gespräch mit mehreren Sachsen. Sie hatten nicht mehr ausgepackt als andere auch. Sie verrieten keine Geheimnisse, kritisierten kaum das Regime, nein, sie hatten nur einen Katalog ihrer Nöte zusammengestellt. Dennoch zitterten sie innerlich, von jener Furcht erfaßt, die die für ihre Kühnheit, auch für ihr Soldatentum berühmten Sachsen nun umklammert. Der Apparat des Staates schreckt sie, aber mehr noch das Ausgesetztsein in einer Heimat, in der sie allmählich zu Fremden werden. Für die Könige von Ungarn haben sie am Rande Europas Wacht gehalten, für die deutschen Kaiser. Sie haben die Grenzen dieses Europa gegen Südosten vorgeschoben. Sie sollten einen Cordon sanitaire gegen die Türken bilden, so wie sich später nach den Ideen Prinz Eugens die Schwaben in den verwüsteten und versumpften Steppen des Banat niedergelassen haben, als lebender Wall gegen künftige Invasionen aus dem Osten. Die Menschen spüren nun, daß ihre Aufgabe erledigt ist, daß sie der Osten verschluckt — und der Westen vergessen hat. „Das bedrückt uns oft am meisten, daß man bei euch so wenig an uns denkt", sagt ein gescheiter junger Lehrer. „Man hat uns abgeschrieben. Man weiß nichts von uns." Der Begriff Österreich wird bei solchen Gesprächen oft zu einem rettenden Anker. „Die Bundesrepublik ist belastet, aber das neutrale Österreich müßte etwas für uns tun können. Schließlich waren wir doch einmal Österreicher."

Dieses Suchen und Grübeln weist die Leute oft seltsame Wege. Da hatten zum Beispiel in Kronstadt, als es noch Stalinstadt hieß, junge Menschen, halbe Kinder, den Geheimbund der „Edelsachsen" gegründet: eine Mischung von jugendbewegtem Neonazismus, romantischer Ritterspielerei und echtem Widerstand, sinnlos, unrealistisch, gefährlich. Bei ihren heimlichen Zusammenkünften schworen sie einen

Eid, keine Mischehen einzugehen. Sie hatten in den Wäldern verbotene deutsche Lieder gesungen und rote Fahnen verbrannt. Bis plötzlich eine Welle von Verhaftungen die große Ernüchterung brachte. Auch Lehrer und evangelische Priester mußten ins Gefängnis, selbst der frühere Stadtpfarrer von Kronstadt. 1964, zum 20. Jahrestag der Befreiung Rumäniens, wurden sie amnestiert. Blaß und schweigsam kehrten sie nach Hause zurück. Die Angst hat sich jedoch tief in die Herzen vieler Kronstädter eingefressen.

Die Angst erwächst aus dem Gefühl der Rechtlosigkeit, aus der Verdrossenheit an einem Leben, das den Deutschen den ihnen gebührenden Platz verweigert. Im Kaiserreich wußten die Sachsen und Schwaben, was sie waren: Stützen der habsburgischen Macht, Kolonisatoren, ein stählernes Gerüst, das den schwankenden Bau dieser Völkerkonzentration zusammenhielt. Nun sind sie nur noch Arbeitskräfte — fast 400.000 Menschen, die zupacken und ohne die die Pläne der Manager in Bukarest nicht erfüllt werden könnten. Sie haben ihre deutschen Schulen, doch manche zweifeln, ob es sich noch lohnt, Deutsch zu lernen; sie gehen noch in ihre ehrwürdigen Kirchen, doch in ihren Gebeten verbirgt sich die Frage, ob Gott sie nicht auch vergessen hat; sie haben ihre deutsche Zeitung, doch der Inhalt widerspricht ihrem Denken. Sie stehen mit zwei Füßen noch immer fest auf dem Boden ihrer Heimat, auch wenn dieser Boden ihnen nicht mehr gehört, aber ihre Herzen sind woanders.

Als die Monarchie zusammenbrach, waren viele Völker bereit, für die Erfüllung ihrer nationalen Träume Unsicherheit und Not in Kauf zu nehmen, wie so viele junge Nationen heute. Doch was erhielten die Deutschen, die in diesen neuen Nationalstaaten geblieben sind? Sie waren ein Teil der Konkursmasse des Reiches. Bis zum Ende des Zweiten Weltkrieges war der Zahltag aufgeschoben, eine Stundung in einer letzten Periode des Wohlstandes, ein Aufschwung vor dem Untergang. Dann wurde vom Schicksal alles eingefordert, und die Deutschen da unten waren Preis, Pfand und Bürgen für die Fehler von Kaiser und Königen und für Hitlers unselige Ostpolitik, die nichts mit dem weitsichtigen Streben der Habsburger gemein hatte. Die Balkandeutschen wurden zum Kleingeld der Geschichte: Passiv und wehrlos mußten sie, die einst die festeste Wehr des Reiches bildeten, erleben, wie man sie verhandelte, verschickte, verschob. Und ihre einzige Hoffnung ist, daß man sie noch einmal zu einem Handelsobjekt macht: in einem Geschäft, das ihnen den gemeinsamen Auszug aus dem Land ihrer Väter ermöglichen soll.

# Wo die Deutschen gehen mußten

„Gestern wurden die Einrichtungsgegenstände abgeholt und die Bücher. Das Wetter war die ganze Woche schön.“ Das sind die letzen Sätze in einem jener Bücher, wie sie Kaufleute zum Registrieren von Gewinn und Verlust verwenden. In diesem festen Band sind jedoch viele Seiten weiß und leer geblieben. Denn nach dem 5. April 1946, dem Tag, an dem dies aufgezeichnet worden ist, gab es nichts mehr aufzuschreiben. Die Gemeinde, von der das Buch erzählt, war aufgelöst worden. Der Chronist wurde zum Flüchtling, zum Vertriebenen, weil ein neuer Staat unter eine vielhundertjährige Geschichte den Schlußstrich gezogen hatte. Nur die Chronik, die blieb. In einem Glasschrank, in dem die Großmütter porzellanene Jäger und Schäferinnen, Tassen mit „Ewig Dein“ und dicke Fotoalben aufbewahrten. Der Schrank steht im etwas verstaubten Stadtmuseum von Nové Město pod Smrkem, nahe der heutigen polnischen Grenze, in Nordböhmen. Neustadt an der Tafelfichte war das einmal. Einen tschechischen Namen hat die Stadt nie gebraucht, denn bis zur Austreibung der Einwohner hat es in dem deutschen Textilstädtchen am Fuße des Isergebirges kaum Tschechen gegeben.

In dem Glasschrank sind die Chroniken gestapelt. Der älteste, dickleibige Band stammt aus dem 17. Jahrhundert. Das letzte, dünne Buch beginnt im März 1945 und endet im April 1946. Man hat es nicht für notwendig gefunden, es wegzuräumen oder zu beseitigen.

Bereitwillig holt der Bürgermeister, ein Tscheche mit KZ-Erfahrung, die Chronik aus dem Schrank. Jeder kann sie lesen. Ein gewisser Franz Heintschel hat sorgfältig Tag für Tag festgehalten. Nie wurde ein Datum ausgelassen. Wenn es in dem Städtchen — früher einmal hieß es sogar Neustadl — nichts Aufzeichnenswertes gab, dann schrieb er eben: „Heute viel Schnee" oder „Der ganze Tag sonnig". Der Chronist arbeitete nüchtern und objektiv. So als ob ihn das alles nichts anginge, als ob er nur zu registrieren hätte. Dann und wann tauchen Namen von Leuten auf, die auf einmal wegmußten, und Namen von Leuten, die in Neustadt ankamen. Er notiert, daß an Masaryks Geburtstag alle Häuser beflaggt waren, in denen nun Tschechen wohnen. Er weiß von den Schlangen vor den Postämtern, als das Geld umgetauscht wurde, von Preissteigerungen und von einem Film über die deutschen KZ-Greuel. Er schreibt von Leid und Sorgen, und auf der vorletzten Seite heißt es einmal: „Die letzten Wochen haben viel Aufregung gebracht." Mehr nicht. Und dann: „Die zur Aussiedlung bestimmten Deutschen wurden in das Lager am Sportplatz eingewiesen."

Der Chronist bewahrte bis zum bitteren Ende Abstand. Bis er selbst in den Strudel des Geschehens geriet. Bis er selbst ins Lager oder in einen Viehwaggon mußte. Gewissenhaft schloß er sein Werk mit den Worten: „Das Wetter war die ganze Woche schön."

Die Welt kennt dramatischere Berichte von der erbarmungslosen Austreibung und Verfolgung, die fast dreieinhalb Millionen betraf, von den Grausamkeiten und Unmenschlichkeiten, die Hunderttausenden das Leben kosteten. Aber das schmale Buch im Glasschrank ist dennoch eines der erschütterndsten Dokumente. Sein Verfasser ist fort, das Buch blieb; blieb in diesem hintersten Winkel Böhmens, wo hinter den Waldbergen früher das deutsche Schlesien war und jetzt Polen liegt. Wo die Tschechen noch immer nicht recht wissen, was sie mit dem billig gewonnenen Land anfangen sollen, und wo auch zwanzig Jahre nach dem tragischen Geschehen die Menschen, die nun dort wohnen, nicht sicher sind, welches eigentlich ihre Heimat ist.

Nicht einmal die Deutschen, die bleiben durften, wissen es. „Zuerst war ich froh, daß wir nicht wegmußten", sagt die abgearbeitete alte Frau. „Wir waren schon im Viehwaggon, da holte man uns wieder zurück. Man brauchte meinen Mann in der Fabrik. Aber heute fragen wir uns oft: Wäre es nicht besser gewesen, wenn wir gegangen wären?" An die 200.000 Deutsche leben noch in der ČSSR. Man findet sie nicht sofort, sie gehen in der Masse der Tschechen unter. Viele reden nur noch zu Hause deutsch. Untereinander haben sie wenig Kontakt. Ein Teil von ihnen durfte im Land bleiben, weil er früher einmal den Lehren Lenins und Marx' anhing. Andere waren als Facharbeiter unentbehrlich. Andere wieder hatte man einfach vergessen. Ihre Zahl ist in manchem Ort größer, anderswo kleiner. Eine Gemeinschaft bilden sie nirgends. Und täglich leiden sie unter dem Anblick dessen, was ihnen einmal gehört hat und nun von anderen bewohnt und benützt wird.

Die Mehrzahl der Vertriebenen hat sich nach Deutschland gewendet. Dort sind auch heute ihre mächtigen Organisationen. Dort wird Vertriebenenpolitik gemacht. Alles das, was nach 1945 im Sudetenland geschah — und auch im früheren Österreichisch-Schlesien —, hat jedoch seine Wurzeln im Zusammenbruch der Monarchie. Deutsch-Böhmen, das war eines der wertvollsten Menschenreservoire des Kaiserstaates. Aber schon in den letzten Jahrzehnten des vergangenen Jahrhunderts, als sich die Nationalitäten nicht mehr damit begnügten, deutsche Böhmen und tschechische Böhmen zu sein, da wurde auf einmal um Deutschtum und Tschechentum gestritten. Und für den neuen tschechoslowakischen Staat wurden diese Probleme zu einer tödlichen Krankheit. Nach 1945 „lösten" die Tschechen die Sudetenfrage auf ihre Weise: indem sie die Deutschen vertrieben, auch aus den Gebieten, die seit Jahrhunderten, ja zum Teil sogar tausend Jahre lang, immer nur deutsch gewesen waren.

Schon im Juni 1945, als sich die Deutschen bei den Alliierten sicherlich keiner großen Sympathien erfreuten, berichtete ein Korrespondent der „Yorkshire Post" aus Pilsen: „Zehntausende strömen in hilflosen Gruppen durch die Berge zurück in das zerfallene Reich. Sie ziehen zu Fuß oder auf Ochsenkarren, in die sie ihr spärliches Hab und Gut und ihre zerlumpten Kinder hineingepfercht haben. Sie werden vom Hunger gepeinigt und von der Furcht gejagt und sind ohne Hoffnung. Gewaltsam sind sie aus dem Land vertrieben worden. Zehntausende wieder leben stumpf in tschechischen Konzentrationslagern bei wenig mehr als Hungerrationen ..."

„Was haben die denn aus dem Garten gemacht. Und das Tor, das große Tor, das geht ja nicht mehr auf ... Und da waren doch die Rosen, unsere schönen Rosen ... Nein, das kann nicht sein." Er ist einer von denen, die vor zwanzig Jahren gehen mußten. Er ist „draußen" erfolgreich gewesen. Die wenigen hier, die ihn noch kennen, beneiden ihn. Er ist nach langem Zögern zurückgekommen und steht vor dem Haus, in dem er aufgewachsen ist. Die Vergangenheit wird aus dem tiefen Schlaf des Vergessens erweckt. Er lauscht nach bekannten Stimmen. Aber da werden Türen geschlagen, ein Kind ruft etwas auf tschechisch. Zwischen zwei Vorhängen drückt sich ein neugieriges Gesicht an die Fensterscheibe. Ein Hahn kräht. „Siehst du den Hügel, den Pfarrberg, da haben wir unsere ersten Schi zerbrochen." Dann macht der „Heimkehrer" einen Schritt vorwärts. Soll er in das Haus eintreten? Manche wurden von den Tschechen freundlich aufgenommen, andere feindselig. Er hält inne und blickt noch einmal lange über den Zaun, der sich das Geradestehen kaum noch leisten kann. Dann dreht er sich um und schlendert langsam den schmalen Wiesenweg bergauf. Er sagt kein Wort. Er hat, wie heute viele andere, das Experiment der Rückkehr für einige Stunden oder Tage gewagt. Es war so einfach. Das Visum erhielt er binnen einer halben Stunde, die Anreise war bequem, die Straßen gut — nur dann, das Da-Sein, das riß alle Wunden wieder auf. An dem Tag spricht er wenig. Enttäuschung, Schmerz und wohl auch Resignation verschließen ihm den Mund. So wie den meisten aus dem Dreieinhalbmillionenvolk der Sudetendeutschen, die sehen wollen, ob sie ihre alte Heimat noch Heimat nennen können.

Ein solcher Besuch greift ans Herz. Er tut weh wie das Wiedersehen mit einer Frau, die man vor Jahren sehr geliebt hat und die nun eine andere geworden ist. Die liebgewordenen Vorstellungen zerbrechen. Man nimmt eine neue Wirklichkeit mit nach Hause, die sich nicht mehr verdrängen läßt. Darum zögern auch so viele, die Reise ins Sudetenland anzutreten. Will man jedoch als Fremder dieses Land begreifen, dann ist es gut, mit einem Freund zu kommen, der dort groß geworden ist, das Land mit seinen Augen zu sehen, seine Vergleiche zu notieren. Und das, was er fühlt. Denn er bringt ein wenig von der Vergangenheit mit.

Darum führte die Fahrt hinauf in diesen friedländischen Zipfel Böhmens, nahe der Burg, die Wallenstein den Herzogstitel geliehen hat. Man hat von den neuen Entwicklungsgebieten gelesen, zu denen sich diese blühenden Regionen zurückgebildet haben, und ist überrascht, wenn sich einem Reichenberg, dieses Zentrum sudetendeutschen Eigenlebens und Gewerbefleißes, als eine blühende Stadt vorstellt. Das heutige Liberec ist für die Tschechen interessant geblieben. Man hat viel Industrie dort, Neues wurde gebaut und die alten Betriebe weitergeführt. Für die zugezogenen Tschechen ist Reichenberg eine mittlere Stadt wie jede andere. Vielleicht stößt sich einer an der Wien abgeschauten neugotischen „Herrlichkeit" des Rathauses; aber schließlich hat Reichenberg den Charakter einer altösterreichischen Bezirksstadt wie so viele tschechische Städte auch. Die Probleme der Neubesiedlung Nordböhmens wurden erst in den kleinen Städten offenbar und auf dem flachen Land, das die Fremden nicht aufnahm; wo sich die Neusiedler noch immer fremd fühlen, das ihnen zugeteilte Gut nicht als ihr Eigentum ansehen und dementsprechend damit verfahren. Und wo sie auch wissen, daß sich die zentralen Planstellen um diese Regionen kaum kümmern.

Ein solches Beispiel liefert Neustadt. „Neustadt an der Tafelfichte, Stadt in Böhmen, Bezirkshauptmannschaft Friedland, am Fuße des Isergebirges, am Lomnitzbach und an der Lokalbahn Friedland - Heinersdorf, hat eine Pfarrkirche mit Altarbild von Führich. Große Schafwollwarenfabrik, Porzellan- und Tonwarenfabrikation, Holzhandel und (1900) 5457 deutsche Einwohner. Südöstlich der Tafelfichte (1122 Meter); mit Aussichtswarte." Das wußte Meyers Konversationslexikon vor dem Ersten Weltkrieg von dem Städtchen. Und auf den ersten Blick, von weitem, ist es so wie damals: der Kirchturm, die Bahn, die Schornsteine der Textilfabrik, die schwarzen Wälder, die Höhen bis hinauf zur Tafelfichte. Aber da fängt es an: Der Aussichtsturm ist abgebrannt, und statt der mehr als 5000 deutschen Einwohner kann man heute nur knappe 3000 Tschechen zählen, von denen viele noch nicht Wurzel geschlagen haben. Der Bürgermeister selbst gibt zu, daß er Schwierigkeiten hat: „Viele Leute kommen nicht zurecht. Vor allem die Zigeuner finden sich schwer in diese seßhafte Lebensweise."

Die Zigeuner — ihre schwarzen, barfüßigen Kinder begleiten einen überall im Sudetenland. Aus der Slowakei wurden ganze Zigeunersippen in diesen leeren Raum verpflanzt. Man wies ihnen Häuser zu, und sie machten aus Wohnzimmern Ziegenställe und verheizten die Fußböden. Meist arbeiten sie auf Staatsgütern. Die Tschechen wollen mit ihnen nichts zu tun haben. Ein Haus, in das eine Zigeunerfamilie eingezogen ist, wird von den anderen Leuten gemieden.

Und die Tschechen, woher kommen sie? Von überall her, aus den an die Sowjetunion abgetretenen Gebieten der Karpaten-Ukraine, aus Ungarn, aus Polen, einige aus Sibirien, wo sie während des Bürgerkrieges als tschechische Legionäre hängengeblieben waren, und viele, oft Glücksritter und gestrandete Existenzen, aus dem Inneren des Landes. Und dann sind noch die Leute da, die hierher kommandiert wurden, weil man sie eben braucht.

Aber Neustadt scheinen die obersten Planer schon abgeschrieben zu haben. Unbewohnte Häuser, die verfallen, werden abgerissen. Zwischen den Häusern schwellen auf leeren Flächen Unkrautplantagen. Das alte Rathaus in der Mitte des großen Platzes und die historischen Häuser mit Laubengängen sind verschwunden. Dafür hat man hier einige Wohnblocks und Grünanlagen errichtet und dem Platz einen sozialistischen Anstrich gegeben. So wie die Haupt- und Ringplätze der Monarchie zwischen Czernowitz und Temesvár miteinander verwandt waren, so haben auch die zentralen Plätze aller neuen Städte nach kommunistischer Planung etwas gemeinsam, so wie in Tarnopol, in Stalingrad, in Saporoschje — und der Hauptplatz von Neustadt gehört heute zu dieser Kategorie.

Und dann die Fabrik. Sie war der Stolz von Neustadt, von ihr hat die ganze Gegend gelebt. Aus den bettelarmen Webern der Bergdörfer waren kämpferische Textilarbeiter geworden, darunter viele Sozialdemokraten, nicht gerade wohlhabend, aber die meisten doch im Besitz eines sauberen Häuschens. Manche hatten Marx gelesen und gegen die Ausbeutung gewettert. Aber sie hatten den Kaiser verehrt und vor dem Baron den Hut gezogen. Und zu seinem fünfzigsten Geburtstag hatten sie dem Baron einen Tafelaufsatz aus Blei geschenkt — gekrönt von der auf einem königlichen Thronsessel sitzenden Figur des Barons. Das „Kunstwerk“ erschreckt und amüsiert den Betrachter noch heute im Museum. Der also Gefeierte war der Baron Klinger, der wahre Herr von Neustadt. Seine Familie hat sich aus kleinsten Anfängen emporgearbeitet, bis sie einen der größten Textilbetriebe Österreich-Ungarns besaß, mit Fabriken in Neustadt, Kratzau, in der lieblichen Stadt Jung-Bunzlau (Mladá Boleslav) und in Prag. Die Klinger exportierten in die ganze Welt, und ihre Unternehmen blühten. Fast 2000 Arbeiter beschäftigten sie allein in Neustadt.

Die Fabrik ist das Wahrzeichen der Stadt. Die Deutschen, die noch da sind, sagen „die Firma“, und sie begreifen es nicht ganz, daß eben diese Firma nun auf einmal mit dem früheren Konkurrenzunternehmen Liebig in Reichenberg verschmolzen wurde; daß man heute nur 500 bis 800 Arbeiter braucht, daß Hallen leerstehen und Fensterscheiben zerbrachen und daß trotz einem ungeheuren Verschleiß an Direktoren und „Managern“ aller Art dennoch niemand auf einen grünen Zweig kommt.

Die Reitschule im Fabrikgelände — dem Millionär Klinger war nichts zu teuer — ist verwaist, seine Villa mit dem Turm auf einem

Hang nahe dem Wald über der Fabrik wurde zum Kinderheim, und das Klinger-Mausoleum draußen auf dem Friedhof zu einem Monument menschlicher Vergänglichkeit.

Der Friedhof von Neustadt ist keiner von denen, die blinder Haß gemordet hat. Die Grabsteine sind nicht umgeworfen und zerstört worden wie an anderen Orten im deutschen Böhmen. Auf viele Gräber mit deutschen Namen wie Legler, Pfeifer, Neumann, Tschiedel, Leder und anderen sind frische Blumen gepflanzt, dafür sorgen die Hinterbliebenen. Die übrigen Grabstellen verkriechen sich unter dem Grün von Sträuchern, Gestrüpp und Gras. Hier gebietet der Natur niemand Einhalt, sie wächst und streckt und dehnt sich, und Regen und Sonne bemühen sich, die Inschriften aus dem Marmor zu löschen, bis nicht einmal mehr Grabsteine erzählen werden, wer hier früher lebte und starb ...

Über dem Friedhof thront die Kuppel des Klinger-Mausoleums wie die einst feudale Villa über der Fabrik. Auch im Tod wollten sich die Fabriksherren gebührend geachtet wissen. Aber nun warnt eine Tafel vor dem Betreten des Kapellenbaues wegen Baufälligkeit. Eine Inschrift sagt wohl etwas von der Familie Klinger, aber in dem leeren Raum stinkt es nach Abfall, suchen steinerne Engel ihre Köpfe und gurren Tauben in den Nachmittag. Ein Stück weiter, in einer anderen Ecke bei dem bescheideneren Mausoleum der Porzellanfabrikanten Mazel — ein vergeblicher Versuch, es den Klinger gleichzutun —, sieht es nicht anders aus. In der Zerstörung errang sich der Kleinere die Ebenbürtigkeit.

Die Porzellanfabrik ist jedoch nur noch ein verfallendes Gemäuer, und Zigeuner vom Staatsgut sind gerade dabei, den in eine Scheune verwandelten Trakt mit Korn anzufüllen. Sie arbeiten bedächtig und schalten immer wieder Pausen ein, so als ob ihnen alles egal wäre. Und das wird wohl auch so sein. Ein alter Deutscher, der einmal Meister in der Fabrik war, klagt: „Sie lassen alles verrotten und verkommen. Es ist, als ob sie das Land umbringen wollten; dabei gehört es heute doch ihnen.“

Die Frauen jammern, um wieviel schlechter „da oben“ die Versorgung mit Konsumgütern ist, und der Fremde bekommt es zu spüren, wenn er Hunger hat. Es ist Montag. Im sogenannten Hotel, dem ehemaligen „Stadt Wien“, gibt es keine Küche. Das zweite Gasthaus wird renoviert, und in der „Sonne“ schenkt man nur Bier aus. „Sie wollen etwas essen? Wurst können Sie haben“, sagt der Mann hinter der Theke und läßt das Bier überlaufen. „Und haben Sie auch Butter?" Die Antwort ist wie aus einem absurden Theaterstück: „Nein, wir kochen doch nicht." Da damit die gastronomischen Möglichkeiten der Stadt erschöpft sind, fährt man unverdrossen in den nächsten Ort: nach Bad Liebwerda, dessen nur wenige Kilometer weit entfernte wildromantische Stolpichschlucht Carl Maria von Weber einst zur Wolfsschluchtszene seines „Freischütz" inspiriert haben soll. In diesen „Kurort zum Einstecken" — so spielzeugartig wirken die Anlagen im Vergleich zu den berühmteren westböhmischen Bädern — pflegten früher viele Neustädter ihren Sonntagsausflug zu machen. „Wenn man vornehm sein wollte, ging man ins Kurhotel mittagessen", sagt der Freund. Aber das Kurhotel ist heute Post. Und das „Riesenfaß", eine Schenke in der Form eines gewaltigen Fasses auf einem nahen Hügel, hat Ruhetag. Nur ein Traktor pflügt im Scheinwerferlicht ein Feld. Und im Kurhaus werden nur Pensionsgäste verpflegt. „Fahren wir nach Haindorf, dort ist ein Hotel." Im Hotel ist die Tür zwar nicht versperrt, aber eine Frau macht gerade Inventur.

Dafür steht man bewundernd vor einer großen Barockkirche. Und die verschlossenen Buden im Halbrund vor der Kirche erinnern an Wallfahrtssonntage, als hier die Prozessionen aus dem ganzen Sudetenland, auch noch in diesem Jahrhundert, dem Leben barocke Buntheit verliehen; als fromme Marienlieder erklangen und das Geschäft des Devotionalienhandels florierte: von gipsernen Marienfiguren bis zu Heiligenbildchen, Spruchbändern, Kerzen und Ansichtskarten. Jetzt huschen Ratten durch die verlassenen Gewölbe, und der Kirchenbau des Bernhard Fischer von Erlach ist viel zu groß für die paar Gläubigen, die am Sonntag zur Messe kommen.

Ein kahlköpfiger Alter nähert sich den Fremden. Er bietet eine deutsche Beschreibung der Kirche an, und er kümmert sich auch um die Blumen auf den Altären. „Ich bin ein Deutscher. Früher habe ich in einer Papierfabrik gearbeitet, jetzt lebe ich von meiner kleinen Rente und sorge für die Kirche." Und dann sagt er: „Sie kommen aus Wien? Dann bestellen Sie, bitte, der Gräfin Clam-Gallas respektvolle Grüße und sagen Sie ihr, daß die Gruft in Ordnung ist. Und Gladiolen sind auch da." Er führt uns zu dem Mausoleum jener böhmischen Adelsfamilie, der hier weite Landstriche gehört haben. Nach dem Tod Wallensteins hatte der kaisertreue Clam-Gallas die Herrschaft Friedland als Belohnung kassiert. Auf Schloß Friedland zeigt man die prunkvollen Interieurs, in denen die Familie Clam-Gallas bis zum Kriegsende lebte. Und nun blühen wieder frische Blumen über der gräflichen Gruft, gleich links neben dem Hauptaltar der Wallfahrtskirche Haindorf.

Der überraschende Kunstgenuß stillt das Hungergefühl nicht. Auf der Rückfahrt durch Liebwerda tauchen doch noch die Lichter eines Gasthauses auf. Mit Müh und Not findet sich ein Plätzchen. „Etwas zu essen? Na ja, Schnitzel gibt es, aber ohne Beilagen." Die Stube ist voll mit Kurgästen, die nach dem Pensionsmenü noch immer Appetit haben. Der Wirt spricht gut Deutsch: „Ich rede zu Hause meistens deutsch. Meine Frau ist Deutsche, und ihre Mutter spricht überhaupt kein Tschechisch. Wir wohnen zusammen." Dann kommt auch schon die Frau. Namen werden ausgetauscht, Erinnerungen. Der „Heimkehrer" und die Frau sind etwa gleich alt. Als sie jung waren, wehten Hakenkreuzfahnen im Sudetenland, und das Leben kreiste um Pimpfe und Jungmädel. Und dann um den Krieg. „Was ist aus der Waltraud geworden, Sie wissen doch, die mit den langen Zöpfen?" — „Sie hat geheiratet, in Potsdam." — „Und der Ernst vom Tischler?" — „Der ist doch gefallen." Es wird eines jener Gespräche, wie man sie überall in den Stunden des Wiedersehens führt. Die Marie ist in Lübeck, der Ossi in Stuttgart. Er war vor kurzem einmal da. Der Lehrer ist auch schon gestorben. Und die Liesl, der geht es schlecht. Sie war ja schwanger damals. 1945. Und da hat sie die Aussiedlung nicht vertragen. Sie ist schwer herzkrank geworden, und das Kind mußte in eine Anstalt.

Sie sind in München, Hannover, in Graz und Bremen, in Innsbruck, Dresden und in Bielefeld. Sie sind reich geworden oder arm geblieben, sie sind verheiratet oder sind gestorben. Sie haben Kinder, denen sie Geschichten aus der Heimat erzählen, die wie Märchen klingen.

Eine Bombe des Hasses hat eine uralte Gemeinschaft zersplittert, ein grausamer Sturm hat sie in alle Winde zerstreut. Wenn dann wieder einer zurückkommt und man um den Tisch sitzt und redet, dann wird die Vergangenheit zusammengesetzt wie ein Mosaik: Für einige Minuten, ein Krügel Bier lang, für eine halbe Stunde, formt sich wieder die alte Einheit. Nur: dann, wenn man genug gesprochen hat, dann ist alles noch viel mehr auseinander als vorher. Dann wird die Kluft zwischen damals und heute noch breiter, dann wiederholt sich 1945 noch einmal.

Die Frau denkt an die Tage, da man ihrem Mann von allen Seiten zugesetzt hatte: „Du kannst doch keine Deutsche heiraten." Als „Deutsche" ein Schimpfwort war. „In den ersten Jahren hat man uns die Verachtung spüren lassen. Täglich hörten wir, daß wir nur Menschen zweiter Klasse seien. Jetzt ist es besser."

Dieses „Jetzt ist es besser" vernimmt man heute oft im Sudetenland. Die Tschechen wissen nicht mehr, warum sie hassen sollen. Sie wollen besser leben, und das hat nichts mit den Deutschen zu tun. In Gablonz (Jablonec) bemüht sich der Staat gegen die Konkurrenz der Neugablonzer in der Bundesrepublik und in Österreich die traditionellen Positionen der alten Bijouterie- und Glasfirmen auf dem Weltmarkt zurückzuerobern. Deshalb schnappt man in Gablonz auf der Straße, auf dem großen Platz vor dem schlanken Rathausturm aus den dreißiger Jahren am ehesten ein deutsches Wort auf. Denn die Facharbeiter wurden zurückgehalten. Auf sie konnte man nicht verzichten. Sehenswerte Ausstellungen in modernen Hallen werden veranstaltet, imponierende Zahlen von ausländischen Besuchern werden aufgetischt, man macht in Internationalität und muß deshalb auch die Deutschen respektieren. In der Zeitschriftenhandlung liegen Stöße von DDR-Blättern, und auch das dreimal wöchentlich erscheinende „Blatt für die deutschen Werktätigen in der ČSSR", die „Volkszeitung". Anders als der „Neue Weg" für die Rumäniendeutschen oder auch das sowjetische Wochenblatt „Neues Leben" für die zwei Millionen Rußlanddeutschen, vertritt die Zeitung kaum die Anliegen einer deutschen Volksgruppe. Die gibt es nämlich offiziell nicht, nur eben einige tschechische Bürger deutscher Zunge. Deshalb ist das Blatt wie alle anderen tschechischen Zeitungen. Es bringt belanglose Informationen. Man sucht vergeblich nach Reportagen über tüchtige deutsche Bestarbeiter und ähnlich positive Beiträge. Höchstens die Berichte von den „Revanchisten" in Bonn werden etwas stärker betont. Aber nichts ist in der Zeitung darauf angelegt, den Deutschen zu helfen, ihre nationale Identität zu bewahren. Dennoch überrascht einen auch in anderen Regionen des ehemaligen Deutschböhmen das Geständnis: „Ich bin Deutscher" ebensowenig wie die Feststellung: „Ja, wir haben es jetzt besser."

Es ist zu einer Stunde, da die Karlsbader Kurgäste längst schlafen. Es ist in einer Weinstube, die von Kurgästen nur selten aufgesucht wird. Junge Arbeiter, die nicht ins Bett wollen, trinken hier und Kellner, die von der Arbeit kommen. Mädchen mit ihren Freunden, die Lärm suchen und ein wenig Alkohol. Die Luft ist rauchig, und der Wirt hat eine dröhnende Stimme. Die Musik ist laut, die Gulaschsuppe scharf. An der Theke streiten zwei Burschen, ein schwarzhaariges Mädchen in Lederweste wartet daneben, kühl lächelnd, ab, wer gewinnen wird. Ein betrunkener Bulgare, der als Fremdarbeiter in Böhmen hängengeblieben ist, verlangt noch einen Wodka, einen doppelten. Und das blonde Mädchen mit dem kurzen Rock und den langen, etwas wirren, fast weißen Haarsträhnen, die es sich immer wieder aus den Augen wischen muß, sagt: „Ich bin Deutsche."

Das Mädchen, nennen wir es Anna, stammt aus einem Dorf irgendwo bei Joachimsthal. Der Vater arbeitete im Bergwerk. Und die Tschechen sagten ihm: „Du mußt bleiben." Vielleicht war es zuerst ein „du kannst", aber später wurde daraus das „du mußt". Anna hat zu Hause Deutsch gelernt. „Wir reden nur unseren Dialekt, auch heute noch." Man möchte einige Proben hören. Anna weigert sich, sie scheut sich, ihren Dialekt zu gebrauchen. Zu kostbar ist ihr das reine Schriftdeutsch, das sie sich über die Tage, da man am besten kein deutsches Wort vernehmen ließ, gerettet hat. „In unserem Dorf sind noch viele Deutsche. Die meisten jungen Leute vergessen aber die Sprache, wenn sie in die Stadt kommen. Und sie wollen alle in die Stadt."

Anna arbeitet als Kellnerin. Sie bedient meistens Tschechen. „Haben Sie manchmal noch darunter zu leiden, daß Sie Deutsche sind?" — „Jetzt nicht mehr so. Früher war das schlimmer. Nur manchmal macht jemand eine dumme Bemerkung. Da hatten wir einmal Gäste aus Westdeutschland, und die Köchin hat ein schlechtes Stück Fleisch auf den Teller gelegt. Und da habe ich protestiert. Aber sie hat nur gesagt: ‚Was die Tschechen fressen können, ist auch für die Deutschen gut genug.' "

Anna ist hart geworden wie die meisten, die diese zwanzig Jahre im Sudetenland überstanden haben. Sie ist ihrem Dorf fremd geworden, ist nur auf sich gestellt. Nach kurzer Ehe mit einem Deutschen wurde sie von diesem geschieden. Das Kind ist zu Hause bei den Großeltern, und nun erwartet Anna wieder ein Baby, diesmal von einem Tschechen. „Kommen noch öfters alte Verwandte ins Dorf?" — „Selten, wir haben einen Großteil unserer Familie drüben, aber die, die einmal zu Besuch da waren, können nicht fassen, was sie sehen. Mein Onkel hat sein Haus gesucht, aber er hat es nicht gefunden. Und sie sagen dann meistens: ‚Das ist nicht mehr unsere Heimat.' "

Anna redet von ihren Freundinnen: „Einige trauen sich nicht mehr, deutsch zu sprechen; nicht wegen der Politik: Wenn sie Deutsche treffen, schämen sie sich, weil sie nicht mehr so gut Deutsch können."

Wenn das ein sudetendeutscher Politiker aus dem Egerland hörte, was würde er wohl sagen? Einer aus der Schar streitbarer Männer, die seinerzeit aus Böhmen in den Reichsrat eingezogen sind und mindestens so heftig in den Kampf der Nationalitäten eingegriffen haben wie die Tschechen und die Slowenen. Am Ende vieler großer Worte und auch Taten steht nach einem langen Leidensweg das Bekenntnis von Sudetendeutschen, die sich schämen, deutsch zu reden. Wie hat man sich doch um die Sprache jedes Lehrers, jedes Beamten gerauft! Wie viele Winzigkeiten waren damals wichtig!

Das Resultat all der Kämpfe war die totale Niederlage, wie überall in der alten Monarchie, wo deutsche Siedler unfruchtbares Land in einen Garten verwandelt haben: in Ungarn, in Rumänien, in der jugoslawischen Batschka, in der slowakischen Zips, in Österreichisch-Schlesien, um Bielitz und um Teschen (heute zum Teil polnisch, zum Teil tschechisch). Überall fehlt dem Land etwas. Es mußte seine Seele abliefern. Und so wurde in Böhmen aus einem der höchstentwickelten Gebiete der Monarchie ein Kolonisationsbereich, der unter Menschenmangel leidet.

In den stets ärmlicheren Gegenden des Riesen- und Isergebirges wird der schmerzliche Wandel erst nach längerem Hinsehen offenbar. Anders ist es jedoch im Bereich der böhmischen Bäder und im Egerland (vom gewandelten Kurbetrieb in Karlsbad wird noch an anderer Stelle die Rede sein). Eine kurze Bahnfahrt von Karlsbad nach Eger (Cheb) öffnet einem die Augen. Das Bähnlein braucht wie eh und je seine Stunden. Der Fahrplan ist wohl noch von k. k. Eisenbahnbeamten ausgearbeitet worden. Der Zug windet sich über Serpentinen, durch bergige Wälder und kriecht ebenso vorsichtig wieder zu Tal. Immer wieder durchbrechen die alten Aufschriften vorwitzig den Verputz an den Häusern: „Otto Steiner, Fliesenleger", „Hans Bauer's Gasthaus" und so weiter. Die alten Eigentümer melden sich zu Wort, obwohl ihnen fremde Gewalten schon längst die Rede abgeschnitten haben. Ein schmaler Bach schlängelt sich zwischen blühenden Sträuchern — eine Landschaft, in der Biedermeiermaler Wäscherinnen anzusiedeln pflegten. Bei jedem Wacholderstrauch scheint der Zug halten zu müssen. Vor den winzigen Stationen geben Bahnbeamte, auf deren Schultern die Achselklappen nach russischem Vorbild wie Regendächer liegen, das Signal zur Abfahrt.

Ein Förster ist eingestiegen, ein Tscheche. Seine grüne Uniform erinnert an die Tracht seiner deutschen Kollegen. Aus den Wiesen wachsen massive Höfe, einstöckig, auch die Wirtschaftsgebäude sind aus festen Ziegelmauern gefügt und die Dächer trotz dem Holzreichtum mit Schiefer gedeckt. Aber manche Scheibe ist zerbrochen, manche Fensterhöhle leer, ein ähnliches Bild wie in Nordböhmen. Bauernhäuser sind zu Überschußgütern geworden. In diesem Landstrich wurde die Wohnungsnot abgeschafft. Selbst die stolze Villa, tannenumstanden, in einer Lage, die anderwo den Quadratmeterpreis schon längst in die Höhe schnellen hätte lassen, bleibt unbewohnt. Und dann steigen wieder Zigeuner ein — der Ersatz für die Deutschen. Dann wieder Uniformen: eine Grenzpatrouille in olivgrünen Tarnanzügen. Die Burschen haben die Maschinenpistolen quer über den Knien liegen. Sie sind Angestellte der tüchtigsten Wach- und Schließgesellschaft der Welt, Beamte des Eisernen Vorhangs. Ihr Dienst ist zu Ende, ihre MP sind jedoch noch immer scharf geladen. Auch die Ablösung kommt im Personenzug. Und drüben auf der anderen Seite des Stacheldrahts, da ist Deutschland.

Eger. Ein neuer Bahnhof. Viele Menschen und Fahnen, weil gerade ein kommunistisches Fest auf dem Kalender steht. Blasmusik. Man geht und geht durch die Vorstadt und hat sich auf einmal in Ruinenbereiche verirrt: die Altstadt, zerstörte Kirchen, tiefe Risse im Pflaster, zerbröckelnde Gehsteige, dann wieder Gassen und Plätze, an die man Maurer und Anstreicher herangelassen hat. Aus einem Fenster dröhnt Musik. Die Ansage ist deutsch. In den Höfen spielen Tschechen mit Zigeunerkindern. Die alte Reichsstadt hat ihr Gesicht verloren, und den neuen Herren ist es noch nicht ganz gelungen, ihr ein neues zu schminken.

Man steht dieser Stadt zwischen Tod und Leben, in der man entweder der Vergangenheit oder der Zukunft lebt, ratlos gegenüber. Ein Mann kann sie einem ein wenig entschleiern. In seinem dicken blauen Pullover hat er etwas von einem Schifahrer an sich, der Herr Dechant. Er ist aber wohl nur sportlich angezogen, weil sich eine Soutane mit dem rauhen geistigen Klima der Grenzstadt schwer verträgt. Der Geistliche ist Deutscher. Ihm unterstehen neun Pfarren der Umgebung. Und die meisten Pfarrer sind Tschechen. In der Kirche hat man Koexistenz schon immer geübt, wenn auch zu Zeiten des Hasses da und dort die christliche Liebe vergessen wurde. Heute ist das anders. Der deutsche Pfarrer predigt tschechisch und deutsch, liest am Sonntagabend von der Kanzel einen katholischen deutschen Roman in Fortsetzungen vor, feiert die Messe abwechselnd deutsch und tschechisch, ist stets für alle da. Wenn sie nur kommen.

Auch in den Dörfern wird die Seelsorge nach ähnlichen Grundsätzen betrieben. Wo immer noch Deutsche sind, hört man auch in der Kirche deutsche Lieder. Die Pfarrer lesen an einem Sonntag die Messe bis zur Wandlung deutsch, dann tschechisch — und am nächsten Sonntag umgekehrt. Die Predigt ist halb deutsch, halb tschechisch. Das Evangelium wird meist in beiden Sprachen verlesen, und deutsche Priester hören Tschechen die Beichte tschechisch und tschechische Priester Deutschen deutsch.

„Ja, wir haben hier viel gelernt", sagt der Dechant. „Wir wissen nun, wie man einander verstehen kann und muß, ganz egal, in welcher Sprache man aufgezogen worden ist." Ob der deutsche Klerus hier früher nicht sehr national war? Als Antwort zählt der Priester eine lange Reihe von katholischen Geistlichen auf, Deutschen, die im KZ gestorben sind, die hingerichtet oder von der Gestapo gefoltert worden sind.

Wieweit sich die Lage der Menschen hier wieder normalisiert hat? „Für die Tschechen wie für die Deutschen ist es bei uns nicht leicht. Alle zehren von der Erinnerung, solange sie noch eine haben. Denn auch die Tschechen, die hierher verpflanzt worden sind, reden und schwärmen noch immer von ‚zu Hause', und das ist eben nicht Eger, sondern ein Dorf in Rumänien, in Ungarn, in Frankreich oder von woher man sie sonst in das Land geholt hat. Die wenigen Deutschen passen sich an. Daheim reden die Kinder egerländisch, auf der Straße und in der Schule tschechisch. Hochdeutsch ist für die meisten eine Fremdsprache."

Der Dechant sieht jedoch die Zeit kommen, da all diese Unterschiede beseitigt sein werden. Eine junge Generation bevölkert schon heute die Straßen. Ja, die Jugend dominiert im Stadtbild, und die Alten fehlen fast ganz. Diese neue Generation ist bereits in Eger geboren, in dem veränderten Nachkriegseger, in Cheb. Und das hier ist ihre Heimat. Sie fragen nicht nach dem, was war. Auf dem großen Platz spielt die Musikkapelle. An der Ecke hat ein Wagen mit Münchner Nummer geparkt. In der Mitte des Platzes bilden einige historische Häuser eine Insel — das Egerer Stöckl. Und auf dem Berg türmt sich ein Riesenhaufen von Mauersteinen: die Ruine der Burg, in der Wallensteins Generale ermordet worden sind.

Die Jungen scheren sich nicht um den Friedländer und nicht um die Deutschen, deren Werk diese Stadt ist. Sie hören ab und zu etwas von den „Revanchisten", und sie wissen, daß die Deutschen, die sie kennen, gar nicht so sind. Die jungen Menschen von Eger leben ohne Vergangenheit.

Aber in dieser konstruierten Geschichtslosigkeit des leeren Landes an der Westgrenze der Tschechoslowakei wird einem mehr als anderswo bewußt, was die Monarchie bedeutete. Man hat sich damals gestritten, aber man hatte im anderen immer den Menschen respektiert, sein Eigentum und sein Leben. Das ist anders geworden. Einer der großen Anwälte der Sudetendeutschen, der Sozialdemokrat Wenzel Jaksch, schreibt angesichts des Untergangs seiner Heimat, angesichts der Zerstörung einer alten Kultur: „Die Irrwege des jungen Nationalismus mancher Völker spiegeln sich in den Schicksalen Österreich-Ungarns, und deshalb wird dieses Erfolgsbeispiel einer großen übernationalen Staatlichkeit immer wieder in die Diskussion zurückgeworfen werden. Unaufhaltsam ist die geschichtliche Rechfertigung des alten Donaureiches im Gange."

Kaum anderswo wird einem der Sinn dieses Staatengebildes klarer als in dem Land, aus dem die Deutschen gehen mußten.

# Österreich am Meer

Die Träger stürzen sich auf das Gepäck. Unter den Palmen des Hafens von Split ist die Geschäftigkeit des internationalen Massentourismus eingekehrt. Taxichauffeure, Schuhputzer, Fremdenführer und Buben, die nichts anzubieten haben als ihre hohle Hand, fallen über die Fremden her. „Schiff nach Hvar", sagt der Träger, denn er weiß, wann wer wohin fährt. „Nein, nach Vis." — „Nach Vis?" Er murmelt irgend etwas, packt dann den Koffer und stapft kopfschüttelnd voran zum Motorschiff „Kotor". Auch der Steward, der die Karten abreißt, mustert den Fremden eindringlich, denn an Bord der „Kotor" sind Ausländer viel seltener als Haie in der Adria. Die Leute machen es sich bequem. Sie legen sich auf die Lederbänke im Speisesaal, sie stützen sich auf Bündel und Koffer, sie ziehen Spielkarten aus den Taschen, und draußen auf dem Vorschiff auf einer Taurolle haben sich die Mädchen und Burschen hingelagert und singen ihren Singsang vom Meer. Alle fixieren den Fremden, fragend, aber nicht unfreundlich. Bis dann endlich einer mit Deutsch, Italienisch und Englisch die Annäherung wagt. „Sie wollen nach Vis?" — „Ja." — „Aber haben Sie auch die Bewilligung dazu?" — „Ja." Da ist er zufrieden: „Es wird Ihnen auf unserer Insel gefallen."

Die Bewilligung ist ein mit viel Mühe erworbenes schmales Blatt Papier, auf dem einem das kroatische Innenministerium ausnahmsweise das Betreten der Insel gestattet. Vis ist nämlich vom Militär okkupiert. Die jugoslawische, einstmals österreichische Adriainsel auf dem halben Weg zwischen Split und Dubrovnik, die sich am weitesten in die See vorwagt, ist militärisches Sperrgebiet — für Ausländer verboten. Das Militär und die Marine haben schon immer ein Auge auf die Insel geworfen. Zuerst besetzten die Engländer ihre Gestade und wehrten die Franzosen ab, und 1866 wurde Vis für die Österreicher zu einem Lesebuchbegriff wie Kolin, Aspern, Custozza oder Königgrätz. Hinter dem serbokroatischen Namen Vis verbirgt sich nämlich das italienische Lissa — fünf Buchstaben, die für den Binnenösterreicher von heute die äußerst befremdete Tatsache beinhalten, daß einer der größten Seesiege der Geschichte ausgerechnet von einer österreichischen Flotte unter ihrer rotweißroten Kriegsflagge erfochten wurde, vor mehr als hundert Jahren, am 20. Juli 1866. Auch der Admiral, der den Sieg errang, war Österreicher: der Marburger Wilhelm von Tegetthoff.

Österreich als Seemacht, als Seefahrernation, mit einer starken Flotte, mit Häfen, mit einer Küste — den Hunderttausenden von Urlaubern aus der Alpenrepublik, die sich Dalmatien als Ferienland erwählen, bleibt dieses Österreich am Meer meist verborgen. Nur bei etwas schärferem Hinsehen enthüllt es sich noch da und dort: in der Erzählung eines alten Seebären, unter der Front eines k. u. k. Amtsgebäudes oder eines Hafenkommandos und in der Halle eines feudalen Hotels von damals.

Lissa behält jedoch seine Denkwürdigkeit für sich. Die jugoslawischen Militärbehörden wollen es so. Sehr zum Leidwesen der Einwohnerschaft, die von Jahr zu Jahr abnimmt. Die Jugend flieht in die Fremdenverkehrszentren oder noch ein Stück weiter — nach Amerika, wohin es die Lissaner schon seit einigen Generationen zieht.

An einem klaren Tag — die See ist ruhig, und die Berge lassen sich fast greifen — gleitet das Schiff durch den schmalen Kanal zwischen Šolta und Brač und schiebt sich wie durch einen eigens dafür konstruierten Einlaß in das Amphitheater der Schlacht. Zur Linken sind Stehplätze für weniger Bemittelte auf der Insel Hvar (Lesina) reserviert. Von dort verfolgten Beobachter aus sicherer Entfernung die Manöver der österreichischen und italienischen Flotte und telegrafierten als erste die Siegeskunde in den Kriegshafen Pola. Die Ränge des eigentlichen Amphitheaters werden jedoch von dem hohen Halbrund der Berge von Lissa gebildet. Sie schließen den Horizont ab, eine natürliche Barriere, die zwei einander hier begegnende Flotten zum Zusammenprall geradezu zwingt. Aber ein Schlachtfeld auf

See verträgt keine Monumente. Es schweigt über das, was hier geschehen ist. Selbst die Stürme, die dieses blau in blaue Adriaidyll in die Szenerie einer Seeschlacht verwandeln könnten, haben dienstfrei. Fischkutter tuckern neben dem Passagierschiff, einem Postdampfer, der auch die verlassenste Insel nicht ausläßt; und neben dem Bug schlängelt sich einige Minuten lang der Stromlinienkörper eines Delphins dahin. Knapp einen Meter vielleicht ist er unter der Wasseroberfläche, und neben ihm netzen Möwen in kurzem Eintauchen die Schnäbel.

Nach etwa zwei Stunden öffnet die Bucht einladend ihre Arme. Ein Lehrer aus Komiža, der zweiten Stadt auf der Insel, verdolmetscht die Landschaft: „Da oben auf dem Hügel der Turm, das war Fort Wellington, darunter die Villa mit dem großen Garten gehört dem Leibarzt Haile Selassies; wenn er einmal genug von seiner Arbeit in Äthiopien hat, wird er sich auf seine Heimatinsel zurückziehen; und da gegenüber ist San Giorgio . . .“

San Giorgio, die Ruinen eines Forts, das durchaus nicht italienischen Ursprungs ist, sondern von den Engländern als Saint George befestigt worden war. Denn King George war damals keine Whiskymarke, sondern der Herr der Briten. Bei San Giorgio hatte die Schlacht um Lissa begonnen — mit dem heldenhaften Widerstand der Küstenbatterien. Gedrängt von der Öffentlichkeit, die gewaltige italienische Flotte endlich einmal zu Ruhmestaten zu führen, war Admiral Persano mit seinen modernen Panzerschiffen vor Lissa aufgekreuzt. Die Insel sollte seiner Meinung nach eine leichte Beute sein. Als am 17. Juli die Italiener nach kurzer Beschießung landen wollten, empfing sie das wütende Feuer von 1800 Österreichern. Die Schlamperei der Kanonenboote, die die Telegrafenleitung zwischen Insel und Festland zerstören sollten, ihren Befehl aber nicht gründlich genug ausführten, machte es möglich, daß die Verteidiger den Invasionsversuch auf schnellstem Wege nach Pola melden konnten. Dort wartete Admiral Tegetthoff nur darauf, den Italienern zu zeigen, wie stark seine auf dem Papier um vieles schwächere Flotte war.

Tegetthoff gab Befehl zum Auslaufen. Es waren sieben Panzerschiffe, ein hölzernes Linienschiff, fünf Fregatten, eine Korvette, neun Kanonenboote und drei Signaldampfer. Admiral Persano kommandierte zwölf Panzerschiffe, sieben Fregatten, drei Korvetten, drei Kanonenboote, vier Avisoschiffe, ein Spitalschiff und einen Transporter mit Landungstruppen an Bord.

Das Verhältnis war ungleich. Als Tegetthoff am 20. Juli um 10 Uhr vormittags plötzlich mit seinen Schiffen nicht in breiter Linie, sondern in Keilform aus dem Nebel auftauchte und die Gefechtsordnung der Italiener durchstieß, hatte er die Initiative mit einem kühnen Zug bereits an sich gerissen. Weil die Italiener schneller waren und ihre Geschütze eine größere Reichweite hatten, suchte Tegetthoff den Nahkampf. Rumpf an Rumpf lagen die Schlachtschiffe, ihre Schlote dampften, sie hatten aber alle auch noch Masten für Segel. Wie im Mittelalter setzten sie ihre Rammsporne ein. Die Italiener waren verwirrt, ihr Kommandant verlor die Nerven. Tegetthoff rammte mit seinem Flaggschiff „Erzherzog Ferdinand Max" die „Rè d'Italia", den Stolz der Italiener. In zwei Minuten war das Schiff gesunken. Dann flog das Panzerschiff „Palestro" in die Luft. Auch einige andere dieser Giganten fielen aus. Die Italiener flohen. Auf Lissa bereitete die Bevölkerung Tegetthoff einen jubelnden Empfang. Die Italiener hatten 38 Offiziere und 374 Mann verloren, die Österreicher 3 Offiziere und 35 Mann. Admiral Persano mußte sich einige Wochen später in einem für ihn peinlichen Prozeß verantworten.

Das alles ruft einem diese felsige Insel mit den berühmten Weingärten ins Gedächtnis. Man kennt das Gemälde von Romako, auf dem Tegetthoff im Pulverdampf, die Hände in den Hosentaschen, den Befehl zum Rammen gibt. Nun sieht man die Fischer, die niedrigen Häuser, die sich in Stufen die Hänge entlangziehen und so gar nicht heroisch sein wollen. Ja nicht einmal die Forts gebärden sich sehr kriegerisch. In einer Zeit, da Österreich in Böhmen alles verlor, triumphierte hier die Flotte, aber auch dieser Sieg war ein wahrhaft österreichischer. Egon Friedell meint dazu: „Zur Belohnung für diesen Sieg, der sich in der jüngeren Geschichte nur mit den Taten Nelsons vergleichen läßt, wurde Tegetthoff kaltgestellt, nach seinem frühen Tode allerdings durch ein Denkmal von sensationeller Abscheulichkeit geehrt. Die Schlacht wurde mit Hilfe zahlreicher venezianischer Matrosen gewonnen, die damals (da Österreich am 4. Juli, einen Tag nach Königgrätz, Venedig offiziell an Napoleon abgetreten hatte) bereits italienische Untertanen waren. Hier ist eine jener Stellen, wo durch das wirre Gewölk des Krieges helleuchtend der Blitz des Wahnsinns schlägt und erkennen läßt, daß der Kampf der Menschen im Grunde barbarischer Selbstzweck ist: ein herrlicher Seesieg, erfochten mit den Soldaten des Feindes, der bereits besitzt, worum von beiden Teilen gekämpft wird."

Die Lissaner waren zusammengelaufen, als Tegetthoffs Schiffe in der Bucht Anker warfen. Und sie laufen jeden Abend um 17 Uhr zusammen, wenn das Schiff aus Split kommt. Da zieht es sie zum Kai, denn da wird ihnen die Welt auf die Insel geliefert. Die Ankunft des Schiffes ist ein Fixpunkt im Tageslauf, so wie das Läuten der Kirchenglocken zu Mittag. Um den Fremden bildet sich sofort eine Menschentraube. „Das Hotel?“ Das Hotel ist zwei Schritte weiter. „Sie müssen zuerst auf die Polizei!“ Und immer wieder kommt die Frage: „Haben Sie eine Bewilligung?“

Man sucht zuerst das Hotel auf, in dem es noch nach frischen Farben riecht. Alles ist neu, denn Lissa brauchte lange kein Hotel. Friedrich Funder beschreibt in seinen Memoiren einen Besuch auf Lissa in den neunziger Jahren: „Auf schönen, großen Inseln, wie zum Beispiel Lissa, gab es keinen Gasthof, in dem man hätte nächtigen können, und man hatte sich da privater Unterkünfte zu bedienen, in denen selbst die entfernteste Erinnerung an ein WC für einen unvorstellbaren Luxus gehalten wurde.“ Diese Sätze hatten bis vor kurzem noch Geltung. Das Hotel ist erst 1964 eröffnet worden. Man bewundert das Bad, die Dusche und die modernen hygienischen Anlagen, muß dann aber resignierend feststellen: Es gibt kein Wasser, weil Lissa noch keine Wasserleitung hat.

Unten in der Rezeption tragen sich Offiziere in das Gästebuch ein. Schon wartet jemand auf den Ausländer, um ihn zur Miliz zu geleiten. Der junge Polizist in dem Haus der k. k. Gendarmerie studiert bedächtig den Propusk, setzt ein Protokoll auf, stellt einige Fragen, und dann ist der Lissaaufenthalt endlich völlig legalisiert.

Inzwischen weiß jedermann die Geschichte von dem „novinar“ aus Beć, dem Journalisten aus Wien. Man geht zweimal auf dem Kai vor den granitenen Häuserblöcken mit den grünen Fensterläden auf und ab, und jeder hat einen gemustert und begutachtet. Am Kai lebt Lissa, dort spaziert man, liest Briefe von den Brüdern und Schwestern in Amerika vor, tratscht und ringt der Einförmigkeit des Inseldaseins immer wieder ein paar Neuigkeiten ab.

Ein kleiner Platz. Zehn hohe Palmen, die noch die Österreicher gepflanzt haben. Sie sollten dem längst beseitigten Franz-Josef-Denkmal Schatten spenden. Nun schmauchen da einige Alte ihre Pfeifen und sinnieren in den Sonnenuntergang. Ihre Väter haben die Schlacht noch miterlebt. Was sie zu erzählen wissen?

Sie sind Slawen und mögen die Italiener nicht. Aber der eine läßt sich Petar rufen und der andere Pietro. Sie fuhren zur See, aber sie steigen jetzt in kein Schiff mehr, sondern atmen nachdenklich die kühlende Abendbrise ein. Seeleute in Pension, Rentner der Weltmeere. Das heißt, der erste, Francu, der ist kein richtiger Seebär. Sein Strohhut beschattet ein Altersheimgesicht. Er redet von seinen zwei Jahren bei der Marine auf einem Minensuchboot in Pola. „Dann habe ich mich zur Landarmee gemeldet. Mir war der Dienst zu hart ..." Der andere, bewehrt mit einer Sportkappe, Englisch- und Spanischkenntnissen und der Sicherheit eines Weltenbummlers, hat ein wenig mehr erlebt: „Ich habe meine Dienstpflicht noch im Frieden geleistet, fünf Jahre lang war ich bei der Marine, zuerst auf der alten ‚Viribus Unitis' und dann auf dem Panzerkreuzer ‚Karl VI.' [Er sagt: „Carlo Sisto".] Das war eine schöne Zeit. Ich war Torpedomaat. Einmal sind wir kriegsmäßig ausgelaufen, unter dem Befehl von Admiral Montecuccoli, damals, als in Albanien die Krise war. Da sind wir dann mit der Blockadeflotte vor Durazzo gelegen. Aber Schuß wurde keiner abgefeuert." — „Und im Krieg, wo waren Sie da?" — „Ich habe 1913 abgerüstet und bin nach Amerika." Er nennt eine Reihe von Orten im Westen und im Süden und Hafenstädte in Südamerika, wie sie in sämtlichen Abenteuergeschichten dieser Zeit bemüht werden. Er redet von Geschäften, von seinen Reisen und dem Heimweh, das ihn wieder nach Lissa trieb.

Aber wer von den Seehelden hier hat nun den Krieg unter rotweißroter Flagge mitgemacht? Sie deuten auf einen Mann, der das Altersstadium erreicht hat, in dem man von Jahr zu Jahr um einige Zentimeter zusammenschrumpft. Zahnlos und zittrig, verschmitzt lächelnd, denkt er an den heroischen Teil seines Lebens: „Ja, ich war bei der Kriegsflotte, auf dem Schlepper ‚Herkules'." Er sagt es mit so viel Wichtigkeit, als ob er auf dem ersten nuklearen Flugzeugträger gedient hätte. „Ja, den Krieg hab' ich mitgemacht. Wir waren die ganze Zeit in Pola, alle Schiffe sind ausgelaufen, aber unser ‚Herkules' war immer in Pola. Wir haben während des ganzen Krieges den Hafen nur einmal verlassen. Als sie bei Fiume einen italienischen Ballon abgeschossen haben, mußten wir ihn nach Pola abschleppen." Tiefe Befriedigung über diese Kriegstat liegt in der Stimme des verhinderten Helden. Mit dem Auslaufen der Flotte meint er wohl jene erste große Aktion der Österreicher zu Beginn des Italienkrieges, als die Flotte in einem kühnen Angriff die Häfen der norditalienischen Küste beschoß. „Deckunteroffizier" Matteo — sein Rang ist das einzige deutsche Wort, das ihm in den Sinn kommt — weiß darüber nicht mehr Bescheid. Über den „Herkules" sieht er nicht hinaus. Darüber, daß alle die kostspieligen Flotten der Großmächte die meiste Zeit des Ersten Weltkrieges in sicheren Häfen verbracht haben, macht er sich keine Gedanken. Aber damals waren die Flotten so teuer und wertvoll, daß bei jedem Oberbefehlshaber die Furcht vor der Niederlage den Wunsch nach dem Sieg überwog.

Die Väter und Großväter der k. u. k. Veteranen waren dabei, als um die Herrschaft der Meere noch mit vollem Einsatz und klassischen Mitteln gerungen wurde — eben bei Lissa. Was ist diese Schlacht jedoch heute für die Lissaner? Nur ein geschichtliches Ereignis, das niemanden berührt? Nein, der Tegetthoff-Sieg war ein Sieg der Lissaner, und die Schlacht war die ihre. In die Phantasie der Kinder wurden Legenden und Geschichten eingepflanzt, die ihnen das Einschlafen leichter machen sollten, und die alten Fischer spinnen die Tegetthoff-Erzählungen abends bei einem Glas Wein neben friedlicherem Seemannsgarn.

Einer der trockengelegten Matrosen weiß es noch: „Mein Vater hat wie die meisten Burschen in San Giorgio Munition geschleppt, und die Frauen haben den Soldaten Essen gebracht und Wasser. Der Vater hat erzählt, wie alles dunkel war draußen, wie man nur das Krachen und Splittern gehört hat. Und nur ab und zu ist ein Mast und ein Schiff aus diesem Gemisch von Rauch, Pulverdampf und Nebel aufgetaucht. Es soll furchtbar gewesen sein." Der Arzt, der sich auch schon zur Ruhe gesetzt hat, erinnert sich des berühmtesten Mitkämpfers, den Lissa beherbergt hat, des alten Vlastelčić. „Wir haben als Buben großen Respekt vor ihm gehabt, wenn er würdig, mit dem langen Bart, so ganz langsam über den Kai gewandert ist. An Feiertagen hat er sich die goldene Tapferkeitsmedaille angesteckt, und im Gemeindeamt war sein Bild. Für uns war er nur der Held von Lissa, eine Art Ersatz-Tegetthoff. Lange hat er noch gelebt, und alle haben wir den Hut vor ihm gezogen."

Zwei bis drei Meilen von der Küste der Insel entfernt liegt die gerammte „Rè d'Italia" in den Tiefen der Adria. Die einen sagen, nur 60 Meter tief, die anderen sprechen von mehreren hundert Metern. Auch hier gibt es Geschichten, für die jedoch kaum eine Bestätigung zu erhalten ist: Bei schweren Stürmen sollen manchmal die Mastspitzen aus dem Wasser ragen. Andere Fischer klagten, daß ihre Netze im Bereich des Wracks öfters zerrissen. Man plante Tauchversuche, man sah Gespenster. Die See hat das königliche italienische Schiff jedoch nicht freigegeben. Irgendwann wird wohl einer Expedition der Abstieg in dieses Grab eines Panzerschiffes gelingen, dort hinunter, wo es vielleicht noch so aussieht, wie man sich das Terrain einer Seeschlacht vorstellt.

Manche Großmutter weiß noch eines der Lieder eines unbekannten Dichters; nach der Schlacht entstanden im Volk viele solcher Strophen:

Du, tapferer Tegetthoff, sollst leben
und fleißig die Fahnen des Kaisers hochhalten
und damit auch alle Kroaten und die tapferen Dalmatiner.
Solange das Meer noch lebt,
wird der Name Tegetthoff nicht verschwinden.

Als im November 1918 italienische Besatzungstruppen auf Lissa landeten, kratzten sie seinen Namen vom Denkmal, dem Löwen von Lissa. Im Gemeindeamt hat sich ein Foto erhalten: Der Löwe liegt noch draußen auf dem Stein, aber der Sockel trägt nun die Inschrift: „Italia Vincitrice, Novembre 1918." Als späte Siegerin hat sich „Italia" hier eingetragen — und der Löwe hält die italienische Flagge noch immer fest in seinen Krallen.

„Das haben die Italiener auch eingesehen, daß das nicht das rechte Siegesmal für sie ist", meint der Arzt, der in der brütenden Hitze den Weg am Meer entlang zur Halbinsel mitmacht. Die Sonne treibt einem Schweißtropfen auf die Stirn, aber ein kühlender Wind wischt sie wieder weg. „Bei uns hat der Winter selten unter null Grad, und im Sommer mildert ein frischer Luftzug die Hitze." Deswegen haben schon Griechen und Römer hier Häuser gebaut, die jetzt als Ruinenfelder am Berghang verwittern. Einige Kanonenrohre liegen zwischen antiken Säulen. „Die könnten von den Österreichern stammen." Andere hat man in den Pier gerammt, um daran die Schiffe festzumachen. Die Straße hinauf zum Fort San Giorgio sperrt ein Posten — da beginnt die Militärzone. Der Weg zum Friedhof ist offen. Nur einige braungebrannte Burschen sonnen sich. „Unser Badestrand."

Im Friedhof wachen Zypressen vor den Grüften der Patrizier; der Geruch des Grases, den die Sonne am Halm zu Heu werden läßt, dieser Geruch des Südens reizt die Nase. Die Bienen und Fliegen brummen lauter als bei uns, die Blumen blühen bunter, die Steine sind weißer, als ob die Sonne dem Sterben hier andere Farben geben wollte als im finsteren Norden. Der Friedhof gleicht einem Anlegeplatz am Meer — für den Fährmann, der die Toten in die Ewigkeit rudert.

Einmal landeten italienische Soldaten und nahmen den Löwen mit. „Gezähmt" und wehrlos steht das Denkmal für den größten österreichischen Seesieg in der Marineakademie zu Livorno. Auf Lissa blieben ein niedriger Sockel, der Mosaikboden und zwei Steinplatten, auf denen eine zarte Schrift etwas von der k. u. k. Kriegsmarine sagt —

die Ossarien, die Gruben für den menschlichen Abfall einer Schlacht; was namenlos an Land gespült wurde, was gestorben war, ohne sich vorher vorzustellen, das liegt da unten in der Gruft — Italiener und Österreicher, ohne Unterschied. Und daneben gedenkt ein Granitblock der Statisterie der Schlacht, der auf einmal der tragende Part des Sterbens zugeteilt worden war: der Gefallenen von den Küstenbatterien, die zwei Tage lang im Feuer der italienischen Flotte bis zur Ankunft Tegetthoffs Widerstand geleistet hatten. Die Geschichtsbücher reservieren ihnen meistens kaum eine Zeile. Aber hier auf Lissa ist der Name des Küstenartillerieregiments festgehalten: k. u. k. Freiherr von Stein, und die Liste der Gefallenen ... „Den auf Lissa am 18. und 19. Juli 1866 gefallenen Waffenbrüdern gewidmet."

Naiv, volkstümlich und einfach hat ein katholischer Priester im Franziskanerkloster neben dem Friedhof aus dem Gedächtnis ein Schlachtengemälde rekonstruiert: Tegetthoffs Flaggschiff bohrt sich gerade in den Rumpf der „Rè d'Italia", und die Muttergottes und der heilige Franziskus halten segnend ihre Hände über das tobende Meer — ganz im Stil einer jener Votivtafeln, mit denen Tiroler Bauern für eine gesund gewordene Kuh danken oder für den glimpflichen Verlauf eines Absturzes über eine Felswand. Eines jedoch scheint der fromme Maler bei seiner Darstellung außer acht gelassen zu haben: daß Franz von Assisi ein Italiener war. Sonst hätte er ihn wohl kaum den Untergang seiner Landsleute segnen lassen.

Die Stoßgebete, die die Leute zum Himmel schickten, als die Kanonen donnerten, haben dem Sieg einen Funken Göttlichkeit verliehen. Und die Alten erzählten auch, daß über der Batteria della Madonna im Zentrum des Hafens auf einmal eine weiße Frau erschienen sei und die Kugeln abgewehrt hätte. In dem Gemäuer der „Batteria" sind dennoch einige italienische Geschosse steckengeblieben. Das von den Österreichern erbaute Fort ist nun Heimstätte des Museums, aber von den alten Zeiten hat man nur Kanonen und Kugeln konserviert. Das Museum kündet von einem anderen Heldenzeitalter Lissas, an das heute jeder jüngere Jugoslawe denkt, wenn er den Namen Vis vernimmt. Denn auf der Insel hatte Tito 1944 sein Hauptquartier. Die Engländer versorgten hier per Flugzeug seine Partisanen. Lissa — oder Vis — war der große Umschlagplatz der Tito-Armee und, obwohl gar nicht so weit vom Festland entfernt, für die Deutschen und Italiener uneinnehmbar. Viele Lissaner haben ein anderes Andenken an dieses Jahr: ihre Erinnerungen an Afrika. Sie waren nämlich nach Ägypten evakuiert worden.

All das hat das Leben auf der Insel jedoch nicht sehr verändert. Lissa blieb, was es war, vor den Österreichern, unter den Engländern und später: eine Insel, die nach innen lebt, die ihre Läden schließt, am Abend früh die Lichter löscht und schlafen geht. Im Restaurant ist es heute lauter als sonst. An den Tischen zechen Matrosen. Draußen am Pier liegen Radarwachboote, Schnellboote, ein altersschwaches Versorgungsschiff, und weiter draußen hat ein Zerstörer Anker geworfen. Eine andere Flotte hat von der Insel Besitz ergriffen. Ihre Funksprüche, die Sirenensignale und der Hornruf des Zapfenstreichs durchschneiden die Abendluft. Die Urgroßväter dieser sportlichen dunklen Burschen könnten bei Lissa dabeigewesen sein.

Auch im Restaurant werden schon die Stühle auf den Tisch gestellt. Im Hotel wird einem für den Abendspaziergang der Schlüssel ausgehändigt. Es sind die Schlüssel des Bürgermeisters Topić, dem das Haus gehört hatte. 1914 fuhren französische Schiffe in den unbewachten Hafen und forderten den Bürgermeister zur Übergabe der Insel auf. Topić weigerte sich. Darauf holte sich ein Landungskommando den Stadtvater und die Gemeindekasse. Man brachte Geld und Bürgermeister nach Malta. Nach einiger Zeit wurde er jedoch wieder freigelassen und konnte nach Hause zurückkehren. Heute haben die Topić die Insel verlassen, sie waren dem Tito-Regime zu reich.

Die Nacht hat sich über die Insel gesenkt. So still ist es, daß man sich als einzelner Wanderer fast verrufen und schlecht vorkommt. Irgendwo besingen einander ein Opernbariton und ein Sopran — der Fernsehapparat ist auf den italienischen Kanal eingestellt. Ein Hund bellt, eine Katze schießt um die Ecke. Eine schwarzgekleidete Frau drückt sich angesichts des Fremden in ein noch offenes Haustor. Nur in der Apotheke brennt Licht. Und auf den Schiffen im Hafen. Die Matrosen liegen in den Kojen, die Schritte der Wache tappen leise durch die Nacht. Kriegsschiffe, Sperrgebiet, Schlachtenszenerie — das alles ist Lissa, und dennoch gibt es keinen friedlicheren Ort in Jugoslawien: eine Insel ohne Touristen, ohne Reklame und Schaufenster, mit drei Personenautos und unendlich viel Zeit. Die Exotik der Stille nimmt den Großstädter gefangen. Der Abschied am nächsten Morgen — um fünf Uhr früh, die reguläre Abfahrtszeit der „Kotor" — tut ein wenig weh. Tegetthoff und seine Schiffe sind auf einmal nicht mehr so wichtig, auch nicht das gestohlene Denkmal und die silbernen Leuchter, die Erzherzog Johann für die Kirche gespendet hat; nur die Insel, die so recht nach dem Maßstab der modernen Inselsehnsucht geschneidert ist.

Der Hafenlärm von Split zerreißt die Traumgespinste vom einsamen Eiland. Sie alle sind wieder mobilisiert: die Träger, Schuhputzer, Melonenhändler, Ansichtskartenverkäufer, der Troß der Touristenarmeen. Schon seit zweihundert Jahren kennt Split diesen Betrieb. Und es verdankt ihn seinem Kaiser — keinem Habsburger, nein, Diokletian, dem Römer, der wahrscheinlich in der heutigen Ruinenstadt Salona bei Split geboren ist. Das alte Spalato hat sich in seinen Palast hineingeschmuggelt, so gewaltig dehnt sich das Trapez dieses monumentalen Ausgedinges eines Herrschers. Die vielen Fenster zwischen Säulen und römischen Quadern haben den festungsartigen Palast „zivilisiert". Und die Franzosen, die auch für einige Jahre Spalato regierten, nahmen den einst steil zum Meer abfallenden Mauern alles Drohende, indem sie davor eine künstliche Promenade anlegten — sie bereiteten den Palast und seine Umgebung für den Fremdenverkehr auf.

Vom früheren Marinekommando am Hafen aus wird dennoch die Majestät dieses Bauwerkes offenbar, in dem ein Kaiser, müde von den Imperiumsgeschäften, Zuflucht gesucht hat. „Sehen Sie doch dieses Tor in der Mauer des Palastes", sagt ein Mann, der im Schatten dieser Mauern zum Greis geworden ist. „Von unserem Standpunkt am Hafen kann man eine gerade Linie ziehen. Man hat die Pforte erst in den siebziger Jahren in die Wand gebrochen, damit der rote Teppich beim Besuch des Kaisers Franz Josef vom Anlegeplatz bis in die Stadt schnurgerade ausgerollt werden konnte. Nichts sollte den Monarchen beim Einzug in die Stadt zu einem Umweg zwingen."

Franz Josef in Split — einige Quadersteine der Palaststadt mußten dem Kaiser weichen. Und im Dom, dem achteckigen Mausoleum Diokletians, wurde Franz Josefs Name mit Gold auf Marmor geschrieben: Der österreichische Kaiser hatte die Renovierung des Domes angeordnet und sie aus seiner Privatschatulle bezahlt. Auch der Wiener Architekt Alois Hauser durfte sich an dieser Stelle verewigen.

Diokletian war der Kaiser einer Endzeit. Das Christentum schluckte das große Reich. Selbst seine Frau und seine Tochter hatten sich der ihm verhaßten Religion zugewandt, und sein Grabmal wurde dem Christengott geweiht, den er so sehr befehdete. Ob in Franz Josef bei der Konfrontation mit Diokletian solche Bilder aufgestiegen sind? Oder sah er nur die weißgekleideten Mädchen, den Bischof und die Offiziere in der Galauniform? Ahnte er, daß auch er in seiner Sterbestunde um den Bestand eines so fest gegründeten und unüberwindlich scheinenden Reiches, das auf einmal wie er vom Tode gezeichnet war, werde bangen müssen?

Unter den Titeln des Kaisers sind noch die Namen des Kronprinzen Rudolf und seiner Gemahlin Stefanie in Stein bewahrt. Sie hatten den Dom 1885 besucht. Ein stotternder Fremdenführer zupft die Touristen am Ärmel und ist bereit, für ein kleines Dinargeschenk seine krause Version der Mayerlingtragödie preiszugeben ...

Aber die Habsburger waren am Meer nicht zu Hause, sie waren ein Geschlecht aus den Bergen. Die Auseinandersetzungen mit diesem Element führten sie oft auf Unheilswege. Vom Golf von Triest bis zur Bucht von Cattaro hinterließen die habsburgischen Familiendramen ihre Spuren. Auf dem Marschall-Tito-Kai in Split sagt ein einheimischer Journalist: „Ich habe erst gestern mit einem Geschichtsprofessor über Rudolf diskutiert. Er soll bei seinem letzten Besuch in Dalmatien von Mary Vetsera begleitet worden sein. Das Liebespaar wäre damals beinahe in Seenot geraten."

Oder in Dubrovnik, der stolzen Republik Ragusa, die so von ihrer eigenen Vergangenheit und Kultur zehrt, daß sie das meiste Österreichische völlig absorbiert hat — auch dort kursieren die Geschichten von der Insel Lacroma, die wie ein auf dem Wasser schwebender Hain vor den Zinnen und Türmen der Stadt liegt. Maximilian hat sich hier in die Einsamkeit zurückgezogen, und Rudolf soll das ehemalige Kloster auf der Insel als Schlupfwinkel geschätzt haben.

Franz Josef selbst mißtraute einem so fremden Element wie dem Meer. Auch die Flotte war für ihn wohl eher eine unnütze Geldausgabe. Obwohl er auch Oberbefehlshaber der Kriegsmarine war, soll er nicht einmal eine Admiralsuniform besessen haben.

Thronfolger Franz Ferdinand dagegen nahm die Marine unter seine Fittiche. Er hatte das Leben auf See während seiner Weltreise 1892 mit dem Kreuzer „Kaiserin Elisabeth" verstehen gelernt.

Elisabeth war am Meer zu Hause. Sie flüchtete auf ihrer Jacht nach Korfu, ins Achilleion, wo das Griechentum, wie sie es sich ausmalte, architektonisch wiedererweckt worden war. Heute genießen dort Athener Reeder und deutsche Geschäftsleute am Spieltisch die Aufregungen einer Kasinonacht.

Elisabeth hatte sich noch ein Schloß am Meer zum Wohnsitz auserkoren — Miramar, das Märchenschloß jenes Habsburgers, der den Salzgeschmack der See am gründlichsten geprüft hat: des Erzherzogs Ferdinand Max und späteren Kaisers Maximilian von Mexiko. Auch Franz Ferdinand schätzte Miramar als gelegentlichen Wohnsitz.

„Zum Besuch des Schlosses genügt die Vorweisung einer Visitenkarte (Eintritt pro Person 60 Heller, Trinkgeld nach Belieben). Der Kastellan führt den Gast durch sämtliche Räume des Schlosses", verheißt ein Reiseführer von 1910. Heute werden die Touristenscharen in schweren Autobussen kompanieweise von Triest zum Schloß gekarrt. Polyglotte Guides kommandieren sie über das stöhnende Parkett und vermitteln ihnen für hundert Lire im Eilzugstempo einen Ausflug in die romantische Traumwelt Maximilians.

Der Trubel stört besinnliche Betrachtungen. Aber wo sonst im alten Österreich konnten die Habsburger durch die Fenster eines Schlosses aufs Meer sehen? Welch anderes Mitglied dieser Festlanddynastie ließ sich in sein Wappen einen Anker zeichnen? Maximilian, mehrere Jahre hindurch Kommandant der Marine, richtete sich sein Schlafzimmer wie seine Kajüte auf der „Novara" ein, seinem Schicksalsschiff, auf dem er das Seehandwerk erlernte, das Schiff, das ihn 1863 nach Mexiko brachte und fünf Jahre später mit seinem Leichnam im Hafen von Triest anlegte.

„Er klammerte sich an Wunschvorstellungen und verteidigte Ideale, ohne zu erkennen, daß er schon längst ein von allen Seiten umkreistes und gehetztes Wild geworden war", heißt es von dem Maximilian der letzten Jahre, in denen die Rebellion der Mexikaner gegen seine von den Franzosen gestützte Fremdherrschaft dem Sieg nahe war. Seine Wünsche und Träume zerstoben im Pulverdampf der tödlichen Salve eines Hinrichtungspeletons auf dem Hügel bei Queretaro.

Sein Schloß dagegen — der Tummelplatz seiner Phantasie — konservierte alle Wunschvorstellungen, Leidenschaften und Komplexe Maximilians. Jeder Raum wird hier zum dankbaren Untersuchungsfeld für einen Psychologen: Das Fernweh und die Unruhe des Kaisers spiegeln sich in seinem Schiffsmobiliar und den orientalischen Vasen und Skulpturen. Als „allerletzter Ritter" wollte er im Maschinenzeitalter souverän über Völker bestimmen. Sein Schloß wurde im Stil der ritterlichen Normannen gebaut, und an den Wänden hängen Porträts von Maximilian, dem letzten Ritter, und Waffen und Rüstungen. In einem Reich, das ihm, dem Bruder des Kaisers, mit dem Befehl über die Marine und mit der Statthalterei in der Lombardei zuwenig bot, suchte er Fülle und Überfluß. Er wählte die Ananas zur Wappenfrucht. Das Schloß mit Audienzsaal und Fürstenzimmer, Herrschergemälden und Heldendarstellungen war schon kaiserlich, bevor Maximilian noch eine Krone auf das Haupt gedrückt worden war. Vielleicht sah er sich in seiner Phantasie auch als eine Erlösergestalt und als Märtyrer und ließ deshalb die Kapelle nach der Heilig-Grab-Kirche in Jerusalem und mit Zedernholz vom Libanon gestalten. Dort, wo das Schloß nicht vom Meer umspült ist, pflanzte sich Maximilian einen tropischen Zaubergarten, geschaffen, alle Not der Welt vergessen zu lassen.

In diesem Paradies gemahnt jedoch ein Kreuz an die Sage, daß die Bewohner von Miramar eines gewaltsamen Todes sterben müssen: Es wurde aus dem Holz der „Novara" zum Gedenken an Kaiserin Elisabeth geschnitzt. Von zwei anderen kurzfristigen Bewohnern des Schlosses, von Rudolf und Franz Ferdinand, schweigt der Park.

Auch am Abend ist von diesen beiden Habsburgern nicht die Rede. Das Publikum erlebt dafür aber unter südlichem Himmel im kleinen Hafen die Farbenspielereien der optischen und akustischen Beschwörung des unglücklichen Kaisers in einer Son-et-Lumière-Produktion. Aus dem Park, aus dem Schloß — und wenn die Szenerie jenseits des Ozeans liegt, vom Meer her — dröhnen Burgtheaterstimmen: Fred Liewehr, Johanna Matz, Albin Skoda . . .

Die Tragödie wird als „Der Kaisertraum von Miramar" verkauft. Ein Tenor besingt mit schmalziger Stimme das „Märchen am Meere, Miramar". Die Scheinwerfer greifen nach der Sphinx am Molo, und Tausende fühlen, angeregt durch ein Mittelding von Kitsch und Kunst, Mitleid für Maximilian und Charlotte. Sie sitzen dort, wo sich vor mehr als hundert Jahren jubelnde Triestiner drängten, um dem Kaiserpaar von Mexiko adieu zu sagen.

Soweit die Beziehungen der Herrscher zur Adria. Aber welcher Platz wurde dem Meer und der Küste in der Hierarchie des Reiches zugewiesen? Die Flotte mußte stets um das nötige Geld raufen. Und wie sehr man sich in Wien um Dalmatien kümmerte, schildert Friedrich Funder, der zur Jahrhundertwende Dalmatien bereist hatte: „Nicht einmal in Spalato und Ragusa hatte es einen nennenswerten Fremdenverkehr, und in den meisten Orten besaß es auch nicht die geringsten Voraussetzungen dafür. Im Hotel de la Ville, dem damals größten Spalatos, mußte man für die Nacht die Türen verrammeln, denn es fehlten an den Türen die Schlösser. Dalmatien war damals ein vereinsamtes Land, in dem sich die Heiterkeit südlichen Lebens mit einer sanften, von großer Vergangenheit träumenden Melancholie mischte. Das Land war schwer passiv, brachte nur lässig seine Steuern, jeder neue budgetäre Aufwand mußte irgendwo anders abgezwickt werden . . ."

Man hatte in Wien die Goldgruben des Strandlebens und des Fremdenverkehrs noch nicht geortet. Doch im Reiseführer Anno 1910 sagt der einst berühmte Meteorologe Prof. Julius Hann den Österreichern deutlich, was sie an ihrem Meer haben:

„Die Natur hat es dem Bewohner Österreich-Ungarns bequem gemacht. Wenn er etwas Reiselust hat und die Mittel, sie zu befriedigen, kann er, ohne die Landesgrenzen zu überschreiten, klimatische Gegensätze unmittelbar auf sich einwirken lassen, wie kein anderes Land Europas auf gleichen Entfernungen hin darbietet. Im Winter gelangt er auf einer Eisenbahnfahrt von Wien bis Fiume in der kurzen Frist eines halben Tages aus der einförmigen Schneehülle Mitteleuropas, dem düsteren Wokenhimmel und empfindlichen Frosttemperaturen in eine laue Luft voll Sonnenschein und malerischer Lichteffekte an die Ufer eines tiefblauen Meeres."

Die Richtigkeit dieser Naturschilderungen hat fast jeder Österreicher mit eigenen Augen überprüft. Daß er aber dazu einmal keine Grenzen überschreiten hatte müssen, erscheint ihm heute als ein nur schwer begreifliches Kuriosum — so wie der Gedanke eines österreichischen Meeres, einer österreichischen Kriegsmarine und stattlichen Handelsflotte. Der Ruf „Seefahrt tut not" wird höchstens auf die Kreuzfahrt mit einem jugoslawischen, italienischen oder griechischen Schiff bezogen. Und die Wasserflächen von Boden- und Neusiedler See bleiben der Inbegriff maritimer Ausdehnung innerhalb der rotweißroten Schlagbäume. Die Idee einer österreichischen Seefahrernation nimmt sich unter den heutigen Voraussetzungen genauso absonderlich aus wie ein Schiteam aus Kenia, das den Langlauf beim Holmenkollenrennen gewinnen will.

Dennoch wurden die Adriagestade von den Invasionsheeren österreichischer Urlauber zurückerobert. Der Massen- und Sozialtourismus hat eine Prophezeiung in „Die Monarchie in Wort und Bild" erfüllt, ja übererfüllt:

„Wenn es einmal in Österreich-Ungarn so Gepflogenheit des wohlhabenden Mittelstandes sein wird, sich der Wohltaten zu erfreuen, welche südliche Sonne und Luft an den heimischen Meeresküsten spenden können, wie dies anderswo geschieht, so wird man aus dem Inneren des Reiches zu gewissen Jahreszeiten mächtigen Zuzug an diesen Strand wahrnehmen."

Die Österreicher und mit ihnen auch die Deutschen sind in die Welt der neuen Hotels, der Bungalowsiedlungen, Campingplätze und dichtbesetzten Felsenstrande eingezogen. Sie sehen vor allem die neue

Garderobe, mit der diese Küste ausgestattet worden ist, und in Städten wie Split und Dubrovnik die Spuren der ererbten Mittelmeerkulturen. Die haben dort die Starrollen übernommen. Ihr Auftreten ist so überzeugend, daß sie allem Österreichischen die Schau stehlen. Aber nicht überall — in Triest, in der ehemaligen dalmatinischen Hauptstadt Zara, in Abbazia und in Pola mahnt dieses adriablaue Austria, das Kroatisch, Italienisch und Deutsch sprach, die Gäste aus dem Norden, es nicht ganz und gar den Tiefseegräben des Vergessens zu überlassen. Und kaum anderswo tritt uns dieses Österreich am Meer offener entgegen als in Pola.

Schlagen wir noch einmal den k. u. k. Reiseführer auf. Er empfiehlt unter dem Titel „Die Umgebung von Pola" unter anderem folgenden Ausflug: „Über San Policarpo nach den Forts Max, Mussil und Maria Luise. Auf dem Wege dahin die Marineschießstätte und der Marinefriedhof. An der Küste südwärts die beiden Panzertürme Staja und Verudela." Dann warnt eine Anmerkung: „Es sei ausdrücklich bemerkt, daß es nicht ratsam ist, den oben genannten Objekten sich zu sehr zu nähern. Ferner wird geraten, sich mit keinerlei fotografischen Apparaten außerhalb Polas zu begeben, da Aufnahmen der Gegend verboten sind. Im Betretungsfalle hat man große Unannehmlichkeiten zu gewärtigen."

Das einzige Hindernis, das sich einem in diesen einst so streng geheimen Bereichen entgegenstellt, ist der alte Parkplatzwächter. „Guten Tag", sagt er deutsch und zieht seine Kappe. Er kassiert hundert Dinar für das Abstellen des Wagens. Und dann kann man sich in der einst verbotenen Zone des Panzerturmes Verudela frei bewegen.

Der Hauptgrund dafür ist, daß Panzertürme heute keinen Feind schrecken können. Deshalb hat Titos Marine die Wachen durch eine Tanzkapelle ablösen lassen, die nun auf der Terrasse lärmt. Englische, deutsche und österreichische Feriengäste flanieren, leicht gekleidet, durch die Speisesäle dieses neuen Beherbergungsunternehmens. Der Panzerturm Verudela, dessen schwere Geschütze die Einfahrt in den Kriegshafen sperrten, hat eine friedlichere Bestimmung erhalten: er wurde Hotel, Restaurant, Bar, Tanzcafé. Die Kuppeln und festen Wälle wurden mit den neuen Bauteilen verschmolzen, die ein in Paris lebender jugoslawischer Architekt entworfen hat. Das Resultat sind Saxophonattacken und Schlagwerkbatterien in Schießständen der Festungsartillerie und unzerstörbarem Mauerwerk. Der Barmixer mischt seinen Martini in kugel- und bombensicheren Gewölben, und selbst die Toiletten verbergen sich in einem ehemaligen Festungstrakt. Rundherum in den Pinienhainen der einstigen Sperrzone entstand eine Hotelkolonie, und das aus Spionagefurcht abgeschirmte Verudela wurde zum Kofferschild.

„Was stammt hier in Pola eigentlich nicht von den Österreichern?" fragt man naiv. „Das, was schon die Römer erbaut haben", lautet die Antwort. Sie kommt von einem Einheimischen. Und er hat recht. Die Römer hinterließen den Augustus-Tempel, einen Triumphbogen und ihre Arena, in der gerade eine tschechische Eisrevue sonnenfreudigen Fremden den Winter vorgaukelt. Ein Archäologe aus dem Museum, einst deutsches Gymnasium, trägt sich als Begleiter an. Die Erforschung der letzten fünfzig oder hundert Jahre ist nicht sein Geschäft. Um jedoch in Pola auf diese jüngste Vergangenheit zu stoßen, braucht man nicht zu graben. Denn Pola blieb die Stadt, zu der das unscheinbare Fischerdörfchen von den Österreichern befördert worden ist.

Wie war dieses Pola? Ein Berichterstatter von 1908 sah es folgendermaßen: „In Pola ist der Kriegsmatrose beinahe immer im Dienst, der Offizier und Marinebeamte fast unausgesetzt dem strammsten militärischen Kriterium unterworfen. Daß demnach das maritim-militärische Element in Pola auf Schritt und Tritt dominierend hervortritt, erscheint verständlicher, wenn man bedenkt, daß in einer Stadt von nur 18.000 Einwohnern des Zivilstandes konstant 10.000 bis 12.000 Marineangehörige ihr ständiges Domizil haben. Am malerischsten und lebendigsten zeigt sich dies in dem eigentlichen Marineviertel, San Policarpo, wo sich um die Baulichkeit der Admiralitäts- und sonstigen Amtsgebäude der Marine jederzeit das buntbewegteste und wechselvolle Schauspiel eines maritimen militärischen Hauptquartieres ersten Ranges konzentriert."

Unter der blauweißroten Fahne Jugoslawiens haben andere Kriegshäfen Pola den Rang abgelaufen. Vor der Admiralität zeugt der Infanterieposten dafür, daß dieses Haus an die Armee abgetreten worden ist. In der Infanteriekaserne am Hafen schnurren die Nähmaschinen einer Kleiderfabrik. Aber entlang den grauen Mauern des Marinearsenals patrouillierten Matrosen in weißen Uniformen. Hier werden noch immer Kriegsschiffe repariert. Die Sicherheitsvorschriften sind strenger als früher, da man gegen Vorweisung einer Visitenkarte — damals ein überaus wichtiges Ausweismittel — einen Unteroffizier als Begleiter für einen Rundgang zugewiesen erhielt. Sperrgebiet ist auch die Oliveninsel im Hafen, die Marinewerft, in der österreichische

Panzerriesen wie die „Viribus Unitis“ und die „Szent István“ ihr „Service“ erhalten haben. Irgendwo hier muß auch die „Viribus Unitis“ gesunken sein, als nach dem Waffenstillstand im November 1918 italienische Kampfschwimmer das Schiff in die Luft sprengten.

Auch vor dem Marinekasino, dem gesellschaftlichen Mittelpunkt der Garnison, bekommt man nur ein „Für Ausländer verboten“ zu hören. In der Marinekaserne, von der aus einst Erzherzog Ferdinand Max die Flotte kommandiert hat, gehen Matrosen ein und aus. Das Denkmal des Habsburgers wurde bei der „Säuberung“ Polas durch die Italiener ebenso weggeräumt wie das Tegetthoffs. Der Sieger von Lissa fand jedoch Abnehmer — das Monument aus Pola steht heute in Graz, wo Tegetthoff begraben liegt.

Den breiteren Regionen des Seemannslebens in Pola war wohl der Biergarten vorbehalten, in dem jetzt nur dünner Gerstensaft jugoslawischer Herkunft serviert wird. Früher löschten hier Unteroffiziere aus Wien, tschechische Maschinenmaate, Agramer Seekadetten und Grazer Matrosen ihren Durst. Dem Biergarten, einer Rarität zwischen den Weinlokalen der Stadt, haftet jener Schuß nordischer Kühle und Fremdheit an, den die Österreicher durch die Einheitlichkeit ihres Administrationssystems an das Meer verpflanzt hatten. So versuchte zum Beispiel der Wiener Rathausarchitekt Friedrich von Schmidt die Kirche Madonna del Mare durch neubyzantinische Formen dem südlichen Klima anzupassen. Die als Ruhmes- und Ehrenhalle der Marine konzipierte Garnisonskirche kann jedoch ihre Verwandtschaft zu einer gewissen Wiener Friedhofsarchitektur nicht verleugnen. Die Tore sind geschlossen, das Ewige Licht ist erloschen, die Kirche wird nur für Konzerte geöffnet. Ein einsamer Bettler hockt auf den Stufen. In den leeren Fensterhöhlen atzen Schwalben ihre Jungen und gurren Tauben. Ein rostiges Gitter versperrt gegenüber der Kirche den Marinefriedhof, wo Gras und Unkraut über die Gräber der Offiziere und Soldaten wuchern, für die Pola noch „Hauptkriegshafen und vorzüglich bewehrte Seefestung der k. u. k. Kriegsmarine“ war.

Rund siebenhundert Kilometer weiter südlich, außerhalb einer brüchigen Friedhofsmauer, verwelken Blumen auf drei Gräbern. Die Kränze sind vor noch nicht allzu langer Zeit niedergelegt worden. Rote Schleifen preisen die Toten als sozialistische Vaterlandshelden. In diesen Gräbern auf freiem Feld hinter dem Friedhof von Skaljari am Ende der Bucht von Cattaro wurden jedoch keine Partisanen bestattet. Hier endete jene tragische Episode, die im Februar 1918 das Auseinanderbrechen des Reiches anzeigte. Und die Agonie der stolzen Flotte. Hier wurden drei Matrosen, Frane Rase, Jerko Zizgorić und Anton Grabnar, hingerichtet und beerdigt. Sie galten als Rädelsführer der Meuterei, des Aufstandes von dreitausend Matrosen, die damals mit ihren Schiffen in der Bocche di Cattaro auf sicherem Ankerplatz lagen. Drei Tage lang erschütterte der Aufstand die Moral der Flotte. Seine letzten Konsequenzen waren im November 1918 zu spüren, als in Pola wütender Pöbel deutsch sprechende Marineoffiziere jagte und ihnen die Rangabzeichen von den Uniformen fetzte.

Die Matrosen, die in Cattaro ihren Offizieren den Gehorsam aufsagten, waren Tschechen, Kroaten, Dalmatiner, Italiener gewesen — die Deutschen und Ungarn blieben ihrer Fahne treu. Die Meuterer wußten nicht genau, was sie wollten: mehr Brot oder Sozialismus, rote Fahnen oder weniger Disziplin, oder die Anerkennung ihrer Nation — sie hatten einfach genug. Die drohenden Geschütze der Festungsartillerie auf den felsigen Hängen rund um den vielarmigen Fjord brachten die Seeleute wieder zur Vernunft. Die Sperrforts hatten die Mündungen ihrer Kanonen auf die eigenen Schiffe gerichtet. Die Meuterer kapitulierten. Wer jedoch damals ein wenig politischen Verstand besaß, mußte begreifen, daß sich hier Auflösung, Chaos und Anarchie des totalen Zusammenbruchs ankündigten. Der Tod ließ grüßen. Das Orchester stimmte das Vorspiel zur Götterdämmerung an.

Zuerst wurde jedoch noch Gericht gehalten: „... hierdurch haben sie das Verbrechen der Empörung begangen ... und werden zum Tod durch Erschießen verurteilt. Cattaro, am 10. Februar 1918." In pedantischer Handschrift hat der Schreiber des militärischen Standgerichtes das Urteil auf ein Blatt Papier gemalt. In dem Haus, in dem die uniformierten Richter über Leben und Tod der Meuterer befanden, ruht das Dokument heute unter Glas. Dieses Haus, das jetzige Meeresmuseum von Kotor (Cattaro), steht auf einer jener venezianischen Piazzas, Stein in Stein. Und dort zeigt man ein braungelbes Foto: An der Mauer eben dieses Hauses sind Matrosen, von Infanteristen mit aufgepflanzten Bajonetten bewacht, aufgestellt und warten auf ihre Verurteilung. Drei von ihnen wurden dann in Skaljari erschossen. Der jugoslawische Staat ehrt sie als Freiheitshelden und hält vom Andenken der k. u. k. Marine nichts anderes hoch als die Tage des Aufstandes gegen die rotweißrote Flagge.

Keiner offiziellen Würdigung wert, schlafen innerhalb der Friedhofsmauern die Soldaten, die hier unten am Fuße der Schwarzen

Berge Österreich repräsentiert haben. Wenn man seine Augen anstrengt, kann man auf den Grabsteinen noch einige Titel und Namen buchstabieren: Der Kommandant eines Feldjägerbataillons, ein k. k. Hauptmann, dem das Offizierskorps des 25. Infanterieregimentes 1860 eine Gedenktafel widmete, ein k. u. k. Missionskaplan in Cetinje, ein Deutschmeisteroberst, eine Militärverpflegungsoffizialsgattin liegen hier. Und ein Obelisk sagt etwas von „den Helden der Kämpfe von 1882".

Was war damals in der Bocche los? In den Bergen hatten sich einige Dörfer empört, und die Armee rückte aus. Der alte Reiseführer deutet es nur an: „Von Risan führt der Hauptweg in jenes Hochland, welches in den Jahren 1878, 1879 und 1881/82 zu trauriger Berühmtheit gelangt ist. Es ist die Krivošije mit ihren Schroffen, Wildnissen und unbotmäßigen Bewohnern, von denen übrigens die meisten nach Montenegro ausgewandert sind . . ."

Zweimal erfuhren hier die österreichischen Behörden, wie weit es vom Erlassen eines Befehls in einer Wiener Kanzlei bis zu seiner Durchführung an der Grenze Montenegros ist. Die Armee hatte mit den aufrührerischen Bergbauern, die sich weigerten, Soldaten zu werden, alle Hände voll zu tun, ohne sich dabei mit Ruhm zu bedecken.

Aber Cattaro lebte einst von der See. Seine Kapitäne kannten die Weltmeere. Auf einem Gemälde im Museum schlagen sich vor Lepanto Christen mit Türken: Eine Galeone aus Cattaro sank im Kampf gegen die Türken. Der Sieger in der Schlacht war Don Juan d'Austria, der natürliche Sohn Karls V. Ein Prunkstück der Sammlung ist die Uniform des späteren Admirals Marco Florio aus der Bocche; er hatte bei Lissa die „Erzherzog Friedrich" befehligt. Und in der Kirche von Prčanj, dem alten Perzagno, hängt eine weiße Fahne mit dem schwarzen Doppeladler und den gestickten Worten „Merito Navali" — die Ehrenflagge, die der Kaiser für seefahrerische Höchstleistungen gestiftet hat. Dem einheimischen Kapitän Ivo Višin ist sie verliehen worden, weil er von 1852 bis 1858 mit seiner Dreihunderttonnenjacht „Splendido" die Erde umsegelt hatte.

In jeder großen Stadt an der ganzen Küste Jugoslawiens wird in den Meeresmuseen die Tradition der Seefahrt gepflegt. Die Wissenschaftler, welche Schiffsgemälde, Galionsfiguren, Dokumente, Schiffsglocken, Waffen und dergleichen zusammengetragen haben, verbergen die rotweißrote Flagge nicht, aber sie betrachten die Adriaseefahrt des 19. Jahrhunderts als eine nationale Angelegenheit, als eine Sache der Dalmatiner oder, in Triest, als eine Domäne der Italiener. Man tut so, als ob Österreich nur eine nominelle Oberhoheit über eine spezifisch dalmatinische oder triestinische Seefahrt ausgeübt hätte. Auf jedem Kapitänspatent ist jedoch der Doppeladler, die Namen der meisten Kommandanten in der Schlacht von Lissa sind deutsch, und die Stadt, von der aus die ersten Schiffe im Namen Österreichs in See stachen, ist schon seit 1382 mit dem Hause Österreich verbunden: Triest, die Stadt, die heute in einem Prospekt von sich behauptet, eine „italienische Stadt europäischen Geistes" zu sein. Ohne es zu wollen, gelang dem Verfasser eine Definition aller positiven Kräfte des beispiellosen Völkergemisches, das sich Österreich nannte: europäischer Geist. Und Triest wurde damit besonders reichlich bedacht.

Ein Blick auf die Namensschilder an einer Haustür in der Innenstadt Triests schlägt den Katalog der Völker dieses Kleineuropa auf: Lutteroti, Lenardo, Nagy, Ivančić, Maurer, Novak — alle in einem Haus. Und wie überall in Österreich steht unter der Hausnummer auch der Name der Straße, im übrigen Italien dagegen findet sich der Straßenname nur auf den Straßentafeln. Ein Textilgeschäft gehört einem Herrn Nimmerrichter, ein anderes am Korso einem Herrn Weisz. Das Theatermuseum entstammt der „Stiftung Carlo Schmiedl", in dem winzigen Lokal „Trieste Mia" sorgt eine alte Triesterin, nur als Mutter Jahn bekannt, deutsch und italienisch für ihre Gäste. Das Bier, das in Triest konsumiert wird, fließt aus der Brauerei „Dreher". In einem Autobus läßt man sich, eingepfercht unter lauter Italiener, in den Borgo Teresiano, Borgo Giuseppina oder Borgo Franceschino transportieren — Ortsbezeichnungen, die zwar nicht mehr im Adreßbuch stehen, aber jedem Schaffner geläufig sind. Das kleine Café, in dem die Seeleute einen scharfen Schnaps hinunterkippen oder an einem Espresso riechen, ehe sie ihn schlürfen, heißt „San Carlo". Die Kellnerin, die nachlässig über die Tische wischt und „Madonna" seufzt, weil sie ein Glas hinunterfegt, das in tausend Scherben zerspringt, ist sich wohl nicht bewußt, daß mit „San Carlo" ein österreichisches Kriegsschiff gemeint ist. Früher hatte nämlich auch der Molo so geheißen, an dem eben ein Passagierdampfer aus Venedig, die „Brennero" — Brenner —, seine Menschenfracht entlädt. Und die „San Carlo" war das größte Linienschiff jener österreichischen Urkriegsmarine, die auf Betreiben Prinz Eugens zu Zeiten Karls VI. aufs Wasser gesetzt worden ist. Mit siebzig Kanonen sollte das Schiff Piraten und Türken schrecken. Bemannt war es mit einem englischen Vizeadmiral, Neapolitanern, Triestinern, Spaniern und türkischen Sklaven, die die Marinemusik stellten. In Wien jedoch vergaßen die

Hofbürokraten in ihren permanenten Geldsorgen das Schiff im Hafen von Triest, ließen noch die Schiffsgeschütze für einen Türkenkrieg an die Donau schaffen und warteten auf den natürlichen Tod der Korvette. Eines Tages machte ihnen die „San Carlo“ diese Freude, neigte sich langsam und versank mitten im Hafen — Sinnbild einer vermodernden Flotte, für die kein Gulden übrig war. Der nahe der Untergangsstelle errichtete Molo hieß fortan „San Carlo“ — nun heißt er „Audace“, nach einem italienischen Kriegsschiff.

Dem Flottengründer Karl VI. gewährten die Triestiner als Statue auch nach dem Weltkrieg politisches Asyl. In dem Getriebe der Piazza dell'Unità residiert er wie ein ungebetener Gast, etwas zur Seite gedrängt; etwas auffälliger ist dagegen der bronzene Leopold am Börseplatz. Vor mehr als siebzig Jahren tadelte eine Beschreibung Triests: „Von älteren Fürstenstandbildern ist nichts Rühmliches zu berichten. Die im Arsenal von Venedig gegossene Bronzestatue Leopolds I., namentlich aber das steinerne Standbild Karls VI. zeigten den guten Willen, aber auch die beschränkten Mittel der damaligen Bürger.“ Dabei haben es die beiden Monarchen lediglich ihrer Unscheinbarkeit zu verdanken, daß sie nicht der radikalen Italianisierung Triests zum Opfer gefallen sind.

Piazza dell'Unità — alle Hauptplätze in den früher österreichischen Städten wurden von den Italienern als Plakatflächen für ihre Einheitsgefühle verwendet. Und die Piazza Grande von Triest erhielt als Draufgabe noch die Bezeichnung: größter Platz Italiens am Meer. Bei aller Italianità ist er doch nichts anderes als eine erweiterte Ringstraße im Sommergewand. Im Koloß des Lloyd-Palastes ging die Wiener Neorenaissance auf Ferien ans blaue Meer. Auch die Statthalterei und was sonst noch diesen Empfangssalon am Hafen säumt, sind Wiener Repräsentativbauten, abgestimmt auf die größere Intensität der Triester Sonne.

Die Großzügigkeit, das Selbstbewußtsein und die Sicherheit der besten Jahre Triests werden hier überzeugend mitgeteilt. Triest war der Hafen der Kaiser; und „Triest ist Österreich-Ungarns größter Seehafen und die bedeutendste Seehandelsstadt am Adriatischen Meer“ — konnte man 1910 mit Recht behaupten. Auf den Bildern von damals herrscht an den Molen und auf der Reede ein Gedränge von Masten und Schornsteinen. Heute liegen dort vereinzelte Frachter, viele Molen sind leer. Triest hat seine Italianità gewonnen, aber seine Vorrangstellung verspielt. Es ist schon lange nicht mehr „der größte Adriahafen“. Höchstens könnte es sich mit dem Titel „schönster Adriahafen" schmücken. Andere italienische Häfen sind günstiger, und Rijeka, das einstige Fiume, ist eine harte und erfolgreiche Konkurrenz. In Triest hat der Nationalismus gesiegt; die Wirtschaftsleute müssen dafür bezahlen. Triest fand zwar seine italienische Identität, verlor aber sein natürliches Hinterland.

Vor dem Arsenal des ehemaligen Österreichischen Lloyd mit seinen Docks und weitgestreckten Anlagen sind in langen Reihen Fiat geparkt, und unter dem ehrwürdigen Uhrturm strömen bei Betriebsschluß Tausende von eiligen Menschen ins Freie. Triest ist jedoch zu einer Stadt der alten Männer geworden — weißhaarige Herren unter hellen Strohhüten, mit der Sorgfalt einer Zeit gekleidet, als die Tadellosigkeit des Anzugs noch mit der Glaubwürdigkeit seines Trägers engstens verknüpft war. Auf den Terrassen am Hafen lassen sie sich den Wind um die Stirn streichen und konsumieren mit einem Kaffee das Panorama des Golfs. Oder sie blättern im Café Specchio in den Journalen, die ihnen der Ober nach Wiener Kaffeehaussitte (ebenfalls einmalig in Italien) hinlegt. Und sie nehmen einen Schluck Wasser zum Kaffee. Vorgestern ist ihre Zeit, die Erinnerung ihr Geschäft — in dem für die klein gewordene Gegenwart Triests viel zu großen Hafen.

„Cap. Ermano Secco" steht auf dem Türschild. Er ist einer von ihnen, ein kahler Greis im Schlafrock. Die leeren, wasserblauen Augen sind starr auf den Besucher gerichtet. Zuerst begreift er nicht ganz: „Lloyd Austriaco — Österreichischer Lloyd, ja, ja, da habe ich begonnen. Lang ist das her. Damals trugen wir bei der Handelsmarine sogar Uniformen wie auf Kriegsschiffen."

Der greise Kapitän, er ist weit über achtzig, spricht ein sicheres Deutsch. Er ist einer der letzten Kapitäne, die noch unter der Flagge des Österreichischen Lloyd gefahren sind — unter diesem heraldischen Zwittergebilde aus dem Rotweißrot der Kriegsmarine und dem Rotweißgrün Ungarns. „Wenn ich mich recht entsinne, hatte der Lloyd im Jahre 1914 neunundsechzig Schiffe, und wir dampften damit bis nach Indien, China und Japan."

Die alten Kapitäne wohnen großzügig. Sie haben viel verdient unter den Österreichern und auch später, als aus dem Österreichischen Lloyd der Lloyd Triestino wurde. Die Berglandschaften an den Wänden in Kapitän Seccos Arbeitszimmer haben jedoch nichts mit der See gemein. Nur der seine Hände vor dem Bauch verschränkende Buddha auf dem Sekretär blieb als Trophäe von den weiten Reisen seines Besitzers in dem Raum.

„Für mich wie für viele junge Leute meiner Generation in Triest gab es nur ein Ziel: zur See zu gehen. Wir besuchten die Nautische Schule und wurden dort in Handelswissenschaften und in allen Gegenständen der Seefahrt unterrichtet. Heute hat man diese Ausbildung ja getrennt. Aber im vorigen Jahrhundert verlangte man von einem Kapitän, daß er auch vom Geschäft etwas verstehe. Dann wurde ich ‚auxiliario', eine Art Offizierslehrling. Zuerst diente ich in der Küstenschiffahrt, auf dem Expreßdampfer ‚Graf Wurmbrand' — wir brauchten zwei Tage von Triest nach Cattaro und waren pünktlich wie die Eisenbahn. Ja, Pünktlichkeit war damals alles."

Der alte Mann läßt sich von seiner Frau ein abgegriffenes Büchlein bringen — sein Seefahrtbuch. Er weist sein Offizierspatent vor, von der „Imperiale Reggia Academia comercio e nautico" in Triest. Die Sprache des Lloyd war immer Italienisch. So heißt es in einer Jubiläumsschrift: „Am 16. Mai 1837 stach das Dampfschiff ‚Arciduca Lodovico' (Erzherzog Ludwig) unter dem Kommando von Kapitän G. P. Triscoli mit 53 Passagieren an Bord vom Kai San Carlo in Triest mit Kurs auf Konstantinopel und Syrien in See. An jenem Tag begann die Geschichte des Lloyd Triestino, der ältesten italienischen Schiffahrtsgesellschaft, die zu den größten der Welt zählte", und der Gründer, Freiherr Karl von Bruck, ein Triestiner Kaufmann und einige Zeit österreichischer Finanzminister, der aus Elberfeld stammte, wird als Carlo L. de Bruck vorgestellt. Auf die Frage, ob sich Kapitän Secco damals als Österreicher oder Italiener gefühlt habe, antwortet er fast unwillig, so als ob man an seiner Liebe zur Mutter zweifelte: „Als was sonst hätte ich mich fühlen sollen? Ich war Triestiner, und wir gehörten zu Österreich."

Die Liste der Schiffe, auf denen Kapitän Secco seit 1899 gedient hatte, scheint einem österreichischen Geographiebuch entnommen zu sein: „Trieste", „Vindobona", „Bohemia", „Istria", „Tirol", „Salzburg", „Bucovina" und so weiter. Später dann, als die Reste des größten österreichischen Schiffahrtsunternehmens in italienische Hände gerieten, brachte es der junge Offizier bald zum Kapitän; und er speiste mit dem König von Bulgarien an einem Tisch, er hatte einen Passagier aus Wien namens Ignaz Seipel an Bord, und er ersuchte einen jovialen Monsignore, der unterwegs zur Übernahme der Nuntiatur in Istanbul war, auf dem Schiff die heilige Messe zu lesen; der vatikanische Würdenträger hieß Monsignore Roncalli, einige Jahrzehnte später Papst Johannes XXIII.

Als Kapitän Secco noch lange kein Kapitän war und auch sonst auf dem Salzwasser ziemlich neu, war er bereits an der Beförderung prominenter Passagiere beteiligt: „Bevor ich zur Handelsmarine kam, mußte ich meinen Dienst als Einjährig-Freiwilliger bei der Kriegsmarine leisten. In Pola wurde ich zur kaiserlichen Jacht ‚Miramar' kommandiert. Ein schönes Schiff! Die Fahrt ging in Richtung Gibraltar. Wir sollten Kaiserin Elisabeth in Biarritz abholen. Doch vor Gibraltar wurden wir gestoppt und nach Villafranca beordert. Dort nahmen wir die ruhelose Kaiserin an Bord. Ich ruderte in dem Boot, mit dem sie zum Schiff gebracht wurde: eine stille Frau, die ihr Gesicht hinter Schleiern verbarg und auch mit ihren Hofdamen kaum ein Wort wechselte. An Bord hielt sich die Kaiserin meist in ihrer Kabine auf, nur selten spazierte sie an Deck auf und ab. Die See war rauh. Elisabeth litt darunter. Wir sollten sie nach Pola oder Triest bringen. Aber die Kaiserin beschloß, die Seereise vorzeitig abzubrechen. Sie verließ die ‚Miramar' in San Remo. Zum Abschied versprach man uns ein Erinnerungsgeschenk, ich weiß nicht mehr, ob eine Medaille oder eine Uhr. Als wir nach langer Fahrt und einigen Umwegen, von allen Nachrichtenverbindungen abgeschnitten, Pola erreichten, erwartete uns eine furchtbare Nachricht: Die Kaiserin war von San Remo nach Genf weitergereist und dort ermordet worden. Die Medaille haben wir nie erhalten ..."

Dem Kapitän bereitet das Sprechen Mühe. Der Krieg? „Als Erster Offizier der ‚Erzherzog Franz Ferdinand' lag ich im Sommer 1914 vor der indischen Küste. Wir versuchten noch zu entkommen. Englische Kanonenboote stellten uns. Das Schiff wurde beschlagnahmt, und wir wurden in das Internierungslager von Ahmednagar gesteckt. Dort saßen wir mit vielen Österreichern und Deutschen bis zum Kriegsende."

Ahmednagar — im Meeresmuseum von Triest ist hinter Glas das Modell eines Segelschiffes vertäut. Und ein handgeschriebenes Diplom lobt die Arbeit: „An Herrn M. V. Durch Abstimmung der Besucher der Kunst- und Gewerbeausstellung des Kriegsgefangenen-A-Lagers Ahmednagar ist Ihnen für das von Ihnen ausgestellte Schiffsmodell der Preis für die mühseligste Arbeit zuerkannt worden." Der Modellbauer war ein mit Kapitän Secco in Gefangenschaft geratener österreichischer Seeoffizier.

„Krank und abgemagert kehrten wir nach Hause zurück, und die Zeit war auf einmal anders", sagt der Kapitän. Dann hält er einem zum Abschied die runzelige Hand hin. Er fühlt sich nicht sehr wohl. In den letzten Jahren packt ihn das Alter. Er wohnt nicht weit vom

Meer. Manchmal begleitet ihn seine Frau hinunter zu den Molen. Er kann dort Seeluft in die Lungen ziehen, dem Lärm der Ladearbeiten lauschen, dem Geheul der Schiffssirenen, doch er kann die Schiffe nicht mehr sehen. Denn Kapitän Secco ist seit einigen Monaten blind.

Der Kapitän läßt sich nicht hinausbringen an die große Uferstraße nach Miramar, dort wo die Jugend von Triest unmittelbar neben der breiten Fahrbahn Plastikbällen nachjagt oder sich von der Sonne bescheinen läßt. Der Kapitän sucht nicht das Meer, das Erholung gewährt. Für ihn ist es ein Arbeitsplatz. Er liebt die Geräusche der Kräne und das Rasseln der Ankerketten, die Rufe der Stauer, die Kommandos der Offiziere. Er sehnt sich nach dieser Geschäftigkeit, die früher der Pulsschlag Triests war.

Aber schon zu Kaisers Zeiten fand die Gesellschaft heraus, daß man nicht nur nach Karlsbad und Marienbad zur Kur reisen, sondern auch dem Meer Stunden der Erholung abgewinnen kann. So kam es, daß jede größere Stadt der Monarchie zu Beginn des Krieges ein Restaurant, eine Weinstube oder zumindest eine Pension Abbazia aufweisen konnte. Manchmal begegnet einem dieser Name noch heute. Denn Abbazia war damals der Inbegriff des Küstentourismus geworden, zwar nicht ein Karlsbad oder Marienbad, aber doch so etwas wie ein Bad Ischl an der Adria.

Auch das heutige Opatija lädt seine Besucher noch in die Mythenwelt nackter Steingestalten ein, in die Welt seiner Säulen- und Spiegelhallen, jenes innerhalb der Grenzen der Monarchie nur leicht abgewandelten, etwas prahlerischen Prunks der Hotels und ihrer Dependancen, die alle mit nicht immer tauglichen Mitteln ausdrücken sollten: Wir leben in einer kaiserlichen und königlichen Zeit.

Dabei verblaßt in Abbazia gerade das kaiserlichste Gebäude angesichts des großsprecherischen Auftretens der Hotellerie. Denn die Villa Angeolina verschwindet zwischen den protzigen Hundertzimmerresidenzen des Fremdenverkehrs, mit denen geschäftstüchtige Manager — sie hießen damals nur nicht so — den oberen Zwanzigtausend Österreich-Ungarns ein neues Monte Carlo oder Nizza schenken, vielmehr verkaufen wollten. In diesem schlichten klassizistischen Bau von verwaschenem Blau hat jedoch alles begonnen: „Punkt zwölf trat ich in das Tor der Villa Angeolina, wo die Hoheiten (Kronprinz Rudolf und Erzherzogin Stephanie) residierten. Draußen hatten sich Leute postiert, die mir gewiß mit verschiedenen Gefühlen nachblickten. Zwischen den Lakaien glücklich hineingewalkt, stand ich im Empfangszimmer und wurde mit den üblichen Zeremonien den beiden Hofdamen, dem Oberhofmeister, dem Adjutanten des Kronprinzen vorgestellt. Das Zimmer war dunkel und golddurchwirkt tapeziert, die Garnitur mattrot. Das Speisezimmer war mit Marmorsäulen an den Wänden und mit den Bildnissen des Kaisers und des Kronprinzenehepaares geschmückt. Bald ging die Doppeltür auf, und das Kronprinzenpaar trat herein."

So erlebte der steirische Dichter Peter Rosegger 1887 in Abbazia die Hoheiten, die ihn zu einem Dejeuner und einer privaten Mundartlesung gebeten hatten — in eben jener einfachen Villa im Park am Meer.

Heute erwarten einen an der Pforte nur die roten Tafeln verschiedener Amtsstellen. Das Treppenhaus ist kahl, und wo Rosegger golddurchwirkte Tapeten registriert hat, verstauben in einem allen Schmuckes entkleideten Amtsraum mit gebrechlichen Schreibmaschinen und Fenstern ohne Vorhänge dicke Aktenbündel in offenen Stellagen. Aus dem Nebenzimmer schnarrt eine diktierende Stimme. Ein weißhaariger Herr übernimmt das Empfangszeremoniell: „Ja, Sie sind hier in der Villa Angeolina. Hier war der Kronprinz, und hier begann der Aufstieg Abbazias."

Der alte Herr hat früher eine Druckerei besessen, auf seinen Maschinen wurde die „Kur- und Bäderzeitung" von Abbazia gedruckt, die Chronik der Aktivität der Müßiggänger. Nun verwaltet er in der Villa Angeolina die Vergangenheit, er ist Archivar der Gemeinde — in der Villa, die einst ein Kaufmann aus Fiume an einem einsamen Platz am Meer errichtet hatte. Den Kurort erfand jedoch der Mann, dessen Büste im Park heute Palmblätter beschatten: Friedrich Schüler, Generaldirektor der k. k. privilegierten Südbahngesellschaft. Die Zweigstrecke nach Fiume rentierte sich nicht so recht, der damals ungarische Hafen konnte sich in keiner Weise mit Triest messen. Da kam Schüler die Idee, hier im benachbarten Abbazia einen Kurbetrieb zu inszenieren — nicht für den Sommer, sondern für den Winter; der Wintersport war ja noch nicht entdeckt, und wer es sich leisten konnte, floh bei Minusgraden in wärmere Gefilde. Abbazia rühmte sich einer durchschnittlichen Wintertemperatur von acht Wärmegraden Celsius. Unterstützt durch den schon bekannten Wiener Chirurgen Professor Billroth, warb Schüler für die Heilwirkung des Meerwassers und der Seeluft. Und der Professor schrieb darüber sogar in der „Wiener Medizinischen Wochenschrift". Schüler und Billroth, der später in Abbazia starb, hatten Erfolg. Am 8. September 1884 wurde der Kurort feierlich eröffnet, und als sich im nächsten Winter das Kronprinzenpaar in der Villa Angeolina einmietete, hatte Abbazia gewonnen. Die Wiener Aristokratie und der ungarische Adel bauten Abbazia in ihren Jahreslauf ein. Abbazia gehörte zum guten Ton. Die großen Hotels schossen aus dem Boden: das „Quarnero" etwa, heute „Kvarner", und das „Kronprinzessin Stephanie", später von den Italienern „Regina", von den Jugoslawen „Central" genannt.

Auf der ersten Seite des in weißes Leder gebundenen Goldenen Buches der Stadt, das in der Villa Angeolina sorgfältig aufbewahrt wird, hat sich die Kronprinzessin eingetragen: mit kräftigen Buchstaben, den auslaufenden Federstrich schwungvoll wie eine Schleppe um den Namenszug geworfen: „Stephanie 27ten November 1891" — nicht ganz zwei Jahre nach Mayerling, dennoch selbstbewußt, königlich, ungebrochen, ein Fall für einen Handschriftendeuter. Eine bescheidene Unterschrift, ganz klein, oben auf einer sonst leeren Seite: „Franz Joseph I."

Die Blätter, die nach Staub riechen, berichten von Kaiser Wilhelm II., der in der Villa Amalia Quartier bezogen hatte, von Rumäniens König Carol, der sich einmal in den Bergen über Abbazia verirrt hatte und daraufhin einen Promenadenweg anlegen ließ, von seiner Frau Elisabeth, die als Carmen Sylva Abbazia in Gedichten besang, von Außenministertreffen und hohen Offizieren, vom Großherzog von Luxemburg, der seinem „Leibbettler" beim Begräbnis das letzte Geleit gab, von Franz Ferdinand und anderen Erzherzogen ...

Die Liste der Eintragungen, Festlichkeiten und Fürstlichkeiten, Diners und Hochzeiten, die in dem Buch in wenigen Worten und Unterschriften ihren Niederschlag gefunden haben, ließe sich lange fortsetzen. 1912, in der besten Saison, zählte Abbazia 54.696 Übernachtungen. Selbst in der italienischen Zeit zwischen den beiden Kriegen, als Abbazia um seine Existenz ringen mußte, sang man in Wien:

„Wer a Göld hot, der fohrt noch Abbazia,
und wer kans hot, fohrt in'n Übazieha ..."

Abbazia war jener Part der österreichischen Vorstellungswelt vom Meer, der für die Binnenländer faßbarer war als die Geschichten von den großen Schiffen und Seeschlachten, von Admiralen und Kapitänen. Als Beispiel einer wirksamen k. u. k. Entwicklungshilfe blieb diese kaisergelbe Kurstadt an der Küste am Leben, und die unzähligen Erinnerungsstücke, die sie beherbergt, erzählen von einer exportierten Kultur, die dieses schöne Land in ein Österreich am Meer verwandelte. Freilich, man findet sie nicht immer leicht, man muß die Augen schon ein bißchen offenhalten — genau wie in Zara. Dort verabschiedet sich die abgedankte Hauptstadt Dalmatiens von ihren Gästen mit deutschen Transparenten „Auf Wiedersehen in Zadar". Aber in einem der stillen Parks ragt aus einem Gewirr von Blättern und Ästen ein kleiner Steinblock heraus, auf den vor hundert Jahren jemand, ebenfalls deutsch, ein „Willkommen" geschrieben hat. Das ist eines jener Fragmente, die man an dieser Küste sammeln kann wie seltene Muscheln. Wenn man eine Muschel ans Ohr hält, rauscht drinnen das Meer. Aus diesen altösterreichischen Überbleibseln hingegen tönt von ganz weit her das „Gott erhalte" oder der „Generalmarsch".

# Sprudelgast und Kurkapelle

„Na, und da bin ich eben vom Badehaus I am Hotel Moskva vorbei über die Ehepaar-Rosenberg-Straße hinüber zur Straße der Helden vom Duklapaß und von dort zur Kolonnade der Sowjetisch-Tschechoslowakischen Freundschaft spaziert und habe schließlich den Freiheitsbrunnen gekostet." So oder ähnlich muß sich aus dem Mund eines linientreuen Genossen die Beschreibung eines Morgenspazierganges durch Karlovy Vary anhören. Niemandem, dessen Name früher einmal, vor Jahrzehnten, in der Kurliste eingetragen war, wird dabei Karlsbad einfallen. Und doch ist von diesem Gesundbrunnen der vornehmen Welt die Rede, vom Kaiserbad und vom Grandhotel Pupp, von der Neuen Wiese, die nun Taufkind der hingerichteten Atomspione ist, und von der Alten Wiese, die den Heldentaten slowakischer Partisanen gewidmet wurde. Hinter der russisch-tschechischen Verbrüderung verbirgt sich die Mühlbrunnenkolonnade, und der Theresienbrunnen soll auf einmal Freiheit sprudeln.

Ein guter Kommunist mußte angesichts der von Kronen und Juwelen, Skandälchen und Liebeleien, Überfluß und Eleganz, Schönheit und Bosheit, Intelligenz und Borniertheit geschriebenen Krankengeschichte der kurbedürftigen Patienten von Karlsbad vom Reformeifer gepackt werden. So wurde die Stadt zwar nicht umgekrempelt, aber zumindest ihr Adreßbuch in die Sprache einer sozialistischen Republik übersetzt. Gerade hier, in diesem böhmischen Bäderdreieck, wo alle Wässerchen natürliche Wärme und Gesundheit spenden, wollte man aufräumen mit dem Gestern. Man zog in die Hotelpaläste der Reichen ein und schloß die Pensionen. Man wurde ernst und sachlich und erklärte Karlsbad zum Sanatorium und zu nichts anderem mehr, man suchte unter der internationalen Gästeschar die recht zahlreichen bekannten Russen hervor und wies ihnen Ehrenplätze an. Man führte die Nachtruhe von zweiundzwanzig bis sechs Uhr ein, die Krankenkasse und den proletarischen Gruppengeist. Kommunistische Weltverbesserer erträumten sich die Vision eines gereinigten marxistisch-leninistischen Kurbetriebes und ernannten Karlsbad zum Bad der Werktätigen.

In ihrem revolutionären Plan, Sittenstrenge und Spitalszucht zu den Haupteigenschaften Karlsbads zu machen, konnten sie jedoch einen Kurgast nicht übersehen, der sich auch im Karlsbad alten Stils recht wohl gefühlt haben mag. Denn Karl Marx suchte von 1874 bis 1876 gleich dreimal Erholung am Ufer der Tepl. Im Karlsbader Marx-Museum liegt die Kurliste von damals auf. Und Marx hat in diesem Verzeichnis der neuangekommenen Gäste eine recht kapitalistische Nachbarschaft. Da finden sich Monsignore Josef Deglach, Hausprälat Seiner Heiligkeit des Papstes, mit Begleitung aus Schloß Deglach, Herbert Garnett und Miß Francis mit Kammerjungfer aus England, Susanna Gorska, Proprietaire aus Podolien, und dann eben Herr Charles Marx, Privatier mit Tochter Eleanor aus London.

Marx können nun die tschechischen Fremdenverkehrsmanager zitieren, die angesichts des Devisenbedarfes Karlsbads Vergangenheit wieder rehabilitieren möchten. Es fing mit den Filmfestspielen an, und der Prospekt, der früher nur über die sozialen Fortschritte jubelte, preist nun das „internationale kulturelle und gesellschaftliche Leben“ und scheut sich nicht, die lange Liste gekrönter Häupter und anderer hochgestellter Kurgäste von einst vorzulegen. Und weil der Name Pupp in der Hotelbranche eine Markenbezeichnung ist wie Ritz, Sacher, Hilton oder George V., so wurde er stillschweigend wieder in das Emblem des Grandhotels Moskva eingefügt. Das Gewesene bedeutet für Karlsbad wieder klingende Münze. Schon möchte ein findiger Tscheche einen Schritt weiter tun: „Wir müßten in unserer Werbung wieder viel mehr den Namen Karlsbad verwenden, denn im Ausland können sich die Leute unter Karlovy Vary meist nichts vorstellen.“ Der Mann hat recht. Aber wer hat heute überhaupt noch eine Vorstellung davon, was dieses Karlsbad vor 1914 wirklich war? Und neben Karlsbad noch Franzensbad, Marienbad, Bad Teplitz-Schönau, Pistyan und so weiter, Namen, die sich Kaiser und Könige, Fürsten und Millionäre, Generale und Tenöre, Dichter und Maler, Ladies und solche, die vorgaben, es zu sein, in ihren Kalendern notierten. Denn die alljährliche Bäderreise war für die High-Society des Kontinents, der britischen Inseln und für einige wenige Auserwählte von der anderen Seite des Atlantik ebenso ein feststehendes Datum wie Weihnachten oder Ostern. Man ging zur Kur, egal, ob man an inneren Wehwehchen litt oder nicht. Zu kurieren gab es immer etwas, das war man einfach seinem Ruf schuldig. Die Menschen, die es sich leisten konnten, die Mode zu bestimmen, verliehen dem Wort Karlsbad einen ähnlichen Klang, wie es heute die Bahamas, Cannes, Saint-Tropez, Cap Formentor, Sankt Moritz und so weiter für die Freunde von Onassis, Soraya, Karajan und den restlichen Klub illustrer Illustriertengestalten haben.

Im „Karlsbader Buch", Jahrgang 1913, machte ein anonymer Autor eine Momentaufnahme von dem, was damals Kurbetrieb, was Karlsbad war: „Breitester Heerstraßen Knotenpunkt — das ist Karlsbad. Wer ist der Mann, der eben im rotgelben Flattergewand um die Ecke biegt? Ein Abgesandter des Dalai Lama. Seine Heiligkeit ist krank. Der Gelbrote hat den Vorzug, am gleichen Leiden zu kranken. Seine Heiligkeit schickt ihn als Versuchskaninchen. Ein Auto rast die verbotene Schloßbergstraße hinan. Der Schutzmann hebt die Hand — und erstirbt. Für den bulgarischen Zaren ist der Weg frei. Der Maharadscha eines indischen Vasallenstaates hebt sich schwerfällig in seinen Wagen. Seine Hoheit trägt schwer an seiner Leibesfülle. Karlsbad soll ihn entlasten. Zwei merkwürdige Filzhüte überragen die Menge: Zylinder mit der Krempe am oberen Rand. Mönche vom Athos sind's: Sie grüßen ehrfürchtig den Archimandriten, der durch die Menge schreitet. Den Rosenkranz aus walnußgroßen Bernsteinkugeln bedächtig fingernd, geht ein hakennasiger Turbanträger vorüber. Ein Wagen hält vor dem Mühlbrunnen. Ein kleiner polnischer Jude springt eifrig vom Bock, läßt den Becher am Brunnen füllen und reicht ihn servil dem ehrwürdigen alten Herrn, der in Weltvergessenheit über die Menge hinschaut. Der Wunderrabbi erhält sich seinen Getreuen."

Die Baronin Frigga von Brockdorff ergänzt das farbenfrohe Bild: „Ich stehe hinter einem sich neu anfreundenden Pärchen! Er hat sich auf die Brüstung der Galerie geschwungen und ist bemüht, unter Hut und Voilette ein Stückchen roten Mundes zu entdecken. ‚Sie' jedoch blickt schmachtend und kokett zu ihm auf und flüstert leise:

‚Ich bin verheiratet!' — ‚Schaun S', das tut mir aber leid!' Dabei lacht ihm der Schelm über das ganze Gesicht. Beim ‚Elephanten' auf der Alten, ewig jungen Wiese muß man vorerst Clemenceau, Karlsbads treuesten Stammgast, entdecken, mit schneeweißem Bart und Haar, freundlich lichter Kleidung und weißen Schuhen. Er ist in eifrigstem Gespräch mit Madame Caron, Frankreichs größter Sängerin ... und im gleichen Zirkel tauchen Wannemaker auf, Vanderbilt und andere große Dollarkönige von ‚drüben'. Da haben wir Roda Roda, den industriellen Humoristen, die beiden Grünfeld, Bahrs und Sudermanns Lockenpracht, die teufelsschöne Soubrette Walden aus Wien, von deren Brillantenschmuck man sich Wunderdinge erzählt, und die Bänke gegenüber den märchenhaftesten Luxusläden der Welt sind besetzt von mindest ebenso märchenhaften Luxus-, Bühnen- und Alkovengrößen ..."

Das also war Karlsbad am Vorabend der Katastrophe. In einer kurzen Saison von mehreren Monaten zählte man damals 71.000 Gäste. Nun, da die Krankenkassen das Bad im Sommer und im Winter beschicken, waren es 59.000 (1964). Und wie präsentiert sich Karlsbad heute dem Touristen? Der mit Hotelpalästen ausstaffierte Talkessel bietet dem Ankömmling das vertraute Bild. Karlsbad war schon 1914 so vollendet, daß es niemand für notwendig fand, die Sprudelstadt mit neuen Hotels aufzumöbeln. Nur zu Hitlers Zeiten, da sollte die Stadt auch ihren nationalsozialistischen Stempel erhalten. Die hölzerne Sprudelkolonnade wurde 1939 weggerissen, man plante einen Neubau. Aber es blieb beim Planen. So schießt der Urquell von Karlsbad seine über 72 Grad heiße Fontäne dampfend und unregelmäßig, als ob da unten in Erdestiefen ein Kobold mit stockendem Atem den Blasbalg bediente, unter einem modernistischen Provisorium in die Luft. Auf der Alten Wiese gähnen einen leere Geschäfte an. Dort, wo die Filialen aller großen europäischen Juweliere Kunden anlockten und fanden, wo zwölf Modesalons und elf Pelzsalons horrende Mieten zahlten, dort hat man heute Mühe, die Geschäftslokale an den Mann zu bringen. Die „luxuriöse Märchenhaftigkeit" dieser Läden ist der Eintönigkeit einer vernachlässigten und geplanten Konsumgüterproduktion gewichen. Die Auslagen sind nur Ruinen einstiger Eleganz und unterscheiden sich durch nichts von denen in Brünn, Preßburg und Prag — nicht einmal für die vielen DDR-Bürger, die über die Promenade sächseln, attraktiv. Und was ist mit dem „Knotenpunkt breitester Heerstraßen", wie es der Karlsbadverehrer von 1913 formulierte? Ein Einheimischer sagt darauf: „Nun, das stimmt ja, wir haben die Deutsche Wehrmacht hier gehabt, waren im Krieg Lazarettstadt, dann sind die Amerikaner gekommen, dann die Russen, und im Hotel Pupp saß bis 1956 die tschechische Armee."

Wer ersetzt aber die Tibetaner und Maharadschas, die Araber und die Wunderrabbis? Im Hotel verlangt ein orgelnder Baß ein Gespräch nach Samarkand — kein Dschingis-Khan-Erbe, nur ein russischer Ingenieur in kariertem Hemd. Überhaupt die Russen — sie überschwemmen in der Vorsaison Karlsbad, siebentausend an der Zahl; trotz dem Drängen von Moskau und trotz der sowjetisch-tschechoslowakischen Freundschaft wird das Kontingent nicht erhöht. Dabei sind die Sowjetmenschen, kenntlich durch ihre Krawattenfeindlichkeit, bescheidene und friedfertige Patienten. In der Schloßbergstraße gilt das Fahrverbot noch immer. Aber man muß nicht unbedingt der Zar von Bulgarien sein, der Verkehrspolizist würde auch schon beim Zim oder Tatra eines hohen Parteifunktionärs beide Augen zudrücken. Prominenz östlicher Prägung kostet die Heilkraft der Quellen zur Genüge aus. Ihr bescheidenes Quartier: das Hotel Bristol, das nun Parteisanatorium ist. Dort kurieren Mikojan und Ulbricht, Novotný und Kossygin ihre Leiden. Nina Chruschtschowa soll vom Sturz ihres allmächtig scheinenden Gatten im „Bristol" erfahren haben und dann mit der nächsten Maschine nach Moskau geflogen sein. Die nichtkommunistische Regierungsprominenz schlägt vorläufig noch einen Bogen um die einst für politische Gespräche ohne Protokoll und Presse so geeigneten böhmischen Bäder. Nur Haile Selassie nippte als einziges gekröntes Haupt seit 1945 am Sprudel. Als „Dollarkönige von drüben" gelten schon Kleinaktionäre aus New York, die wegen ihrer tschechischen Verwandten Karlsbad in ihren Europatrip eingeschlossen haben, oder weil es ihnen ein Arzt empfohlen hat. Dafür wurde Karlsbad nun zu einem Dorado für bundesdeutsche Neureiche, die sich dank der Kaufkraft der Mark den Luxus leisten wollen, den ihre Väter oder Großväter noch in illustrierten Familienjournalen bestaunt und neidisch bewundert haben; eine andere Form der Demokratisierung Karlsbads. Dieser Art von Gästen ist nichts teuer genug. Denn sie wollen es sich und den anderen zeigen, daß sie etwas geworden sind.

Die Promenade auf der Alten Wiese? Am Teplufer war früher wie in der Via Veneto die ganze Straße mit Kaffeehaustischchen angeräumt. Wie auf der römischen Playboyavenue saßen die Gäste mit dem Rücken zur Fahrbahn und ließen die Promenierenden durch das Spalier ihrer Neugier ziehen. Jetzt hat nur ein Eisladen einige Espressosessel vor die Tür gestellt. Das alte Karlsbad steigt einem höchstens vor einer der Oblatenbäckereien in die Nase. Der süßliche Geruch verleitet zu einer Kostprobe, und man knabbert wie die vielen Eintagstouristen an dieser von keinem Arzt verordneten gezuckerten Beigabe zum Sprudel. „Früher hatten wir eine viel größere Auswahl an Sorten", schwächt der Kenner ab. „Ein Oblatenbäcker versuchte den anderen zu übertrumpfen, immer raffiniertere Füllungen wurden ausgeklügelt. Heute werden die Oblaten alle in einer zentralen Bäckerei gebacken und in den verschiedenen Geschäften nur gepreßt und mit Staubzucker gesüßt." — „Sind die Oblatenläden von heute an ihren traditionellen Orten?" — „Was denken Sie", ist die Antwort. „Für die Alte Wiese hätte ein Bäcker niemals die Miete aufgebracht, der hatte höchstens am Fluß eine Boutique, wie wir unsere Kioske nannten."

Original ist jedoch noch das Kaffeehaus Zur Schönen Königin die über dem Portal in persona sitzt: Maria Theresia. Ihr Hofschneider wurde für seine Verdienste zum Steuereinnehmer von Karlsbad ernannt und bedankte sich dafür mit dieser Benennung seines Hauses. Das später gegründete Café erwarb sich Ruhm, und sein Besitzer wurde Hoflieferant — „Fournisseur de la cour", wie es heute noch an dem nun staatlichen Etablissement prangt.

Im berühmten „Elephanten" sind ebenfalls ruhigere Zeiten eingekehrt. Für die Mehlspeisen wird dort Selbstbedienung empfohlen, und in zierlichen bemalten Schalen dampft ein „Türkischer". Auf dem Zeitschriftentisch, wo „Tribuna Ludu", „Pravda", „Neues Deutschland" und „Rudé Právo" die Welt ins Kaffeehaus bringen sollen, fesselt der riesige Titel einer ostdeutschen Illustrierten: „K. u. K." steht da in großen Lettern — aber für „Kostüme und Kleider". Und die Moderedakteurin fügt in ihrem Text erklärend hinzu: „K. u. K. — das ist schon längst vorbei, und wir sagen es sicherlich nicht mit einem Bedauern . . ."

Manchen von den Managern, die nun für die Devisenbilanz und die Zahl der westlichen Besucher Karlsbads verantwortlich sind, dürfte jedoch ab und zu ein kaum unterdrückter Seufzer nach den guten alten Zeiten entschlüpfen. Vor allem, wenn sie ein wenig in der Karlsbader Chronik blättern und das Leben von damals mit den Resultaten ihrer Bemühungen vergleichen. „Die Fremden haben noch kein rechtes Vertrauen zu Karlsbad", sagt einer. An der Heilkraft der Wunderquellen, die überall mit überschüssiger Wärme und Energie aus dem Boden schießen, tropfen, sprudeln und fließen, zweifelt niemand. Nur die Umgebung, die eigene Stimmung des Bades, die so viel mit dem Heilprozeß zu tun hatte, die läßt sich so schwer restaurieren.

Beim Brunnen fängt es an. Wie einst strömen die Leute, die sich wirklich kurieren wollen, schon zwischen sechs und sieben zur Mühlbrunnenkolonnade, jeder den Becher mit der Trinköffnung im Henkel am Mund, auf und ab wandernd oder an einem der Brunnen Schlange stehend. Aber meistens schweigt die Kurkapelle, die früher schon zu dieser Stunde durch ihre Klänge die faden Wässerchen erst so richtig durch den Körper rieseln ließ. „Es sind zuwenig Musiker da. Sie haben zuviel zu tun. Und dann sind da die gewerkschaftlichen Bestimmungen", entschuldigt die Kurdirektion. So ist das Kurkonzert eben erst zu einer christlicheren Stunde — und das nur bei einem schriftlich festgelegten Minimum an Wärmegraden — möglich.

Um die heilsamen Mineralien, die beim Trinken in den Körper gelangt sind, zur Arbeit anzuregen, schreibt die Kur einen einstündigen Morgenspaziergang vor. Die vertraute Route war früher der lange, schattige Goetheweg, entlang der Tepl hinter dem Kaiserbad. Trotz seiner medizinischen Wirkungen hatte dieser Morgenmarsch mit einem Gesundheitsspaziergang wenig gemein. Denn der Weg war gesäumt von den großen Terrassencafés, vom „Sanssouci", dem „Schönbrunn", dem „Posthof", dem „Freundschaftssaal" und dem „Kaiserpark". Je nach Lust wurde da in der Nähe des Schiller- oder Beethoven-Denkmals unter dem Kaiserinsitz oder dem Fürsten-Rohan-Sitz, beim Theodor-Körner-Denkmal, beim Goethe-Denkmal oder beim Franz-Josef-Denkmal eine kurze Verschnaufpause eingelegt. Da erblühten auf den Terrassen bald die Blumengärten heller Sommertoiletten und garnierter Hüte. Hungrig stürzte man sich auf das Karlsbader Frühstück, bestehend aus Schinken und dem weithin gerühmten Karlsbader Kaffee. Die frische Morgenluft von den grünen Höhen umwehte die Kurgäste, als ob sie im Preis inbegriffen wäre, und die Geigen jubilierten zu den Kipferln und den Briochen einen Walzer von Wein, Weib und Gesang. Flirtende Blicke glitten zwischen den Tischen hin und her, Gespräche wurden angeknüpft, Intrigen gesponnen, Tratsch kolportiert, Kleider zur Schau gestellt — kurzum, man erholte sich.

Eine Wanderung entlang dieser Denkmal- und Kaffeehauspromenade ist noch immer erholsam, aber wegen des strengen Regimentes in den Sanatorien lange nicht mehr so en vogue; und auch gar nicht unterhaltsam. Das „Sanssouci" hat das Zeitliche gesegnet. Spärlich sind auch die Dankesinschriften an den Felswänden geworden, wo man zum Beispiel lesen konnte: „Kranker! Wer Du immer bist und hier im Vorübergehen dies liest: Wenn Du gleiche oder ähnliche Schmerzen leidest, verzage nicht, sondern bete zu Gott mit Vertrauen und trinke!"

Die meisten dieser Autogramme der Dankbarkeit sind verschwunden, zerbrochen, zerschlagen, doch da und dort lobt doch noch eine dieser weltlichen Votivtafeln ungarisch, russisch, französisch, tschechisch oder deutsch die geheimnisvollen Wunderkräfte des Wassers. Das „Schönbrunn" ist heute das mit einem roten Stern geschmückte staatliche Sanatorium Richmond, vor dem gerade zwei Wiener Wagen abgestellt sind. Im „Posthof" herrscht im Garten Büfettbetrieb, drinnen in den historischen Stuben der alten Poststation endet ein Betriebsausflug mit Verbrüderungsszenen, Küssen und lautem Gesang. Hier hat 1812 Beethoven konzertiert; 1816, am ersten Jahrestag der Schlacht von Waterloo, ließ sich Marschall Blücher hier feiern. In dem nach der Schlacht erbeuteten Wagen Napoleons fuhr der preußische Feldherr zu dem rauschenden Bankett, und der Höhepunkt der Festrede des alten Soldaten waren die Worte: „Der Krieg ist und bleibt ein Greuel." Lange Zeit war der „Posthof" das vornehmste Gartencafé, vor allem der russische und der polnische Adel gaben sich hier ein Stelldichein. Nun zieht es die Karlsbader Gäste nur in die Arena des Freiluftkinos, die sich am Waldrand in die Landschaft einfügt.

Im Kaiserpark finden Autotouristen ein Motel, und im Freundschaftssaal soll das italienische Restaurant Toskana die wiedergewonnene Weltoffenheit Karlsbads bestätigen. Wie zur Unterstreichung diese Tatsache läßt der Ober für den einsamen Gast aus Wien sofort die Musikbox laufen, und aus dem Kasten dröhnt es stilecht: „In der Heimat an der Waterkant . . ."

Vom Karlsbader Kaffee, um dessen Aroma sogar die Wiener den Kurort beneiden mußten, ist im „Pupp" die Rede. Denn im „Pupp" war er am besten. „Leider sind wir noch nicht soweit", sagt der Direktor, „aber wir werden uns bald wieder jeden Abend Fässer voll Sprudelwasser holen und damit den Kaffee kochen — das war nämlich das Geheimrezept der Pupp."

Die Pupp — leben noch Träger dieses Namens? Gibt es noch diese Hotelierdynastie, die die Gastronomie des Kurbetriebes durch mehr als hundertfünfzig Jahre mit selbstherrlicher Gewalt diktierte? „Die alte Frau Pupp, die Gattin eines der Brüder, die das Hotel zum Schluß leiteten, war einmal da, aber sie hat es nicht übers Herz gebracht, im Hotel zu wohnen. Und ein anderes Mal ist eine jüngere Dame, eine Tochter, gekommen, sofort in das französische Restaurant hineingelaufen und hat ausgerufen: ‚Ja, sie sind noch da, die Luster, die ich vor dem Krieg für das Restaurant ausgesucht habe.‘ “

Was sich die Herrschaften sonst noch gedacht haben bei dem Wiedersehen mit diesem Tempel des Reichtums und des Überflusses? „Das ‚Pupp‘ war früher das allerhöchste in Karlsbad, da verkehrte wirklich nur die Crème de la Crème“, sagt der Direktor, und da unter seinem parteitreuen Herzen auch noch das eines Hotelmannes schlägt, schmuggelt sich in seine Stimme ein Bedauern darüber, daß es heute nicht mehr so ist.

Man verirre sich in dem Labyrinth von Stiegen, teppichbelegten Gängen und Restaurants einmal an einem Mittwoch oder Freitag abends in den großen Festsaal. Fellner und Helmer haben hier einen zweistöckigen Goldrahmen für die lebenden Prunkgemälde einstiger Festlichkeiten und Akademien konstruiert. Gold, Silber, Bogen, Stuck, Galerien, Glanz, alles das, was der Geschmack im letzten Jahrzehnt des 19. Jahrhunderts für schön erklärte. Eine Orgel ergänzt die Ausstattung, eine Smetana- und eine Dvořák-Büste. Wer alles hat hier gastiert? Alles, was damals Verehrung und hohe Gagen fordern durfte. Jetzt läßt ein fröhliches Tschindarassabum die Glasluster klirren. Etwas verloren auf der großen Bühne betätigt sich eine Blasmusik im Stil der Egerländer. Die böhmischen Musikanten spielen auf, einmal Polka, dann einen Marsch und einen Walzer. Und der Tanzboden ist überfüllt. Wenn die Kapelle Pause macht, dann bleibt kein Sessel frei. Kellnerinnen servieren auf großen Tabletts gelben kubanischen Orangensaft, Alkohol ist verboten. Dennoch herrscht gute Stimmung — bis die Musiker Schlag elf ihre Instrumente einpacken und die Gäste gehorsam den Heimmarsch antreten.

Das ist der Höhepunkt der Nivellierung von Karlsbad. Am Mittwoch und Freitag haben die Patienten der Sanatorien Ausgang, da geht es zum „Pupp“, dem idealen Schauplatz eines Volksfestes . . .

In der Florentinabar drehen sich dagegen nur zwei Paare auf dem Tanzparkett. Auf leisen Sohlen, diskrete Vornehmheit exerzierend, schweben die Kellner durch den Spiegelsaal, schieben Servierwägelchen und legen den ausschließlich westlichen Gästen deutsche, englische und französische Speisekarten vor. Nebenan, wo die Gruppen abgefüttert werden, sind schlechtere Tischtücher die ersten Anzeichen dafür, wie streng man hier die verschiedenen Touristenklassen unterscheidet. Doch im cremefarbenen Spiegelsaal beugt sich der Ober vor und sagt wie sein Kollege im „Sacher“: „Einen guten Tafelspitz könnt' ich rekommandieren.“ Der Mann ist in Prag geboren und in Wien aufgewachsen: „Ich hab' beim Diglas in der Singerstraße gelernt, dann war ich im ersten französischen Restaurant von Agram, in London hab' ich im ‚Picadilly‘ gearbeitet, und schon vor dem Krieg war ich bei ‚Pupp‘. Wissen Sie was? In diesem Saal haben damals sechzehn Kellner bedient — und jetzt sind wir nur zwei und einige Kinder von der Hotelfachschule.“ Seine Haare sind dunkel, nur sein trippelnder Gang verrät, daß er schon siebzig ist. Mit seinem Kollegen redet er deutsch, weil der Mann ein Deutscher ist, einer von den paar tausend Sudetendeutschen, die aus irgendeinem Grund 1945 nicht aus dem Land mußten. „Ich hab' einen Bruder in Linz“, sagt er, der letzte von dem früher fast ausschließlich deutschen Personal Pupps.

Unter den Gästen sind die Westdeutschen in der Überzahl. Da berlinern am Nebentisch zwei Kaufleute, und eine Matrone befiehlt ihrer Kinderschar: „Haltet euch gerade! Eßt ordentlich! Seht euch nicht immer um!“

Im Kleinen Saal versinken dann die Gäste allabendlich in den Fauteuils, um sich von der Salonkapelle und einem Glas Karlsbader Becherlikör in einen verschlafenen Dämmerzustand wiegen zu lassen. Unter korinthischen Säulen und angesichts der Scheinantike sinnlicher Meermaiden, Dianen und anderer Stars der griechischen Mythologie an den Wänden schluchzen die Geigen idyllische Melodien, die auf so klangvolle Titel wie „Abendruh“, „Am stillen See“, „Böhmische Ballade“ und „Birkenwäldchen“ hören. Dann bemüht sich die Kapelle den Operndekorationen des Saales mit den feurigen Sechsachtelläufen eines Verdi-Potpourris zu entsprechen. Die Mittel sind jedoch untauglich: zwei Geigen, ein Cello, ein Klavier und ein Schlagzeug reichen nicht für die große Oper. So legen sie „Rigoletto“ wieder beiseite und widmen sich schläfrigeren Weisen. Gähnende Langeweile breitet sich aus. Denn wo die reich gewordenen Bürgergenerationen des beginnenden Großkapitalismus in der Nachahmung des Rokokos Verspieltheit und problemlose Heiterkeit gefunden zu haben glaubten, dort sagt heute jedes Bild, jede Figur, jede noch so frisch polierte Marmorsäule: „Es war alles Lüge, ihr habt euch selbst getäuscht. Nichts von dem, was ihr für ewig gehalten habt, hatte Bestand.“ Nirgends kommt einem die totale Niederlage dieser allzu selbstsicheren Gesellschaft so zum Bewußtsein wie hier, wo ihr Luxus wie ein in Spiritus eingelegtes Präparat der Nachwelt überliefert wurde. Die Wiener jedoch, die sich des Wohlwollens der Hoteldirektion erfreuen und nicht von solchen Betrachtungen gequält werden, haben im „Pupp" Aussichten, ein ganz spezielles Privileg zu genießen: Wenn sie bereit sind, dafür genügend zu bezahlen, dann dürfen sie im Kaiserappartement logieren. Tür 167 im ersten Stock. „Sie haben keine Ahnung, wie das manchen Ihrer Landsleute, aber auch vielen Deutschen und Amerikanern imponiert", ergänzt der Direktor.

Als Franz Josef seinen Wunsch, mit Katharina Schratt im „Pupp" abzusteigen, verlauten ließ, wurde sofort eine ganze Zimmerflucht hoffähig gemacht. Dem jetzt eher bescheidenen Appartement 167 mit einer Bettnische und schweren Vorhängen, einer zweifelhaften Jungfrau an der Wand und Stilmöbeln — die Einrichtung ist nicht mehr original — haftet nicht allzuviel Kaiserliches an. Da muß man erst das Badezimmer betreten, das auf Wunsch der „gnädigen Frau" eingerichtet worden war: Die Wanne steht frei im Raum mit Stufen zum Hineinsteigen, ein marmornes Hollywoodbad von 1900. Und unterm Spiegel blühen Rosen.

Der Höhepunkt aller Karlsbader Prunkentfaltung ist dennoch das Kaiserbad, jetzt „Badehaus I" zwischen „Pupp" und evangelischer Kirche, an der Wolgogradstraße, die einst die Stalingradstraße war und in der die Hotels alle nach russischen Städten benannt sind.

Wer dort 1912 unter denselben Bedingungen wie der Kaiser oder andere Fürstlichkeiten baden wollte, der hatte laut Tarif „für ein Salonbad in der Fürstenloge" 16 Kronen zu berappen. Zum Vergleich: Die anderen Bäder im Kaiserbad kosteten zwischen drei und sieben Kronen.

Niemand anderer als Clemenceau erzählt etwas spöttisch über diese „De-luxe-Kur": „Das Kaiserbad ist derzeit wohl die prunkvollste Badeanstalt der Welt. Wohin man blickt, nichts als Marmor, Holzschnitzereien, Statuen, Bilder und Tapetenstuck. Die Einrichtung der Fürstenloge hat allein 50.000 Franc gekostet. Die Dosen auf dem Toilettentisch sind aus Gold. Man greift sich an den Kopf: für ein rundes Stück Gold kann man sich hier ein Sprudelbad leisten, das keine 10 Sou wert ist. Vermutlich werden den Badegästen beim Verlassen dieses absonderlichen Raumes vorsichtshalber die Taschen umgedreht! Besonders vermerkt sei ein überwältigend großer Saal für schwedische Heilgymnastik. Nichts wie Räder, Gerüste, Riemen, die Arme und Beine heben und senken oder menschliche Körper wunderlich verdrehen. Tut sich eine Folterkammer vor uns auf? Im Gegenteil: der Raum ist der Gesundheit und dem Vergnügen gewidmet." Soweit die Eindrücke eines Parisers, der sicher nicht leicht zu beeindrucken war.

Das Kaiserbad war damals wohl Ausdruck der höchsten Verfeinerung des Karlsbader Erholungs- und Heilungsprozesses. Moorbäder mit Perserteppichen, Sprudelbäder für den Snob und „elektrische Lichtbäder" für die feine Dame. Das Bad lieferte nicht nur Heilung, sondern auch Gesprächsstoff. Ins Kaiserbad ging man wie ins „Sacher" oder in die Hofoper. Nimmt es da Wunder, daß Fellner und Helmer in Karlsbad nicht nur für den Puppschen Festsaal und das Theater, sondern auch für das Kaiserbad engagiert worden sind? Und sie bauten nichts anderes als ein gutes und besonders teures Stück aus ihrer Konfektion von Opernhäusern, nur eben ohne Zuschauerraum. Denn diesmal benötigte man nur die Statisterie der Badefrauen. Die Schauspieler wurden durch das verwöhnte Publikum ersetzt. Die Bühne war — die Badewanne.

Auch heute kann ein Besuch im Kaiserbad verwirren — so als ob man sich für eine „Aida"- Vorstellung gerüstet hätte, festlich gekleidet im Opernfoyer auf den Einlaß wartete und plötzlich statt vom Orchestergestimme von einem weichen Dampfgeruch, durch Teppiche gefiltert, empfangen würde. Schwestern und Ärzte in weißen Mänteln gehen auf Zehenspitzen und verschwinden hinter den Logentüren. Und auf einmal fühlt man sich als Angezogener in diesem Bademilieu so nackt wie ein Nackter, der sich in einen Salon verirrt hat. Die Fürstenloge ist heute vor allem ein Schaustück in Marmor, mit einem größeren Konferenzzimmer als Ankleidekabine. Nach den goldenen Dosen späht man vergeblich. Vermutlich hat man einmal vergessen, einem Badegast die Taschen umzudrehen. Im Gymnastiksaal wurden die Marterwerkzeuge weggeräumt, dafür harren Tische und Sessel, ein Rednerpult und ein Mikrophon der Parteifunktionäre des Gebietes Karlsbad. Sie treten hier ab und zu zum Befehlsempfang an.

Einen Stock tiefer, wo sich alte Frauen in Zeitschriften vertiefen, um nach dem Bad nicht sofort der kühlen Luft ausgesetzt zu sein, sind fein säuberlich all die Großen an die Wand gepinselt, deren Anwesenheit für den Ruf und die Finanzen Karlsbads ebenso heilsam war wie der Sprudel für die prominenten Gäste. In dem einen Warteraum hat der Maler, ein gewisser Herr Schneider, inmitten einer illustren Schar unter anderen den Erzherzog Ferdinand mit seiner

Gemahlin Philippine Welser, ferner Wallenstein, Harrach, Pappenheim, Karl VI., Prinz Eugen, Maria Theresia, Josef II., General Laudon, seinen preußischen Gegner Ziethen, den Feldmarschall Hadik und viele andere aufgepflanzt. Im zweiten Raum tritt jedoch Franz Josef selbstsicherer, prächtiger und majestätischer auf als auf irgendeiner anderen in den Nachfolgestaaten erhaltenen Kaiserdarstellung: In seinem schweren Krönungsornat, für das Kurleben total ungeeignet, steht er hochaufgerichtet da, neben der Kaiserin Elisabeth (in vornehmem Schwarz). Da die Karlsbader jedoch stets Sympathie für die Preußen hegten und auf ihre Gäste aus den Nachbarlanden Rücksicht nahmen, wurden, geheimen Proporzgesetzen gehorchend, im Vordergrund, fast gleichrangig mit dem österreichischen Kaiserpaar, Kaiser Wilhelm I. und Fürst Bismarck angesiedelt. Die „Staffage“ für diese Bild und Zeit beherrschenden Figuren bilden unter anderem Franz Josefs Eltern, Erzherzog Franz Karl und Erzherzogin Sophie, dann Metternich, Goethe, Schiller, Feldmarschall Schwarzenberg, Blücher, Theodor Körner, Beethoven, der spätere Papst Leo XII., Paganini, Mozarts Sohn (dessen Grab sich im Karlsbader Friedhof befindet), Chopin, Kaiser Karls Vater, Erzherzog Otto, der Preßburger Erzherzog Friedrich und noch einige andere Angehörige der kaiserlichen Familie, ferner Fürst Nikita von Montenegro, Richard Wagner, Brahms, Laube, Menzel und andere Künstler, denen die Perspektive jedoch immer einen etwas niedrigeren Rang zuweist als all den hochgestellten Persönlichkeiten von Hof und Militär.

In ernster Würde und unmenschlich feierlich hat sie der Maler hier versammelt, und zu ihren Füßen ruhen sich Werktätige aus, einen Schein der Krankenkasse und eine Verschreibung vom Badearzt in der Tasche. Sie lesen in Illustrierten vom Heldenmut der Nordvietnamesen und von einem Besuch bei den Verteidigern der Berliner „Friedensgrenze“, von Sporthelden und von Filmstars. Und die einst so vielbestaunten hohen Herrschaften an der Wand werden zu neugierigen Zuschauern.

Vor dem Kaiserbad kreischen die Bremsen des Autobusses, einige Gäste für das „Pupp“ werden abgeladen, aus Indonesien, aus Amerika, aus Frankreich. Sie wurden vom Flugplatz hertransportiert, denn das Flugzeug ist das schnellste und billigste Verkehrsmittel nach Prag. „Oh, how lovely“, entfährt es der Amerikanerin angesichts der Hotelfronten unter den grünen Waldhängen des Karlsbader Kessels. „Ach, wie lieblich“, hatten vor fünfzig, vor hundert, vor zweihundert Jahren die Damen ausgerufen, und Goethe verlieh

Karlsbad die Goldmedaille seiner Anhänglichkeit: „Ich möchte nur in drei Städten leben: Weimar, Karlsbad und Rom!" So hat der Dichter einmal — ohne zu dichten — gesagt. Und wenn man, ohne sich den Normen der Kur zu unterwerfen, einige Tage durch das Städtchen schlendert, da einmal seinen Becher aus der Tasche zieht und das laue Wasser probiert und dort den Brunnen versucht, dann steigt in einem wohl die Sehnsucht nach dieser turbulenten Beschaulichkeit, der behaglichen Betriebsamkeit von einst auf, nach diesem mondänen Rummelplatz inmitten einer die Lyrik fördernden Waldlandschaft. Die Luft ist noch immer so scharf und rein. Die Hotels sind in frische Tünche getaucht, nur bei einigen alten Pensionen, die nun lediglich Wohnhäuser sind, schimmert unter dem Verputz ein „Vier Jahreszeiten", „Hermann Hoffmanns Pension", „Strauß", „Triglav", „Abbazia", „Quisisana", „Zum weißen Löwen" durch.

Das alles gilt nicht mehr. Die „Ureinwohner" von Karlsbad wurden en bloc aus ihrer Heimat gejagt. Nur was sie gebaut haben, hatte Bestand. Und seit einigen Jahren plagen sich nun vernunftbegabte Wesen damit ab, das Alte wiederum auszugraben. Die Stefanie-Warte hoch oben auf dem Berg, die schon Stifter-Warte und dann Stalin-Warte hieß, wurde dem neutraleren Goethe gewidmet. Manch rotes Schild wird wieder abmontiert, manch kämpferischer Name vergessen. Die Revolution verträgt sich schlecht mit dem Sprudel. Auch die Arbeiter und die Kommunisten, die ihren Urlaubsschein für Karlsbad kassieren, wollen dort zu ihrer Gesundung ein wenig von dem haben, was diese Stadt einmal war.

Wie ein Kurierfahrzeug aus anderen Breiten parkt vor dem „Pupp" der Werbewagen einer italienischen Wermutfirma. Auf seiner Europatournee hat er Karlsbad nicht ausgelassen. Ist es also schon wieder soweit? Hat Karlsbad schon den Anschluß gefunden an das Europa, dem es längst gelungen ist, schmerzlose Kompromisse zwischen Sehnsüchten der Jahrhundertwende und ihren heutigen Resultaten zu schließen? Die Frage läßt sich noch nicht beantworten. Man bemüht sich in Karlsbad; und der Werbewagen mit den blau-roten Plakaten und Transparenten, den übergroßen Wermutflaschen und dem schwarzgelockten Fahrer wird begrüßt wie eine erste Schwalbe, die Karlsbad nach langem Winter endlich den Sommer verheißt.

Vierundzwanzig Stunden später umdrängen Neugierige den Wermutwagen in der Straße der Gewerkschaften in Marianské Lázně — in der Franz-Josef-Straße Marienbads.

Verwandt sind sie alle miteinander, diese Badeorte. Ein Jahrhundert hat sie geknetet und geformt. Die unschuldig aus dem Boden quellenden Heilwasser speisten auf einmal eine Industrie. Das, was man heute unter Fremdenverkehr versteht, wurde in den Bädern des 19. Jahrhunderts vorweggenommen; die oberen Gesellschaftsschichten empfanden das Bedürfnis, sich durch drei Wochen im Jahr ihrem Unterleib zu widmen, die Verdauung vor das Essen zu setzen und einen Lebensstil zu kreieren, der sich Kur nannte. Wie die venezianische, die toskanische und andere Schulen in der Malerei die Vielfältigkeit ihrer Meister mit einer gewissen Gemeinsamkeit umgürten, so ist es auch bei diesen Bädern. Sie stammen alle aus einer Schule, scheinen aufs erste viel Ähnliches zu haben und sind doch voneinander verschieden wie ein Tizian und ein Tintoretto, wie ein Bellini und ein Giorgione. Bad Teplitz schmückt sich mit dem einst vielleicht propagandistisch nützlichen Attribut „Bad der Krieger", Franzensbad kämpft gegen den traurigen Ruhm, in die häßlichste Umgebung „gebettet" zu sein, Pistyan lädt in sein „Napoleonbad" ein, Luhatschowitz empfiehlt sich als „Tal der Ruhe und der Gesundheit". Karlsbad dagegen war in all den Jahren der Olymp der Götter des Kurbetriebes — und behielt dennoch einen Schuß Kleinstadtatmosphäre. In seinen schmalen Gäßchen hörte man es klatschen und tratschen, nur mit dem Unterschied, daß eben nicht die Frau Meier mit der Frau Müller die Frau Havliček zerlegte, sondern die Fürstin X mit der Gräfin Y die Prinzessin Z.

Marienbad dagegen ist weitläufiger in seiner Anlage und seinem Geist. Es liegt höher als Karlsbad. Die Berge riecht man, und die Wälder und die Natur scheinen hier noch mehr als anderswo in den Heilungsprozeß einkalkuliert zu sein. Aber das Gesamtbild des Ortes wirkt künstlicher. Karlsbad ist alt — Marienbad ist in hundert Jahren von einer umbauten Quelle zu einem Weltbad emporgeschossen. Es ist nicht gewachsen, sondern angelegt worden. Man hat aus Hotels ein Dorf gebaut, das sich wie eine Großstadt gebärdet, ein Zentrum ohne Vororte. Denn Marienbad ist an einer schnurgeraden Straße errichtet und schwenkt dann nach rechts aus, wo sich Badeanlagen, Brunnen und Hotels die Landschaft erobert haben. Man könnte Marienbad wohl auch den Wallfahrtsort unter den Bädern nennen, denn nicht die Geschäftstüchtigkeit von Hoteliers begründete den Aufstieg des Bades, sondern der Instinkt der Prämonstratensermönche vom nahen Stift Tepl. Darum ist hier kein Kaiser der Schutzpatron, und darum der Kreuzbrunnen der begehrteste.

Die klösterliche Bescheidenheit floh diese Kolonnaden und Hotelhallen bald. Marienbad gibt sich im Vergleich zu Karlsbad noch heller, noch teurer, noch exklusiver; selbst heute wird zumindest der Anschein davon gewahrt. Vor 135 Jahren beobachtete Heinrich Laube mit kritischem Blick den Badealltag und schien nicht sehr angetan zu sein: „Man tritt in den langen Brunnensaal wie in ein Klosterrefektorium. Es sieht reizlos und wüst aus. Die Leute schleppen sich mit schweren Mänteln und Überschuhen auf und nieder. Sonst betet man in einer so frühen Stunde nur für das Wohl der Seele. Jetzt und hier betet man für das Wohl des Unterleibes. Statt Gebetbücher verkauft ein stiller Mann in einer Fensternische weiche Quartblätter feinsten Papiers. Er lächelte still und innerlich, als ich mir ein Blatt kaufen und es lesen wollte. Nicht zu so gemeinen Zwecken war das Papier bestimmt ...“

Laube war schon dem kultivierten Marienbad begegnet. Der Arzt und große Förderer des Bades Dr. J. J. Nehr schilderte jedoch zu Beginn des 19. Jahrhunderts die Umgebung der Quelle noch als Urwald und Morast: „Man denke sich eine derlei verwüstete, finstere, ganz menschenlose Einöde, in welcher einzig wilde Tiere, Holzfrevler, Raubschützen und Räuber zu hausen schienen.“ Erst 1808 setzte ein normaler Kurbetrieb ein. Das Sumpfbad klomm wie ein Parvenü empor in die Bereiche der arrivierten Bäder und erwarb sich im Nu die Respektabilität eines Angehörigen höchster Kreise. Aus dem dörfischen Waldbad, wie es Goethe noch angetroffen hatte, wurde die gepflegte Parklandschaft für die Kurbedürfnisse von Lords und Großfürsten.

Im Haus Nr. 11 „Zur goldenen Traube“, am jetzigen Gottwaldplatz, verzichtete man bis heute auf Marmor und Parkettböden. Da knirschen die Dielen noch wie zu Goethes Zeiten. Vor hundertvierzig Jahren haben dem mehr als siebzigjährigen Dichterfürsten die Marienbader Wasser so gemundet, daß in ihm noch einmal die Liebesfähigkeit eines Jünglings erwachte. Durch das Nebenhaus, jetzt Sanatorium Kaukasus, flatterte ein junges Mädchen, Ulrike von Levetzow, das Goethe zu seiner „Marienbader Elegie“ und noch anderen Liebesbezeigungen hinriß. In seinem Arbeitszimmer, in seinem Schlafzimmer hat man mit musealem Eifer die Goethe-Jahre Marienbads im Original bewahrt oder rekonstruiert. Und auch ein Faksimile des Gedichtes findet sich, Verse der Leidenschaft, wie:

> „Der Kuß, der letzte, grausam süß, zerschneidend
> Ein herrliches Geflecht verschlungener Minnen.“

Und zum Schluß resignierend:

„Verlaßt mich hier, getreue Weggenossen!
Laßt mich allein am Fels, in Moor und Moos."

Man denkt an „Letztes Jahr in Marienbad", den Versuch, vor dem Hintergrund der mondänen Langeweile eines Badeortes einen Film nach den Gesetzen des „nouveau roman" zu machen. Der Museumsleiter ist erstaunt: „ ‚Letztes Jahr in Marienbad' — davon habe ich noch nie gehört." Tschechische Filmregisseure bedienen sich heute der Stilmittel dieses Filmes, aber für Marienbad existiert er nicht. Dabei hat er vielen Menschen, obwohl der Film nicht in Marienbad gedreht wurde, diesen einst so klangvollen Namen wieder ins Gedächtnis gerufen.

Klangvoll genug, um Könige und Kaiser in seinen Parks begrüßen zu dürfen — wie damals, als zwei Monarchen einander in Marienbad trafen: König Edward VII. von England und Kaiser Franz Josef, am 16. August 1908. In einer Vitrine des Goethe-Hauses, des Museums, läßt ein Foto Kaiser und König, vom Hotel Krone kommend, in der offenen Kalesche über den Platz fahren: Edward jünger und forscher als der vom Alter schon etwas gebeugte Kaiser. Der Wagen mit Lakaien und edlen Pferden führt sie durch ein Spalier weißer Damen, an den Häusern wehen englische Flaggen, und als Draufgabe scheint Marienbad an diesem Tag auch noch ein richtiges Kaiserwetter beigestellt zu haben. Das Besondere an diesem Foto: Es wurde vom Fenster des Museums aus geknipst, und so kann man mit einem Blick die Szenerie von damals mit der von heute vergleichen. Der Kaiser und der König würden kaum einen Unterschied bemerken. Die Häuser sind dieselben geblieben, nur daß die Aufschrift „Zum grünen Kranz" getilgt wurde. Und das stolze Hotel Zur Krone, in dem König Edward siebenmal logierte, nennt sich nun schlicht „Zentralbad". Die Bogenlampen von damals sind durch moderne Leuchten ersetzt. Aber unten im Pflaster ist noch die Öffnung, in der die alte Lampe steckte.

Von den kulinarischen Genüssen des „Frühstücks" beim Monarchenrendezvous erzählt die Speisenkarte und macht uns den Gaumen wäßrig. Im Waldrestaurant Rübezahl wurden unter anderem „Forellen in italienischer Sauce", „Poulet des Mans", „Aubergines á la Edward VII." und „Omelette Alaska" aufgetischt. Für die akustische Untermalung sorgte die Kurkapelle unter Carl Wilhelm Drechsler, der zur Feier des Tages einen Marsch „Englisch-Wienerisch" komponiert hatte. Außerdem servierte man die „Fledermaus-Ouvertüre“, „Wiener Madln“ und ein Opernpotpourri.

Der Kaiser wollte mit dem König über große Politik reden. Der König, in der Kurliste meist als „His Grace The Duke of Lancaster aus London“ eingetragen, war in Marienbad Stammgast. Er suchte Heilung von inneren Leiden — und eine schöne Modistin namens Mitzi Pistl, deren Bemühungen wesentlich zum Kurerfolg beigetragen haben sollen. Ihr Bild wird im Museum niemandem verborgen.

Wenn der Kaiser in Marienbad Station machte, dann residierte er im „Luginsland“, einer villenartigen Pension, diskret von der Hauptverkehrsader zurückweichend und dennoch im Zentrum, Eigentum des unternehmungslustigen Bürgermeisters, der das Haus außer an den Kaiser nur an Fürsten, Diplomaten und Millionäre vermietete. Nach dem Umsturz pflegte Präsident Beneš in den kaiserlichen Gemächern seine Nächte zu verbringen. Aus dem deutschen „Luginsland“ — benannt nach einer Landsknechtsfigur, die unermüdlich von der Front des Hauses über die Tannenwipfel späht — wurde nun abgekürzt das Restaurant Lil, beliebt bei zahlungskräftigen Kunden, die am Abend vor offenen Kaminen in der Behaglichkeit eines englischen Landhauses einmal so dinieren und trinken wollen, wie es ein Kaiser oder Staatspräsident gewohnt war. Wobei man sicher sein kann, daß sich etwa westdeutsche Kurgäste im „Lil“ mehr leisten als seinerzeit der bescheidene und puritanische Monarch.

Große Politik beim Sprudeln der Quellen, im Schatten verschwiegener Haine, im Komfort der Luxushotels ist selbst heute noch beliebt, gehört aber nicht mehr unbedingt zum Stil der Diplomatie. Doch wurde im böhmischen Bäderdreieck die Weltgeschichte von ihren Hauptakteuren noch oft in die Kur genommen: Monarchentreffen in Teplitz-Schönau, die Karlsbader Beschlüsse Metternichs, die zum Kanon des konservativen Europa wurden (eine Art Heilsalz gegen die Demokratie), die Gründung der Entente Cordiale zwischen England, Frankreich und Serbien in Marienbad am Vorabend des Ersten Weltkrieges. Nun beschränkt sich die Politik in den Bädern meist auf die Tätigkeit der örtlichen Parteiorganisation, und nur in Karlsbad tauschten einmal auf einer der regelmäßigen Pugwash-Konferenzen Atomphysiker aus Ost und West und andere Männer, die Zugang zu den höchsten Geheimnissen der Vernichtungsindustrie haben, ihre Erfahrungen aus und diskutierten darüber, wie die Welt für einige weitere Jährchen zu erhalten sei ...

In der Diligence von Marienbad in Richtung Eger reisend, notierte

Heinrich Laube: „Jenseits der Waldberge liegt Schloß Königswart, wo Metternich mit seiner jungen schönen Frau ausruht von der Regierung des konservativen Europa. Die Diplomaten seiner Partei kommen tausend Meilen weit in das wilde Böhmen, um ihn zu fragen über Maßregeln gegen das unbändige neue Geschlecht."

Das „unbändige neue Geschlecht" hat das Metternich-Schloß in den böhmischen Wäldern okkupiert, nennt es Kynžvart und schickt in einem Jahr rund 130.000 Besucher durch die Metternichschen Räume. Eine Gruppe nach der anderen folgt gehorsam den Führern. Die Menschen bewundern den Reichtum und vernehmen alles Schlechte über „den Erzreaktionär", den „Repräsentanten des finstersten Absolutismus". Wie bei einer Sängerin, die sich von der Bühne nicht trennen kann, die schrillen Töne die Erinnerung an den Schmelz ihrer Stimme übertönen, so wird für die Besucher von Königswart nur der Metternich der zweiten, unglücklicheren Hälfte seines Lebens bewahrt — nicht der Architekt des europäischen Gleichgewichts, für den Politik eine Kunst war wie Malen oder Dichten, sondern der Herr der Zensur und der Polizei. Sein Kredo widersprach dem Zeitgeist. Das Volk drängte zur Regierung, Metternich aber sagte: „Den Fürsten allein steht es zu, die Geschicke der Völker zu leiten, und die Fürsten sind für ihre Handlungen niemandem verantwortlich außer Gott."

Schon an der Treppe zur großen Zimmerflucht empfängt einen der Kanzler, auf einem Bild zwischen den Gemälden seiner beiden Chefs, des Kaisers Franz, dem die Geschichte einen so übermächtigen Gegenspieler wie Napoleon zugeteilt hat, und des Kaisers Ferdinand, der in der Bescheidenheit und Naivität seines beschränkten Geistes den alternden Kanzler seinem innenpolitischen Bankrott zutreiben ließ. Davon reden die Zimmer in Königswart jedoch nicht. Der Kanzler tritt hier als der geistige Besieger Napoleons auf. Und als der weise Weltmann, der sich in seine Wälder zurückzog, zu seinen Büchern, seinen Schätzen, verliebt in seine Kuriositäten und Kunstwerke, großzügig, wohldotiert von den Fürsten, denen er die Reiche wiedergegeben hatte, und ab und zu die Stirn runzelnd, wenn es um die Erhaltung der konservativen Ordnung ging. Und wie der Badearzt in Marienbad einem kranken Verdauungssystem soundso viele Becher Heilwasser verschreibt, so verordnete Metternich seinem da und dort kränkelnden System von Zeit zu Zeit eine Dosis Gewalt oder autoritären Druckes, ohne jedoch den endgültigen Verfall aufhalten zu können.

Die Requisiten seiner vergangenen Triumphe, die ihn in Königswart umgaben, mögen ihn darüber hinweggetröstet haben: der Tisch, auf dem der Vertrag über die Heilige Allianz unterzeichnet wurde, das Empirewaschbecken, das Napoleon auf Elba benutzt hatte (ein Geschenk Marie-Louisens) und andere Erinnerungsstücke. Das Porträt der Habsburgerin, die Metternichs Politik zur Gattin Napoleons bestimmt hatte, hängt gegenüber dem Bild Josephines — zwei Welten: auf der einen Seite die leidende Kaiserstochter, auf der anderen das kokette kleine Mädchen, das den mächtigsten Mann seiner Zeit für sich gewinnen konnte.

Nicht nur Marie-Louise zeigte sich dem Kanzler durch Geschenke erkenntlich, auch die Fürsten wußten, daß ihr verläßlichster Diplomat Kostbarkeiten schätzte, zum Beispiel Vasen aus edlem Gestein, wie sie hier stehen, Präsente des Kaisers und des Zaren Alexander, dessen Nachfolger Nikolaus I. sich mit einem Billardtisch einstellte. Papst Gregor XVI. besorgte in Italien einen Renaissancekamin, und Papst Pius VII. sandte eine marmorne Nachbildung des Antoniustempels im Forum Romanum.

Das Schloß quillt über von Reichtum und Schönheit. Sorgfältig bewahren die Behörden die Spuren dieser ihnen so fremden Kultur für die Nachwelt auf. Ein Film von Metternichs Leben und dem seines Sohnes Richard, des österreichischen Botschafters in Paris, ließe sich hier allein mit den Bildern drehen: die drei schönen Frauen des Kanzlers — die Gräfin Kaunitz, Baronin Leykam, Gräfin Zichy —, die Herrscherschar, der er diente, die Spuren seiner Kongresse, die Souvenirs der Schloßgäste Beethoven, Goethe, Adalbert Stifter und so weiter, die lebendigen Steine der Statuen im Marmorsaal.

Die innersten Kammern von Metternichs Seelenleben öffnen sich jedoch in seinem Kuriositätenkabinett, mit welchem der Haus-, Hof- und Staatskanzler eines der ersten Museen des Reiches der Königswarter Öffentlichkeit zur Verfügung stellte: sie durfte Gemälde und andere Schätze besichtigen und vor allem das kuriose Sammelsurium, den historischen, geschmacklosen und pseudohistorischen Krimskrams der Metternichschen Raritäten.

Wie ein Wudu-Zauberer irgendein Stück aus dem Besitz eines Feindes erwirbt, um so über diesen Gewalt zu erhalten, so schien auch Metternich großen Wert auf die Waffen von Anarchisten, auf Haare Napoleons und verschiedene andere Besitztümer seiner Gegner zu legen. In den Schränken, Truhen und Vitrinen des Kabinetts häufen sich die unsinnigsten und absurdesten Dinge; die Sammlung könnte den Hintergrund für ein surrealistisches Gemälde oder für ein Ionesco-Stück abgeben. Metternich und sein Sohn Richard sammelten unter anderem: eine Pelerine, unter der sich Kaiserin Eugénie von Frankreich 1855 bei einem Maskenball verbarg, den Dolch eines Attentäters, der Napoleon III. töten wollte, Kugeln, die 1848 auf das Metternich-Palais am Wiener Rennweg abgeschossen worden waren, einen Brief Josefs II., Haare Maria Theresias, zu einer Strähne zusammengebunden und von zweifelhafter Echtheit, Spielkarten Radetzkys, eine Lyra mit den Locken Beethovens, Spontinis und Cherubinis, Pantoffeln, die Papst Gregor XVI. bei seiner Krönung getragen hatte, eine Billardkugel Franz' I., den Schreibtisch Alexandre Dumas', auf den dieser seine Unterschrift und einige Stellen aus dem Roman „Der Graf von Monte Christo" gekritzelt hat, einen Dolch Heinrichs II. von Frankreich, das Gebetbuch Maria Antoinettes, das sie bei ihrer Gefangennahme bei sich gehabt haben soll, einen Fächer der Fürstin Pauline Metternich, einen Rock Wellingtons, Spielzeug Kaiser Ferdinands, eine von dem berüchtigten Räuber Babinski selbst verfertigte Büste, eine Kollektion von Schuhen der Prominenz mehrerer Jahrhunderte, unzählige Orden und Münzen, einen Degen Ludwigs XIV., eine der ersten Fotografien der Welt, Samurairüstungen und Negerschilder und das Glas, aus dem Metternich vor seinem Tod den letzten Schluck Wasser getrunken hat.

Das ist nur eine winzige Kostprobe aus diesem kunterbunten Resultat einer planlosen Sammelwut, mit der ein Jahrhundert, das sich um so viel gescheiter dünkte als alle Zeiten bis dahin, direkt an die Sammeltätigkeit eines Rudolf II. anknüpfte. Als Kustos für sein Raritätenkabinett wählte der Kanzler auf Empfehlung Goethes den gelehrten Karl Huss — seines Zeichens Scharfrichter der Stadt Eger. Denn Huss war in seiner „Freizeit" ebenfalls ein großer Sammler und brachte seine wertvollsten Münzen und vieles andere in das Metternichsche Museum ein.

Im Hof knattern Motorräder. Eine Staffel ostdeutscher Ausflügler, staubbedeckt und lärmend, ist angekommen. Eine tschechische Gruppe wird eben in einen Autobus verfrachtet — Kurgäste aus Karlsbad. So wie dieser „Hof" des Kanzlers früher Herrscher, Politiker und Gelehrte anzog, so treibt es nun die Massen zu der Schatzkammer des Fürsten. Sie pilgern von den Quellen zum Schwanenteich von Königswart. Sie nehmen Kontakt auf mit dem Geist eines großen Mannes. Aber nur die wenigsten erkennen ihn. Sie kommen aus der Bäderherrlichkeit, für deren Sicherheit und Bestand einst das

Metternichsche System hätte bürgen sollen. Aber die Menschen des vergangenen Jahrhunderts hatten sich zu sehr an die Sicherheit gewöhnt. So traten die meisten ahnungslos und in jener euphorischen Stimmung, die einem das Vergessen der Alltagssorgen während der Kurtage beschert, in das 20. Jahrhundert ein. Und jubelnd und begeistert drängten sie in den Lift, der ihre Gesellschaft und alles, was für sie bis dahin Geltung hatte, in der Versenkung verschwinden ließ.

Johannes Urzidil hat als junger Bursche den ersten Kriegstag 1914 zufällig in Karlsbad erlebt; es gab eine Festakademie, bei der ein Graf Kolowrat auftrat und die Tochter des Kronprinzen Rudolf, Erzherzogin Elisabeth, Preise verteilte. Im Publikum saßen noch russische Fürstinnen und französische Millionäre, und die Welt hatte trotz allen Gerüchten den Glauben an die Sicherheit noch nicht verloren. Schließlich war doch Saison in Karlsbad. Dann erzählt Urzidil:

„So brach die Nacht an, und ich wanderte absichtslos in der still gewordenen Stadt umher. Auf der ‚Alten Wiese' wurde mein vages Gehen plötzlich durch eine Menschengruppe gehemmt, die pfeilerstarr und reglos den Eingang eines Tabak- und Zeitungsladens umringte. Meine Neugier drängte sich durch und fand an der Ladentür eine Telegrammblankette angeheftet: ‚Krieg erklärt.' Niemand sprach. Dann vernahm ich plötzlich drei einsame Worte: ‚Gott sei Dank.' Der das sagte, war ein österreichischer Oberleutnant."

Ja, in Karlsbad und in Marienbad zeigte sich die alte Welt von ihrer schönsten Seite, da war der Glanz so stark, daß die Menschen darob blind wurden und Gott für den Krieg dankten. Darum mußten Karlsbad und Marienbad ihre Namen umtauschen wie ihre Bevölkerung. Aus den Kurgästen wurden Kranke. Das Kurkonzert, von dem sich einst Europas obere Schichten die Ohren berieseln ließen, endete in den schauerlichen Dissonanzen zweier Kriege. Als sich die Musiker dann wieder aufs Podium setzten, waren die Instrumente verstimmt und verdorben. Aber weil die neue Gesellschaft die Patienten in Massen zur Kur sendet, nehmen sich die Musiker zusammen und spielen trotz allem.

# Stationen auf dem Weg zum Ende

## AUSTERLITZ

„‚Nun, Brüder, alles ist aus!' Diese Stimme klang wie ein Kommando, alle ergriffen die Flucht. Die verwirrten, immer stärker anschwellenden Scharen liefen dorthin zurück, wo vor fünf Minuten die Truppen an dem Kaiser vorbeigezogen waren. Es war nicht möglich, die Massen zurückzuhalten; es war schwer, selbst stehen zu bleiben und nicht von ihnen mit fortgerissen zu werden. Die Armee floh in einem so dichten Schwarm, daß, wer einmal in ihrer Mitte war, sich nur schwer wieder herausarbeiten konnte ... ‚Haltet die Halunken zurück!' rief Kutusow und wies auf die Fliehenden. Aber in diesem Augenblick prasselte, wie zur Strafe für die Worte, einem Vogelschwarm gleich, eine Menge pfeifender Kugeln auf das Regiment und auf Kutusows Suite nieder ..."

Tolstois Schlachtenschilderung tanzt einem noch vor den Augen. Auf der kurzen Autobusfahrt von Brünn nach Slavkov hat man in dem rüttelnden Wagen versucht, sich von dem großen Russen in das Schlachtendrama von Austerlitz einführen zu lassen. Die Dreikaiserschlacht, in der Napoleon am 2. Dezember 1805 den verbündeten Russen und Österreichern eine vernichtende Niederlage bereitete, ist eines der Kernstücke der kriegerischen Hälfte von „Krieg und Frieden".

Und nun keucht man unter der Junisonne, die nichts mit dem kalten Glanz der berühmten „Sonne von Austerlitz" gemein hat, über den Hügel von Pratze hinauf. Wie so oft bei der Schilderung von Schlachten, ist die offizielle Bezeichnung nur willkürlich gewählt und ein Ort unverdient in die Geschichtsbücher gerutscht. Austerlitz, das tschechische Slavkov, hat in der Schlacht nicht mitgespielt. Das Debakel der Kaiser bahnte sich zehn Kilometer weiter auf der Höhe von Pratze an. Hier fiel die Entscheidung. Hier stürmten die Kolonnen General Soults den beherrschenden Berg und erzeugten unter den Verbündeten jenes Chaos, das „Kriegsberichterstatter" Leo Tolstoi der Nachwelt überlieferte.

Die Höhe von Pratze — in den Furchen der Felder knien nun Frauen und vereinzeln die Pflänzchen der Zuckerrüben. Die geringe Zahl der Arbeitenden — kein Regiment, nicht einmal eine Kompanie, höchstens ein Zug — steht einer unüberwindlichen Übermacht von Pflanzen gegenüber. Die Felder dehnen sich bis zum Horizont, und die wenigen Kolchosbäuerinnen verschwinden in diesem endlosen Furchenmeer. Sie kämpfen sich jedoch unverdrossen in dieselbe Richtung vor wie Soults Regimenter Anno fünf. Nur daß diesmal weder russische Batterien noch die Schützen des österreichischen Generals Kolowrat das Feuer eröffnen. Niemand flieht, außer den Spatzen, die ein Kürassier des zwanzigsten Jahrhunderts mit knallrotem Sturzhelm, auf einem elenden, stotternden Motorrad hockend, aufgescheucht. Der Nachmittag ist so friedlich, daß man die Hummeln summen und die Gräser singen hört. Und nur die Silhouette eines mächtigen Denkmals auf der Kuppe des Hügels kündet, daß diese weite und wellige Landschaft — mit traulichen Kirchlein und Kapellen und fernen Fabrikschornsteinen — vor 160 Jahren zum Friedhof für Zehntausende von jungen Menschen wurde.

Ein steinernes Ungetüm, gekrönt von einem altslawischen Kreuz, wächst zum Himmel: „Zur Erinnerung an die in der Schlacht von Austerlitz am 2. Dezember 1805 gefallenen österreichischen, russischen und französischen Krieger", heißt es da. Und klassische Männerfiguren, die sich auf Schilde stützen, mimen Rußland, Frankreich, Österreich und Mähren. Das Wort „Friede" ist in mehreren Sprachen geschrieben. Der Krieg wird hier nicht glorifiziert. Das ist kein Schlachtendenkmal mit galoppierenden Pferden und degenschwingenden Feldherren. Der Wanderer soll sich hier nicht mit Heldentaten und Strategie, sondern mit Sinn und Unsinn des Krieges auseinandersetzen. Ein katholischer Priester spürte die Massengräber und die Gebeine der Toten auf. Er predigte und sammelte jahrelang, bis dieses Mahnmal gebaut werden konnte. 1912 sandten dann Österreicher,

Franzosen und Russen Delegationen zur Einweihung. Festliche Reden wurden gehalten, in vielen Sprachen, und das Wort „Friede" wurde immer wieder strapaziert. Geschickt hatten Jugendstilbildhauer ihr Werk jener Mischung von Pathos und Schlichtheit angepaßt, das die Napoleonische Zeit kennzeichnet. Der ewige Friede war hier in Stein gehauen worden. Zwei Jahre später wurden im gleichen Stil kriegerische Manifeste dekoriert. Trotz allen schönen Worten von der Völkerfreundschaft marschierten alle diese Nationen wieder, die schon in Mähren ihre Söhne geopfert hatten. Nur die Rollen waren diesmal anders verteilt — und die Opfer waren größer.

Am Fuß des Denkmals, an der Stelle, wo einst Kutusow, der russische Oberbefehlshaber, unter dem aufsteigenden Nebel als einer der ersten das Unheil des Tages begriffen hatte, lagern deutsche Autobesitzer im Gras. Der Wind hat eines ihrer Butterbrotpapiere entführt und treibt es zu den Büschen. Dort balgen sich einheimische Kinder, und in der Ferne zieht ein Autobus aus Linz eine graue Staubfahne hinter sich her.

„Wir haben fast täglich Besucher aus Österreich", sagt die kleine Frau, die das Museum verwaltet. Sie kann ihre Erklärung deutsch, französisch und, wenn es sein muß, sogar ein wenig in russischer Sprache liefern. Sie lebt im Schatten des Denkmals. Die Erinnerung an eine Schlacht ist ihr tägliches Brot. Sie liest Bücher über Napoleon und kennt die Namen und Gedanken seiner Generale. Aus dem Transistorradio der Deutschen meldet der Sprecher den letzten Stand eines amerikanischen Raumfluges. Unten im Tal, wo die Armeen aufmarschierten, schwanken die dünnen Maste einer militärischen Funkstation. Mehrere Hubschrauber stehen lärmend am Himmel. Die Frau, die von der Schlacht redet, sieht das alles nicht. Sie sieht nur die dunkelblauen Uniformen der Franzosen, die Menschenknäuel der fliehenden Russen, das Weiß der Österreicher. Diese weißen Uniformen, die so gar nicht zum Sterben passen. Die Schlachten waren damals doch schon industrialisiert und die Soldaten zu Mechanikern des Tötens geworden. Aber man steckte sie noch immer in den Sonntagsanzug, wenn es in den Tod ging.

Ihre schönen Kleider vermoderten in den mährischen Feldern. Nur einige Knöpfe, Gürtelschnallen, Münzen und Medaillen leisteten dem Zerfall Widerstand. In der Kapelle des Monuments steht ein Sarg mit einem gläsernen Deckel. Gebeine liegen darin, eingeschlagene Schädel, Unterkiefer, Schenkelknochen, Wirbelsäulen. „Das sind sechs Franzosen", sagt die Frau. „Wieso weiß man das?" — „Wir konnten sie identifizieren, durch Knöpfe und Gürtelspangen, die man bei ihnen fand. Anthropologen stellten außerdem die romanische Kopfform fest."

Die toten Franzosen wurden erst vor kurzem ausgegraben. Unten im Tal bei der Hühnerfarm. Ein neuer Drahtzaun mußte gesetzt werden. Für die Pfähle grub man tiefe Löcher, und auf einmal stießen die Arbeiter auf die Gerippe. Sechs Mann lagen da in einem Grab. „Die Gegend ist noch voll von bekannten und unbekannten Gräbern", sagt die Frau. Im Dorf, nahe dem Teich, deckt eine winzige Steinfassung, nicht viel größer als für ein Kindergrab, die Stelle, wo vermutlich dreihundert bis vierhundert Russen liegen. Zuerst wollte man sie exhumieren und unter die Kapelle, wo die Überreste von Tausenden von Toten ruhen, betten. Nun wird jedoch an einem neuen Grabstein gearbeitet, und die Schüler der Dorfschule werden die Pflege des Grabes übernehmen. Was mit den Franzosen geschieht? „Wir planen eine feierliche Bestattung mit militärischen Ehren, Diplomaten und so weiter. Wahrscheinlich werden dazu noch einige Russen und Österreicher kommen, die wir in der Umgebung aus den Feldern ausgegraben haben. Die tschechische Armee wird durch eine Abordnung vertreten sein, und was weiß ich, was noch alles." Ein Austerlitzbegräbnis nach 160 Jahren? „Warum nicht? Wir hatten 1947 eines, da wurden feierlich mehrere Russen beigesetzt. Sogar ein orthodoxer Patriarch nahm an der Zeremonie teil. Diesmal wird es wahrscheinlich ohne Priester gehen müssen." Die Kapelle ist nicht geweiht, hier schlummern Menschen verschiedenen Glaubens, und kein Konkurrenzkampf der Kirchen sollte ihre Ruhe stören. Wenn ein Gottesdienst gefeiert wird, dann nur in Form einer Feldmesse.

Aus den Bildern und Stichen, Waffen und Büchern, Landkarten und Modellen in dem ebenerdigen Museumsbau neben dem Denkmal läßt sich der Film der Schlacht zusammenschneiden. Da reiten Zinnsoldaten Attacke, und die Franzosen gehen in der von Napoleon geschaffenen Formation mit vorausmarschierenden Sicherungseinheiten vor: Da schauen die Kaiser auf uns nieder: das Playboygesicht des schönen Zaren Alexander, das von Unentschlossenheit gezeichnete Antlitz Franz' I., der auf einem Schlachtfeld so fehl am Platze scheint wie ein General der Heilsarmee. Diesen beiden Monarchen stand ein Napoleon gegenüber, den — genau ein Jahr nach der Kaiserkrönung — sein unbeugsamer Glaube an den guten Stern seines Schicksals zu klaren, unwiderruflichen und stets zielstrebig richtigen Entschlüssen führte. Die Franzosen hatten damals zwar Wien besetzt und die

Österreicher bei Ulm empfindlich geschlagen; noch aber war die übermächtige russische Armee intakt, und auch Kaiser Franz konnte rund 25.000 Mann gegen Napoleon aufbieten. Alexander drängte auf eine Entscheidung, er wollte den Korsen geschlagen sehen. Die Warnungen des vorsichtigen Kutusow wurden überhört. Durch einen kühnen Angriff auf Napoleons rechten Flügel sollte die „Grande Armée" aufgerollt und vernichtet werden. Napoleon durchschaute den Plan und lud die Russen und Österreicher sogar dazu ein, rechts anzugreifen. Inzwischen stieß er mit der Hauptmasse seiner Truppen gegen das schwache Zentrum der Verbündeten vor — eben die Höhe von Pratze. Während sich die angreifenden Alliierten in den rechten Flügel verbissen, wurden sie in der Mitte im Herzen getroffen. Die Kaiser konnten sich nur durch schleunige Flucht vor der Gefangennahme retten.

Das Resultat war die totale Niederlage. Sicher, Franz und Alexander erlebten Leipzig, Waterloo und den Wiener Kongreß, ihre Heilige Allianz triumphierte über den unheiligen Korsen. In Austerlitz aber fand dennoch für das Kaisertum Österreich eine Generalprobe des Unterganges statt. Da drohte das Reich zum erstenmal zerschlagen zu werden. Da brachen die Völker auseinander; doch hatte die Geschichte mit den späteren Siegen der Verbündeten für diese Katastrophe gerade noch ein Happy-End parat.

Ähnlich wie Bismarck sechzig Jahre später, warnte drei Tage nach dem Sieg von Austerlitz Napoleons Außenminister Talleyrand vor einer völligen Auflösung Österreichs: „Die habsburgische Monarchie ist eine Anhäufung schlecht zueinander passender Staaten, die an Sprache, Sitte, Bekenntnis und Verfassung völlig verschieden sind und nur eines gemeinsam haben: die Person ihres Herrschers. Eine solche Macht kann nicht anders als schwach sein; aber sie ist ein geeignetes Bollwerk gegen die Barbaren und ein notwendiges. Jetzt ist sie zermalmt und gedemütigt. Sie ist darauf angewiesen, daß ihr Eroberer ihr großmütig die Hand hinstreckt: aber er sollte ihr dadurch, daß er sie zu seiner Bundesgenossin macht, jenes Selbstvertrauen wiedergeben, das so viele Niederlagen und Katastrophen ihr sonst vielleicht für immer rauben . . ."

Eines hatte Talleyrand in seiner Weisheit doch unterschätzt: das Regenerationsvermögen dieses Staates, der Napoleons Ende erlebt und zum Teil auch herbeigeführt hat. Nur — Talleyrands Memorandum zeigt an, was aus Österreich 1805 hätte werden können. Ein vorweggenommenes 1918 drohte. Napoleon ließ sich von seinem besten

Diplomaten zwar nicht ganz und gar mäßigen, aber er beherzigte dessen Rat. Als der Erste Weltkrieg endete, hatte keine Stimme für die Erhaltung Österreichs ein ähnliches Gewicht.

Dennoch kostete Napoleon seinen Triumph nach Austerlitz voll aus. Und der Sieg seiner 70.000 Franzosen über die 70.000 Russen und 25.000 Österreicher ist in die Landschaft eingezeichnet. Etwa zehn Kilometer (Luftlinie) von Pratze, dicht an der Straße nach Brünn, führt ein schmaler Feldweg auf den Zuran, den Hügel, von dem aus Napoleon die Schlacht dirigiert hat. So wie am Horizont der Hügel von Pratze, so ist auch der Zuran die dominierende Bodenerhebung, der logische Feldherrnhügel. Freund und Feind lagen unter Napoleons Blicken, und zu seinen Füßen war der Sandkasten seiner Kriegsspiele geöffnet. Rechts zerstören die hohen Kamine der Zuckerfabrik von Schlapanitz die Lieblichkeit der Landschaft. Dort fing der schwache rechte Flügel der Franzosen die Angreifer auf. Und links, weit hinten, liegt Austerlitz, das für die Schlacht, der es den Namen gab, nur Etappe war.

Wie von der Kommandobrücke einer Fregatte konnte Napoleon seine Befehle erteilen. Und es waren die präzisen Anordnungen eines eiskalt kalkulierenden Genies. Er reagierte schnell, und in seinem Gehirn formte sich eine Vielzahl strategischer Einfälle. Und was er befahl, wurde auch ausgeführt. Bei Napoleon ging jede Rechnung auf. Er *konnte* die Schlacht gar nicht verlieren. Die Armee auf der anderen Seite war durch die Anwesenheit der beiden Monarchen eher belastet. Die Unsicherheit wurde nur noch größer. Eifernde Salongenerale stützten den Wankelmut der Herrscher und versuchten mit untauglichen Improvisationen der perfekten Kriegsmaschinerie der Franzosen beizukommen. Napoleon und seine jugendlichen Generale (Soult, Lannes und andere) sind die Protagonisten des blutigen Spieles. Drei Kaiser nahmen an der Schlacht teil, aber nur einer regierte. Die beiden anderen wurden zur Statisterie seiner Glorie; ihren Armeen aber war die Rolle des Schlachtopfers zugeteilt.

Als die Tschechoslowakei schon Republik war, enthüllten die Franzosen hier einen Gedenkstein. Von zwei schlanken Bäumen wie von Leibgardisten flankiert, sitzt auf dem Hügel ein kubischer weißer Marmorblock; in ihn hat man Frankreichs „Grandeur" eingegraben: ein Relief des Schlachtplanes und eine Inschrift, die von Napoleons Ruhm und von der „Grande Armée" und den „geschlagenen Feinden" redet. Das Monument von Pratze auf der anderen Seite gebraucht das Vokabular der Geschlagenen. Es spricht von Frieden und Versöhnung. Die Franzosen dagegen zollen nur dem Sieg und ihrer ruhmreichen Trikolore Tribut.

Um diese beiden historischen Hügel herum brüsten sich Gasthäuser, Poststationen, Bauernkaten, Schlösser und Ruinen damit, Napoleon, einem seiner Generale oder wenigstens einem der beiden anderen Kaiser oder Kutusow Unterstand gewährt zu haben.

In das Städtchen Austerlitz ist Napoleon erst zwei Tage nach der Schlacht eingezogen, als er genug hatte von Biwakfeuern in kühlen Winternächten und wieder einmal in einem festen Haus wohnen wollte. Das prächtige Kaunitz-Schloß nahm ihn auf, und es ist heute so, als ob er es niemals verlassen hätte. Napoleon, Napoleon und noch einmal Napoleon. Mehr noch als in Pratze wird er im Schloßmuseum dargestellt, erläutert, gepriesen, umschwärmt. Jahrzehnte von Napoleon-Verehrung haben dem Korsen im obersten Stockwerk ein Heim bereitet, in dem er sich wohl fühlen würde. Über hundert Jahre lang wurden hier unzählige Besucher zu Thronregionen emporgehoben, wenn sie Napoleons Bett bestaunten und sich einen Unsterblichen und Welteroberer in demokratischer Schlafposition ausmalten. Ob er geschnarcht hat? Ob er sich unruhig hin und her wälzte vor einer Schlacht? — Alle diese Fragen wurden nun durch ein amtliches Zertifikat überflüssig. Denn im Kaunitz-Schloß wird heute nicht nur das Bett, sondern auch das von 1957 datierte Dokument gezeigt, in dem von Amts wegen klipp und klar gesagt wird: „Das Bett ist falsch. Napoleon hat darin niemals seine Glieder gestreckt. Aus allen Berichten über den französischen Kaiser weiß man, daß für ihn stets eine Bettstatt mitgeführt und, wo immer er übernachtete, aufgeschlagen wurde."

Eine Illusion ist dahin, und doch wird man sich dieses Bett, in dem Napoleon nicht geschlafen hat, eher merken als all die anderen Schlafstellen diverser Napoleon-Gedenkstätten zwischen Schönbrunn und Sankt Helena.

Dafür hat man aus einem nahen Gasthof einen Balken abmontiert, auf dem es geschrieben steht, daß Napoleon unter ihm drei Nächte verbracht hat. Dann wurde vor dreißig Jahren auch jene Linde gefällt, die den Kanossagang eines österreichischen Kaisers erlebt hat. Die Reste ihres knorrigen Stammes, der einem Veteranen von Austerlitz ähnelt, wurden mit festen Eisenringen an eine Museumsmauer geschmiedet, der Stamm der Linde von Zaroschitz. Dort, nicht weit von Austerlitz, hatte Franz I. den Sieger um Frieden bitten müssen; auf freiem Feld neben einer Mühle kam der Habsburger als Bittsteller für Österreich. Graf von Ségur, der neunzehnjährige Adjutant Napoleons, zeichnete diese Begegnung auf:

„Der Wagen hielt vor dem Biwakfeuer des Kaisers, und Napoleon ging bis zu dem Schlag heran, um den Kaiser von Österreich, den er herzlich bei der Hand nahm, selbst zu empfangen. An dem wenig lebhaften Äußern Franz' II. bemerkte man kaum einige Unruhe; als er aus dem Wagen stieg und Napoleon erblickte, der — wie mir schien — bereit war, ihn zu umarmen, regte sich nichts in den Zügen des österreichischen Kaisers. Wie wenn er durch dieses kalte, ausdruckslose Äußere jenes Monarchen plötzlich wie zu Eis erstarrt sei, hielt Napoleon nun seinerseits seine Gefühle in einem so feierlichen Augenblick zurück. Es war mir unmöglich, in den Augen des Kaisers von Österreich auch nur einen einzigen Blick zu entdecken, der doch so natürlich bei einer ersten Zusammenkunft mit einem so großen Manne gewesen wäre."

So weit die Beobachtungen des glühenden Napoleon-Verehrers Ségur. Es ist wohl kein Zweifel, daß Napoleon eine größere Persönlichkeit war als Franz. Aber der Kaiser kam eben nicht als jener eher scheue, zurückhaltende Kaiser Franz, sondern als ein Glied der langen Kette von Habsburgern, die Europa durch Jahrhunderte umschlungen hatte; für ihn mußte Napoleon trotz all seiner Macht und seinen Siegen eben nur ein kurzlebiger Emporkömmling sein. Vielleicht resultierte daraus die Haltung des schwer gedemütigten Kaisers.

Neben dem Baumstamm ist da auch noch ein Bauerntisch, an dem am Abend zuvor Alexander und Franz in Herspitz versucht hatten, nach der Niederlage etwas Essen hinunterzuwürgen: Kümmelsuppe und gesalzene Erdäpfel. Nach diesem Menü trat der Kaiser dann Napoleon gegenüber und sagte mit dem erzwungenen Lächeln eines Kindes, das keine Chance sieht, sein Spielzeug gegen einen größeren Buben zu verteidigen: „Sie wollen mich also berauben, mir meine Staaten nehmen?"

Das Treffen endete mit den Worten Napoleons: „So versprechen mir Eure Majestät, nicht mehr mit mir Krieg führen zu wollen?" Und Kaiser Franz antwortete: „Ich schwöre es und halte Wort!" Darauf küßten sich beide Kaiser und trennten sich voneinander.

Nach diesem kaiserlichen Kuß war vier Jahre lang Frieden, und dann begann der Krieg von neuem. Doch in den Dörfern um Austerlitz gruben die Bauern beim Pflügen Leichen aus, und sie schmückten die Herrgottswinkel mit den Ikonen, die die Rusen als Talisman um den Hals getragen hatten. Sie buken Mehlspeisen, Striezel in der

Form einer Babuschka, wie sie es von den Russen gelernt hatten. Und später wanderten diese Dinge in das Museum, zusammen mit verrosteten Waffen und Kugeln, Uniformstücken und anderem Schlachtenramsch. Neue Kriege kamen und neue Kaiser. Und noch einmal wurde bei Austerlitz gekämpft — 1945, als die Deutsche Wehrmacht im Raum Brünn einen Sperriegel vor Wien legte. Da hatten sich hier niederösterreichische Volkssturmmänner eingegraben und auf der anderen Seite Russen, deren Urgroßväter bei Austerlitz gefallen waren. Im Schloßpark von Austerlitz sind sechs Russen bestattet, Sowjetarmisten. Und im Museum kann man auf einer Blechtafel die Aufstellung der feindlichen Armeen studieren. In der Tafel sind mehrere Löcher. „Sie ist früher oben beim Monument gewesen, aber 1945 wurde dort schwer gekämpft, und da durchschlugen einige Kugeln die Tafel", erklärt der Schloßführer, der Oberleutnant beim k. k. Landsturm war. Und man sieht vor sich, wie da 1945 wieder Soldaten den Hügel von Pratze hinaufstürmten und wie sie in Deckung gehen, direkt hinter dem steinernen Denkmalbau, auf dem in vielen Sprachen das Wort „Friede" geschrieben steht.

## OLMÜTZ UND KREMSIER

Zu den zwei Krügeln schäumenden Pilsners stellt die Köchin noch ein drittes. Auf dem Tisch liegt ein Laib Brot. Messer fahren in eine Streichwurstdose oder schneiden ein Stück Käse ab. „Essen Sie mit uns", hat der alte Herr in Schwarz gesagt. Und so sitzt man in dem etwas engen, altdeutsch möblierten Zimmer bei dem einfachen, späten Abendessen. Ein großes Kreuz und die Heiligenbilder an den Wänden deuten an, daß dieses Haus der Kirche verbunden ist. Und der Herr in Schwarz hat vor dem Essen ein Kreuz geschlagen und ein Tischgebet gemurmelt. Die kleine Wohnung in einem Mietshaus ist heute das Domizil des Verwalters der reichsten Diözese der alten Monarchie — des Kapitelvikars der Diözese Olmütz, der nun sein bescheidenes Nachtmahl mit seinem Arzt und dem ihm unbekannten Gast aus Wien teilt.

Der greise Domherr ist Chef der Diözese, weil der Staat vorläufig nicht gewillt ist, einem Erzbischof die Amtsausübung zu gestatten.

Durch diese heikle Situation wird der alte Herr mit dem Krügel Pilsner zum direkten Nachfolger der Erzbischöfe aus den vornehmsten Geschlechtern des böhmischen Adels. Einer seiner Vorgänger, der Erzbischof Sommerau-Bekh, hat wie kaum ein anderer die Generosität und die Machtfülle der Olmützer Kirchenfürsten demonstrieren können. Er war 1848, als sich die österreichischen Lande gegen die Habsburger erhoben hatten, in der Lage, gleichzeitig dem aus Wien geflüchteten Kaiserhof und dem Parlament des Reiches das Gastrecht zu gewähren. Im erzbischöflichen Palais in Olmütz konnte sich der arme Kaiser Ferdinand von den Strapazen eines Amtes, dem er nicht gewachsen war, ausruhen, und in der Sommerresidenz der Erzbischöfe — auf Schloß Kremsier — tagten die freien Geister, die damals eine Formel für eine Neuordnung der Monarchie ergrübeln und erdebattieren wollten. In Olmütz nahm auch jene Glanz- und Endzeit Österreich-Ungarns ihren Anfang, die wir die franzisko-josefinische nennen.

Abends bietet die Stadt der Kanoniker und Erzbischöfe — ähnlich wie in Agram ist ihnen ein ganzer Stadtteil vorbehalten — weniger das Bild einer Insel der Frömmigkeit und des kirchlichen Lebens als eines Konzentrationspunktes ihrer weltlichen Macht. Man schreitet durch leere, von Barockpalais gebildete Gassen wie auf der Prager Kleinseite. Die Häuser der Kanoniker in Agram sehen im Vergleich zu diesen Adelspalästen wie ärmliche Klosterzellen aus. Auch die Kanonikergasse auf dem Hradschin kann mit dem Olmützer Domherrenviertel nicht konkurrieren. Olmütz war ein Reservat des böhmischen Hochadels. Die großen Familien sprachen Gott jeweils einen Sohn als Pfand für einen gütigen Stern zu, und sie verfügten über Pfründen, die an Namen und Geschlechter gebunden waren. Geistliche Herren von adeliger Geburt blieben, was sie waren. Sie lebten wie ihre Standesgenossen auf den Schlössern und in Prag, sie waren nur ein anderer Zweig des Adels. Ihr Lebensstil beseelte die Bischofsstadt Olmütz. Sie waren Mäzene, Politiker, Gelehrte und, in selteneren Fällen, auch Seelsorger.

Der Mond läßt die Schatten der neugotischen Domtürme über ein weniger auffälliges Haus geistern: die Dechantei. Der Dekan des Domkapitels, Anton Graf Podstazky, nahm im Herbst 1767 die Familie Mozart auf, als das elfjährige Wunderkind Wolfgang an Pocken erkrankt war. Fast zwei Monate lang wurde Mozart hier kuriert. Dem Dom von Olmütz aber wurde eine Ehre zuteil wie kaum einer anderen Kathedrale: Beethovens „Missa solemnis" wurde für Olmütz komponiert, für die Feier der Inthronisation des neuernannten Kardinals und Erzbischofs Erzherzog Rudolf. Im Museum von Kremsier liegen Fotokopien von Sonaten, die Beethoven dem Erzherzog gewidmet hat, und von eigenen Kompositionen des Habsburgers. Beethoven war sein Klavier- und Kompositionslehrer, und zeit seines Lebens floß ihm aus der Schatulle des Erzherzogs reichliche Unterstützung zu. Aber als der Erzherzog in Olmütz seinen großen Tag hatte, sang der Kirchenchor eine andere Messe — weil die „Missa solemnis" erst drei Jahre später fertig war.

1848 war jedoch in Olmütz kein Habsburger Hausherr; damals kamen sie hilfeheischend als Emigranten im eigenen Reich. Auf dem stillen Platz vor dem Bischofspalais, der so vornehm vom eigentlichen Getriebe der Stadt separiert ist, wird es damals kaum so still gewesen sein. Heute scheint das Palais viel zu groß für die wenigen Angehörigen des Bischofshofes. Die Domherren weigern sich, darin zu wohnen. Sie wurden aus ihren eigenen Palais vertrieben, und wer von ihnen noch am Leben ist, beschränkt sich auf eine kleine Wohnung, wie der Kapitelvikar. Man will kein Präjudiz schaffen. Der Bischofsthron von Olmütz ist verwaist, niemand hat ein Recht, sich im Hause breitzumachen, solange kein neuer Bischof ins Palais eingezogen ist. Über den Thronsessel sind Schonbezüge gespannt, die hölzernen Fensterbalken geschlossen. Die Porträts der Erzbischöfe und Kaiser verschwimmen in dem Halbdunkel des Raumes. Und hier, in diesem nüchternen Saal, nicht in der Burg zu Wien und nicht in Schönbrunn, wurde ein achtzehnjähriger Erzherzog über Nacht zum Kaiser — in einer Zeit, da sein Reich von den Rufen nach einer nie gekannten Freiheit widerhallte und da als wichtigste Gestalten neben seinem Thron zwei Generale standen: der Fürst Windisch-Graetz und der Banus Jellačić aus Kroatien. Sie hielten das Schwert Habsburgs gegen die Revolution. Und sie verlangten, ebenso wie der neuernannte Kanzler Fürst Schwarzenberg, einen energischen Herrscher, der den Völkern die Dynastie wieder als einenden Schutzmantel präsentiere.

Es war an einem 2. Dezember ... Am 2. Dezember 1804 hatte sich Napoleon die Kaiserkrone aufs Haupt gesetzt und dadurch das Kaisertum der Habsburger herausgefordert. Am 2. Dezember 1805 wurden die Hoffnungen auf einen militärischen Sieg über Napoleon mit den Trümmern der geschlagenen Armeen bei Austerlitz begraben. Am 2. Dezember 1851 ergriff in Frankreich ein anderer Napoleon die Macht. Er sollte zum großen Gegenspieler des jugendlichen Habsburgers werden, der am Morgen des 2. Dezember 1848 mit gemischten Gefühlen den Thronsaal des erzbischöflichen Palais zu Olmütz betrat. Voll Staunen vernahm der ambulante Hofstaat die Deklaration des Kaisers: „Wichtige Gründe haben in Uns den unwiderruflichen Entschluß reifen lassen, der Kaiserkrone zugunsten Unseres geliebten Neffen, des Durchlauchtigsten Herrn Erzherzog Franz zu entsagen, welchen Wir großjährig proklamiert haben, nachdem Unser geliebter Bruder, der Durchlauchtigste Herr Erzherzog Franz Karl erklärt hat, auf die Nachfolge endgültig zu verzichten."

Hugo Hantsch schreibt in seiner „Geschichte Österreichs" von der „ergreifenden Szene, als der kaiserliche Jüngling vor seinem Oheim niederkniete, um ihm zu danken, und als dieser ihm väterlich die Wangen streichelte mit den Worten, die so gar nichts Majestätisches an sich hatten, aber der schlichten Einfalt seines Wesens entsprachen: ‚Bleib nur brav, es ist gern geschehen.' "

Mit dieser biedermeierlichen Ermahnung auf den kaiserlichen Lebensweg geschickt, setzte sich der junge Kaiser, der, eingedenk des bei allen Liberalen populären Josef II., zum Namen Franz den Beinamen Josef gewählt hatte, aufs Pferd und ritt durch die Stadt. Auf dem Marktplatz donnerten ihm die Jubelrufe der dort angetretenen Garnison entgegen, und alle die Häuser rund um den Uhrturm des Rathauses und den berühmten steinernen Brunnen von Olmütz stehen heute noch so unbewegt und festgefügt wie damals, als hier ein Jüngling die längste Herrschaftsperiode eines Monarchen der Neuzeit antrat. In der Bischofsstadt waren es seine Soldaten, auf die er sein Kaisertum gründete, und 68 Jahre später, auf dem Totenbett, waren es wieder die Soldaten, an die er denken mußte, aber damals voll Sorge und Schwermut, denn er hielt den Krieg für verloren. Und trotz diesem ausgefüllten Leben, das viele als zu lang ansahen, sagte Franz Josef, bevor er die Augen für immer schloß, zu seinem Kammerdiener Ketterl: „Bitte mich morgen um halb vier zu wecken. Ich habe meine Tagesarbeit nicht beenden können."

Als Franz Josef durch Olmütz ritt, erleuchtete man die Häuser noch mit Kerzen und Petroleum, und die Eisenbahn war eine Sensation. Im Olmützer Museum dokumentiert ein Schmuckblatt zur Eröffnung einer Eisenbahnlinie 1841, zu welchen Leistungen lyrische Gelegenheitsarbeiter durch das Dampfroß beflügelt wurden:

„So wie ein Meer den Weltenbau umfließt,
ein Urgebirg zerrißne Länder trägt,
ein Ätherdom die Himmelskuppe schließt,

ein Strahlennetz die runde Erde deckt,
in Eisenschrift von teurer Vatershand
schreibt uns die Bahn den Namen — Ferdinand.

Zur Eröffnung der Kaiser-Ferdinands-Nordbahn von Hradisch über Prerau nach Olmütz am 17. Oktober 1841."

Bevor Franz Josef starb, drang das Telefon in die Privatsphäre ein, man eroberte die Luft, und die Menschen führten Krieg in den Würmerregionen der Schützengräben, und es war keine Majestätsbeleidigung, wenn ein Kaiser als wackelndes Männchen mit ruckartigen Bewegungen über die Kinoleinwand zappelte. Für mehrere Generationen wurde aus dem Märchenprinzen von Olmütz in der weißen Uniform die absolute Kaiservorstellung eines backenbärtigen Mannes ohne Gemüt, der unwandelbar, unantastbar und unsterblich schien.

In dem Städtchen Kremsier, das von Brünn fast leichter zu erreichen ist als von Olmütz, tagte inzwischen der Reichstag; ohne die geringste Ahnung vom aktuellen Geschehen arbeiteten dort Politiker und Gelehrte aus allen nichtungarischen Landen der Monarchie an einer Verfassung. Spricht man heute mit Historikern in Agram und Laibach, in Prag und in Brünn, so wird man oft die Ansicht hören: „In Kremsier war die letzte Chance für die Rettung der Monarchie. Wenn man das dort empfohlene Prinzip der Bundesstaaten mit der Gleichberechtigung aller Nationalitäten angenommen hätte, gäbe es das alte Österreich vielleicht noch heute, in der Form einer Donauföderation. Aber damals waren die Leute, auf die es ankam, zu kurzsichtig, zu konservativ, sie nahmen die Chance nicht wahr, und so führte die Entwicklung logischerweise in den Untergang."

Was damals die Leute, auf die es ankam, von den ambitionierten Parlamentariern in Kremsier hielten, drückt das Urteil eines Mannes aus der Umgebung des Fürsten Schwarzenberg aus. Der Freiherr von Hübner sah in den Volksvertretern von Kremsier „eine wahrhaft schlechte Gesellschaft, und der Saal macht ziemlich den Eindruck einer Bedientenstube trotz seiner Vergoldung. Es ist ein Gesindel, zusammengesetzt — mit wenigen Ausnahmen — aus der Hefe des Volkes. Stadion und Bach haben sich arg getäuscht, wenn sie glaubten, mit diesen Leuten sei zu irgendeinem Ende zu kommen: einem andern nämlich als die Auflösung."

Die abfällige Äußerung Hübners über die Mandatare von Kremsier ist sicherlich allzu subjektiv gefärbt und anfechtbar. Rutscht man vorsichtig in Filzpantoffeln über die Parkettböden der Prunksuiten des

Bischofsschlosses, werden einem jedoch zumindest Hübners Bedenken bezüglich der Umgebung der Parlamentarier begreiflich. Durch den Thronsaal, ein Sinnbild kirchlicher Herrschaftsansprüche, gelangt man in die Arena des auf einmal Mitspracherecht fordernden Volkes: den Sitzungs- und Reichstagssaal.

Der Erzbischof war großzügig. Er hat der verfassunggebenden Versammlung den schönsten Saal des wahrlich nicht ärmlichen Schlosses zur Verfügung gestellt. Hier, in einem Rokokorahmen, der Schönbrunns und Versailles' würdig wäre und sich viel besser für die Thronübernahme durch Franz Josef geeignet hätte als der kahle Saal in Olmütz, hier pflegten Kirchenfürsten und andere hohe Herrschaften dem höfischen Leben durch rauschende Feste Glanzlichter aufzusetzen. Und bis heute glimmert der Widerschein dieser vergoldeten Geselligkeit zwischen den vier Wänden. Es spiegelt und glitzert überall, und goldene Ranken winden sich die Täfelung hinan, als ob sie gepflanzt worden wären. Die Luster schweben wie gläserne Zierpflanzen im Raum, und den Deckel dieser bischöflichen Kassette bildet ein turbulentes Fresko, aus dem heidnische Götterfamilien katholischen Erzbischöfen in die Schüsseln gucken. Die meisten der Universitätsprofessoren, einfachen Bauern, Journalisten, niederen Kleriker und Berufspolitiker, aus denen sich dieses revolutionäre Parlament zusammensetzte, werden sich auf dem glatten Parkett wohl genauso unsicher bewegt haben wie die sonntägigen Besuchergruppen aus Gitschin, Brünn, Mährisch-Ostrau und Leitmeritz. Dennoch trat hier das Volk den Habsburgern zum erstenmal als Souverän gegenüber. Eine häßliche Tribüne für die Abgeordneten hatte den für die Ergötzung schöngeistiger Krummstabträger bestimmten Saal in eine Debattierhalle verwandelt. Modell und Sitzordnung kann man noch heute im Schloß studieren.

Nun aber ist der Saal längst wieder leer, und die Sessel sind an die Wände geschoben. Auch die Tage sind vergessen, da — wie es Fotos überliefern — die Stirnwand von SS-Runen verunstaltet war und NS-Würdenträger vom Rednerpult herab Durchhalteparolen deklamierten. Man hat dem von Geschichte trächtigen Saal eine Art Ruhestand eingeräumt, unterbrochen von besinnlichen Kammermusikabenden.

In dem Städtchen gehören die Soldaten heute wie damals, als die Truppen des Kaisers das Parlament schließlich auseinanderjagten, zum Straßenbild. Und die meisten der betagten Bürgerhäuser können mit irgendeiner Stube aufwarten, die einem der Abgeordneten Quartier war. In Klöstern und Hotels weiß man noch, welche parlamentarischen Klubs dort getagt haben. Einer Gedenktafel wurden jedoch nur die tschechischen Teilnehmer für würdig befunden. Und am Schloßeingang, neben dem rot-weiß gestrichenen Schilderhäuschen der bischöflichen Leibgarde, werden Sondermarken verkauft: von der Ausstellung anläßlich des hundertjährigen Gedenkens an dieses erste parlamentarische Experiment des alten Österreich. Auf den Marken stehen die beiden Jahreszahlen 1848 und 1948. Und die beiden Sprecher der Tschechen, Palacký und Rieger, blicken energisch aus dem gezähnten Viereck. Sie hatten damals eindringlich nach dem gerufen, was die Tschechen genau hundert Jahre danach wieder verloren haben: nach demokratischen Rechten und Freiheiten.

## KÖNIGGRÄTZ

Neben der Marienstatue dreht sich ein Ringelspiel. Leierkastenmelodien begleiten das tackende Geräusch der einschlagenden Kugeln in den Schießbuden. „Ježiš Marrja", sagt das Mädchen mit Pferdeschwanz und in Blue jeans angesichts der Schießkünste seines František, und die dicke schwarze Frau, die die Gewehre lädt, zollt ihm ein anerkennendes „Mamma mia!" Aus dem Wohnwagen hinter der improvisierten Budenstadt steigt ein Duft von Past'asciutta, und böhmische Kinder staunen über die Geschicklichkeit, mit der ein Schausteller die langen Nudeln auf die Gabel wickelt. Die schwarzen Nummerntafeln an den Autos verraten die Herkunft der wandernden Truppe: Verona, Mantua, Padua, Vicenza — die Italiener, die im sozialistischen Osten kapitalistische Unterhaltung liefern, sind an diesem Tag die vielbewunderte Sehenswürdigkeit der ostböhmischen Stadt Hradec Králové. Vor hundert Jahren war hier noch Königgrätz. Und kein Mann hatte sich damals sehnlicher in die Heimat dieser modernen Nomaden gewünscht als der General, dessen Name mit Königgrätz für immer eins ist: Feldzeugmeister Ludwig Freiherr von Benedek.

Ein italienischer Lunapark aber ist wohl das letzte, was wir mit dem Begriff Königgrätz assoziieren. Für uns ist Königgrätz keine Stadt, sondern ein Schlachtfeld, keine Festung und auch kein Rummelplatz, sondern ein Synonym für Niederlage, wie Waterloo oder Stalingrad. In der österreichischen Geschichte wird es zu einer Zeitenscheide, man spricht von dem Österreich vor und nach Königgrätz. Für den glücklosen Feldzeugmeister war es ein verfluchter Name, der Inbegriff seines unglücklichen Schicksals, das ihn nicht auf den ihm vertrauten Gefilden Oberitaliens fechten ließ, sondern hier in Böhmen, dessen Militärgeographie der Zweiundsechzigjährige erst lernen mußte. Zehn Tage nach der verlorenen Schlacht gegen die Preußen schrieb Benedek seiner Frau: „Habe wörtlich gesagt, daß ich für den deutschen Kriegsschauplatz ein Esel bin."

Wie „optimistisch" der Feldherr in die Schlacht ging, zeigt sein Telegramm an den Kaiser unmittelbar vorher: „Bitte Eure Majestät, Frieden zu schließen, Katastrophe der Armee unvermeidlich." Am 3. Juli 1866 fand das große Treffen dennoch statt. Preußen stürmten gegen Österreicher, auf beiden Seiten kommandierten Offiziere aus denselben Adelsfamilien, und Soldaten schossen aufeinander, die vor kurzem noch Seite an Seite gefochten hatten. Als die Niederlage der Österreicher besiegelt war, trat der Staat der Habsburger nicht nur aus dem Deutschen Bund, sondern auch für immer aus dem deutschen Reich aus. Das Preußen Bismarcks übernahm die Führerrolle in Deutschland. Österreichs künftige Blickrichtung war festgelegt: nach Südosten.

Gegen Königgrätz war Austerlitz ein Gefecht. Und die Folgen des Debakels waren mindestens so einschneidend wie die der Ereignisse in Olmütz und Kremsier 1848/49. In der größten Schlacht des 19. Jahrhunderts waren nicht weniger als 436.000 Mann auf einem relativ kleinen Raum acht Stunden lang in blutige Kämpfe verwickelt. Aber wie Austerlitz den Schlachtfeldtouristen täuscht, so auch Königgrätz. Denn für die Schlacht war die Festung jenseits der Elbe nur Auffanglager, Angelpunkt des von vornherein eingeplanten Rückzuges. Das Dörfchen Sadova war zwar umstritten, aber ohne entscheidende Bedeutung. Die Franzosen wählten es als Kennwort für die Schlacht, weil es für sie leichter auszusprechen war als Königgrätz.

So liefert Königgrätz selbst wenig kriegerische Reminiszenzen. Ein Bethaus der Böhmischen Brüder gemahnt an die Hussitenkriege, und auf dem barocken Hauptplatz, wo jetzt die Italiener ihren Prater inklusive Riesenrad errichtet haben, kann man sich gut die Parade einer weißberockten Festungsbesatzung ausmalen. Als Österreichs Armee zerschlagen über die Elbe floh, da wurden jedoch die Festungstore geschlossen, und der Kommandant schilderte in einem Verzweiflungstelegramm nach Wien das Chaos vor den Mauern der Festung: „Als die Schlacht verloren war, rannte ein großer Teil der Armeekorps und Waffengattungen durcheinander nach fünf Uhr abends gegen die Festung, die förmlich gestürmt wurde. Palisaden wurden niedergerissen, Tore gesprengt, Offiziere, die mit gezogenem Säbel Ordnung machen wollten, wurden zur Seite gedrückt. Auf den Knien flehten die Flüchtlinge um Aufnahme, und nackt sprangen sie in die Elbe und in die wassergefüllten Gräben und schwammen gegen die Hauptumfassung, erklommen die quaderverkleideten Mauerkanten und trachteten, über die Brustwehr zu kommen."

Das Areal dieses Sturmangriffs der Hoffnungslosen ist das moderne Königgrätz — modern schon im Sinne von 1914. Nichts überrascht an dieser alten Stadt mehr als ihr Reichtum an Jugendstilbauten, die von der Experimentierfreudigkeit der Architekten zeugen. Königgrätz hat sein Festungsstatut ziemlich spät verloren und nahm Anfang des 20. Jahrhunderts — zum Teil durch die Ansiedlung eines Zweigbetriebes der Pilsener Škoda-Werke — einen späten Aufschwung. Und so entstanden sezessionistische Hotels, Museen, Amtsgebäude und auch Mietshäuser.

In der Prager Vorstadt, noch bevor man die Elbe überschreitet, überdauerte jedoch ein unauffälliges Biedermeierhaus alle Neuerungsphasen. Einige Buben drängen sich vor dem Schaufenster eines Elektrogeschäftes. Auf dem Bildschirm eines Fernsehapparates produzieren sich tschechische und ungarische Fußballer. Die schwarze Tafel daneben ist so von Staub überzogen, daß man sie kaum lesen kann. Sie sagt, daß hier einst der Gasthof Zur Stadt Prag war, in dem Benedek vor der Schlacht sein Hauptquartier hatte. Das Haustor bewegt sich knarrend in den Angeln. Im Hof blühen Obstbäume, und da ist noch der einstige Tanzsaal, jetzt eine Werkstatt mit reparaturbedürftigen Maschinen und dergleichen. Die Säulen passen gar nicht zu dem rostenden Müll der Technik, und manche von den Drehbänken und Motoren, die da herumliegen, wirken heute ebenso antiquiert wie die Schlachtpläne, die Benedeks Chefstratege, der General Krismanić, damals hier entwarf. Die strategischen Überlegungen Krismanićs orientierten sich hauptsächlich an den böhmischen Operationen Friedrichs des Großen, und Egon Friedell setzt Krismanićs militärisches Denksystem mit dem allgemeinen Leiden, von dem dieses Österreich befallen war, gleich: „Dieses System war echt österreichisch: in seiner reaktionären Anbetung der Vergangenheit, seinem von Karten hypnotisierten Bürokratismus und seiner Phantasielosigkeit, die an Wiederholbarkeit glaubt.“ Und schließlich fügt er noch sarkastisch hinzu: „Namen sind keine zufällige Äußerlichkeit, sondern ein geheimnisvolles Etikett des Schicksals: es ist nicht wahrscheinlich, daß ein Mann, der sich Moltke nennt, von einem besiegt wird, der Krismanić heißt.“

Hier schwang sich also Benedek aufs Pferd, am Morgen jenes 3. Juli, als gute zehn oder zwölf Kilometer von der Stadt die ersten Schüsse fielen. Er ritt auf der schnurgeraden Kaiserstraße, an der heute nur der Belag neu ist, und erreichte nach einiger Zeit die Höhe zwischen Lipa und Chlum, die für die Schlacht von ähnlicher Bedeutung ist wie die von Pratze für Austerlitz. Wenn man von dort, wie Benedek, das Gelände übersieht, fragt man sich einerseits, warum die Österreicher die Schlacht verloren haben, anderseits, warum diese nicht nach dem Flecken Chlum benannt worden ist. Denn hier heroben hatte sich das Zentrum der österreichischen Armee verschanzt. Die Artillerie stand in günstigsten Schußpositionen. Von vorn war Chlum kaum zu nehmen. Dennoch fiel hier die Entscheidung.

Vielleicht hätten die Feldherren ein wenig mehr Übersicht bewahrt, wenn es den Aussichtsturm schon gegeben hätte. Denn der Amateurstratege von heute klettert auf die schwankende Warte und kommandiert von dort oben überlegen die Heere, die seine Phantasie aufmarschieren läßt. Die Hügel und Täler, die Wälder, das alles wurde in den hundert Jahren von der Zeit kaum angegriffen. Bauernland ist beständiger als städtisches Gebiet. Man schaut über das Tal hinweg, wo sich im Swiepwald die Preußen vorarbeiteten, und meint zu seinen Füßen die gestaffelten Batterien zu erkennen. Doch da ist nur eine staubige Straße, der Kirchturm von Chlum, direkt unter dem Turm ein Biergarten für Sonntagsausflügler und dann das kleine, 1936 eröffnete Museum: Pläne, Schlachtenpanoramen, Uniformstücke, Modelle, die Bilder Benedeks und seines Gegners Moltke, die Nummern der hauptsächlich aus Tschechen bestehenden Regimenter, preußische Pickelhauben und die Tschakos der 31er-Jäger, Ulanenlanzen und Kürassierpanzer, Knöpfe, ein Rosenkranz, schwarz-gelbe Ordensbänder, verrostete Bajonette und Gürtelschnallen mit dem preußischen „Gott mit uns“, die aus der Elbe gefischt wurden, das alles hat man hier zusammengetragen. Die wichtigsten Museumsstücke sind jedoch zwei Infanteriegewehre: der österreichische Lorenz-Vorderlader und das Zündnadelgewehr der Preußen. Als der Erfurter Erfinder Nikolaus Dreyse in Wien mit seinem neuen Gewehr anklopfte, winkte man ab. In Preußen interessierte man sich für die Waffe, und so erlebten die Österreicher schon in den ersten Gefechten des böhmischen Krieges, was es heißt, gegen einen Feind anzurennen, der viermal schneller schießt. So wurden ganze Regimenter niedergemäht, die in voller Formation mit wehenden Fahnen und klingendem Spiel in das Feuer marschierten. Das Sprichwort „So schnell schießen die Preußen nicht" wurde zu einem schauerlichen Irrtum. Die Preußen hatten das modernere Gewehr, aber sie hatten auch die moderneren Führer. Benedek und seine Generale wendeten Prinzipien der Vergangenheit an — die Preußen führten in Königgrätz bereits den Krieg der Zukunft.

Ein österreichischer Militärschriftsteller zeigt an einigen Details die verschiedenartige Truppenführung: „Man muß berücksichtigen, daß unserer Mannschaft nicht, wie der preußischen, das Ablegen der Tornister im Gefecht gestattet war und daß unsere Infanterie über dem angezogenen dunklen Mantel das weiße Riemenkreuz als vorzügliche Zielmarke für die preußischen Schützen getragen hat. Bei den Preußen waren weiters schon damals die Hauptleute beritten, während bei uns nur der älteste Hauptmann pro Bataillon ein Pferd besaß und die übrigen Kompaniekommandanten, meist ältere Herren, sich am Marsche zu Fuß ermüden mußten. Bei den Preußen mußten im Gefecht alle Berittenen absitzen, bei uns aber blieben sie als willkommene Reiterziele bis zum Einbruch in den Gegner hoch zu Roß."

Wundert es einen da, daß auf einer Gefechtslinie von 10,5 Kilometer der „Gefechtsverlust an Toten, Verwundeten und Vermißten auf österreichischer Seite pro Meter drei Mann und pro hundert Meter über elf Offiziere betrug"? Eine erschreckende Maßeinheit, diese Metertoten! Und noch etwas haben die Statistiker errechnet: Bei den Österreichern hatte jeder fünfte Mann die „Chance", getötet oder verwundet zu werden, bei den Preußen nur jeder vierundzwanzigste ... Das Verhältnis der Toten zu den Verwundeten war bei den Österreichern 1 : 1, bei den Preußen nur 1 : 4. Die Waffe von morgen hatte über die Waffen von gestern triumphiert. Unten im Swiepwald hatten die Österreicher dennoch die Vorhand. Dort künden am Waldrand preußische Gedenksteine von den vielen Toten. Daneben häufen Kinder Astwerk und Holzscheite zu einem Feuerstoß — es ist der letzte Apriltag, an dem in Ostböhmen von allen Hängen Freudenfeuer den Mai begrüßen. Über einen wenig begangenen Weg kommt man in den Eichen- und Nadelwald. Ein dichter, weicher Laubteppich bedeckt den Boden, Äste zerbrechen knisternd unter den Schuhsohlen, ein Eichkätzchen raschelt, ein Vogel fliegt krächzend auf. Dort hinten schimmert wieder das Weiß eines Steines. Die Inschrift ist unleserlich. Die Bäume sind schlank, die wenigsten werden hundert Jahre alt sein. Damals blieb von dem Wald nicht viel übrig. Um zehn Uhr vormittags hatte der Brigadier Pöckh seinen Soldaten den Gegenangriff auf den Wald befohlen: „Dort ist der Wald, holt euch drinnen den Theresienorden."

Und dann berichtet die Chronik des 51. Infanterieregimentes: „Unter Hurra- und Éljenrufen, die den Donner der Geschütze übertönten, und unter den Klängen des Rákoczy- und Hunyadi-László-Marsches warf sich das Regiment in den Wald, ohne auch nur einen Schuß abzugeben. Wohl waren die Preußen vom Waldrand vertrieben, doch sie gingen nur Schritt für Schritt zurück. Jeden Baum, jeden Holzstock benützten sie, um ihr rasch geladenes Gewehr aus den häufigen und günstigen Deckungen abzufeuern. Der Nahkampf wurde mit fürchterlicher Erbitterung geführt und unsererseits meist mit Bajonett und Kolben entschieden. Unaufhaltsam rückten unsere heldenmütigen Bataillone mit dem tapferen Brigadier Pöckh an der Spitze vor und drängten die Preußen teils aus dem Wald, teils in die Südwestecke des Waldes zusammen . . ."

Wenig später war der Brigadier gefallen, und von beiden Seiten schluckte der Wald neue Soldatenmassen . . . Man rastet auf einem Baumstock aus. Er könnte das richtige Alter haben. Ob da noch irgendwo Kugeln in den Stämmen stecken? Früher war dieser Wald, oder das, was von ihm übrig war, mit Geschossen benagelt, und die Bauern vermieden es, abends durch diesen Totenwald zu gehen. Jetzt warnt nur ein Schild davor, zur Schußzeit die Jagdreviere zu betreten. Doch kein Schuß zerreißt die Stille, bricht den Waffenstillstand der Natur mit den Menschen. Die Gedenksteine sind noch da, aber über alle grauenvollen Schlachtenerinnerungen wuchs der Swiepwald empor, zäher und lebensfähiger als manches große Reich.

Die Narben, die die Schlacht in der Landschaft hinterlassen hat, sind längst verschwunden. Dafür wurde das Land um Chlum zu einem Privatfriedhof und Heldenhain. In diesem weitläufigen Schlachtengelände wurden den Toten offizielle Gedenksäulen gesetzt und feste Grüfte gebaut. Aber da Königgrätz nahe von Wien ist und nicht weit von Berlin, entfaltete sich auch der individuelle Totenkult von Familien und Regimentern. Immer wieder begegnet man einsamen Kreuzen, Steinen oder Bildstöcken, verfallen oder verrostend, wackelig, mit unleserlicher Schrift, von Getreidehalmen verborgen, am Weg, zwischen Bäumen, in der Hauptstraße von Chlum: Die Schlacht ist hier in Episoden zerlegt und in persönliche Tragödien. Der einzelne, der sonst in der Masse einer von fernen Feldherren gelenkten Truppe untergeht, hier kommt er zu seinem Recht. Man liest von einem Gardegrenadier aus Pommern, der sich beim Sturm auf Chlum hervorgetan hat, und von einem Wiener Oberleutnant, dessen Schneid von seinen Verwandten ein Denkmal gesetzt wurde.

Verwandtschaftliche Beziehungen binden auch den Museumsbehüter Josef Trutnovský an die Bataille. Er ist in Sadova geboren, und er weiß noch, wie sein Großvater, der 1866 als Soldat im Inferno der Schlacht war, von diesen Tagen erzählte. Er selbst rückte 1914 als Freiwilliger in Wien ein. Vom Großvater lernte er das berühmte tschechische Volkslied vom Kanonier Franz Jaburek, der lädt und lädt, aber Preußens Kronprinz schießt ihm Hände, Füße, Kopf und alles weg, und der standhafte Kanonier hört erst auf zu laden, bis nichts mehr von ihm da ist.

Nicht viel anders muß es auf dieser Hochebene gleich neben dem Museum gewesen sein. Ein hoher Stein ist alles, was von einer der großen Waffentaten des blutigen Tages blieb. Die Ketten rund um das Denkmal sind aus Kanonen gegossen. An dieser Stelle stand, schoß und starb die Batterie der Toten. Von ihrer Höhenstellung aus, von der man das Tal und die gegenüberliegenden, sanfteren bewaldeten Hänge leicht kontrolliert, feuerte die Batterie des Hauptmannes August von Gröben gegen die langsam vorgehenden Preußen. Verschiedene Teilerfolge hatten die österreichische Führung leichtsinnig werden lassen. Der rechte Flügel wurde entblößt, und auf einmal hatten die Spitzen der am frühen Nachmittag am Schlachtfeld eintreffenden Armee des preußischen Kronprinzen Chlum besetzt (einer von den preußischen Offizieren, die sich dabei auszeichneten, war der Secondeleutnant der Garde Paul von Hindenburg). Die österreichische Front konnte nun von der Seite aufgerollt werden. Damit waren alle Pläne Benedeks vereitelt. Auf dem uneinnehmbaren Höhenrücken, dem Genick der österreichischen Schlachtformation, hatten sich die Preußen festgekrallt. Die Batterie Gröben erhielt plötzlich von der Flanke Feuer, und inmitten dieses mörderischen Geschoßhagels wurden nun die Geschütze umgeschwenkt, und der Hauptmann führte sie bis auf zweihundert Schritt an die übermächtigen und gut gedeckten Preußen heran. Die Artilleristen schossen und schossen wie der Kanonier Jaburek, aber einer nach dem anderen fiel. Geschütze krachten zusammen, Pferde verendeten, der Hauptmann war schon tot, aber die Batterie wehrte sich bis zum vorvorletzten Mann. Nur ein Leutnant namens Merkel und ein Geschützführer namens Schunk konnten sich mit einem Munitionswagen retten. 52 Tote lagen neben dem Hauptmann, aber der Rückzug der Infanterie war gedeckt worden. Dem Hauptmann von Gröben wurde postum das Ritterkreuz des Maria-Theresien-Ordens verliehen. Und nun steht rund um das Denkmal Getreide, die Masten einer Lichtleitung bilden in dem einst so umkämpften Gebiet eine trennende Linie. Über eines der großen Felder zieht ein pflügender Traktor seine Furchen, er gehört zur Kolchose „SVAZARM", die das ganze Land rings um Chlum bebaut. SVAZARM — das ist die „Gesellschaft zur Förderung des Wehrwesens". Ist es ein Zufall, daß die blutgetränkten Felder der ČSSR nach einer Organisation benannt wurden, deren Mitglieder in ihrer Freizeit Schießübungen und andere militärisch auswertbare Sportarten betreiben?

Auf ihrem Terrain liegen auch mehrere stille Haine mit Gräbern oder Gedenktafeln, Preußen und Österreicher Seite an Seite, Offiziere, Fürsten, Freiherren, „Gemeine", Ungarn, Deutsche, Kroaten, Tschechen. Ein Adler mit hängenden Schwingen ehrt das III. Korps, das die Höhe verteidigte. Ein wenig weiter gedenkt man des I. Korps, das in einem letzten Versuch, Chlum doch noch wiederzuerobern, in zwanzig Minuten 279 Offiziere und 10.000 Mann verloren hat. Der Hohlweg von Chlum hinunter nach Rosberitz wird noch immer „Hohlweg der Toten" genannt, und die Leute erzählen, daß sich darin die Leichen getürmt hatten wie in einem Massengrab.

Jetzt zieht ein Pferdegespann eine Ladung Mehlsäcke herauf, und ein junges Mädchen schiebt sein Fahrrad. Die Ruhe eines späten Frühlingsnachmittags hält das Land umfangen. In der Ferne rauchen Fabriken. Im Tal brummen Autos. Das Gemetzel scheint nie stattgefunden zu haben. Benedek hatte hier sein Pferd in den Geschoßhagel getrieben und dennoch den Tod nicht gefunden. Und die Soldaten hatten éljen und hurra geschrien, eviva und živio, und sie hatten gekämpft, waren geflohen oder gestorben. Die Granitblöcke und Metallkreuze sind stumm. Sie vertreten hier nur den Heldentod, den wahren Schrecken verschweigen sie. Wie viele andere Schlachtfelder, so wurde auch das von Königgrätz dekoriert, als ob hier nichts anderes als eine patriotische Kundgebung mit freiwilligen Menschenopfern stattgefunden hätte.

In dem Kirchlein von Chlum, dessen Turm von einer Granate weggerissen worden war, hat vor hundert Jahren ein Mann gekniet, der sich zu Allerheiligen 1866 auf die Suche nach den Trümmern seiner Armee begeben hatte: Kaiser Franz Josef. Vier Monate nach der Schlacht entschloß er sich, die Spuren der Katastrophe mit eigenen Augen zu sehen und den Toten die Ehre zu erweisen. Eine Tafel in der Kirche hat das Ereignis festgehalten: „Von Seiner Majestät dem Kaiser Franz Joseph I. bereiste Gegenden des böhmischen Kriegsschauplatzes am 31. Oktober 1866 bis 4. November." Und dann folgt eine lange Liste von Dörfern, denen allen mindestens eine Zeile im Totenbuch dieses kurzen Krieges eingeräumt worden ist. Ein heimischer Dichter kleidete die bedrückende Situation des geschlagenen Kaisers an der Stätte des Debakels in folgende Verse:

„Ein mächtiger Adler ihn stets umkreist
Mit schwerem Fittichschlag.
Der Kaiser das Schlachtfeld im stillen bereist
Am Allerseelentag."

Draußen auf dem Kirchhof ist das Grab des Majors Ferdinand Graf Grünne, des gefallenen Adjutanten Benedeks. Sein Vater war Adjutant des Kaisers gewesen. Ob der Monarch in diesen besinnlichen Stunden nur an die Toten gedacht hat oder auch an sein Reich, das auf einmal eines von Bismarcks Gnaden war? Nach Königgrätz war Österreich zwar nicht vernichtet, aber schwach geworden. Der preußische König wollte seinen Siegespreis haben. Da lenkte der Politiker, dessen Gehirn dieser Krieg entsprungen war, ein: Otto von Bismarck. Wie Talleyrand nach Austerlitz den Korsen, so überzeugte er seinen Herrscher von der Rolle, die Österreich noch zu spielen hatte. In seinen „Gedanken und Erinnerungen" bekennt er, wie er damals seinen König beschworen hat:

„Österreich schwer zu verwunden, dauernde Bitterkeit und Revanchebedürfnis mehr als nötig zu hinterlassen, müßten wir vermeiden, vielmehr uns die Möglichkeit, uns mit dem heutigen Gegner wieder zu befreunden, wahren. Auf der anderen Seite könnte ich mir keine für uns annehmbare Zukunft der Länder, welche die österreichische Monarchie bildeten, denken, falls letztere durch ungarische und slawische Aufstände zerstört oder in dauernde Abhängigkeit versetzt werden sollte. Was sollte an die Stelle Europas gesetzt werden, welche der österreichische Staat von Tirol bis zur Bukowina bisher ausfüllt?"

Bismarcks letzte Frage blieb lange offen. Heute hat der Kommunismus eine klare Antwort erteilt. Das, worum vor hundert Jahren gestritten wurde, gibt es nicht mehr. Und von den Schlachtfeldtouristen wissen die wenigsten, warum auf diesen Feldern und Hügeln so viele Menschen sterben mußten.

## KONOPISCHT

An einem Juninachmittag spazieren zwei Herren durch einen böhmischen Park. Ihr Gespräch fesselt sie so, daß sie die Rosen ringsum kaum beachten. Nur dem betäubenden Duft können sie sich nicht entziehen. Der eine im grünen Gewand eines Oberförsters oder Jägermeisters, die zwei Schnurrbartspitzen senkrecht nach oben gebürstet und mit zwei Hahnenschwänzen auf dem Hut, könnte der Schloßherr sein, der andere im städtischen Zweireiher, unter einem schicken Strohhut, den Spazierstock nicht am Knauf, sondern an der „Taille“ umfassend wie einen Marschallstab oder ein Zepter, hat etwas von einem Gast aus der Großstadt, der sich einen geruhsamen Sonntag redlich verdient hat. Aber das alte Foto vom 12. Juni 1914 in Konopischt täuscht. Der „Gast“ sagt zum „Oberförster“: „Du, Majestät“, und der wieder redet ihn mit „Franzi“ an. Die Majestät ist Kaiser Wilhelm II. zu Besuch auf dem Lieblingsschloß Erzherzog Franz Ferdinands, des Thronfolgers von Österreich.

Die jungen Soldaten, die Königgrätz überlebt haben, sind an diesem Tag schon Greise. Die Invaliden von damals sind zu Werkelmännern im Ruhestand geworden, die Feldherren deckt der Gruftdeckel, nur der Kaiser von 1866 ist auch noch der Kaiser von 1914. Vor 48 Jahren hat Bismarck den Sieger davon überzeugt, daß es sich für Preußen und das spätere Deutsche Reich nicht lohnt, Österreich zum Feind zu haben — und nun versteht sich der Mann, dessen Beruf es ist, auf den Tod Franz Josefs zu warten, besser mit dem direkten Nachkommen des siegreichen Preußenkönigs als mit dem alten Herrn in Schönbrunn. Der Gedankenaustausch in dem böhmischen Heim des Erzherzogs ist fruchtbar und freundschaftlich.

Wenn sich heute die Tschechen wie eine gehorsame Herde durch die Prunkräume drängen lassen, dann zeigt ihnen der Führer den

Wilhelms-Salon und das Tirpitz-Zimmer. Und er wird nicht nur die Formen der Möbel und Bildteppiche erklären, sondern auch noch hinzufügen: „Kaiser Wilhelm und sein Flottenchef trafen sich hier im geheimen am Vorabend des Ersten Weltkrieges mit Franz Ferdinand, um das Kriegsbündnis zwischen Österreich und Deutschland zu schmieden." Die Leute überläuft es kalt, und sie verstehen kaum, daß man in diesen Salons mit den Renaissanceschränken und schweren Lustern, den Porzellanfiguren und den vielen schönen Damen auf den Bildern so viel Unheil zusammenbrauen konnte. Es fällt ihnen erst recht schwer, in dem noch immer duftenden Rosengarten von Konopischt die Brutstätte eines Weltkrieges zu sehen.

Für alle, die in diesem paradiesischen Stück Land, sechzig Kilometer von Prag, nahe dem Städtchen Beneschau, etwas anderes vermuten als nur den feudalen Schlupfwinkel eines heimlichen Kriegstreibers, tritt einer, der dabei war, als Zeuge auf: Oberst Carl von Bardolff, Leiter der Militärkanzlei des Thronfolgers und damit auch dessen engster Vertrauter. Er wendet sich entschieden gegen die Meinung des Fremdenführers und mancher Historiker in den Nachfolgestaaten: „Auf die ewigen Tafeln der Geschichte mit den Lügen, die die Menschen und Völker gegeneinanderhetzen, gehört auch die Verleumdung vom Konopischter Kriegsrat. Ich habe das Rosenfest vom ersten Augenblick bis zum letzten mitgemacht und erkläre, daß die Nachricht zu den böswilligsten Erfindungen gehört, die Franz Ferdinand belasten sollten, um ihn zu verderben. Ich erkläre hiermit, daß während beider Unterhaltungen über militärische Angelegenheiten nicht ein Wort gefallen ist."

Der Schatten des Unheils fällt dennoch über das mittelalterliche Gemäuer von Konopischt — so wie man das Katastrophenfinale klassischer Tragödien schon im ersten Akt ahnt, obwohl da noch alles in bester Ordnung ist. Die Zehntausende von Konopischtpilgern werden nur mit ein paar kurzen Geschichten vom Ende der letzten Schloßbesitzer abgespeist. In Repräsentativräumen wird ihnen das Menschliche der Person Franz Ferdinands nicht bewußt. Sein Tod ist nicht viel mehr als ein Datum, ein Tag, den man lernen mußte, weil damit der Erste Weltkrieg begann. Die Türen zum Menschen Franz Ferdinand blieben schon zu seinen Lebzeiten vielen Untertanen der Monarchie verschlossen, und der neue Schloßherr, der tschechische Staat, hat keinen Grund, sie zu öffnen.

„Warten Sie, bis die Gruppe weg ist", sagt der Kastellan in der Schloßkapelle. Fünf Minuten lang erläutert ein Führer auf tschechisch den Faltenwurf gotischer Madonnen und die Haltung der Schächer in einer Kreuzigungsszene. Dann leert sich der Raum, und der Kastellan hebt eine rote Schnur: „Bitte, weiterzugehen." Die Führungen überschreiten diese Linie nie. Was dahintersteckt, ist für die Massen tabu. Nur Staatsgästen, Journalisten und privilegierten Ausländern erschließt sich die private Welt des Menschen, von dem jeder Gegenstand im Schloß, jede Rose und jeder Baum im Park sprechen. Hinter der roten Schnur tut sich der Weg in die privaten Gemächer des Thronfolgers und seiner Familie auf. Warum dieser Teil der 82 Zimmer des Schlosses gesperrt ist? „Wir zeigen die Sammlungen, denn die sind kultur- und kunsthistorisch wertvoll", lautet die amtliche Erklärung. „Aber wir wollen keinen Habsburg-Kult betreiben, weder negativ noch positiv."

Den Sinn von Konopischt begreift man selbst dann, wenn einem dieser verbotene innere Bereich des Erzherzogs vorenthalten wird: Der Habsburger hat das Schloß in seinen 27 Besitzerjahren zu einem überreich dekorierten Wartesaal für einen Kaiser in spe ausgestaltet. Im Wiener Prinz-Eugen-Schloß Belvedere versuchte er mit einem Kreis aufgeschlossener Berater die Politik seines künftigen Reiches zu formulieren, in Konopischt formte er sich selbst. Hier dämpfte er seine Ungeduld und seinen Tatendrang (er mußte immerhin das silberne Jubiläum seines Thronaspirantentums erleben) durch Genuß eines fast bürgerlich zu nennenden Familienglücks.

Würde der Erzherzog von seiner langen Reise heute plötzlich zurückkehren, so könnte er dieses Leben sogleich wieder im selben Stil weiterführen. Das Schloß ist in einem Zustand, als ob es noch immer seines Herrn harrte. Nur einen Tag lang müßten sich die Stubenmädchen in den Zimmerfluchten ein wenig anstrengen, die aufgerollten Matratzen wieder auseinanderrollen, Bezüge von Fauteuils nehmen und die Bettwäsche aus den Schränken räumen. Sonst ist alles noch so geblieben, wie es war. In die schweren Krüge und Lavoirs in den Badezimmern ist das Monogramm „FF" eingebrannt. Auf dem Schreibtisch liegt das Schreibzeug griffbereit, vielleicht hat sich in den Papieren auch noch eine „Reichspost", Franz Ferdinands Leibblatt, versteckt. Er könnte von dem Geschirr essen, das er immer benützt hat, die Kinder würden ihre Spielsachen wieder finden und die Herzogin von Hohenberg einen Teil ihrer Toiletten. Franz Ferdinands Sphäre scheint niemals gestört oder zerstört worden zu sein. Nur ein Hauch von Moder, in den Frühling herüberreichende Winterkälte, und der Geruch von Mottenpulver lassen in diesen von Franz Ferdinands eigenwilliger und seltsamer Persönlichkeit belebten Räumen ein Gefühl von Leere und Museum aufkommen.

Durch ein schmales Durchgangszimmer, einen „Abstellraum" für gotische Kostbarkeiten, gelangt man über eine Wendeltreppe mit einem Spalier von Heiligen, Madonnen und holzgeschnitzten Rittern zuerst in das Mädchenzimmer Sophies, der Tochter des Thronfolgerpaares. Ist das wuchtige Monumentalgemälde von der Schlacht am Weißen Berg nicht doch etwas zu blutig und zu schwer für den Alltag eines fürstlichen Backfischs? Der Stilbruch kann jedoch als Indiz für eine kaum glaubhafte Tatsache gewertet werden: nämlich daß Konopischt doch aufgeräumt war, daß in den privaten Räumen SS-Chefs mit ihren Familien gewohnt und sich hier nach ihrem Geschmack eingerichtet haben, daß ein Großteil der Sammlungen in Tiroler und Salzburger Bergwerken gelagert war. Aber kurz nach Kriegsende wurde alles an Ort und Stelle geschafft, Prager Kunsthistoriker und Museumstechniker nahmen sich der Sammlung an, die Welt Franz Ferdinands aber wurde vom Kastellan und dessen Frau rekonstruiert. Sie waren die Berufensten dafür. Die heute alte und kranke Frau, die um Schonung bittet, hatte seit 1906 bei der Herzogin von Hohenberg gedient, und ihr Mann war seit 1916 auf dem Schloß. Im Sommer 1965 ist auch er gestorben, kurz nach dem letzten Gärtner Franz Ferdinands.

Von Sophies Mädchenzimmer geht es in einer geschlossenen Flucht durch die Räume der Buben Max und Ernst und ihrer Erzieher, durch das eheliche Schlafzimmer mit dem Doppelbett, das Jagdzimmer, das Arbeitszimmer und das Schlafzimmer Franz Ferdinands. Durch eine in der Wandtäfelung verborgene Tür gelangt man, wieder über eine Wendeltreppe, hinunter in den Salon der Herzogin. Wie Maximilians Traumschloß Miramar, das Franz Ferdinands Gefallen erregt hatte, so vermittelt auch Konopischt eine Charakterstudie des Mannes, der dem alten Adelssitz neues Leben eingehaucht hat. Franz Ferdinand war alles andere als ein Romantiker, er baute sich kein licht- und meerumflossenes Normannenschloß, sondern erwarb ein sechshundert Jahre altes Gemäuer, trutzig, abweisend, wie Franz Ferdinand für viele Österreicher war, verschlossen. So liegt das Schloß inmitten der lieblichen Parklandschaft, eine düstere Wolke auf einem Himmel in Grün, turmbewehrt, bereit, seine bedrängten Insassen gegen jeden Feind zu schirmen.

Bedrängt und mißverstanden hat sich der Erzherzog immer wieder gefühlt, obwohl er nach dem Kaiser der wichtigste Mann im Staate war. Aber gerade wegen seiner umstrittenen Ehe mit der nicht ebenbürtigen Gräfin Chotek flüchtete er sich in eine Zwischenexistenz von frommem, großbürgerlichem Hausvater und verhindertem Herrscher, der sich wenigstens durch seine Sammlungen, in denen neben dem Wert vor allem die Stückzahl galt, mit Kaisern und Königen messen wollte. Auch aus dem erdrückenden lebensgroßen Gemälde seiner Frau spricht die Problematik dieser Ehe. Die große, starke Frau in Weiß wirkt resolut und entschlossen, dennoch, gerade durch die ständigen Zurücksetzungen, die sie erdulden mußte, einfach und bescheiden. Die Fotos der Kinder in Matrosenuniformen und anderen Verkleidungen, zusammen mit den Eltern, lassen dagegen wieder auf ein ungezwungenes Beisammensein dieser zweiten Familie der Monarchie auf Konopischt schließen, in dem Schloß, das sich Franz Ferdinand auch für seine Flitterwochen erwählt hatte.

Franz Ferdinand ist viel gereist, und was er davon nach Konopischt mitgebracht hat, ist nicht viel mehr als die Souvernirs eines reichen Weltenbummlers, der sich von einem „Reisebüro vermitteln" läßt: Kissen und Teppiche eines Haremszimmers, Alben mit Indienbildern, ein Kitschfoto am Fuße der Pyramiden: Franz Ferdinands Gesicht schaut aus einer Mumienattrappe heraus. Eine ganze Serie ähnlicher Fotos deutet auf ein jugendliches Faible für solchen Mummenschanz: Franz Ferdinand in der Tracht eines edlen Herrn aus dem Dreißigjährigen Krieg, Franz Ferdinand in einer Ritterrüstung, Franz Ferdinand im gestreiften Trikot eines Turners aus Großvatertagen, wie sie in Stummfilmen ihr heiteres Wesen trieben, dann Franz Ferdinand in den Uniformen der verschiedenen Regimenter, deren Inhaber er war, in Deutschland, in Rußland, in Rumänien — denn damals hatten die Herrscher ihre Regimenter nicht nur im eigenen Land, man tauschte Regimentsinhaberschaften aus wie heutzutage Studenten. Als jedoch 1914 die Kanonen sprachen, nützte es wenig, daß der russische Zar eine österreichische und deutsche Oberstenuniform und Franz Josef eine russische und englische Parademontur in ihren Garderoben hängen hatten.

Die Privatgemächer und die Repräsentativräume — sie alle zeugen von den zwei großen Leidenschaften Franz Ferdinands: seiner Sammelwut und seinem beinahe krankhaften Jägerehrgeiz. Der Waffensaal und die vielen mit Pistolen, Lanzen, Gewehren, Schwertern, Degen, Harnischen und Schilden tapezierten Gänge enthalten eine der vollkommensten Waffensammlungen Europas. Darüber wehen die uralten Fahnen, die er, wie die Statuen draußen im Park, aus seinem italienischen Erbe nach Böhmen gebracht hatte: aus dem Fürstentum Modena, das ihm auch den Namen Este mitgegeben hat. Daneben häufen sich Exotika an, Bücher in einer Bibliothek, die mehr nach der Schönheit der Einbände als nach dem Inhalt eingerichtet scheint, Münzen, kostbares Mobiliar, Gemälde. Der St.-Georgs-Saal verdankt sein Entstehen dem spielerischen Wettstreit eines Königs und des Thronfolgers. Franz Ferdinand sah in Windsor die Kollektion König Georgs V. von England, der, wo immer er nur konnte, Bilder und Statuen seines Namenspatrons zusammenraffte. Der Erzherzog war von der Idee begeistert, sie war für ihn eine Herausforderung. Wieder sollte die Zahl über die Qualität triumphieren. Er litt unter Österreichs Schwäche im Tauziehen der Großmächte. Aber wenigstens auf diesem Gebiet wollte er dem reichen englischen Freund überlegen sein: er spezialisierte sich gleichfalls auf St. Georg. Der englische König brachte es auf 800 Stück — die gewölbte Halle mit Franz Ferdinands Sammlung von Drachentötern auf Fahnen, als wertvolle und als kitschige Plastiken, auf Gemälden, als Holzschnitzerei, in Einlegearbeit, kurz, in allen Formen mehr oder weniger künstlerischer Darstellung birgt jedoch 1153 Stück. Franz Ferdinands Einkäufer hatten über den König von England triumphiert.

Eine siegreiche Schlacht war für den Thronfolger wohl auch jede Jagd. Das Schloß ist voll von Trophäen, in das „Krickel"-Zimmer, dessen Wände überhaupt nur aus Rehbockkrucken zu bestehen scheinen, zog sich Franz Ferdinand am liebsten zurück. Sein tausendster Rehbock ist in Silber gefaßt. Neben dem Heer von getötetem heimischem Wild findet man russische Bärenköpfe, indische Antilopen, Geier, Wildkatzen, Luster aus Geweihen, Jagdfotos, graugetönte Jagdgemälde des Malers Pausinger und Reviernamen von Konopischt bis Göding, Lainz und Hütteldorf. 300.000 Stück Wild hat der Erzherzog in seinen 51 Jahren erlegt; in einem Rausch des Schießens, ohne auf weidmännische Regeln zu achten, ließ er sich die Tiere zutreiben und schoß und schoß und schoß. Seine Umgebung erschrak vor dieser Lust am Töten ohne jedes Verhältnis zur wahren Jägerei. Dabei liebte er Blumen, sorgte sich um jede einzelne Rose, die angepflanzt wurde, kannte jeden Baum und drohte jedem Pflanzenfrevler mit strengsten Strafen. Wenn sich zwei Gendarmen vom Schloß in Beneschau zeigten, dann hieß es gleich: „Um Gottes willen, in Konopischt sind zwei Rosenstöcke eingegangen, darum sind zwei Blumenwächter frei geworden."

Auch Oberst Bardolff, der Franz Ferdinand wirklich nahestand, ist sich über diese Neigungen des Thronfolgers nie klargeworden: „Im Park (von Konopischt) gab es keinen Baum, keinen Strauch, keine Blumengruppe, die er nicht selbst gewählt, deren Platz er nicht selbst bestimmt hätte. Dem Leben der Pflanzen also, dieser stummen, willenlosen, ohne Widerstand sich in ihr Schicksal ergebenden Geschöpfe des Herrn, brachte er viel Sinn, vielleicht sogar Herz entgegen. Anders stand er zu den Tieren. Irgendein gütiges Empfinden für Tiere habe ich bei ihm nie bemerkt. Das Tier war für ihn ein zum Dienen bestimmtes Ding, vor allem zur Befriedigung seiner abstoßend maßlosen Jagdleidenschaft, die ihm mit Recht die disqualifizierende Bezeichnung eines Schießers eingebracht hat. Auch die Jagdhunde hatten nur Dienst zu tun; einen Hund als Freund habe ich bei Franz Ferdinand nie gesehen."

So wurde Konopischt zu einem Magazin seiner Beute, einer Schatzkammer der Früchte des erzherzoglichen Tatendurstes, eine Bestätigung der Langeweile eines aktiven Menschen, der alles tun, versuchen, unternehmen kann, was er will: nur das eine nicht, wozu er bestimmt ist — nämlich herrschen. Schaut man aus einem Turmfenster über den Rosengarten, den englischen Park, den Schwanenteich und den Miniaturkalvarienberg, dann sind Horizont und Grenzen der Konopischter Herrschaft identisch. Die Zweiundachtzigzimmerwohnung, vollgepfropft mit Franz Ferdinands mehr oder weniger wertvollen Kleinodien, war dem Erzherzog längst zu klein geworden, er brauchte eine größere — das Reich. Zu dieser Übersiedlung sollte es jedoch nicht kommen. Das Geschehen des St.-Veits-Tages, des 28. Juni 1914, führt uns an einen anderen Schauplatz, nach Sarajewo; das bekannte Ende des Dramas oder sein Nachspiel sei hier vorweggenommen.

Hinter dem Schlafzimmer Franz Ferdinands — einfach, viel Holz, deutsche Renaissance, so mag ein Nürnberger Großkaufmann zu Dürers Lebzeiten gewohnt haben — liegt ein Turmkämmerchen. In einer Ecke lehnen Spazierstöcke und Schirme der Hoheiten, so als ob sie sie selbst nachlässig dort hingestellt hätten. Ein Blick in die Vitrine lehrt, daß das alles nicht mehr ist. Unter dem staubigen Glasdeckel liegen zwei Totenmasken; die Franz Ferdinand Estes und der Herzogin Sophie von Hohenberg. Unmittelbar nach dem Schrecken des Attentates, dem Schmerz des Getroffenseins und dem schnellen Sterben waren sie abgenommen worden. In dem Gips, der den Abschied eines Menschen von dieser Welt konserviert, ist jedoch keine Spur von Entsetzen zu finden, nicht einmal Überraschung. Um Franz Ferdinands Mund — sein so charakteristischer, für einen Kaiser zu dichter

Schnauzbart wird in Gips neutralisiert — ist ein spöttischer, überlegener, fast befreiter Zug eingefroren, als ob dies seine letzten Gedanken gewesen wären: „Ich hab' es euch ja gesagt, daß so etwas kommen mußte. Aber auf mich hat in all der Schlamperei niemand gehört." Sophies letztes Gesicht nimmt nicht mehr Stellung — sie hat es in der Öffentlichkeit nie getan —, und sie empfiehlt sich in stillem Schmerz, mit einem Bedauern, daß alles aus sein soll.

Diese Begegnung mit den toten Hoheiten vollzieht sich nicht im Rahmen einer Gedenkstätte; es brennt keine Kerze, und nirgends steht „memento mori". Nein, neben der Feierlichkeit der Totenmasken wird einem noch einmal die ganze Banalität des Todes auf der Straße bewußt. Der Waffenrock mit den Einschußlöchern wird im Wiener Heeresgeschichtlichen Museum ausgestellt. Hier in Konopischt liegen, fein säuberlich geordnet, die Wäschestücke der Toten, Hosenträger, Socken, ein Gürtel, Sophies weißes Kleid, ein Mieder. Die Blutflecken wurden nicht ausgewaschen, aber ihr fahles, rostiges Braun hat nichts mehr mit Leben oder Sterben gemein. Auch der flache, wagenradgroße Hut der Erzherzogin ist blaß geworden. Und das Blumenarrangement darauf hat alle Farbe verloren, so wie sich im Herbst eine Wiese anschickt, ihre ganze Buntheit dem Winter zu verhandeln. Eine Vitrine mit Gips und schmutziger Wäsche in einem Schloß in Böhmen — damit endet die Laufbahn des Habsburgers, der sich stark genug gefühlt hat, die Monarchie zu retten. Man hat es ihn nur nicht tun lassen. Weil der Kaiser nicht sterben wollte. Und weil da ein junger Mann war, der Princip hieß ...

## SARAJEWO

„Ich heiße Princip." Der Alte sagt es mit einem spöttischen Unterton; wie ein Mann, dem es nicht zum erstenmal passierte, daß er mit diesem kurzen Satz Überraschung hervorruft. Der Mann sitzt in der Rezeption des Hotels Europa in Sarajewo. Die wenigsten beachten ihn: ein Stück Inventar, das der Hotelgast übersieht. Er malt Ziffern in ein Kontobuch. Aber er ist sich seiner Rolle bewußt, die er in Sarajewo spielen darf und nur dort spielen kann: die Rolle eines der letzten noch lebenden Statisten in dem politischen Drama, dessen

Bühne Sarajewo war. Er fügt sich in diesen Part mit großer Selbstverständlichkeit. Er weiß ja, je mehr von den Hauptdarstellern der grüne Rasen deckt, desto bedeutender wird seine Position, desto mehr wächst das Interesse an ihm, dem mehr als siebzigjährigen Rentner und Halbtagsbuchhalter. Princip — der Name eines Nationalhelden, der in jedem jugoslawischen Geschichtsbuch einen Ehrenplatz hat. Der Alte trägt diesen Namen wie einen Sonntagsanzug. Denn Gavrilo Princip und er sind in der Tat miteinander verwandt. Gavrilo hat, als er am 28. Juni 1914 den Thronfolger Erzherzog Franz Ferdinand und dessen Gemahlin Herzogin Sophie von Hohenberg ermordete, die Startschüsse zum Ersten Weltkrieg abgefeuert. Gavrilo ist schon lange tot. Aber Bogdan, der Cousin und Freund, ist noch übrig. „Ich bin im selben Bauernhaus geboren wie Gavrilo", sagt der Greis in einem Ton, als ob er damit ein Königsschloß meinte. „Ich war oft mit ihm zusammen. Und als er sich im Juni 1914 nach Sarajewo schlich, war ich der erste, den er aufgesucht hat. Wir hatten Angst, aber wir wollten doch alle mitmachen. Dann wurde ich krank und mußte in mein Dorf. Dort lag ich am St.-Veits-Tag, am 28. Juni, im Bett. Vielleicht war das mein Glück." Aber in seinen schwarzen, listigen Augen liegt doch so etwas wie Bedauern, nicht dabei gewesen zu sein — beim Anfang vom Ende der großen Monarchie. Dafür bietet er sich nun als Fremdenführer an, als Guide in Sachen Attentat, so wie es anderswo kundige Wegweiser zu griechischen Tempeln, barocken Wasserspielen oder zu dem verstaubten Liebesnest eines längst vergessenen Fürsten gibt.

Aber man erwartet sich nichts anderes von Sarajewo. Denn Sarajewo ist kein Stadtname wie andere. Sarajewo heißt soviel wie: politischer Mord mit katastrophalen Folgen. Als Präsident Kennedy ermordet wurde, gebar die Weltuntergangsstimmung in manchen Redaktionen Schlagzeilen wie: „Dallas — ein neues Sarajewo?" Und für den historisch interessierten Reisenden ist Sarajewo vor allem malerischer Hintergrund für die Tragödie des Habsburgers.

Man kommt an und wartet in der Marmorhalle des Hotels Europa, das 1914 nach dem Attentat vom rasenden Mob geplündert und demoliert wurde — nur weil sein Besitzer serbischer Millionär und Vorsteher der serbischen Kirchengemeinde war. Man steht unschlüssig herum, weil kein Zimmer frei ist, und blickt fragend auf den weißhaarigen Alten, der sich in einer Ecke über ein dickes Kassenbuch beugt. „Sie haben doch das Alter, daß Sie das Attentat noch erlebt haben könnten?" Und er sagt ohne Zögern: „Ich heiße Princip."

In diese Sarajewostimmung wird man jedoch schon früher versetzt, zehn Kilometer vor der Stadt, nachdem man die wilde bosnische Bergwelt mit ihren weißgekleideten Bauern verlassen hat: in einem verschwiegenen Park am Fuß der bewaldeten Höhen, nahe der Bosnaquelle, im Kurort Ilidže. Eine Wand breiter Buchen und schlanker Akazien wehrt den Staub der Chaussee ab. Auf Kieswegen zwischen Rosenbeeten und Springbrunnen erfüllen Männlein und Weiblein in gestreifter Spitalstracht ihre Kurpflichten: sie gehen spazieren. Die Hotels und Villen leuchten in der Farbe, für die im ganzen Kaiserreich wohl der größte Bedarf geherrscht hat: im vertrauten Schönbrunnergelb.

Im Direktionsbüro weiß der breitschultrige Verwalter, der ebenso einer Kolchose vorstehen könnte wie diesem Gesundheitsbetrieb, sofort, worum es geht. Mit geheimnisschwangerer Miene holt er aus einem Kasten einen großen Karton, auf dem die verblaßten Linien eines Hausgrundrisses zu sehen sind.

Über die blaue Zeichnung des Planes sind jedoch in pedantischer Handschrift mit roter Tinte Namen und Titel gesetzt: „Appartements Sr. Kaiserl. Hoheit Erzherzog-Thronfolger — Salon - Schlafzimmer - Bad - Kapelle - Dienerräume - Telefon". Der Aufmarschplan der Protokollstrategen für den Besuch des Thronfolgers, die Zimmerverteilung im Hotel Bosna in Ilidže, wo Franz Ferdinand und Sophie die letzte Nacht geschlafen haben.

Die Reliquien jener schicksalsschweren Tage werden nicht überall in Sarajewo so hochgeschätzt wie hier. Dem Direktor, der den Plan erst vor kurzem entdeckt hat, ist die geschichtliche Bedeutung seines Kurorts bewußt. Und er weiß auch, was das Bild zu bedeuten hat, das über seinem Schreibtisch hängt: Der bosnische Jäger, der sein Gegenüber auf der anderen Wand, das obligate Tito-Porträt, mit scharfem Blick fixiert, zierte den Salon Franz Ferdinands. Das Gemälde stammt von dem österreichischen Maler Ewald Arndt-Ceplin, der auch für „Die österreichisch-ungarische Monarchie in Wort und Bild" Illustrationen aus Bosnien geliefert hat. Als der Direktor die Gäste noch durch den Park geleitet, sagt er: „Wir haben hier alles so gelassen, wie es die Österreicher geschaffen haben. Bei jeder Renovierung bemühen wir uns, den ursprünglichen Charakter der Anlagen zu erhalten."

Wie jedes Bad, das etwas auf sich hält, hat auch Ilidže in seiner Gästeliste zuerst die Römer stehen. Der Glanz der vornehmen Welt wurde jedoch aus Wien importiert, als sich Angehörige des Kaiserhauses und des Hochadels an dem wildreichen Hinterland begeisterten und dafür gern ein Quantum Sprudelwasser in Kauf nahmen. Unter der chemischen Analyse der heilkräftigen Schwefelquelle liest man noch heute: „Dr. Ernest Ludwig, Prof. Viternic, Wien 1894."

Franz Ferdinand hat 1914 während der Manöver das Hotel Bosna einer Residenz in der heißen Stadt vorgezogen. Hier diktierte er die Manöverkritik als letztes Telegramm an den Kaiser: „... der Zustand der Truppen, ihre Ausbildung sowie ihre Leistung waren ganz vorzüglich, über alles Lob erhaben. Ein vorzüglicher Geist und ein hoher Grad der Ausbildung und Leistungsfähigkeit. Beinahe keine Maroden, alles frisch und munter. Morgen besuche ich Sarajewo und reise abends ab. In tiefster Ergebenheit mich zu Füßen legend, Euer Majestät unterthänigster Franz." Und kurz danach, nach einem fröhlichen Diner, verabschiedete sich der Thronfolger an diesem Abend des 27. Juni von Generalstabschef Conrad von Hötzendorf mit einem optimistischen: „Also auf Wiedersehen bei den Manövern!"

Im Hotel Bosna (nun Villa Bosna) turnen Anstreicher auf Stehleitern. Spitalgeruch hüllt einen langen Korridor mit vielen Türen im ersten Stock des Rehabilitationszentrums ein. „Diese Zimmerflucht wurde vom Erzherzog bewohnt", sagt der Direktor und betritt einen der Räume. „Das alles wurde durch Trennwände verkleinert." Verwundert und wohl auch ein wenig ängstlich wendet sich ein zahnloses Weiblein in dem weißlackierten Eisenbett der ungewohnten Visite zu. „Hier war das Schlafzimmer", sagt der Direktor. Einige Schritte weiter öffnet er einen Maschinenraum der modernen Heilkunst, das Zimmer für Elektrotherapie. Die Girlande im Mauerwerk paßt so gar nicht zu den Schalthebeln, Isolatoren, Anschlüssen. „Die Kapelle!" Franz Ferdinand und Sophie sind hier wenige Stunden vor ihrem Tode betend gekniet.

Von der verträumten Stätte sozialisierter Medizin sind es nur wenige Autominuten bis zur Bannmeile der Stadt, wo die ersten Häuser in die Felder greifen und graue Soldaten vor Kasernentoren lümmeln. In einem dieser unfreundlichen Kuben haben die Attentäter vier Monate nach dem Mord den Richterspruch vernommen ... Der Bahnhof. Straßenbahnen. Gestalten in überweiten Pluderhosen. Arbeiter strömen aus Fabriken; schlanke Minarette verheißen die Altstadt; schließlich die einheitlichen Fassaden der „ärarischen" Bauten, bleibende Zeugnisse für Österreichs „Entwicklungshilfe" in seiner einzigen Kolonie. Das nämlich war Bosnien-Herzegowina — eine vom Finanzministerium in Wien und von Militärs regierte Besitzung;

Übungsfeld für mehr oder weniger geglückte technische Experimente; heißer Boden der Bewährung für Beamte und Offiziere aus allen Kronländern; Tummelplatz für ideenreiche Pioniere, die nicht immer die rechten Mittel zur Behandlung der bosnischen Bergvölker fanden; Reservoir der gefürchtetsten Soldaten der k. u. k. Armee, der Bosniaken; Stätte der Auseinandersetzung mit den Resten türkischer Herrschaftsformen im 20. Jahrhundert; Quell permanenten politischen Ärgers und der Empörungsausbrüche des großserbischen Nationalismus.

Tito kann heute mit weniger Sorge an Sarajewo denken: an die drittgrößte Stadt Jugoslawiens (218.000 Einwohner, um 1900 waren es 44.000), ein Industriezentrum, durch seine Moscheen und Mohammedaner (zwar ohne Fes und Schleier) ein Atout für den Fremdenverkehr. Es ist eine Stadt, die sich anschickt, zur Großstadt zu werden, und dennoch das Winkelwerk auf den Höhen der Moslemviertel bewahrt, mit den Buden der Kupferschmiede und Kaffeesieder und dem Ruf des Muezzins. Das ist Sarajewo heute. Doch unter der Oberfläche ringt man mit einer unbewältigten Vergangenheit, die freilich nichts mit dem gemein hat, was man sonst darunter versteht. Was anderswo nur in Geschichtsbüchern oder auf Gedenktafeln schlummert, scheint in Sarajewo noch immer Aktualität zu haben. Die Phantome jenes unglücklichen Frühsommertages 1914 spuken noch immer an den Ufern der Miljacka. Als in den letzten Jahren der Erste Weltkrieg Jubiläumsanlaß wurde, erhielt Sarajewo viel Publizität. Und Touristen, Journalisten und Gelehrte wählten sich die Stadt zum Reiseziel und stellten Fragen. Die Antworten, die sie erhielten, waren oft so, als ob noch ein Schuldkomplex in den Köpfen mancher Bürger nistete.

Nicht daß man den Attentätern Vorwürfe macht. Ihnen hat sich das Pantheon südslawischen Heroentums aufgetan. Die kommunistischen Theoretiker des Tito-Regimes stört es höchstens, daß Princip und seine Freunde ihre Waffen nicht im Namen Lenins gebraucht haben, sondern für ein von Königen regiertes großserbisches Reich. Einem geschickten Historiker bereitet es aber kaum Mühe, die Organisation der Attentäter — Mlada Bosna (Junges Bosnien) — in die Reihe verschiedener „stubenreiner" nationaler Befreiungsbewegungen einzuordnen. Die Stadt und der Staat ehren Princip und Genossen. Dennoch drückt sich mancher hohe Beamte um Antworten, wenn vom St.-Veits-Tag die Rede ist. Andere wieder werden von der Beredsamkeit eines Missionars gepackt — als ob man mit drohend erhobenem Zeigefinger nach Sarajewo gekommen wäre, um dort einen jeden anzuklagen: „Ihr seid an allem schuld, am Ersten Weltkrieg und indirekt auch am Zweiten." Sie erschöpfen sich in einer Vortragsflut, um zu beweisen, was ohnehin niemand anzweifelt: daß sich der große Krieg auch ohne Sarajewo nicht vermeiden hätte lassen. Selbst der Student (Geschichte), der seine Sprüchlein für das Touristenamt aufsagt, beteuert, als ob er sich diesen Komplex von der Seele reden müßte: „Das Attentat hat den Weltkrieg nicht entzündet. Schuld daran ist nur der Imperialismus der Österreicher und Deutschen gewesen. Die Tat war keine serbische Verschwörung, sondern eine Angelegenheit unseres Landes zur Befreiung Bosniens von der Fremdherrschaft."

Weitere Ausführungen des staatlichen Fremdenführers sind überflüssig, wenn man Bogdan Princip zum Begleiter hat. Stolpernden Schrittes schlägt er die Richtung zum Fluß ein, zur Miljacka, einem seichten, klaren Gebirgswasser, unschuldig wie ein neugeborenes Kind. Zwischen dem steinigen Flußbett und der Front protziger Herrschaftshäuser ist Franz Ferdinand gefallen. Der Verputz mancher dieser Wohnstätten der „zugewanderten" Stadtprominenz ist so alt und schäbig, daß ihn noch die Sonne jenes Schicksalstages beschienen haben könnte.

An der Kaimauer lehnen gelangweilte Burschen und werfen vorübertrippelnden Mädchen Blicke und Worte nach. So sind hier auch Princip und seine Freunde in den Tagen vor dem Attentat herumgelungert, wartend, bangend, hoffend, entschlossen und doch unsicher. Da um die Ecke ist die Schule, das Gymnasium. Princip, Popović, Cubrilović und noch einige andere, die sich verschworen hatten, den verhaßten Feind zu töten, drückten da die Schulbank. Der typische Lärm dieser vom Lysolgeruch vergifteten Behausungen siebzigjähriger Erziehertätigkeit ist nie verstummt: Pulteschlagen, Geschrei, Gestampfe, die monotone Stimme eines Professors, ein helles Lied, das an versteckten Brummbässen krankt. Über dem Tor des Gymnasiums hütet eine steinerne Pallas Athene, der man die Nase schon lang nicht mehr geputzt hat, klassische Bildungsideale. Ihre mißmutig-strengen Augen sind schon auf Princip gerichtet gewesen; und auch auf Ivo Andrić. Denn der Literaturnobelpreisträger hat ebenfalls hier von Serbien geträumt und, wie seine Freunde, den Lehrern mißmutige und verbotene Fragen gestellt, wenn Geschichte in einem Geiste vorgetragen wurde, den die Schüler ablehnten. Und wenn das „Gott erhalte" angestimmt wurde, dann waren in der Klasse immer einige Burschen, die die Lippen nicht rührten und das Gegenteil wünschten.

Sie sind siebzehn, achtzehn, neunzehn Jahre alt gewesen. Ihr jugendliches Alter hat einige vor dem Galgen bewahrt. Gleichaltrige drängen sich auch heute mit Büchern unterm Arm, eilends dem Schulzwang entfliehend, aus der Einfahrt. Sie sind so wie die Gymnasiasten bei uns: ein wenig zu groß, ein wenig zu schlaksig und zu selbstbewußt. Und sie gleichen in keiner Weise Burschen, die bereit sind, mit Bomben und Pistolen (und einer Phiole Zyankali für den Eigenbedarf) auf Fürsten oder Politiker zu lauern. Die Nachfolger Princips haben andere Dinge im Kopf: Mädchen, Jazzplatten, die Resultate der Fußballmeisterschaft, Filmstars, den künftigen Beruf.

Man hat zwar einen Studentenklub nach Princip getauft. Aber nicht nach dem Thronfolgermörder Gavrilo, sondern nach dessen Neffen Slobodan. Gavrilo war gerade aus Belgrad in seine Heimat zurückgekehrt, als das Kind zur Welt kam. Damals entschied der romantische Gavrilo: „Er soll Slobodan heißen — der Freie." Gavrilo duldete keinen Widerspruch. Dreißig Jahre später fiel Slobodan Princip als kühner Partisanenchef.

Drüben, am anderen Ufer, läßt die Sonne in einem gemütlichen Gasthausgarten Gläser blitzen. Am Abend vor dem großen Augenblick haben hier Princip, Grabež, Cabrinović und die anderen mit schwerem rotem Wein auf das Gelingen des Unternehmens angestoßen. Und sie haben herübergeblickt auf jenes leicht gebogene Straßenband des Appelkai. Vierzehn Stunden später sollten diese fünfhundert Meter die letzte Strecke von Franz Ferdinands Lebensweg werden.

Die Agonie eines Imperiums hat auf diesem Straßenstück, das zur Nachmittagspromenade verlockt, mit dem Opfer zweier Menschenleben eingesetzt. Über den schmalen Steg der hölzernen Cumurja-Brücke balancieren Bäuerinnen bauchige Tonkrüge auf den Köpfen und halten schweratmend vor dem Bankportal inne, gerade da, wo die ersten Bomben geflogen sind. Wo im Menschengedränge vor der Österreichisch-Ungarischen Bank Cabrinović, Cubrilović, Popović und Mehmedbašić ein Todesspalier gebildet hatten. In der Bank wird noch immer mit Geld gehandelt, und auch der Laternenmast ist noch da, an dem Cabrinović die Sicherung seiner Bombe abgeschlagen hat. Das Wurfgeschoß verfehlte sein Ziel, nur ein Offizier wurde verletzt. Die Warnung nützte jedoch nichts, der Thronfolger setzte seine Fahrt zum Rathaus am Ende des Kais fort und bot dann auf dem Rückweg bei der Lateinerbrücke Princip die Gelegenheit zum Schuß.

Die Lateinerbrücke. Die steinernen Bogen aus der Türkenzeit lassen sich auch von den hochbeladenen Lastern nicht erschüttern. Die

Brücke war und ist eine der wichtigsten Verbindungslinien der Stadt. Lateinerbrücke — weil man über sie die katholische Kirche am schnellsten erreichen kann. Jetzt nennt man sie Princip-Most (Princip-Brücke). Am Geländer blühen rote und blaue Blumen. Eine brüchige Steinbank an der Ecke lädt zur Rast ein. Aber auch diese Bank ist ein Stück Geschichte — der letzte Rest der provisorischen Gedenkstätte für den Thronfolger. Bei genauerer Untersuchung sind die Spuren einer ausgekratzten Inschrift erkennbar. Sie haben den Wanderer um ein kurzes Innehalten, einen Augenblick der Besinnung und ein stilles Gebet für die Toten gebeten. Den Altar, der gegenüber stand, haben die Serben 1919 gesprengt.

Jugoslawien gedenkt der Tat auf andere Art. Drüben, auf der Häuserseite, ist der Gehsteig ein wenig mehr abgetreten. Ein dunkelhaariges Mädchen schaut fragend auf den Boden. In den Asphalt sind zwei Fußabdrücke eingelassen. Das Mädchen probiert — aber seine Füßchen passen nicht hinein, sie sind viel zu klein. Ein Bub schlittert auf Rollschuhen vorbei. Bogdan Princip erklärt die cyrillischen Buchstaben auf einer Marmortafel: „Hier hat Gavrilo Princip mit seinen Schüssen für die Freiheit unseres Volkes den Protest gegen Tyrannei und jahrhundertelange Fremdherrschaft ausgedrückt." Schweigend betrachten wir die seichten Vertiefungen im Trottoir — zwei Narben im Antlitz der Stadt, banale Spuren eines Mordes, die erstarrte Schuhgröße des Mörders im Beton. In Hollywood preßten die Stars vor einem Kino Hände und Füße in weichen Zement, in Sarajewo hat man Gavrilo Prinzip in diesem Stummfilmstil verewigt, an der Ecke des Appelkais und der Straße der Jugoslawischen Armee (früher Franz-Josef-Straße), genau an der Stelle, wo Prinzip mit ruhiger Hand gezielt hat. Und achtlos schreiten täglich Tausende darüber hinweg.

Schwerfällig biegt, vom Kai kommend, ein Auto um die Ecke, nur einen Meter von uns entfernt. Man könnte danach greifen. So nahe hat sich auch Princip dem Thronfolger gegenübergesehen. In zu treffen war kein Kunststück. Das Ziel bewegte sich kaum. Denn die Wagenkolonne war — entgegen den geänderten Anweisungen — nach der ursprünglich festgelegten Route eingebogen. Und nun wollte der Chauffeur des Thronfolgers das mächtige Gefährt reversieren, um wieder auf den Kai zu gelangen. Da drückte Princip ab. In dieser unendlichen Kette von Gedankenlosigkeit, Zufällen, Wichtigtuerei, halben Maßnahmen, mißachteten Warnungen, falschem Ehrgeiz und Schlampereien war Princip nur das letzte Glied. Ein Schwarm von

Hofschranzen, ordensüchtigen Offizieren und routineverkalkten Beamten hat den Thronfolger in sein Verhängnis „hineingewurstelt"; so wie tausend andere schon seit Jahren das unermeßlich tiefe Grab der Monarchie geschaufelt hatten, ohne zu wissen, was sie taten.

Die Trauer um dieses Reich quält Bogdan Princip, der sich nachdenklich an die Hauswand gelehnt hat, sicher nicht. Aber wie steht er heute zu der Tat seines Cousins? „Würden Sie jetzt, wo Sie wissen, was auf das Geschehen hier alles gefolgt ist, noch einmal Ihre Freunde von damals unterstützen, ihr Tun gutheißen?" Princip kneift vor der Frage nicht aus. Auf seiner runzeligen Stirn erscheinen noch ein paar Falten mehr. Er kratzt sich hinter dem linken Ohr und zündet sich mit fahrigen Fingern eine Zigarette an. „Ja. Ich glaube schon. Wir würden es wieder tun. Bosnien war immer unterdrückt, früher von den Türken, dann von den Österreichern. Zuerst haben wir die Soldaten des Kaisers für Befreier gehalten. Aber sie sind einmarschiert wie in eine Kolonie. Sie haben die längst fälligen Reformen unterlassen. Die Agas, die türkischen Großgrundbesitzer, spielten immer noch die erste Geige, und unsere Bauern hatten nichts zu beißen. Wir Studenten wollten mit den Schwabas, den Deutschen, nichts zu tun haben. Freiheit, das war ein Wort von großer Bedeutung für uns. Darum waren wir alle in der Mlada Bosna. Darum war mein Schulkollege Ivo Andrić auch unser erster Präsident. Und wenn der 1914 nicht gerade in Krakau studiert hätte, dann wäre sein Name wohl schon damals berühmt geworden." Irgend jemand grüßt Princip. Er dankt und reichert seine Stimme mit einem Schuß Pathos an: „Wir mußten uns wehren. Und wenn es heute so wäre wie damals, dann würden wir es wieder tun!"

Der revolutionäre Geist dieser Leute wird auch im Princip-Museum an der unseligen Straßenecke, wo man den verhafteten Mörder zuerst in die Schillersche Delikatessenhandlung geschleppt hat, wachgehalten. In der kühlen Helle eines modernen Ausstellungsraumes, der ebensogut eine Modellschau junger Architekten oder Elektronenrechner beherbergen könnte, sind die bekannten Fotos der Schreckensszenen vom 28. Juni montiert, dazu die vom Begräbnis des Thronfolgers und vom Prozeß, bei welchem bärtige junge Männer vor der Kamera mürrische, verschlossene Gesichter aufgesetzt hatten. Die ärmlichen Andenken an die Verschwörer und die abgetragenen Kleider erhalten auch dadurch keinen Glanz, daß sie nun in einer Glasvitrine liegen. Princips Angehörigen sind die Kleider übersandt worden, nachdem der Thronfolgermörder in der Festungshaft im böhmischen

Theresienstadt gestorben war. Princip selbst ist in Form einer großen Büste gegenwärtig. Und selbst aus deren steinernen Augen blickt einem der Fanatismus eines von seinen Ideen Besessenen an. Wie ein Schwur steht daneben ein Zitat aus Princips Verteidigungsrede: „Wir haben unser Volk geliebt."

Das Rathaus gibt sich pseudomaurisch — in Sarajewo versuchte man, in einer Art österreichischen Kolonialstils die Baukunst der Türken „nachzuempfinden". Aus dem Kreis der historischen Gedenkstätten jedoch ist der Bau ausgeklammert. Über den Stufen, auf denen Franz Ferdinand von den Honoratioren der Stadt begrüßt und verabschiedet wurde, sind Amtsschilder mit roten Sternen angebracht. Studenten gehen in die Stadtbibliothek hinauf, um Lehrbücher zu entlehnen.

In der Čaršija, dem Türkenviertel, nötigt uns Princip in ein mohammedanisches Lokal. Inmitten einer nicht identifizierbaren Duftwolke delektieren sich zwei Männer an einem Schafskopf. Princip bestellt Hammelfleisch und schwerverdauliche, honigübergossene Glasnudeln. Da erblickt er auf der Straße ein humpelndes Männchen und winkt ihm. „Der gehört auch zu uns. Vido Puščara. Er hat die Geschichte sogar ein wenig ins Rollen gebracht. Er hat nämlich jenen berühmten Zeitungsausschnitt nach Belgrad gesandt und so die Freunde auf den bevorstehenden Thronfolgerbesuch aufmerksam gemacht. Und am 28. Juli war er in der Eisenbahnstation Visoko postiert — mit einer Pistole in der Tasche, falls der Erzherzog Sarajewo überlebt hätte."

Puščara verhält einen Moment den Schritt, lacht verständnislos, und sein Kinn fällt ihm dabei auf den Kehlkopf. Seine abgemagerten Hände umklammern eine Aktentasche. Dann schlurft er langsam durch die enge, holprige Gasse weiter, ein Mann, der die Vergangenheit schon vergessen hat.

Die wenigsten der „Terroristen in Ruhe" sind so gesprächig wie Bogdan Princip. Vielleicht, weil sie mit dem Attentat mehr zu tun hatten als er. Einige kann man beobachten, einmal im Monat an jedem Donnerstag nach dem 20. im Café Zentral. Die Teilnehmer dieses „Stammtisches der Verschwörer" werden durch nichts aus der Schar jener anderen würdigen Herren hervorgehoben, die wie vor fünfzig Jahren traditionellen Kaffeehaussitten huldigen. Bei einem Türkischen sinnieren sie über das Leben und die Welt und reden über alles mögliche, nicht etwa immer nur über ihr kurzes Heldenzeitalter. Und die, die aktiv an dem Attentat teilgenommen haben und dafür büßen mußten, schweigen, als ob sie einen Eid geschworen hätten, Fremden gegenüber den Mund zu halten.

Ab und zu pilgert noch einer hinaus auf den Friedhof, zum Mausoleum, das man als Tempel des Serbentums gestaltet hat. Es ist ein kapellenartiger Bau, zusammengefügt aus altserbischen Grabsteinen, auf denen die Reste ehrwürdiger Schriftzeichen verblassen. Unter einem Kreuz aus schwarzen Marmorplatten aber steht: „Die Helden des Veitstages", und darunter reihen sich die Namen der hier beigesetzten Nationalisten. Princips Name steht zuoberst, ganz allein — er, der allein das ausgeführt hat, was die anderen nur gedacht und gewollt hatten.

Princip und die anderen haben sich gegen jene herrschende Schicht aufgelehnt, die mehrere Kieswege weiter, wo nur selten jemand Blumen hinlegt, begraben ist. „Ruhe sanft!" spricht es in deutscher Fraktur von vielen Grabsteinen. Die Ruhe dieser Menschen, die Abenteuerlust, Amt, Pflicht oder Geschäftsgeist nach Bosnien getrieben haben, wird nicht oft von Besuchern gestört, denn die einstige Elite der Stadt hat heute nur noch wenige Verwandte hier. Die Grabtafeln lesen sich wie ein „Who is Who" von 1900: der Stadtphysikus und Komtur des Franz-Josefs-Ordens, der Bahnhofsrestaurateur, der Brauereibesitzer, der Bauunternehmer, der Apotheker, der Eisenbahningenieur, ein Deutscher, den der Grabstein als Träger des Eisernen Kreuzes von 1870 rühmt, und ein 1930 verstorbener Bosnier, der sich noch immer zu denen von gestern zählte. Denn die Fotografie neben dem Kreuz zeigt einen schnauzbärtigen Soldaten in österreichischer Uniform mit den Orden des Kaisers.

Auch die schießenden Teenager, die älter dachten und handelten, als sie waren, und die Herrschaft des Doppeladlers beendeten, sind von vielen der Männer geformt worden, die auf dem Friedhof liegen: vom Erziehungseifer einer Generation, die nicht ahnte, daß sich diese Erziehung gegen sie kehren würde. Elf von den Verschwörern ruhen im Mausoleum. Als man den fünfzigsten Jahrestag des Attentats beging, waren noch drei Lebende übrig: der Museumskurator Svetko Popović, der Besuchern und Journalisten nur ungern Rede und Antwort steht, dann Vaso Cubrilović, Universitätsprofessor in Belgrad, und Ivo Krančjević, der verhaftet und verurteilt worden war, weil er die Waffen Cubrilovićs versteckt hatte.

Krančjević wird von seinem Alter und seiner Krankheit in der schlichten Wohnung im vierten Stock eines grauen Mietshauses in der Innenstadt gefangengehalten. Nicht weit vom Appelkai, wenige

Schritte von der neugotischen Kirche, deren seelenlose Architektur den Erzherzog so beeindruckt hatte. Eine knarrende Holztreppe mit einem wackeligen Geländer ist zu überwinden, ehe man vor das Namensschild „Krančjević“ gelangt. Das zerfurchte Gesicht einer älteren Frau erscheint in der Tür. „Kommen Sie doch bitte herein.“ Ihr Deutsch ist sicher, gerade noch von einem slawischen Akzent unterlegt, so daß man es als österreichisch bezeichnen kann. Ob ihr Mann zu sprechen sei? „Es tut mir leid. Mein Mann schläft. Er ist krank, Herzasthma. Und sein Rheumatismus plagt ihn auch — den hat er noch von den Ketten in Theresienstadt.“

Aber die Frau des Verschwörers ist nicht nachtragend. Sie bietet im Wohnzimmer einen Sessel an und schwarzen Kaffee. Und dann sagt sie plötzlich: „Sie kommen ja aus meinem lieben Wien, Sie müssen ein wenig mit mir plaudern.“ Seltsame Sätze im Heim eines Mannes, der gegen Österreich gekämpft und deswegen gelitten hat. Sie merkt die Verblüffung: „Wundern Sie sich nicht. Ich bin Österreicherin. Und Deutsch ist meine Muttersprache. Mein Vater ist aus Böhmen als Ingenieur zur bosnischen Bahn gegangen.“

Langsam, Wort für Wort, formt sich das Mosaik eines Romans, einer wahrhaft österreichischen Biographie.

Als am 25. Juni 1914 der Salonwagen des Thronfolgers auf der gewundenen Strecke der bosnischen Schmalspurbahn gegen Sarajewo gezogen wurde, rollte vor der Lokomotive eine Draisine mit mehreren Uniformierten, mit den Männern, die während der Bahnfahrt für die Sicherheit des Thronfolgers verantwortlich waren. Einer von ihnen war der k. u. k. Sektionschef Ingenieur Nacovsky von den bosnischen Bahnen, Frau Krančjevićs Vater.

In Sarajewo schwirrten am nächsten Tag in der kroatischen Klosterschule nervöse Mädchen in weißen Kleidern schnatternd durch die Gänge. Man erwartete hohen Besuch: die Herzogin von Hohenberg. Und Fanny Nacovsky, die hier war, um Kroatisch zu lernen, sollte, weil sie am besten Deutsch sprach, die Begrüßungsworte sagen. Die Herzogin, eine große weiße Dame, wie sich Frau Fanny noch heute erinnert, erschien, Fanny versank in einem tiefen Knicks, wurde ihre Blumen los und begann mit belegter Stimme ihr Sprüchlein aufzusagen. Die Herzogin lächelte, wie sie schon Tausenden ähnlich aufgeregten Schulmädchen zugelächelt hatte.

Etwa zur selben Stunde quälten Ivo Krančjević Sorgen und Ängste. Würde das Vorhaben seiner Freunde gelingen? Welchen Auftrag würde er erhalten? Am 28. saß Ivo dann bangend daheim und wartete auf die Kameraden, die nun verschwinden mußten — bis der völlig verstörte Cubrilović leise klopfte, mit einer Pistole und einer Bombe in den Rocktaschen und mit der Bitte: „Schaff das weg."

Fanny hat sich dieser Tag völlig anders eingeprägt: „Ich werde diesen 28. Juni nie vergessen können. Alle redeten von dem Thronfolgerbesuch. Ich hatte die Herzogin gesehen, und ich wollte auch zum Appelkai. Aber Papa war dagegen. Ob er etwas befürchtet hatte? Während Franz Ferdinand in die Stadt einzog, spielte ich mit meinen Geschwistern im Park. Plötzlich sprach uns jemand an — jedermann kannte uns —: ‚Kinder, laufts schnell nach Haus, es ist jetzt besser, wenn ihr bei den Eltern seid.' Daheim waren alle niedergeschlagen und schweigsam. Als ich dann doch herausbekam, was geschehen war, weinte ich."

Und dann lernte Fanny Jahre danach einen bescheidenen jungen Serben kennen, einen schüchternen, bebrillten Bahnbeamten. Sie heiratete ihn, ohne von seiner Geschichte zu wissen. „Ivo hat mir erst nach der Hochzeit von dem Attentat und von Theresienstadt erzählt. Meinem Vater haben wir es lange verschwiegen. Er erfuhr es, als ich gemeinsam mit Ivo zu einem Mlada-Bosna-Treffen nach Belgrad eingeladen wurde. Vater war empört und verbot uns das Haus. Aber nicht für immer. Während der deutschen Besatzungszeit hat sich mein Vater schützend vor Ivo gestellt — und dann, als die Partisanen die Macht übernahmen, half wieder Ivo meinem Vater."

Aus dem Nebenzimmer dringt das heisere Husten des Kranken. Die Frau wirft einen besorgten Blick zur Tür. In dieser Wohnung quält man sich nicht mehr mit Vergangenem. Haß, Widerstand und Nationalismus haben hier abgewirtschaftet. Kein verkrampftes Wiederkäuen ausgeleierter Phrasen, keine Parolen aus der Rumpelkammer der Geschichte. Anderswo in Sarajewo sind Schwarz und Gelb Farben, die noch immer Schmerz erregen können. Hier hat ein Wort guten Klang, das man in Sarajewo viel zu selten hört: Versöhnung.

Ein Mann, der zwar nicht durch familiäre Bande, aber durch seinen Beruf ebenfalls in dieser Richtung wirken könnte, scheint mit dem Problem Sarajewo dennoch nicht ganz fertig geworden zu sein: Professor Vaso Cubrilović, Vorstand des Historischen Instituts der Universität Belgrad, 1914 — mit siebzehn Jahren — in Sarajewo der jüngste und kleinste der Verschwörer. Auch der lauteste. Die Spötteleien der Mitschüler über seine geringe Körpergröße und seine spärlichen Erfolge beim weiblichen Geschlecht erwiderte er mit politischen Brandreden. Bei den geheimen Versammlungen der Mlada Bosna gebärdete er sich als einer der Tollkühnsten und Verwegensten. Er wollte Franz Ferdinand töten, und doch zögerte er im entscheidenden Augenblick, als er neben dem Habsburger dessen Frau erkannte. Dann flog schon Cabrinovićs Bombe, und Vaso wurde zu Boden geschleudert. Wenige Tage später spürte jedoch auch Cubrilović Eisen um seine Handgelenke, und kurz darauf verzeichnete eine Wiener Zeitung: „Die meisten Verschwörer sind gebrochen und geständig. Nur Cubrilović, der sich der Schwere seines Verbrechens nicht bewußt zu sein scheint, trägt ein ruhiges, fast zynisches Benehmen zur Schau."

Was hält er heute davon? Was hat dieser Gelehrte, der zeit seines Lebens Geschichte und Politik untersucht und gedeutet hat, zu Sarajewo zu sagen? In seinem Büro im Institut, nahe der Belgrader Oper, wehrt die Sekretärin ab: „Der Herr Professor empfängt nicht." Nach zwei Stunden des Wartens verläßt er das Haus durch einen Hinterausgang: ein schmächtiges Männchen, das sich mühsam einen Weg durch das mittägige Straßengetümmel Belgrads bahnt, unauffällig, einer von vielen, die Last seiner Jahre wie die schwere Aktentasche mit sich herumschleppend. Sein Gesicht ist unter einem breitkrempigen Hut verborgen. Als er jedoch ein „Herr Professor Cubrilović?" hört, reißt er den Kopf zurück und schaut sich fragend um. In seinen harten Zügen steht nichts davon geschrieben, daß er einmal in die Geschicke der Welt hatte eingreifen wollen. Der winzige, wie angeklebt wirkende Schnurrbart auf der Oberlippe gleicht dem Requisit eines Komikers. Aus einem Abgrund von Mißtrauen holt der Professor eine völlig unerwartete Antwort hervor: „Ich bin nicht Professor Cubrilović." — „Herr Professor, einige Freunde von Ihnen haben mich an Sie verwiesen, könnten Sie nicht einige kurze Fragen beantworten?" Er wiederholt: „Ich bin nicht Professor Cubrilović." Dann sagt er in geläufigem Deutsch: „Ich kenne Professor Cubrilović sehr gut. Ich bin mit ihm befreundet. Er gibt keine Interviews. Ihre Bemühungen sind zwecklos. Der Professor redet nicht gern von diesen Dingen. Das ist alles schon so lange her. Und es wurde so viel darüber geschrieben. Auch so viel Falsches. Da ist es am besten, wenn man schweigt. Alle, die etwas mit dem Attentat zu tun hatten, schweigen." Dann erkundigt er sich über die Leute, die man in Sarajewo getroffen hat. Und er fragt wie einer, den das alles etwas angeht. Unvermittelt kommt sein: „Auf Wiedersehen." Er kauft eine Abendzeitung und verschwindet im Menschengewühl.

Ist das nun Cubrilović oder nicht? In der Universität bestätigt die Sekretärin alles. Eben ist der Professor weggegangen. Die Beschreibung stimmt: klein, Schnurrbart, Brille, der große Hut, der graugrüne Mantel, die braune Tasche. „Wo ist er jetzt?" — „Auf der Promenade, auf dem Kalemegdan."

Auf dem Kalemegdan, der türkischen Festung, die Prinz Eugen 1717 und General Laudon 1789 gestürmt haben, wo Österreicher 1914 für kurze Zeit einen Sieg feierten. Im Freiluftmuseum verrosten deutsche Panzer aus dem Zweiten Weltkrieg und österreichische Mörser von 1914. Unter den Basteien am anderen Saveufer dehnt sich die Skyline gesichtsloser Hochbauten des neuen Regierungsviertels.

Die Bänke in den Parkanlagen auf den Festungswällen sind besetzt. Friedliche Nachmittagsstimmung. Soldaten des Belgrader Wachregimentes, Titos Gardisten mit weißen Mützenschirmen, führen ihre Mädchen aus. Ein Alter erhebt sich von einer Bank, steckt die Zeitung in die Tasche und entfernt sich gemächlich — Vaso Cubrilović, der verhinderte Attentäter von Sarajewo. Kinder werfen ihm einen Ball vor die Füße, er beachtet ihn nicht. Nichts Besonderes ist an dem in Gedanken versunkenen Alten. Grübelt er noch manchmal über die Konsequenz der Verschwörung von 1914 nach? In seinem Schreibtisch ist ein Manuskript verschlossen. Über Sarajewo. Erst nach seinem Tod soll es veröffentlicht werden. Vorläufig bleiben Cubrilovićs Lippen stumm. Oder er öffnet sie, um sich zu verleugnen. Als Historiker beschäftigt er sich mit der Geschichte, aber er will nicht mehr handelnde Person in einem ihrer Dramen sein. Als Nationalheld hat Cubrilović schon längst um seine Pensionierung eingereicht. Und er verlangt als Rente nur eines: daß man ihn in Ruhe läßt.

# Der große Krieg

„So verging ungefähr ein Monat, dann wurde die Stille wie in einem großen Orchester tatsächlich unterbrochen und schlug in einen allgemeinen Aufruhr und Krach um. Die Presse donnerte zuerst los. Dann gerieten die Massen und die Ereignisse auf unvorstellbare Weise in Bewegung, in neuen Formen und einem bis dahin nicht gesehenen Umfang. Glocken läuteten, Militärkapellen schmetterten, Kanonen schossen. Die Luft zitterte ununterbrochen aus unersichtlichem Grund, und dieses Beben vereinte sich mit der Unruhe, die alle Bewohner dieser unseligen Stadt beherrschte."

In diese Sätze hat Ivo Andrić die verkrampften Wochen in Sarajewo zwischen dem Attentat und den ersten Salven des großen Krieges gefaßt. Auf einmal warfen sich Millionen der nationalen Begeisterung in die Arme und zogen singend ins Feld. Mehr als fünfzig Jahre später ist ihr Gesang verweht. Ein noch größerer zweiter Krieg verdunkelt wie eine schwarze Gewitterwand die Erinnerung. Der Erste Weltkrieg ist so fern, daß sich bereits die Lehrer in den Schulen an ihn heranwagen. In den Ländern, über die die Kriegsmaschine hingerollt ist, die von Schützengräben und Granaten zerfressen und zerrissen worden sind, gemahnen an ihn nur noch verfallende Festungen, Grabkreuze mit unleserlichen Namenstafeln, Monumente, von denen man die Symbole des alten Reiches geschlagen hat, abgegriffene Bücher in stickigen Bauernstuben und sorgfältig aufbewahrte Tapferkeitsmedaillen in verborgenen, verstaubten Schubladen.

Österreichische Soldaten aller Zungen sind in den Weiten Galiziens gestorben, in den Karpaten, vor Belgrad, in den montenegrinischen Bergen, in der Karsthölle zwischen Triest und Görz, in den Eiswüsten der Südtiroler Gletscherwelt... In Galizien kriecht der russische Zug an unansehnlichen Kriegerfriedhöfen mit verrosteten Metallkreuzen vorbei. Keine Organisation gedenkt dieser vergessenen Soldatengräber. In einem Banater Dorf klagen die Deutschen, daß die Rumänen den Adler mit den hängenden Schwingen vom Kriegerdenkmal entfernt haben, in der Batschka zählt inmitten einer grauenvollen Friedhofsruine mit geschändeten und verwüsteten Gräbern ein schwarzer Marmorblock die Gefallenen des Schwabendorfes in brüchigen Goldlettern auf. Und darunter ist etwas von Gott, Ehre und Vaterland eingemeißelt. In kaum zugänglichen Schluchten kriechen noch immer Bauern in eingestürzten Kavernen herum und sammeln Kriegsgerümpel von 1914/1918. Monatelang könnte man über diese Schlachtengefilde wandern und immer neue, schmerzliche „Souvenirs" aufstöbern.

Hier soll jedoch eine Landschaft für alle stehen, ein winziger Ausschnitt aus diesem Panorama des Grauens und des Todes: das Isonzotal vom Predilpaß bis zum Flitscher Becken, wo zum erstenmal im Krieg gegen die Italiener zur Offensive geblasen wurde — und weiter südlich ein friedlicher Wallfahrtsberg, der Monte Santo bei Görz, eine der blutgetränkten Opferstätten hoch über dem Isonzo.

Ein Bergland zum Urlaubmachen: stille, dunkle Wälder, von Felsmauern gekrönt, grüne Bäche, in deren Dümpfen Forellen stehen; italienische Grenzer, jugoslawische Zöllner, Schlagbäume... Die Bergriesen der Julischen Alpen berührt das alles nicht. Ihre Landesfarben sind das Grau der Wände und das schwarze Grün der Wälder. Ein deutscher Reiseautobus müht sich über die Serpentinen. Seine Staubwolken verschleiern die Farbfilmperspektive. Aber sonst atmet diese Alpendecke nur tiefsten Frieden, als ob sich die Natur hier selbst in die Abgeschiedenheit eines Klosters zurückgezogen hätte, fern von Politik, Behörden, Zeitungen, so recht für Menschen, die das Gras zwar nicht wachsen, aber singen hören, für die Blätter einen Herzschlag haben und Steinwände Gesichter, für feinfühlige Weggefährten der Einsamkeit, wie Julius Kugy, der klassische Schilderer dieser Gegend, einer war. Nicht weit von hier, im Trentatal, ist ihm ein Denkmal gesetzt.

Aber diese grauen Steine auf dem Almboden, die aus ihrer von Menschen gefügten Ordnung herausgebrochen sind? Diese müßigen Betonfundamente, die nichts zu tragen haben? Sind hier Bergbauern in die Städte geflohen? Oder hat der Krieg seine ersten Autogramme gegeben? Die Straße krümmt sich talwärts, der Predilpaß ist überwunden. Predil — der Name schmeckte im Ersten Weltkrieg nicht nach Ausflugsziel. Wo gerade eine deutsche Reisegesellschaft Rast macht, haben im Herbst 1917 die Stiefel der Grenadiere eines deutschen Korps den Staub aufgewühlt. Sie zogen in Eilmärschen ins Isonzotal, um gemeinsam mit „Kamerad Schnürschuh" eines der kühnsten Durchbruchunternehmen aller Zeiten zu riskieren: die Offensive im Raum Flitsch-Tolmein, mit der die Italiener bis zur Piave gejagt wurden.

Hier über diese Windungen schleppten schwere Zugmaschinen die zerlegten 30,5-Zentimeter-Mörser. Hier, hart an der Straße, hält noch heute ein steinerner Löwe Wacht. Müde hat er das Mähnenhaupt auf einen Schild gebettet. Aber die Inschrift über dem steinernen Tier dreht die Geschichte weiter zurück: „Zur Erinnerung an den k. k. Ingenieur-Hauptmann Johann Hermann von Hermannsdorf und die mit ihm gefallenen Kampfgenossen — Kaiser Ferdinand I."

Schon 1797 hatten Österreicher den Paß heldenmütig gegen eine Kolonne der Armeen Bonapartes verteidigt, bis sie der Übermacht weichen mußten. Später wollte man den Paß mit einem Sperrfort blockieren — aber bis zum Kampf gegen die Italiener war es längst veraltet. Nun nisten in den schmalen Schießscharten Schwalben, und in dem toten Gemäuer rascheln Eidechsen: eine Festung, die eines natürlichen Todes gestorben ist. Der Krieg, für den sie konstruiert worden war, hat in diesen Alpenhöhen nie stattgefunden.

Die Dunkelheit verschluckt Felsen und Ruinen. Die Straße kurvt steil nach unten. Das Tal gewinnt Raum, die Berge machen einem Becken mit satten Wiesen Platz. Boveć-Flitsch. Bauernhäuser aus dem Bilderbuch — hinter Blumenwänden und Weinranken. Murmelnde Brunnen in steilen Straßen. Eine betonierte Bocciabahn vor einem Gasthaus als Überbleibsel aus fünfundzwanzig Jahren unter Italiens Flagge; drinnen an der Theke verlangt ein Bauer „Schnaps."

Das Hotel Alpina ist eines der neuesten Kampfmittel in der Offensive des Tourismus, der das Tal erfaßte. Ein deutsch sprechender Direktor hat sofort das Wort Isonzo im Mund. Aber er meint nicht die Schlachten — er empfiehlt frische Forellen aus dem Gebirgsfluß, aus der Soča, wie die Slowenen sie nennen. Im Speisesaal werden Spaghetti aufgetragen. Die Italiener haben das Isonzotal wiedererobert, als Feriengäste.

Der Krieg? Die meisten Flitscher waren geflüchtet, eingerückt, evakuiert. Auf einer Fotografie in der niedrigen Stube, die den Alpenverein beherbergt, stützen sich Bergsteiger in der Tracht von 1900 auf hohe Stöcke. Man kramt Fotos von Unterständen und Kavernen hervor, von Tragtieren und Soldaten mit Gebirgsmützen. Ein Österreicher hat sie hier gelassen. Der Krieg? Das Fräulein vom Alpenverein denkt nach: „In den Bergen findet sich noch immer viel. Aber dazu brauchen Sie einen Führer. Das sind schwierige Touren. Vielleicht kann Ihnen unser Bademeister helfen, reden Sie doch einmal mit ihm."

Ein braungebrannter Mann beugt sich über einen umfangreichen Plastikbottich, der in Flitsch die Stelle eines Schwimmbades vertritt. Zur Zeit scheint es die einzige Pflicht des Mannes zu sein, behaglich seine Pfeife zu schmauchen. Er ist sofort bereit, noch einmal in den Krieg zu ziehen. Mit uns. „Ich kenne hier alles. Ich bin von hier, und ich war auch hier Soldat. Da oben ist der Rombon. Sehen Sie diese Rinne und dort die vereinzelten Bäume? Da waren die Alpini, und da weiter rechts, nur wenige hundert Meter entfernt, lagen die Unsrigen." Mit den „Unsrigen" meint der Slowene die Österreicher. „Ich hab' schon viele Leute geführt, Offiziere, die am Rombon gekämpft haben, und einmal einen kroatischen Hauptmann, der seine alte Stellung im Tal gesucht hat. Wir müssen nicht in die Wände hinauf, es ist auch herunten genug geblieben."

Die Sonne glüht auf den Steig zwischen den Feldern herab. Das frische Heu duftet. Vor uns erheben sich verwachsene Hügel. Unser Führer bricht das Gestrüpp auseinander. Die Gerten peitschen in die Gesichter, Dornen zerren an unseren Kleidern. Auf einmal knickt der Boden ein — Gräben und Senken. „Das waren die österreichischen Stellungen von 1915 bis 1917", erklärt der Bademeister. „Das war der Ravelnik."

Der Ravelnik. Fritz Weber, der Kriegsdichter („Das Ende einer Armee"), hat von hier aus am denkwürdigen 24. Oktober 1917 seine Batterie kommandiert: „Der letzte Abend vor dem Angriff. Ich stehe in unserem Beobachtungsstand, am Hang des Ravelnik, einer kleinen Kuppe, die sich in der Mitte des Talkessels erhebt. Wolkenfetzen segeln am Himmel, aber der Nebel ist gewichen. Man sieht die erste Stellung der Italiener dicht vor den Trümmern des Ortes Flitsch, quer durch das Becken laufend und links und rechts an den steilen Hängen sich hinanziehend."

Einige Buchseiten weiter beginnt die Offensive: „... flammt es hinter uns viermal, rollt ungeheuer mit mächtigen Echostößen von Berg zu Berg; Eisen heult durch die Nebelluft. Aber das Echo will nicht enden, es dauert an, wird immer gewaltiger; das Echo ist das Gebrüll der dreihundert Geschütze im Talgrund und an den Hängen ... Ein Heulen schwillt aus dem Chaos, endet schmetternd am Fuß der kleinen Kuppe des Ravelnik. Scheinwerfer flammen auf, irren hin und her. In ihrem Licht sieht man Dutzende Erdsäulen auffliegen und in sich zusammenstürzen."

Jetzt summen hier Hummeln um Blüten, knacken Äste unter unseren Tritten. Nur von der Straße tönt ein Horn, ein Posthorn, das Signal des knallgelben österreichischen Postautobusses der Linie Laibach - Klagenfurt — genauso hat früher der Postillon vom Kutschbock der kaiserlichen Diligence geblasen.

Von dem Asphaltband bis herauf zu den Hügeln werden die Wiesen von einem Gebüschstreifen durchschnitten. „Das ist von den österreichischen Stellungen geblieben." Ja auch hier im offenen Tal sind die Schützengräben nur ein wenig zugewachsen, es hat sich niemand die Mühe gemacht, das Gelände wieder einzuebnen. „Wir haben zuwenig Leute, alles geht in die Städte."

Die Kletterpartie auf den Ravelnik lohnt sich. Unter einem Dornbusch öffnet sich ein schwarzes Loch: der Eingang in die Kaverne. „Vorsicht, hier stürzt von Zeit zu Zeit etwas ein." Der ganze Hügel ist ausgehöhlt. Und in Richtung Flitsch, also „feindwärts", verstecken sich gemauerte Schußlöcher hinter Wacholderstauden. Ein rostiges Stück Metall ist in das Unterholz verfilzt. Der Slowene besieht es genauer: „Auch noch von damals — ein Schwarmofen, wie wir ihn in den Unterständen und Kavernen gehabt haben."

Erde rieselt. „Hier müssen noch ein paar geheime Stollen sein, aber da hineinzukriechen ist gefährlich." Rast auf der Kuppe neben der Anlaufbahn einer Sprungschanze: Der abgerüstete Ravelnik ist also doch noch zu etwas nütz. Der Alte hockt sich ins Gras: „Als der Krieg begann, waren wir viel zu schwach. Wir mußten das Dorf sofort räumen. Aber die Italiener haben nicht sofort nachgestoßen. Noch in der Nacht schlich ich mich zurück, um für meine Familie Bettzeug und andere Habseligkeiten aus dem Haus zu holen." Der Alte redet von den Feldwachen, die weiter unten bei den Büschen gelegen sind, und deutet dann auf die Kapelle neben dem Campingplatz: „Da haben die Italiener ein Maschinengewehrnest gehabt." Im Flitscher Becken ist die Front bald zu einem festgefügten Etwas geworden, zu einer Barriere, die erst durch das dynamische Durchbruchunternehmen gesprengt wurde. Vom Vršić leuchten Felsplatten, die Spuren von Bearbeitung erkennen lassen. „Da hinauf haben wir Geschütze geschleppt. Da waren die Artilleriekavernen. Vor einigen Jahren hat es auf einmal einen gewaltigen Krach gemacht — und der halbe Berg ist heruntergerutscht." Die Bergfestung verwandelte sich in eine Geröllhalde.

Eine Lichtung, eine feuchte Wiese. „Vorsicht, hier gibt es Schlangen. Hier haben die Österreicher ihre Gefallenen begraben. Später hat man die Toten im Tal beigesetzt." Wo die Straße zum Heldenfriedhof abzweigt, hält ein Auto mit Münchner Nummer. Zwei junge Urlauber unter Strohhüten suchen einen malerischen Hintergrund für ein Foto. Der eine stemmt sich in pathetischer Pose gegen den Steinblock. Ob sie die Tafel beachtet haben? „Den gefallenen Helden des Flitscher Beckens."

In diesen Tälern gibt es viele Friedhöfe: das Ossarium in Karfreit, die prunkvollen marmorgesäumten Totenhaine, die die Italiener unter Mussolini für ihre Gefallenen schufen, bewacht von Carabinieri in Galauniform; schlichte Bergfriedhöfe; zusammengeschossene und gesprengte Gipfel, wo der Krieg Megatonnen von Gestein über Zehntausende von Leichen als Grabhügel gehäuft hat; Knochenstücke, die eine Pflugschar aushebt; und wieder Monumente, Gedenksteine, Gedächtniskirchen — Erkennungsmarken aller Kriegsschauplätze der Welt.

Der Friedhof hier ist einer von diesen vielen. Sein Tor steht offen. Die Gelenke der eisernen Tür sind verrostet. Ein Stacheldrahtzaun verrottet. Am Eingang ist etwas von den „Aquile Verdi", von den grünen Adlern, den Alpini am Rombon, geschrieben und von Ruhm und höchstem Sieg. Diesen Friedhof, dieses verschwiegene Wäldchen der Toten, haben die Italiener angelegt. Erst später ließen sie ihre Soldaten in weiter südlich gelegene Tempel des Heldenkultes bringen. Zurückgelassen wurden die Tiroler und Steirer, die Slowenen, Tschechen, Ungarn und Bosniaken: Alois Kolbritsch, Josef Gorianz, Josef Hasplik, Austriaco sconosciuto — unbekannter Österreicher. Die auf Steinplatten gehefteten Metalltäfelchen sind nicht leicht zu entziffern. Nichts unterbricht die weihevolle Stille des Ortes. Ein Idyll als Endprodukt einer gigantischen Vernichtungsmaschinerie.

Die Fahrt geht weiter. Trutzig stellt sich ihr in einer klammartigen

Talenge helles Mauerwerk entgegen. Die Straße drückt sich scheu daran vorbei: die Flitscher Klause, das Sperrfort, das den nördlichen Eingang in das Becken kontrollieren sollte. Als die Italiener kamen, war auch diese Festung — gleich ihrer Schwester auf dem Predil oben — strategisch wertlos. Die Besatzung wurde einige hundert Meter höher in die Oberfestung verlegt. Eine Brücke überspannte hier herunten eine sechzig Meter tiefe Schlucht. „Die Amerikaner haben die Brücke 1945 gebaut. Früher war hier ein viel schmalerer Steg. Ein paarmal sind Leute abgestürzt, ein Meldereiter, dem das Pferd durchgegangen ist, ein Auto mit Offizieren." Nachdenklich schaut der Slowene in die Tiefe. Unten brodelt glasklares Wasser und verschwindet im Berg. Das Fort ist gut erhalten, die Wände stehen wie einst. Aber in den Höfen grünt Unkraut. Eine Inschrift: „Flitscher Klause. Erbaut 1881—1888." Vor den Schießscharten haben Bäume ihre Zweige ausgebreitet. Die Schlafsäle erkennt man daran, daß sie nicht Beton-, sondern Erdboden haben. „Da sind die Posten gestanden und haben ‚Vergatterung' gerufen und ‚Gewehr heraus!' " Der alte Mann ahmt den altösterreichischen Kommandoton nach. „Vielleicht macht man aus der Klause ein Museum."

Noch ein Friedhof, in Log-Megantor, nahe an den Bergen. Jugoslawische Soldaten sitzen vor einer einst italienischen Kaserne in der Sonne. Sie tun hier Grenzdienst. Und sie überwachen auch den Bergwerksstollen, in den Arbeiter einfahren. Die Österreicher haben ihn zum Munitionstransport benützt. Der alte Flitscher, der uns führt, hat darauf gedrängt, den Friedhof zu besuchen. Der Tod im Krieg liebt Variationen. Er ersinnt stets neue Sterbeformen und neue Bestattungsarten. Hier sprießen aus einer Wiese unzählige nackte Eisenkreuze, niedrig wie ein Feld von rostenden Blumen. Keine Namen, keine Tafeln, nur in die Sockel des Denkmals sind die Nummern der Regimenter eingeschlagen, die die Leichen stellten. „Die Namen der identifizierten Gefallenen sind in einem Buch im Gemeindeamt eingetragen", erklärt der Führer. „Aber schauen Sie sich das Denkmal an. Ist es nicht schön?" Zwei Soldaten auf einem Felsklotz richten, Schulter an Schulter, siegesbewußte Blicke auf den Gipfel des Rombon. Aus Stein gehauener Heroismus, wie er entsteht, wenn der Künstler Uniform trägt. Aber auch ein Symbol für die vielsprachige Einheit, die die k. u. k. Armee bildete, dieses Sammelsurium von Sprachen und Dialekten, von Nationen und Rassen, diese wahrhaft europäische Streitmacht des Kaisers. Der Bildhauer hat einen Tiroler oder Steirer neben einen Bosniaken gestellt — und er selbst war ein Tscheche aus Prag. Und nun wischt sich ein Slowene, der auch einmal in diesem grauen Kleid gekämpft hat, über die Augen und gesteht einem Wiener: „Da wird mir immer so. Das Denkmal ist so schön, und da hier liegen so viel von meine Freind.“

Dann will er noch sein Heim zeigen: eine blitzsaubere Stube, an der Wand sein Foto, er in der Uniform des 27. Landsturminfanterieregiments aus Laibach, gerahmt und mit einem Edelweiß verziert. Daneben der überschwengliche Augenaufschlag jener Madonna mit den aufgelösten Haaren, die so viele österreichische Schlafzimmer ziert. Und das Bild eines italienischen Offiziers: „Mein Sohn. Er war bei den Panzern und ist bei Stalingrad gefallen, der andere ist desertiert und zu den Partisanen gegangen. Auch ich war noch bei den Partisanen.“ Er schlägt ein dickes Fotoalbum auf. „Da hat uns Kaiser Karl in Tirol inspiziert. Da hinter dem Korporal, halb verdeckt, das bin ich.“ Dann kramt er ein zerschlissenes Buch hervor: „Das hat ein slowenischer Offizier geschrieben. Die Geschichte unseres Regiments. Wie wir zu Italien gehört haben, hab' ich das Buch verstecken müssen, damals war es verboten.“

Für ihn ist das alles noch lebendig. Er ist einer von den Zehntausenden, die des Kaisers Rock getragen haben und von diesen Jahren ohne Bitterkeit reden, ja sogar mit der Sehnsucht des Greises nach der Vergangenheit.

Wenig zu berichten weiß dagegen ein bärtiger Maurer in Nova Gorcia, der jugoslawischen Hälfte des geteilten Görz. Er kramt aus seinem Soldatendeutsch nur einige Brocken hervor wie letzte Krumen aus einem ausgeleerten Brotbeutel. Lange dauert es, bis er seine militärische Funktion im Ersten Weltkrieg beschreiben kann. Endlich hat er es heraußen, ein Wort aus dem Kriegsvokabular: „I wor ein Hinterlandstachenierer.“ Dort, wo er nun über seine Kriegsjahre nachdenkt, war er damals ganz bestimmt nicht. Denn am Monte Santo war Front und daneben auf dem Monte San Gabriele und gegenüber auf dem Monte Sabotino und gegen Triest zu, wo das weiße Karstgestein zwischen dem schütteren Baumwuchs schimmert, auch: auf dem Monte San Michele, auf Doberdò, auf der Hermada. Alles Namen, die eine junge Generation nicht berühren. Aber für den, der Bescheid weiß, sind es die Namen von Massengräbern, und sie haben für Menschen aus dem alten Österreich eine ähnliche Bedeutung wie der Verduns für die Deutschen und Franzosen.

Eine gute Autostraße bezwingt den Monte Santo. In den Isonzoschlachten wurde hier jeder Meter eroberten Bodens mit je tausend gefallenen Italienern oder Österreichern bezahlt. Die Straße wurde für die Autobusse der Wallfahrer angelegt, für Prozessionen, denn am heiligen Berg ist das Kloster längst wieder aufgebaut und eine Basilika, die nur von Gott, Maria und den Heiligen flüstert und nichts weiß von Blei, Blut und Blessierten. Man würde die Löcher in der bergseitigen Böschung nicht bemerken, wenn man darauf nicht aufmerksam gemacht würde. Sie gleichen Höhlen, in denen Straßenwärter ihr Werkzeug verbergen oder ihren Sand vor dem Naßwerden bewahren. Aber sie hatten einen anderen Zweck: es sind die schwarzen Münder von verfallenen Unterständen, die den Berg seiner Festigkeit beraubt haben, die ihn durchwühlen und aushöhlen. Überreste des modernen Höhlenzeitalters der Menschheit. „Man weiß gar nicht, wie tief es da hineingeht", erläutert der „Tachenierer".

Im Kloster scheint die Stunde der Rekreation geschlagen zu haben, denn auf dem Plateau des Monte Santo wandeln einzeln, das Brevier in den Händen, Männer im schwarzen Talar. Auf der Gasthausterrasse haben Ausflügler roten Wein bestellt und holen aus ihren Taschen weißes Brot und Speck. Eine Nonne setzt im Friedhof der Mönche Blumen. Im Tal unten windet sich der hellblaue Fluß zwischen den einst so heiß umkämpften Bergkämmen dahin. Am Horizont leuchtet das Weiß einer italienischen Totengedenkstätte. Görz, die Stadt in der Tiefe, breitet sich als ein Ganzes aus, als ob es nicht von einer Grenze halbiert würde. Doch stechen auf der jugoslawischen Seite die vielen Neubauten ins Auge, und drüben thront das Kastell auf seinem Berg und blitzen die knallgelben Flecke der diversen Schul-, Verwaltungs- und Militärbauten aus der Zeit, da zu der Titelsammlung des Kaisers von Österreich auch der eines „Grafen von Görz" gehörte.

Ein schmaler Steig am Kamm des Berges in Richtung San Gabriele. Hinauf zu dem Berg, wo der Erzengel mit einem Todesboten identisch wurde, wo allein 56.000 Österreicher ihr Leben verloren haben. Der Steig ist wenig begangen. Die Blumen des Karstes, diese struppigen Gewächse, die Trockenheit trinken und den Fels mit ihren Wurzeln sprengen, verbreiten einen Geruch nach Brand, Heide und Durst. Sie scheinen zu knistern, ohne daß sie auch nur ein Hauch bewegte. Die Trümmer einer Geschützstellung — war sie italienisch, war sie österreichisch? Geborstenes Mauerwerk, eine Drehscheibe. Wem hat das alles gedient? Eidechsen spielen Fangen. Vielleicht sind hier auch Schlangen zu Hause. Rechts vom Weg, Görz zu, ist der Berg eine glatte Fläche. Die Bora hat die Handschrift des großen Tötens wieder ausgelöscht, die Gräben zugeschüttet, die Granattrichter eingeebnet. Doch auf der geschützten Nordseite erscheinen wieder Löcher und Gräben im Gestein. Manche könnten von der Natur geformt sein, bei anderen war sicherlich Menschenhand am Werk oder die Gewalt eines Einschlags. Die Anlage einer Stellung hält die Landschaft noch immer gefangen: Befehlsstände, Schützenlöcher, Pfade der Meldegänger, Telefonleitungen, Granatsplitter — der Alltag des Krieges. Dahinter verzweigt sich das Straßennetz der Aufmarschwege, über die Österreich immer neues „Menschenmaterial" zum Düngen des unfruchtbaren Bodens nachschob.

Es ist heiß. Ein Stein trägt eine italienische Inschrift. Einmal waren hier heroben die Italiener, dann wieder die Österreicher, dann wieder die Italiener und dann wieder die Österreicher. Ein Hin und Her, ein Opferplatz für Hunderttausende, die hier umkamen, und für Tausende, die den Karst zwar überlebten, aber an dem Erlebten dahinsiechten. Ein Hin und Her — so lange, bis es das Österreich, für das hier gestorben und getötet wurde, nicht mehr gab.

# Zeittafel

| | |
|---|---|
| 1273—1291 | Rudolf I. Graf von Habsburg, deutscher König. |
| 1282 | Belehnung der Söhne Rudolfs mit Österreich und der Steiermark. |
| 1298—1308 | Albrecht I. von Österreich. |
| 1335 | Kärnten und Krain an Österreich. |
| 1363 | Tirol an Österreich. |
| 1382 | Triest an Österreich. |
| 1438—1740 | Kaiser aus dem Hause Habsburg. |
| 1438—1439 | Albrecht II. |
| 1440—1493 | Friedrich III. |
| 1493—1519 | Maximilian I. |
| 1519—1556 | Karl V. |
| 1526 | In der Schlacht bei Mohács fällt Ludwig II., König von Ungarn und Böhmen; Karls V. jüngerer Bruder, Ferdinand von Österreich, der die habsburgischen Erblande verwaltet, erbt die böhmische und die ungarische Krone. |
| 1529 | Erste Belagerung Wiens durch die Türken. |
| 1531 | Errichtung der Militärgrenze gegen die Türken. |
| 1556—1564 | Ferdinand I. |
| 1564—1576 | Maximilian II. |
| 1576—1612 | Rudolf II. |

| | |
|---|---|
| 1612—1619 | Matthias. |
| 1618—1648 | Dreißigjähriger Krieg. |
| 1619—1637 | Ferdinand II. |
| 1620 | Schlacht am Weißen Berg: Sieg des Kaisers über den „Winterkönig" Friedrich von der Pfalz und das Heer der böhmischen Stände. |
| 1634 | Ermordung Wallensteins in Eger. |
| 1637—1657 | Ferdinand III. |
| 1648 | Der schwedische General Königsmarck erobert die Prager Kleinseite. |
| 1648 | Westfälischer Friede: Ende des Dreißigjährigen Krieges. |
| 1658—1705 | Leopold I. |
| 1683 | Zweite Belagerung Wiens durch die Türken. |
| 1686 | Kaiserliche Truppen erobern Ofen. |
| 1697 | Prinz Eugen von Savoyen schlägt die Türken bei Zenta. |
| 1699 | Friede von Karlowitz: Österreich erhält einen Großteil des von den Türken besetzten Ungarn und Siebenbürgen. |
| 1701—1714 | Spanischer Erbfolgekrieg: Österreich und England gegen Frankreich. |
| 1705—1711 | Josef I. |
| 1711—1740 | Karl VI. |
| 1713 | Die Pragmatische Sanktion setzt die Unteilbarkeit der zur österreichischen Monarchie gehörenden Länder und den Erbanspruch von Karls Tochter Maria Theresia fest. |
| 1714—1718 | Fortsetzung des Kampfes gegen die Türken. |
| 1716 | Sieg Prinz Eugens bei Peterwardein. |
| 1717 | Eroberung Belgrads. |
| 1718 | Friede von Passarowitz: Das Banat, das nördliche Serbien mit Belgrad, der Kleinen Walachei und Teilen Bosniens kommen an Österreich. |
| 1740 | Mit dem Tode Karls VI. erlischt das Mannestum des Hauses Habsburg; Beginn der Herrschaft des Hauses Habsburg-Lothringen (bis 1918). |
| 1740—1780 | Maria Theresia, verheiratet mit Franz Stefan aus dem Hause Lothringen. |
| 1740—1748 | Österreichischer Erbfolgekrieg: Maria Theresia muß |

| | |
|---|---|
| | gegen Kurfürst Karl Albrecht von Bayern um die Anerkennung der Pragmatischen Sanktion kämpfen; Karl Albrecht erhebt Anspruch auf Österreich. Friedrich II. von Preußen marschiert in Schlesien ein. |
| 1745—1765 | Franz Stefan, deutscher Kaiser: Franz I. |
| 1756—1763 | Siebenjähriger Krieg: Österreich, Frankreich und Rußland gegen Preußen und England (bis 1762). |
| 1765—1790 | Josef II., deutscher Kaiser, Mitregent seiner Mutter Maria Theresia. |
| 1772 | Erste Teilung Polens: Österreich erhält Galizien. |
| 1775 | Die Bukowina, bis dahin türkisch, kommt an Österreich. |
| 1780—1790 | Josef II., Alleinherrscher (Reformen). |
| 1790—1792 | Leopold II. |
| 1792—1806 | Franz II., als Kaiser von Österreich Franz I. (bis 1835). |
| 1795 | Dritte Teilung Polens: Österreich erhält Westgalizien und Krakau. |
| 1797 | Friede von Campo Formio (nach dem Krieg Österreichs gegen das revolutionäre Frankreich): Österreich tritt die belgischen Provinzen an Frankreich ab, erhält Venetien, Istrien und Dalmatien. |
| 1804—1814 | Napoleon, Kaiser der Franzosen (1815 die „Hundert Tage"). |
| 1805 | 2. Dezember: Dreikaiserschlacht bei Austerlitz: Sieg Napoleons, vernichtende Niederlage der Österreicher und Russen. 26. Dezember: Friede von Preßburg: Österreich tritt unter anderem Tirol und Vorarlberg an Bayern ab, die Vorlande an Württemberg und Baden, verliert Venetien, Istrien und Dalmatien. |
| 1806 | 6. August: Franz II. legt die deutsche Kaiserkrone nieder und ist von nun ab nur noch Kaiser von Österreich. |
| 1809 | 21. und 22. Mai: Schlacht bei Aspern, Napoleon wird durch Erzherzog Karl zum erstenmal geschlagen. |
| | 5. und 6. Juli: Sieg Napoleons über Erzherzog Karl bei Wagram. |
| | 14. Oktober: Friede von Schönbrunn, Österreich verliert Salzburg, das Innviertel, Westgalizien sowie |

einen Teil Ostgaliziens; aus den Ländern jenseits der Save samt Istrien und Dalmatien wird der französische „Staat der illyrischen Provinzen" gebildet.

1810 Napoleon heiratet Marie Luise, die Tochter Franz' I.

1813 16., 18. und 19. Oktober: Völkerschlacht bei Leipzig: Die Preußen und Österreicher schlagen Napoleon entscheidend.

1814—1815 Wiener Kongreß: Wiederherstellung der Monarchie in der alten Form; Österreich erhält Venetien, das lombardo-venetianische Königreich, die illyrischen Provinzen, ferner Salzburg, Tirol und Galizien; Krakau wird Freistaat unter dem Schutz Österreichs, Rußlands und Preußens.

1819 Ministerkongreß in Karlsbad: Auf Antrag Metternichs werden scharfe Zensurmaßnahmen und intensive Überwachung der von revolutionärem Geist erfüllten deutschen Universitäten beschlossen.

1821 Kongreß von Laibach: Die Kaiser von Österreich und Rußland beraten wegen der Aufstandsbewegungen in Neapel und Piemont.

1835—1848 Ferdinand I.

1846 Nach einem polnischen Aufstandsversuch wird der Freistaat Krakau Österreich einverleibt.

1848 Revolutionäre Aufstände in Frankreich, Deutschland und Österreich:

13.—15. März: Aufstand in Wien; Metternich wird verjagt.

15. Mai: zweite Wiener Erhebung; der Kaiser flüchtet nach Innsbruck.

18. Mai: deutsche Nationalversammlung in der Frankfurter Paulskirche; Erzherzog Johann wird Reichsverweser.

Juni: Slowakenkongreß in Prag (von Palacký einberufen).

12.—17. Juni: Erhebung der Tschechen in Prag, durch Windischgrätz niedergeschlagen.

1848—1849 Aufstand in Oberitalien; Radetzky schlägt König Karl Albert von Sardinien bei Custozza und Novara.

Aufstand der Ungarn gegen Österreich: Im April

1848 wird eine nationale ungarische Regierung unter Batthyányi und Kossuth eingesetzt; Banus Jellačić mobilisiert die Kroaten gegen ungarische Nationaltruppen (Honvéd).

2. Dezember 1848: Kaiser Ferdinand, der mit dem Hof nach Olmütz geflüchtet war, dankt ab. Er stirbt erst 1875.

Franz Josef I., Kaiser (geboren 1830).

Kremsierer Reichstag: Erster Versuch, Österreich eine föderalistische Verfassung zu geben.

1849 4. April: Kossuth erklärt das Haus Habsburg-Lothringen für abgesetzt und Ungarn für unabhängig.

Im Mai militärische Intervention der Russen.

13. August: die Honvéds kapitulieren nach schweren Kämpfen in Siebenbürgen. Strafgericht von Arad: Dreizehn Honvédgenerale werden hingerichtet.

1851—1860 Verfassungslose neoabsolutistische Regierung in Österreich.

1859 Krieg Frankreichs und Sardiniens gegen Österreich:

24. Juni: Schlacht bei Solferino, Niederlage der von Franz Josef kommandierten Österreicher.

10. November: Friede von Zürich. Österreich verliert die Lombardei.

1866 Juni bis August: Krieg zwischen Österreich (mit Bayern, Württemberg, Sachsen, Hannover, Baden, Hessen) und Preußen (mit den kleineren norddeutschen Staaten und Italien), am

3. Juli: Schlacht bei Königgrätz, verheerende Niederlage der Österreicher.

26. Juli: Waffenstillstand von Nikolsburg.

*Italienischer Kriegsschauplatz:*

24. Juni: Schlacht bei Custozza, Sieg der Österreicher unter Erzherzog Albrecht über die Italiener.

20. Juli: Seesieg der Österreicher unter Admiral Tegetthoff über die Italiener bei Lissa.

23. August: Friede zu Prag (Österreich und Preußen): Auflösung des Deutschen Bundes, Neugestaltung Deutschlands ohne Österreich.

3. Oktober: Friede zu Wien (Österreich und Italien):

| | |
|---|---|
| | Österreich erkennt das Königreich Italien an und tritt Venetien ab. |
| 1867 | Ausgleich mit Ungarn: Ungarn erhält Reichstag mit eigenen Ministerien, nur Heerwesen, Finanzen und Außenpolitik sind noch gemeinsam; Krönung Franz Josefs und Elisabeths in Budapest. |
| 1878 | Berliner Kongreß: Neuordnung des Balkan nach der Zurückdrängung der Türken; die Türkei überläßt Österreich die militärische Besetzung und Verwaltung von Bosnien und der Herzegowina. |
| 1889 | 30. Januar: Selbstmord Kronprinz Rudolfs in Mayerling. |
| 1898 | 10. September: Ermordung Kaiserin Elisabeths in Genf durch den italienischen Anarchisten Lucheni. |
| 1908—1909 | Annexion Bosniens und der Herzegowina durch Österreich-Ungarn, Konflikt mit Rußland. |
| 1912—1913 | Balkankriege. |
| 1914—1918 | Erster Weltkrieg. |
| 1914 | 28. Juni: Ermordung des Thronfolgers Franz Ferdinand in Sarajewo. |
| | 23. Juli: Ultimatum Österreich-Ungarns an Serbien. |
| | 28. Juli: Kriegserklärung an Serbien. |
| | 5. August: Kriegserklärung an Rußland. |
| | 12. August: Kriegserklärung Englands und Frankreichs an Österreich-Ungarn. |
| 1915 | 23. Mai: Kriegserklärung Italiens an Österreich-Ungarn. |
| 1916 | 21. November: Tod Kaiser Franz Josefs, Karl I. Kaiser von Österreich (bis 1918). |
| 1918 | 8. Januar: Verkündung der 14 Punkte des amerikanischen Präsidenten Wilson (darunter Selbstbestimmungsrecht der Völker). |
| | 27. Oktober: Sonderfriedensangebot Österreichs. |
| | 28. Oktober: Proklamierung des tschechoslowakischen Staates. |
| | 31. Oktober: Auflösung Österreich-Ungarns. |
| | 11. November: Verzicht Karls auf die Ausübung der Regierungsgewalt in Österreich. |
| | 12. November: Proklamierung der Republik Österreich. |

16. November: Proklamierung der Republik Ungarn.
1. Dezember: Proklamierung des Königreiches der Serben, Kroaten und Slowenen.

1919 2. April: die Habsburger werden des Landes verwiesen.
10. September: Unterzeichnung des Friedensvertrages von Saint-Germain: Österreich anerkennt die aus Österreich-Ungarn entstandenen selbständigen Staaten. Südtirol kommt an Italien.

1920 4. Juni: Friedensvertrag zwischen Ungarn und der Entente in Trianon: Die Slowakei kommt an die ČSR, das Burgenland an Österreich, Kroatien und Slawonien an Jugoslawien, das Banat an Jugoslawien und Rumänien, Siebenbürgen an Rumänien.

1921 Ende März: erster Versuch Kaiser Karls, die ungarische Krone für sich zu retten.
Oktober: zweiter Restaurationsversuch Karls in Ungarn. Beide Versuche werden durch Reichsverweser Horthy vereitelt; ein britisches Kanonenboot bringt Karl und seine Gemahlin Zita nach Madeira.

1922 1. April: Kaiser Karl stirbt auf Madeira.

# STAMMTAFEL DER DEUTSCHEN LINIE DES HAUSES HABSBURG

- Ferdinand I. (1556—
  - Maximilian II. (1564—1576)
    - Rudolf II. (1576—1612)
    - Matthias (1612—1619)
  - Ferdinand von Ti

# HAUS LOTHRINGEN-TOSCANA

- Franz I., *Großherzog von Toscana* (1738)<br>*deutscher Kaiser* (1745—1765)<br>Gemahlin: Maria Theresia (1740—1780)<br>Tochter Karls VI., des letzten Habsburgers
  - Josef II. (1765—1790)
  - Leopold II., seit 1765 *Großherzog von Toscana, deutscher Kaiser* (1790—179
    - Franz II. (I.)<br>*deutscher Kaiser* (1792—1806)<br>*Kaiser von Österreich* (1806—1835)
      - Marie Louise<br>Gemahlin Napoleons I.<br>*Herzogin von Parma*<br>† 1847
      - Ferdinand I.<br>(1835—1848)<br>† 1875
      - Franz Karl † 1878<br>Gemahlin: Sofie<br>von Bayern † 1872
        - Franz Josef I. (1848—1916)<br>Gemahlin: Elisabeth<br>von Bayern † 1898
          - Rudolf<br>† 1889
        - Ferdinand Maximilian<br>*Kaiser von Mexiko*<br>† 1867
        - Karl Ludwig<br>† 1896
          - Franz Ferdinand<br>† 28. 6. 1914
          - Otto † 1906
            - Karl I. (1916—1918) † 1. 4. 192<br>Gemahlin: Zita von Bourbon-Pa
              - Otto
    - Ferdinand<br>*Großherzog von Toscana*<br>† 1824

Karl von Steiermark

Ferdinand II. (1619—1637)

Ferdinand III. (1637—1657)

Leopold I. (1658—1705)

Josef I. (1705—1711)

**Karl VI.** (1711—1740)

Maria Theresia (1740—1780)

Karl
† 1847

Josef
† 1847

Johann
*Reichsverweser*
(1848—1849) † 1859

Rainer
† 1853

Rudolf
*Kardinal*
† 1831

Ludwig
† 1864

…lbrecht
† 1895

Karl Ferdinand
† 1874

Friedrich
† 1936

Karl Stefan
† 1933

…Stammtafel wurden nur jene Persönlichkeiten aufgenommen, die für das Buch von Belang sind.

Großer Titel

Seiner kaiserlichen und königlichen Apostolischen Majestät:

# FRANZ JOSEF I.

von Gottes Gnaden Kaiser von Österreich,
König von Ungarn
und Böhmen, von Dalmatien, Kroatien,
Slavonien, Galizien, Lodomerien und Illyrien;
König von Jerusalem etc.;
Erzherzog von Österreich;
Großherzog von Toscana und Krakau,
Herzog von Lothringen, von Salzburg, Steyer,
Kärnten, Krain und der Bukowina;
Großfürst von Siebenbürgen,
Markgraf von Mähren;
Herzog von Ober- und Nieder-Schlesien,
von Modena, Parma, Piacenza und Guastalla,
von Auschwitz und Zator, von Teschen, Friaul,
Ragusa und Zara;
gefürsteter Graf von Habsburg und Tirol,
von Kyburg, Görz und Gradiska;
Fürst von Trient und Brixen;
Markgraf von Ober- und Nieder-Lausitz
und in Istrien;
Graf von Hohenembs, Feldkirch, Bregenz,
Sonnenberg etc.;
Herr von Triest, von Cattaro,
und auf der windischen Mark;
Großwojwod der Wojwodschaft Serbien etc., etc.

# Altösterreichischer Baedeker

Dieser kleine Ratgeber enthält nicht etwa die Postkutschenverbindungen zwischen Karlsbad und Eger oder die letzten Neuigkeiten vom Eilschiff der k. k. privilegierten Donaudampfschiffahrtsgesellschaft, sondern befaßt sich mit den heutigen Verhältnissen. Ohne Anspruch auf Vollständigkeit zu erheben, sollen diese kurzen touristischen Angaben über den Raum der ehemaligen Monarchie Vorinformationen für alle jene liefern, die durch dieses Buch vielleicht Lust zu einer Fahrt auf den Spuren des alten Österreich bekommen haben sollten. Hotels oder Restaurants wurden nur auf Grund persönlicher Erfahrungen erwähnt. Der Autor durchreiste alle diese Länder mit dem Auto, mit Expreß- und Bummelzügen, mit dem Flugzeug, mit Donau- und Adriaschiffen, mit lokalen Autobussen, mit Taxis. In Siebenbürgen reiste er einmal auf dem Soziussitz eines klapprigen Motorrades, im Banat sogar einige Kilometer per Rad, und manchmal ging er, wenn es sein mußte, auch zu Fuß. Er erlebte alle die Überraschungen, die unliebsamen wie die erfreulichen, die niemandem erspart bleiben, der sich in die Länder östlich von Wien begibt. Denn obwohl die meisten Oststaaten heute an westlichen Touristen sehr interessiert sind, bereiten ihnen Einzelreisende, die sich nicht in Gruppenschemen pressen lassen, doch noch Schwierigkeiten. Den besten Umgang mit dem westlichen Tourismus pflegt Jugoslawien; aber im Inneren des Landes kann auch dort das Reisen noch recht abenteuerlich werden. Die Tschechen haben in den letzten Jahren stark aufgeholt.

Wo immer der Autor hinkam, konnte er sich frei bewegen und fand bei seiner Arbeit die willige Unterstützung der lokalen Behörden. In der Sowjetunion ist man in weitestem Maße auf den Kontakt mit „Intourist" angewiesen, und der Autor wird die Hilfsbereitschaft der Intourist-Leute in Czernowitz nicht vergessen. Eines soll jedoch beachtet werden: In der Sowjetunion stößt jedes Abweichenwollen von der im voraus vereinbarten Route auf meist unüberwindliche Hindernisse. So war es zum Beispiel unmöglich, von Tarnopol statt mit dem Zug mit dem Autobus nach Czernowitz zu fahren (der Bus braucht nur vier, der Zug acht Stunden). Die Angst, daß ein Tourist aus dem Westen außer Programm einen Autobus besteigen könnte, bewog den Hoteldirektor sogar dazu, um fünf Uhr persönlich mit dem Autor zur Bahn zu marschieren, nur um sicher zu sein, daß alles ordnungsgemäß und glatt ging. Erwähnenswert ist auch die Tatsache, daß man in der Sowjetunion nur die Orte besuchen darf, die im Visum verzeichnet sind (die unmittelbare Umgebung des jeweiligen Ortes gehört jedoch dazu). Wer zehn oder zwanzig Kilometer weiter hinaus will, braucht meist eine oft schwer zu beschaffende Sonderbewilligung.

Bei allen Bahnfahrten, besonders in Rumänien und Jugoslawien, empfiehlt es sich, erster Klasse zu reisen. Der Preisunterschied ist nicht so hoch wie bei uns. In der zweiten kann man nämlich mitunter seine Wunder erleben. Öffentliche Verkehrsmittel sind für gewöhnlich ebenso überfüllt wie die Hotels, Reservierungen lohnen sich hier wie dort. Der interne Flugverkehr ist in den meisten Oststaaten rege und kommt kaum teurer als eine Bahnfahrt; im Sommer ist es aber auch hier schwierig, einen Platz zu bekommen.

Eines kann man jedem, der in die Bereiche der alten Monarchie reist, ans Herz legen: eine Donaufahrt. Sie vermittelt, wenn man mit Wetter und Wasserstand Glück hat, unvergeßliche Eindrücke und vor allem die Wohltat absoluter Ruhe.

Zu diesen Reisetips muß noch eines bemerkt werden: Alle diese Erfahrungen wurden 1964/65 gesammelt. Aber im Osten lebt man schnell. Wenn es den Behörden einfällt, wird gleichsam über Nacht ein neues Touristenzentrum aus dem Boden gestampft. Oder man ändert von heute auf morgen die geltenden Reisebestimmungen. Deshalb wundern Sie sich nie: wenn eines der herrlichen böhmischen Schlösser gesperrt ist; wenn in irgendeinem Provinznest auf einmal ein gläserner Hotelpalast steht; oder wenn in einer mittleren Stadt das einzige zumutbare Hotel keinerlei Interesse an Gästen zeigt; wenn irgendeine Zone plötzlich zum militärischen Sperrgebiet erklärt oder ein Sperrgebiet ebenso plötzlich geöffnet wird (vielleicht ist das mit der Insel Lissa schon bald der Fall); oder wenn Sie auf übergroße Hilfsbereitschaft stoßen oder auf totale Ablehnung. Man soll ja auch schon früher im Osten des Kaiserreiches da und dort das Staunen gelernt haben. Und noch eines: Die Reiseführerbibliothek über den Osten wird immer vollständiger. Auch in diversen Volksdemokratien bemüht man sich, gute Reiseführer und lokale „Wegweiser“ zu publizieren. Die Tschechen und die Ungarn sind hierin führend. Halten Sie sich an die billigen, an Ort und Stelle erhältlichen Bücher und Broschüren mit dem jüngsten Erscheinungsdatum. Es kann Ihnen aber auch passieren, daß Sie einen Führer für Hermannstadt nur in Kronstadt zu kaufen bekommen und umgekehrt. Schließlich wird eben östlich von Wien ein bißchen mehr geplant als bei uns. Schmieden Sie dennoch Reisepläne, so möchte Ihnen der Autor mit diesen und den folgenden kurzen Tips ein wenig an die Hand gehen.

Bei den Ortsnamen in österreichischer Schreibung finden Sie jeweils die heutigen Namen, dazu die Einwohnerzahl, ferner eine kurze Geschichte, Angaben, wie der Ort zu erreichen ist, dann die Hotels und Restaurants (nach den Erfahrungen des Autors, wie gesagt) und schließlich die wichtigsten Sehenswürdigkeiten.

ABBAZIA (Opatija), 8000 Einwohner. Vom Ende des 19. Jh.s bis 1914 vornehmstes Seebad der Monarchie, auch zwischen den Kriegen und heute wieder berühmter Badeort. Straße und Bahn Wien—Graz—Laibach—Rijeka. Hotel Kvarner (Quarnero), diesem gegenüber ausgezeichnetes Fischrestaurant; typischer Touristenort aus der Monarchie.

AGRAM (Zagreb), 481.000 Einwohner. Zweitgrößte Stadt Jugoslawiens. Ende des 11. Jh.s wurde die Kapitelstadt als Bischofssitz gegründet; später Fehden mit der neuentstandenen Oberstadt; wichtiger Handelsplatz; ab 1867 unter Ungarn Hauptstadt des Königreiches Kroatien und Slawonien, seit 1919 jugoslawisch, jetzt Hauptstadt der Volksrepublik Kroatien; per Bahn oder Auto über Wien—Graz, von Italien aus über Laibach und Triest zu erreichen; Flugzeugverbindung; mehrere gute Hotels, besonders das „Esplanade", reiche Auswahl an Restaurants; ausgezeichnet das Fischrestaurant Split; spätgotischer Dom, Oberstadt mit vielen Palais, mehrere interessante Privatsammlungen.

BANJA LUKA, 55.000 Einwohner. Römisches Bad; 1583 bis 1639 Residenz der türkischen Paschas in Bosnien. Bahn und Straße von Agram; Hotels Palace und Bosna; mehrere Moscheen und andere türkische Bauten.

BIELITZ (Bielsko-Biala), 84.000 Einwohner. Alte Tuchmacherstadt am Fuße der Beskiden, seit 1918 polnisch. Straße Brünn—Olmütz—Teschen (Těšín), Bahn Kattowitz—Krakau; historische Arkadenhäuser, eine protestantische und eine katholische Kirche aus dem 18. Jh.

BRÜNN (Brno), 323.700 Einwohner. Hauptstadt von Mähren. Bereits in der Monarchie bedeutende Industriestadt; Bahn und Straße von Wien, Flugzeug von Prag; Hotel International sehr modern, mit ausgezeichnetem Restaurant; Dom, Spielberg, Kasematten, Kapuzinergruft, altes und neues Rathaus.

BUDAPEST, 1,950.000 Einwohner. Entstanden aus den beiden Städten Buda (Ofen) und Pest. Ofen war der Sitz der ungarischen Könige vom 12. bis zum 16. Jh., 1541 bis 1686 türkisch, dann Hauptstadt Ungarns; Flughafen; viele gute Hotels, besonders „Gellert" und „Duna"; weltberühmte ungarische Küche (z. B. Mátyás-Keller), Konditorei Vörösmarty, stimmungsvolle Cafés; Burg, Matthiaskirche, Donaubrücken, Museum der bildenden Künste, türkische Bäder.

BUDWEIS (České Budějovice), 68.000 Einwohner. Zentrum Südböhmens. Berühmte Bierbrauereien. Bahn und Straße von Linz (Autobus); Flughafen. Historische Stadt; Rathaus, Salzkammer. Reste der Pferdebahn Linz—Budweis.

CATTARO (Kotor), 4800 Einwohner. Durch Jahrhunderte einer der wichtigsten Häfen des Mittelmeeres, berühmt für seine Segelschiffkapitäne, lange Zeit unter dem Schutz Venedigs, 1813 österr.; 1918 Matrosenmeuterei in der Bocche di Cattaro; seit 1919 jugosl., gehört heute zur Volksrepublik Montenegro. Schiff von Ragusa, Ausflugsmöglichkeiten zum Lovćen und nach Cetinje; für den Fremdenverkehr noch nicht ganz erschlossen. Hotel im nahen Dorf Skaljari; Dom, Schatzkammer, Altstadt, Meeresmuseum, eindrucksvolle Schiffsfahrt durch die Bucht mit alten Seefahrerstädtchen (Perast usw.) am Fuß steiler Berge.

CZERNOWITZ (Tschernowtzy), 160.000 Einwohner. Hauptstadt der Bukowina, bis ins 18. Jh. türk., 1774 österr., 1919 rumän., 1944 sowjet.; Bahn und Straße über Bukarest; Hotel Intourist; erzbischöfliche Residenz (jetzt Universität), Museum, Rathaus, Opernhaus.

DEBREZIN (Debrecen), 137.000 Einwohner. Zentrum des ungarischen Calvinismus. 1849 proklamierte hier Kossuth in der reformierten Kirche Ungarns Unabhängigkeit von Habsburg. Bahn und Straße Budapest—Szolnok.

DJAKOVO, 13.000 Einwohner. Berühmt geworden als Sitz des Bischofs Stroßmayer. Straße Agram—Slawonisch-Brod. Pseudoromanischer Dom des Wiener Rathauserbauers Schmidt. In der Krypta das Grab Stroßmayers; vom Bischof gegründetes Lipizzanergestüt.

EGER (Cheb), 22.700 Einwohner. Alte deutsche Reichsstadt; Bahn und Straße von Nürnberg, Karlsbad und Pilsen. Historische Häuser, u. a. das „Egerer Stöckl"; Ruine der Burg.

FIUME (Rijeka), 108.000 Einwohner. Bis 1919 Adriahafen Ungarns, 1919 jugosl., 1920 bis 1924 Freistaat, 1924 bis 1947 ital., seit 1947 jugosl.; Straße und Bahn über Graz und Laibach, größter Hafen Jugoslawiens, Ausgangspunkt für Adriafahrten. Renaissancedom, Stadtturm, Rathaus.

FLITSCH (Bovec), 1300 Einwohner. Touristischer Mittelpunkt des Isonzotals, umgeben von den Julischen Alpen, 1919 bis 1945 ital., jetzt jugosl.; Straße von Laibach oder Villach über Tarvis und den Predilpaß. Modernes Hotel Slovenija, ausgezeichnete Forellen. Die Umgebung ist Kriegsgebiet aus dem Ersten Weltkrieg: Friedhöfe, Kavernen, Laufgräben; in Karfreit (Kosarid) befindet sich ein Ossarium, in Log Pod Mangtrom eine alte Festung und ein Denkmal aus den Franzosenkriegen. Herrliche Gebirgslandschaft. In Tolmein (Tolmin) Heldenfriedhöfe.

FRANZENSBAD (Františkovy Lázně), 15.000 Einwohner. Heilbad, wirksam vor allem bei Frauenkrankheiten; Bahn und Straße von Eger.

FRIEDLAND (Frýdlant v Čechách), 11.000 Einwohner. Städtchen mit Wallenstein-Schloß (später Clam-Gallas); Bahn und Straße über Reichenberg (Liberec); die komplett eingerichteten Schloßräume können besichtigt werden.

GABLONZ (Jablonec), 27.800 Einwohner. Bijouterie- und Glaswarenindustrie; Bahn über Reichenberg, Straße über Prag—Jung-Bunzlau. Mehrere Hotels und Restaurants.

GITSCHIN (Jičín), 15.000 Einwohner. Verwaltungszentrum des Wallensteinschen Herzogtums. Bahn und Straße Prag—Jung-Bunzlau (Mladá Boleslav). Schloß mit dem Saal, in dem 1813 zwischen Österreich, Rußland und Preußen die Heilige Allianz gegen Napoleon geschlossen wurde. Die ganze Stadt steht unter Denkmalschutz. Geburtsort von Karl Kraus.

GÖDÖLLŐ, Barockschloß bei Budapest; ursprünglich im Besitz des Fürsten Grassalkowitsch, ab 1867 Sommersitz des Königs, vor allem der Königin Elisabeth; Autostraße Budapest—Miskolc, Lokalbahn von Budapest; weder Hotel noch Restaurant; das Schloß ist jetzt

Altersheim, im öffentlichen Park nahe der Bahn ein Elisabeth-Denkmal.

GÖRZ (Gorizia), 41.000 Einwohner. Früher Sitz der Grafen von Görz, Hauptort der Grafschaften Görz und Gradisca, ab 1500 österr., seit 1918 ital.; Bahn und Straße von Triest, Udine oder durch das Isonzotal; Ruine, Dom, in der Umgebung zahlreiche Schlachtfelder des Ersten Weltkrieges, Heldenfriedhöfe, Ossarien und Denkmäler; auf der jugoslawischen Seite am Fuße des Monte Santo Nova Gorica.

GRAN (Esztergom), Sitz des Primas von Ungarn; Straße von Budapest; Königspalast, Basilika, erzbischöfliches Palais mit Gemäldegalerie.

HAINDORF (Hejnice), Wallfahrtsort; Straße von Neustadt; große Kirche, erbaut von Johann Bernhard Fischer v. Erlach.

HERMANNSTADT (Sibiu), 103.000 Einwohner. Deutsche Minderheit; Gründung durch den Deutschen Ritterorden im 13. Jh., immer wieder türkischen Angriffen ausgesetzt, geistiges Zentrum der Siebenbürger Sachsen, seit 1918 rumän.; Bahn über Budapest, Straße Budapest—Oradea—Klausenburg, Flugzeug über Bukarest. Hotel Păltiniş (altmodisch); gotische Kirche, Altstadt, Stadtmauern, Brukenthal-Museum mit Gemäldegalerie; in der Umgebung Sachsendörfer mit Wehrkirchen.

HOLITSCH (Holič), 16.000 Einwohner. Kleiner Markt mit einem Schloß Maria Theresias; früher berühmte Porzellanmanufaktur, jetzt landwirtschaftliche Fachschule, schlecht erhalten; Bahn von Preßburg oder Brünn.

ILIDZE (Ilidža), 27.000 Einwohner. Badeort, Teil von Sarajewo, alte Kuranstalt.

KARLSBAD (Karlovy Vary), 43.800 Einwohner. Weltkurort mit Sprudel, dessen Wasser bei Magen- und Darmleiden sowie bei Verdauungsstörungen verwendet wird; von Karl IV. im 14. Jh. gegründet. Am schnellsten zu erreichen per Flugzeug von Prag; Straße von Prag oder Nürnberg—Eger; viele gute Hotels, am besten das Grandhotel Moskva, vormals Hotel Pupp, mit ausgezeichnetem

Restaurant; Sprudelhallen, Kaiserbad, eine barocke Kirche von Kililan Ignaz Dientzenhofer, alte Promenaden.

KARLSTADT (Karlovac), 35.000 Einwohner. 1576 vom Habsburger Erzherzog Karl als Festung gegen die Türken gegründet. Obwohl die Festung im 19. Jh. aufgelassen wurde, besteht noch immer die typische Festungsform eines sechszackigen Sternes. Auch noch heute Garnisonsstadt. Bahn und Straße von Agram. Hotel Zentral, nicht auf Touristen eingestellt. Die militärischen Gebäude, einige aus der Zeit Josefs II., dienen noch immer der Armee.

KLAUSENBURG (Cluj), 160.000 Einwohner. Alte siebenbürgische Universitätsstadt, von Sachsen gegründet. Bahn und Straße Budapest—Oradea (Großwardein).

KÖNIGGRÄTZ (Hradec Králové), 58.500 Einwohner. Im 14. Jh. Residenz der böhmischen Königinnen, später Festung; Ende des 19. Jh.s Entwicklung zur Industriestadt. Bahn Prag—Kolín, Straße Prag—Poděbrady. Großes Hotel mit Restaurant. Schöne Altstadt und viele Jugendstilbauten. Das Schlachtfeld von 1866 ist etwa 20 Kilometer von der Stadt entfernt (Taxi, Bus). Man fährt am besten nach Chlum (Museum, Batterie der Toten, Gräber, Denkmäler, Aussichtswarte, Gedenkstein in der Kirche); in der Nähe Lipa (Mausoleum) und Sadova.

KÖNIGSWART (Kynžvart), Metternich-Schloß; Bahn und Straße von Marienbad; einfaches Schloßrestaurant; die Inneneinrichtung des Schlosses ist gut erhalten, wertvolle Sammlungen, Metternichs Kuriositätenkabinett.

KONOPISCHT (Konopiště), Schloß der Sternberg, 1887 von Thronfolger Franz Ferdinand total umgestaltet; Straße, Bahn von Prag nach Beneschau (Benešov), von dort noch drei Kilometer. Einfaches Restaurant beim Parkplatz, modernes Motel; Sammlungen des Thronfolgers, Originaleinrichtung, Park, Rosengarten.

KRAKAU (Krakow), 487.000 Einwohner. Mitte des 11. bis Ende des 16. Jh.s Residenz der polnischen Königsdynastien der Piasten und Jagellonen, bis 1764 Krönungs- und Begräbnisstadt der polnischen Könige; im Mittelalter starke deutsche Ansiedlung, 1795 österr., von

1809 bis 1815 Teil des Herzogtums Warschau, bis 1846 Freistaat, dann bis 1918 wieder österr. Bahn über Prag und Kattowitz, Straße über Preßburg und Trstená, im Sommer Flugverbindung; Hotel Cracovia (hochmodern), Hotel Orbis Francuski, gute Küche im Restaurant Wierzynek, viele gute und traditionsreiche Kaffeehäuser; Marienkirche mit Veit-Stoß-Altar, Wawel mit Kathedrale, Königsgräbern und Galerie, Collegium Maius, Altstadt mit vielen Kirchen, Tuchhalle.

KREMSIER (Kroměříž), 21.500 Einwohner. Sommersitz der Bischöfe von Olmütz. 1848 Kremsierer Reichstag. Schlechte Bahnverbindung von Olmütz, es empfiehlt sich, über Brünn zu fahren; Straße Olmütz—Prerau (Přerov) und Brünn—Výškov. Hotel Zentral, Restaurant mittelmäßig; Barockschloß mit Sammlungen, Gemäldegalerie und Park.

KRONSTADT (Braşov), 137.200 Einwohner. Deutsche Minderheit; im 13. Jh. vom Deutschen Ritterorden gegründet, trotz allen Türkenstürmen Jahrhunderte hindurch ein Zentrum der Sachsen in Siebenbürgen, seit 1918 rumän.; Bahn Budapest—Hermannstadt, Straße Budapest—Oradea—Klausenburg, Flugzeug von Bukarest; Hotel Carpati (modern), Restaurant Zum Weißen Hirsch; „Schwarze Kirche", Hauptplatz, landschaftlich schöne Umgebung, viele Sachsendörfer mit Wehrkirchen und Bauernburgen.

LAIBACH (Ljubljana), 153.000 Einwohner. Römische Ansiedlung Emona, im 12. Jh. Neugründung durch deutsche Siedler; Hauptstadt des Herzogtums Krain, 1809 bis 1813 Hauptstadt des französischen Illyrien; 1821 fand hier der Laibacher Kongreß der Heiligen Allianz statt. Heute ist Laibach die Hauptstadt der Volksrepublik Slowenien. Bahn und Straße über Wien—Graz bzw. Triest; Flughafen. Zum Teil moderne Hotels, z. B. „Lev". Bemerkenswerte Altstadt, die drei Brücken, Barockkirchen; nach dem großen Erdbeben von 1895 erhielt Laibach zahlreiche wertvolle Jugendstilbauten.

LEITMERITZ (Litoměřice), 15.000 Einwohner. Alte Stadt, 65 Kilometer nördlich von Prag. Weingebiet. Bahn und Straße von Prag. Die ganze Stadt steht unter Denkmalschutz.

LEMBERG (Lwow), 410.000 Einwohner. Hauptstadt der sowjetischen Westukraine. Früher wichtiges Handelszentrum, ursprünglich ukrainisch, dann polnisch, ab 1772 Hauptstadt des österreichischen Galizien, 1918 wiederum poln., seit 1939 sowjet.; Bahn über Budapest—Csop, Straße Preßburg—Košice—Užgorod (nicht empfehlenswert). Hotel Ukrainia, etwas altmodisch; katholischer Dom, ukrainische Kathedrale, Altstadt, historisches Museum, Opernhaus, Landtag (jetzt Universität).

LESINA (Hvar), 2000 Einwohner. Insel. Zu Schiff von Rijeka oder von Split. Touristenort. Dom, venezianische Gebäude, in den Kirchen wertvolle Gemälde.

LIEBWERDA (Libverda), 5000 Einwohner. Kleiner Badeort; Straße von Neustadt; Kurhaus, schöne Umgebung.

LIPIZZA, 1580 gegründetes habsburgisches Gestüt, in welchem die berühmten Lipizzaner gezüchtet wurden; 1919 bis 1945 ital., dann jugosl., kämpft derzeit mit großen Schwierigkeiten. Straße von Triest und Laibach. Unterkunftsmöglichkeiten im Gestüt (Restaurant). Historische Stallungen, Reit- und Zuchtbetrieb.

LISSA (Vis), 4000 Einwohner. Insel mit den Städten Lissa und Komiza. Altgriechische Kolonie; venezianisch, während der Napoleonischen Kriege zuerst franz., von 1810 bis 1815 engl., dann österr. Vor Lissa großer Seesieg Admiral Tegetthoffs über die italienische Flotte am 20. Juli 1866. Schiffsverbindung von Split. Bis jetzt jugosl., militärisches Sperrgebiet.

LUNDENBURG (Břeclav), 12.000 Einwohner. Industriestadt, wichtiger Eisenbahnknotenpunkt zwischen Wien, Budapest, Preßburg, Prag und Warschau.

MÄHRISCH-OSTRAU (Ostrava), 252.000 Einwohner. Bischofs- und Bergwerksstadt mit Stahlindustrie; Bahn und Straße von Prag; Flughafen. Typische Industriestadt; Montanhochschule.

MARBURG AN DER DRAU (Maribor), 89.000 Einwohner. Alte deutsche Stadt, Zentrum der Untersteiermark, seit 1919 jugosl. Bahn und Straße von Graz aus, mehrere Hotels, Restaurant Orel; Burg, Rathaus.

MARIENBAD (Mariánské Lázně), 8500 Einwohner, 1818 von Mönchen gegründet; weltberühmtes Heilbad gegen Verdauungsstörungen und Rheumatismus. Straße und Bahn von Eger und Karlsbad. Viele gute Hotels, Restaurant LIL (Luginsland), Kreuzbrunnen, Trinkhallen; besonders schöne Lage.

MOSTAR, 53.000 Einwohner. Hauptstadt der Herzegowina. 1878 von Österreich okkupiert, bis dahin türkisch. Bahn und Straße von Sarajewo und Dubrovnik. Orientalischer Charakter, berühmte türkische Brücke.

NEUSATZ (Novi Sad), 119.000 Einwohner. Früher deutsche, ungarische und serbische Bevölkerung, jetzt serbische Mehrheit. Hauptstadt der autonomen Region Vojvodina. Autobahn Agram—Belgrad (Abzweigung nach Ruma) oder mit der Bahn direkt über Belgrad oder mit Donauschiff. Hotel Putnik; schöne Lage der Stadt an der Donau, barockes Zentrum, am anderen, rechten Donauufer die Festung Peterwardein (siehe diese).

NEUSTADT AN DER TAFELFICHTE (Nové Město pod Smrkem), 5000 Einwohner. Früher wichtiges deutsches Städtchen, jetzt unbedeutend; Bahn und Straße über Reichenberg (Liberec); ein Hotel (nicht sehr komfortabel).

NOWO SIELITZA, Dorf bei Czernowitz, früher Grenzort zwischen Österreich und Rußland.

ÖDENBURG (Sopron), 42.000 Einwohner. Historische Provinzstadt nahe der österr. Grenze; Straße von Wien über Klingenbach; Stadtturm, schöne alte Häuser, Dreifaltigkeitssäule, Benediktinerkirche.

OLMÜTZ (Olomouc), 73.600 Einwohner. Bis Ende des Dreißigjährigen Krieges die Hauptstadt Mährens, dann nur noch bedeutender Bischofssitz und Festung. Bahn und Straße von Prag über Königgrätz (Hradec Králové) und über Brünn. Interhotel Palace mit Restaurant; Wenzelsdom, erzbischöfliche Residenz, Domherrenhäuser, Altstadt, berühmte Brunnen.

ORASJE, Dorf an der Save, bosnisch; die Einwohner sind größtenteils Mohammedaner.

ORSOVA, alter Donauhafen, österr. Grenzstation und Festung, seit 1918 rumän.; Bahn und Straße von Temesvár, Schiff vom Donauhafen Turnu Severin; zwei schlechte Hotels; unweit des Ortes an der Stelle, wo 1849 die ungar. Stefanskrone vergraben wurde, eine Kapelle, in der Donau die Türkeninsel Ada-Kaleh.

PETERWARDEIN (Petrovardin), Festung über der Donau, im 13. Jh. durch Zisterziensermönche gegründet. Ende des 17. und Anfang des 18. Jh.s großzügiger Ausbau nach dem Vaubanschen System. Am 5. August 1716 südlich der Festung großer Sieg Prinz Eugens über die Türken. Die Festung selbst wurde nie angegriffen. Per Bahn und Auto von Belgrad und Neusatz oder mit Donauschiff erreichbar. Restaurant im früheren Offizierspavillon der Festung. Die gewaltigen Festungsanlagen stehen immer noch wie zu den Zeiten Prinz Eugens.

POLA (Pula), 40.000 Einwohner. Schon unter den Römern wichtiger Hafen, von Österreich zum bedeutendsten Stützpunkt der Marine ausgebaut, 1919 bis 1945 ital., dann jugosl. Per Auto durch Istrien von Triest bzw. Laibach—Koper oder von Rijeka, mit der Bahn von Laibach aus. Römische Arena, Augustustempel, österr. Marineanlagen großen Umfangs (noch immer militärisches Sperrgebiet), alte Forts.

PRAG (Praha), 1,014.200 Einwohner. Erste Siedlung vor 3500 Jahren gegründet, seit dem 10. Jh. Hauptstadt des Königreiches Böhmen, im 15. und 16. Jh. zeitweise kaiserliche Residenz (Luxemburger, Ferdinand I., Rudolf II., Matthias), von 1918 an Hauptstadt der Tschechoslowakischen Republik, der heutigen ČSSR. Flughafen. Viele gute Hotels, wie z. B. das „Alcron“, das „Jalta“, das „Esplanade“; der Autor bevorzugt das „Palace“ (Reservierungen sind zu empfehlen). Gute Restaurants in den Hotels selbst, ferner eine Unzahl ausgezeichneter und stimmungsvoller alter Weinstuben. Interessant sind auch die Bierlokale wie „U Fleků“ und „U Kalicha“. Von den Sehenswürdigkeiten sind hervorzuheben: der Hradschin mit dem Veitsdom und dem Alchimistengäßchen, das Lorettokloster, die Palaisgassen der Kleinseite, der Altstädter Ring und seine Umgebung, die Alt-Neu-Synagoge und der jüdische Friedhof, die Karlsbrücke.

PRESSBURG (Bratislava), 260.000 Einwohner. Von 1536 bis Ende 17. Jh. Hauptstadt Ungarns, bis erste Hälfte 19. Jh. Krönungsstadt, ab 1918 Hauptstadt der Slowakei; Straße und Donauschiff von Wien; viele Hotels, z. B. „Devin“ und „Carlton“; Burg, Martinsdom, Pionierpalast (früher Palais Erzherzog Friedrich), Museum im alten Rathaus, Bischofspalais.

RAAB (Györ), 66.000 Einwohner. Ungarische Stadt an der Donau. Bahn und Straße von Wien. Dom mit Fresken von Anton Maulpertsch.

RAGUSA (Dubrovnik), 24.000 Einwohner. Seit dem 14. Jh. unabhängige Republik von Kaufleuten und Seefahrern, 1808 franz., 1814 österr., seit 1919 jugosl. Gute Straße und Schiffsverbindung ab Rijeka (Fiume), per Bahn langwierige Fahrt von Agram oder Belgrad über Bosnien. Flughafen. Fremdenverkehrszentrum. Ausgezeichnet das Hotel Argentina, gute Küche. Die ganze Stadt ist eine einzige Sehenswürdigkeit. Vollständig erhaltener Mauerring, Rektorenpalast, Franziskanerkloster mit Kreuzgang und historische Apotheke, Kathedrale.

REICHENBERG (Liberec), 68.600 Einwohner. Bedeutendes Industrie- und Gewerbezentrum; Bahn und Straße über Jung-Bunzlau; Rathaus, Theater, Tierpark.

SARAJEWO, 218.000 Einwohner. Hauptstadt Bosniens. Bis zur Okkupation durch Österreich 1878 türkisch. Straße Agram—Banja Luka—Jaice, Bahn Agram—Brod; Flughafen. Hotel Slavija; Gedenkstätten, die an die Ermordung Franz Ferdinands erinnern, türkische Altstadt mit vielen Moscheen, österr. Verwaltungsbauten.

SEMLIN (Zemun), ungarische Grenzfestung gegenüber Belgrad an der Mündung der Save in die Donau, Ausgangspunkt für alle Operationen gegen das türkische Belgrad; jetzt Kleinstadt, grenzt direkt an Neu-Belgrad. Von Belgrad aus per Autobus erreichbar. Man übernachtet besser in der Hauptstadt. Millenniumdenkmal, barocke Kirchen.

SPALATO (Split), 106.000 Einwohner. Römische Gründung (Salona), später venezianisch, unter Napoleon französisch, 1815 österr., 1919 jugosl. Straße von Rijeka, Bahn von Agram. Bestes Hotel: „Bellevue“. Diokletian-Palast und Mausoleum, Dom, Rathaus, Römerbauten.

TARNOPOL (Ternopol), 50.000 Einwohner. Galizische Garnisons- und Bezirksstadt, seit 1939 sowjet.; Bahn und Straße von Lemberg; Hotel Ukrainia, sehr einfach; die Stadt wurde im Krieg stark zerstört und als sozialistische Mustersiedlung wieder aufgebaut; künstlicher See, gut erhaltene alte Kirchen.

TEMESVÁR (Timişoara), 152.000 Einwohner. Deutsche Minderheit; Festung gegen die Türken, Sitz der Hunyadi, von Mitte 16. Jh. bis zur Befreiung durch Prinz Eugen 1718 türk., dann Hauptstadt des von den Schwaben neubesiedelten Banat, seit 1918 rumän.; Bahn über Budapest—Arad, Straße Budapest—Oradea—Arad, Hotel Banatul (mittelmäßig); alter Hauptplatz, Kirche, erbaut von Fischer v. Erlach (Sohn), Museum im Hunyadi-Schloß, in der Umgebung viele Schwabendörfer (Varias und andere).

TRIEST (Trieste), 275.000 Einwohner. Alter römischer Adriahafen, schon seit 1382 österr., wichtigster Hafen der Monarchie, Sitz des Triester Lloyd, seit 1918 ital.; Bahn und Straße über Graz und Laibach bzw. Udine; viele gute Hotels und Restaurants, billiges Restaurant mit altösterreichischer Atmosphäre: „Trieste mia"; Hafenplatz, Kastell und Kathedrale am San-Giusto-Hügel, römisches Theater, Schloß Miramar.

VINKOVCI, 25.000 Einwohner. Römische Gründung, Stützpunkt aus der Zeit der Militärgrenze, jetzt wichtigster Eisenbahnknotenpunkt Jugoslawiens. Straße und Bahn von Agram. Barockes Stadtzentrum.

ZARA (Zadar), 28.000 Einwohner. Römische Gründung; venezianisch, 1805 bis 1813 franz., unter Österreich Hauptstadt Dalmatiens, 1919 bis 1945 ital., heute jugosl. Straße und Schiff von Rijeka. Hotel Beograd am Hafen; Dom, Renaissancebauten, Kastell, zahlreiche wertvolle alte Kirchen.

ŽUPANJA, 4500 Einwohner. Kleiner Marktort an der Save. Straße: Abzweigung von der Autobahn Agram—Belgrad, Bahnverbindung über Agram—Vinkovci. Ein einziges, ziemlich primitives Hotel. Einziges noch bestehendes Tschardak-Wachhaus der alten Militärgrenze, jetzt sehenswertes Museum.

# Des Doppeladlers Wiedergeburt
## Ein Friaulisch-Welschtiroler Nachwort nach 20 Jahren

In das Gedröhne der Kirchenglocken mischt sich der Klang einer Blechmusik. An einem Luftballonbündel schwebt die italienische Fahne über die Dächer. Aber die Kapelle spielt den Radetzkymarsch. Die Musiker kommen aus Triest und sie tragen altösterreichische Marineuniformen. Sie sind wegen eines Habsburgers ausgerückt. Der Kaiser, der da eingeläutet und angeblasen wird, heißt nicht Franz Joseph, sondern Maximilian I., der „letzte Ritter". In bronzener Starre, im Gewand seiner Zeit, nicht in der Rüstung, sondern als friedlicher Herrscher, steht er auf dem Sockel; er würde sich wohl wundern, welch ein Spektakel man da über 450 Jahre nach seinem Tode um ihn veranstaltet. Doch die Bürger von Cormons, dem friaulischen Städtchen in der Provinz Görz, wollen ihn feiern. Die Rückkehr des Denkmals an seinen angestammten Platz ist ihnen ein viertägiges Volksfest wert. Sie haben dazu noch eine Osttiroler Schützenkapelle aus Lienz eingeladen, sie schenken einen Maximilian-Wein aus, tragen Maximilian-T-Shirts und bekunden so dem Habsburger ihre Dankbarkeit dafür, daß er den Cormonsern 1517 Steuerfreiheit und andere Privilegien für den Wiederaufbau der im habsburgisch-venezianischen Krieg zerstörten Stadt gewährt hat.
Seitdem war Cormons gut-österreichisch. Um diese Gesinnung zu Zeiten einer massiven irredentistischen Propaganda für eine „Heimkehr" nach Italien zu bekunden, stiftete die Stadt anfangs dieses Jahrhunderts das Kaiser-Monument. Als nach 1918 Görz, Gradiska und das „Küsten-

land“ an Italien fielen, verbannten die neuen Herren den metallenen Max in den Görzer Museumsgarten und später in ein Depot. Die Zeiten änderten sich. Cormons hatte seinen Kaiser nicht vergessen. Und nach zehnjährigem zähen Kampf mit den Behörden erzwangen die Cormonser seine Heimkehr. Sie zelebrierten das Ereignis wie einen großen Sieg. 15 Jahre früher, als ich von der jugoslawischen Seite dieses so heißumstrittenen Landes nach Italien blickte, schien die Doppeladlersuche dort nicht opportun. Die aktuelle Politik benutzte noch die Munition der Vergangenheit. Die Auseinandersetzung um Südtirol belastete das Verhältnis Österreich-Italien. Jedes Wort, jede Frage nach der Zeit unter den Habsburgern in Friaul oder in Trient wäre zur Tagespolitik geworden. Und eine Habsburg-Huldigung mit k.u.k.-Dekor wie anno 1981 in Cormons hätte die Carabinieri zum Eingreifen veranlaßt. Jetzt versehen sie nur den Ordnungsdienst. Und daß auf jedem zweiten Auto ein schwarzer Doppeladler auf gelbem Grund klebt, das Symbol des Movimento Civilta Mitteleuropea, sind sie gewohnt. Schließlich schmückt sogar Dino Zoff, der Tormann der italienischen Weltmeistermannschaft seinen Wagen mit dem Habsburgeradler. Er ist Friauler, ebenso wie Teamchef Bearzot, beide stammen aus dem bis 1918 österreichischen Teil. Und als Zoff 1982 nach der Weltmeisterschaft für das intellektuelle Linksblatt „Repubblica“ interviewt wurde, legte er ein Bekenntnis zum alten Österreich ab. Dieses Land habe seine Familie geprägt, er fühle sich Mitteleuropa zugehörig. Und ein Jahr später, als der italienische Fußballverband Udinese den Ankauf des brasilianischen Stars Zico verbieten wollte, demonstrierten Zehntausende auf dem großen Platz und einige schwenkten rotweißrote Fahnen und Transparente „Entweder Zico oder Österreich“.

Das Volksfest am 18. August zu Kaisers Geburtstag in Giassico bei Cormons ist seit den späten siebziger Jahren ein fester Termin für unzählige Friauler und Triestiner. Staunend erleben österreichische Touristen, wie da der alte Kaiser gefeiert wird, bei weißem Poleante und Bratwürsten vom Grill, und Refosco, Pinot Grigio und Tocai. Franz-Joseph-Leibchen, Franz-Joseph-Bilder und Franz-Joseph-Krüge sind das große Geschäft. Cecco Beppo, wie der alte Kaiser liebevoll genannt wird, soll nicht wieder aus der Kapuzinergruft geholt und auf den Thron gehoben werden. Nur die wenigsten der Menschen hier sind Monarchisten. Sie gedenken Franz Josephs, weil er für eine andere – und ihrer Meinung nach – bessere Ordnung stand. Und weil sie sich unendlich weit weg von Rom fühlen und viel näher zu Wien, und dem Geist Mitteleuropas, der von dort ausstrahlte.

„Wir haben mit den Italienern viel weniger gemeinsam als mit euch", sagt ein leidenschaftlicher „Mitteleuropäer" in Cervignano. Wenn er und seine Freunde vom alten Österreich schwärmen, erglänzt die Epoche, in der hier noch die gefürstete Grafschaft Görz und Gradisca war, in verklärtem Schein. Die Vergangenheit wird mit dem Weichzeichner reproduziert. Jede Blasmusik in den Dörfern rings um Görz hat das „Gott erhalte" im Repertoire und in vielen Häusern hängen Franz-Joseph-Porträts oder Dokumente aus der österreichischen Zeit mit dem Doppeladler.

Wo einmal die Grenze war, nahe von Cervignano, hat man einen österreichischen Grenzstein renoviert und mit einem Blumenbeet umgeben. Und als der damalige Premier Spadolini 1983 zu Gedenkfeiern an die „Befreiung" der Stadt Görz durch die Italiener im ersten Weltkrieg nach Friaul kam, stellte das offizielle Kirchenblatt der Diözese „Stimme des Isonzo" den Anlaß in Frage. Der Regierungschef sollte sich nicht wundern, wenn hier keine besondere Feierstimmung aufkäme. Man habe wenig Grund dazu. Von einer Befreiung oder „Heimkehr" der Provinz nach Italien könne keine Rede sein. Görz habe vorher nie zu Italien gehört, höchstens zu römischen Zeiten. Dafür sei es 500 Jahre bei Habsburg gewesen. Die Italiener hätten keinen Fortschritt gebracht, im Gegenteil – auf den Faschismus folgte die Mißwirtschaft einer volksfremden Bürokratie. Am Tag des Festes waren in Görz fast nur die Amtsgebäude beflaggt.

„Unter Österreich konnten wir unsere friaulische Sprache, Kultur und Eigenständigkeit bewahren", sagt Paolo Petizoll, einer der Gründer der Mitteleuropa-Bewegung. „Die Italiener wollen dagegen nicht begreifen, daß wir anders sind." So wird für viele Friauler der k.u.k.-Kult zu einem Instrument, die eigene Identität zu finden und die Italiener in ihre Grenzen zu weisen. Das Risorgimento, die große Einigungsbewegung, verhieß allen Italienischsprechenden das höchste Glück im geeinten Nationalstaat. Dieser Italianitá sollten alle regionalen Eigeninteressen geopfert werden. Friauler wie Slowenen sollten sich glücklich schätzen, in die überlegene italienische Nation aufgenommen zu werden.

Als man in den 60er und 70er Jahren in Europa eher großräumig zu denken begann und die Nationalstaatsidee einiges an Anziehungskraft verlor, besannen sich die kleinen Gemeinschaften, Sprachgruppen, Minderheiten usw. wieder ihrer besonderen Profile. Früher hatten nur noch die Bauern friaulisch gesprochen, jetzt lernten es die Studenten wieder, und die Intellektuellen beschäftigten sich damit. Der Schock des Erdbebens 1976, das soviel wertvolles friaulisches Kulturgut zerstörte, förderte diese Tendenzen noch. Nicht zuletzt deshalb, weil aus Österreich viel schnellere und wirksamere Hilfe kam als aus Rom. In Udine, das wie Venedig von 1797 – mit einer napoleonischen Unterbrechung – bis 1866 zu Österreich gehört hatte, wurde das Bekenntnis zum Friaulertum zu einer immer stärkeren politischen Kraft. Die Mitteleuropa-Bewegung zerfiel in einen friaulischen und einen Triestiner Flügel, weil die politischen Voraussetzungen zu verschieden waren. Über diese vom Tag bestimmten Entwicklungen hinaus bleibt jedoch die starke Gefühlsbindung an eine Erinnerungswelt, an ein imaginäres Reich, das wohl nie so ideal war, wie es heute viele sehen, aber auch nie so schlecht, wie es lange Jahre hindurch in einer systematischen Verteufelungskampagne verleumdet wurde.

„Die historische Wahrheit wurde wieder hergestellt. Darum war dieses Fest so wichtig." Raimondo Graf Strassoldo, Soziologieprofessor in Triest mit einem Institut in Görz, spricht in seiner Bibliothek über das Fest in Cormons. Auch das Leben unter Österreich war so lange in völlig verzerrter Weise präsentiert worden. Was die Friauler deshalb eher im privaten Bereich bewahrt hatten, ist nun wieder öffentlich geworden. Raimondo Strassoldo: „Bis zu meiner Generation hat die Bevölkerung durch die mündliche Überlieferung die Erinnerung daran bewahrt, daß das Leben unter Österreich sehr verschieden war von allem, was darauf folgte. Man erinnert sich einer viel geordneteren Gesellschaft. Man erinnert sich der Sozialgesetzgebung, die in Österreich wesentlich fortschrittlicher war als in Italien. Auch die Wirtschaftslage war im österreichischen Ostfriaul im Vergleich zum westlichen italienischen Teil viel besser. Die Bauern waren besser organisiert. Es gab schon die Raiffeisenkassen. Und der Schutz der ethnischen Minderheiten war viel wirksamer und zufriedenstellender. All diese Dinge sind im Bewußtsein eines Teiles der Bevölkerung bis heute lebendig geblieben." Die jüngere Generation, zu der Strassoldo gehört, sorgt dafür, daß diese Erinnerung wieder weitergegeben wird und nicht versiegt.

Die Familie Strassoldo ist selbst in diesem Spannungsfeld großgeworden. Die Strassoldo gehören einem der ältesten Adelsgeschlechter an. Ein mythischer Vorfahre an der Wurzel ihres Stammbaums, Rumbaldus, soll sich schon mit Attila, dem Hunnenkönig, herumgeschlagen haben. Wie viele Friauler Adelige führen die Strassoldo als Grafen des Heiligen Römischen Reiches den Doppeladler im Wappen. Das Schloß nahe der großen Heerstraße nach dem Süden, dem Meer zu, wird von den Sonnenhungrigen in der Blechkolonne aus dem Norden gerne übersehen. Bei Cervignano wittern sie schon den Salzgeruch und zählen die Kilometer zum Meer. Grado ist nahe, da läßt man sich von einem verborgenen Schloß nicht aufhalten. Still und verschwiegen ist die Gebäudegruppe wie ein kleines Dorf in einem weiten Park gebettet. Zwischen den einzelnen Schloßbauten verläuft eine öffentliche Straße. Strassoldo kommt von „Straßhalt“, von einem Bollwerk zur Kontrolle der Fernstraße, zur Abwehr fremder Invasoren oder auch zum Schröpfen reisender Kaufleute. Mediterrane Vegetation mischt sich mit dem frischen Grün unserer Breiten. Und ringsum liegen die reichen Mais- und Weizenfelder der Ebene.

Die Welt möchte man hier vergessen, aber die Strassoldo standen immer mitten im politischen Geschehen. Hunnen- und Ungarnstürme sollen sie schon überdauert haben, dann suchten sie als Kreuzritter das Abenteuer des Glaubens. Sie stritten für den Patriarchen von Aquielia, für den Kaiser, für den Dogen und sie bewährten sich gegen Türken, Preußen und Franzosen. Dazwischen liegen blutige Familienfehden und im 18. Jahrhundert wurden unter Karl VI. eine Gräfin Strassoldo und ihr Sohn wegen Beteiligung an einem privaten Mordkomplott zum Tode verurteilt und in Gradisca öffentlich hingerichtet. Im Prunksaal des Strassoldo-Palais in Udine, heute im Besitz einer Bank, sind die bedeutenden Familienmitglieder an die Decke gemalt – der eine fiel beim Kreuzzug Barbarossas in Kleinasien, ein anderer war Poet und Gelehrter, ein Strassoldo kommandierte die friaulische Galeere in der Schlacht von Lepanto gegen die Türken. Friedrich Strassoldo übernahm für Kaiser Maximilian diplomatische Missionen, ein Raimondo hatte das Bistum Eichstädt inne und zwei Strassoldo-Brüder fochten unter Prinz Eugen vor Belgrad. Dann und wann konnte es auch passieren, daß sie einander als Feinde gegenüberstanden – die einen im Lager der Venezianer, die anderen bei den Habsburgern.

Eine verwitterte Inschrift an der Schloßmauer erinnert an den Besuch Kaiser Friedrich IV., der 1489 hier Station gemacht hat. Auch sonst sind die Säle und Zimmer mit austriakischen Memorabilien angefüllt. Maria Theresia blickt auf uns, neben ihr Josef II., und Strassoldo-Söhne im blauen, braunen oder weißen Waffenrock der kaiserlichen Armee. Ein Strassoldo war einmal Chef der k.k.Tabakregie in Wien, ein anderer, Michael, Statthalter in Mailand – in jenen schwierigen Jahren, da der Widerstand gegen Österreich am stärksten war. Michael wurde später Statthalter in der Steiermark. Die Strassoldogasse in Graz gedenkt seiner. Der Bruder Julius Cäsar zeichnete sich an der Spitze seiner Brigade in den Kämpfen 1848 aus – gegen die Italiener. Und sein Oberbefehlshaber war gleichzeitig auch sein Schwager – Feldmarschall Radetzky.

In der St.-Nikolaus-Kirche im Schloßbereich wurde Radetzky 1798 als 32jähriger Major mit der 17jährigen Komtesse Franziska Romana Strassoldo vermählt. Bei Befestigungsarbeiten in Gradisca hatte der Pionieroffizier die Strassoldo-Tochter kennengelernt. Im Archiv der Pfarre zeigt man gerne das Trauungsbuch mit der Eintragung vom 22. April 1798. Als Zeugen haben zwei Regimentskameraden unterschrieben, die Hauptleute Michael von Horvath und Friedrich Graf Schärffenberg.

Die Ehe war nicht sehr glücklich. Obwohl Franziska bis zu ihrem 36. Lebensjahr Radetzky acht Kinder geboren hatte, stimmte das Verhältnis von Anfang an nicht. „Deine Mutter war unerfahren und ich ehrlich, ihre Mutter wollte unsere Verbindung, der ich stets mein beschränktes Einkommen entgegensetzte, denn ich hatte nur 20 000 Gulden eigenes Vermögen", klagte Radetzky später seiner Tochter. „Ich verehelichte mich, damit man mir nicht den Vorwurf machte, ich hätte deiner Mutter Ruhe untergraben."

Geld war eine wesentliche Frage dieser Ehe. Franziska hatte eine leichte Hand beim Ausgeben, und Radetzky kam mit dem Schuldenzahlen nicht nach. „Die Schuldner klagten und ich hatte nur die Wahl, alle Schulden meiner Frau stillschweigend als die meinigen anzuerkennen oder sie in den Schuldenarrest eingesperrt zu sehen. Die Folgen hiervon waren: Verlust aller Habseligkeiten, der Abzug meines halben Gehaltes, Entbehrung und Beschimpfungen aller Art." Diese Misere verhinderte jedoch nicht, daß Radetzky in 56 Ehejahren immer wieder seine Anhänglichkeit an Franziska bewies – auch wenn er dann und wann sein Glück bei anderen Frauen suchte.

Die Strassoldo sind stolz auf ihre Verwandtschaft mit dem großen Feldherrn. „Lange Zeit war das jedoch fast wie ein Verbrechen, mit Radetzky verschwägert zu sein", sagt man heute. „Man durfte gar nicht darüber reden. Jetzt ist das anders. Jetzt ist Radetzky wieder etwas Besonderes, und man braucht ihn nicht mehr zu verstecken."

Radetzky profitiert von der Österreich-Welle, die Ende der siebziger und Anfang der achtziger Jahre über Italien ging. Österreichische Literatur wurde entdeckt, die Intellektuellen schwärmten für Schnitzler, Musil und Hofmannsthal, für Joseph Roth und Horvath, Karl Kraus wurde übersetzt, am Canale Grande in Venedig wehten 1984 neben dem Palazzo Grassi sechs schwarzgelbe Doppeladlerfahnen – anläßlich der großen Wiener Jugendstilschau im Rahmen der Biennale. Auch dort erinnerte man an die positiven Leistungen der Österreicher. Sie haben z. B. durch die Eisenbahnbrücke Venedig mit dem Festland verbunden. Und Bücher über Franz Joseph und auch Radetzky wurden zu Bestsellern. In Mailand und in anderen lombardischen Städten gab es Maria Theresia-Ausstellungen, in Triest strömten Hunderttausende zu „Maria Theresia und der Triester Hafen".

Das völlig veränderte Klima merkt man auch in Trient, einstmals Arena österreichisch-italienischer Nationalitäten-Konflikte. Das Mausoleum für Cesare Battisti, den von den Österreichern im ersten Weltkrieg als Deserteur hingerichteten sozialdemokratischen Reichsratabgeordneten, beherrscht das Stadtbild, der Dante auf dem Bahnhofsplatz, noch unter dem Kaiser errichtet, blickt abwehrend oder herausfordernd gegen Norden – ein Symbol für die Überlegenheit der italienischen Kultur über die der Barbaren aus dem Norden. Enrico Panchieri, bis 1984 Präsident der Region Trient-Südtirol (Trento-Alto Adige), hat die Statue direkt vor den Fenstern seines Büros im Regionspalast. In den harten Auseinandersetzungen um Südtirol war dieser moderne Bau eine Trutzburg der italienischen Vorherrschaft. Denn dadurch, daß die Provinz Bozen mit dem Trentino in einer Region vereint wurde, blieb die Majorität der Italiener gesichert. Im Frühjahr 1982 sieht Panchieri jedoch ähnlich wie die Friauler nur die guten Seiten der österreichischen Verwaltung: „In Trient erinnert man sich an Österreich als einen wirkungsvollen, bürgernahen Staat, der gewillt war, seinen Untertanen eine gewisse Autonomie zu gewähren. Das alte Österreich war ja eine Art vereintes Europa. Jedes Volk in der Monarchie sprach seine eigene Sprache, hatte eigene Schulen, eigene Kirchen, eigene Beamte. Obwohl man sich in einem absolutistischen Staat befand, war das eine Freiheit, die ich als Großzügigkeit bezeichnen möchte; es war jener Wille, dem Volk zu geben, was man ihm damals geben konnte..." Der Präsident wies noch auf das Erziehungssystem Maria Theresias hin, „damals das beste der Welt". Panchieri machte diese Aussagen vor der Fernsehkamera. Nachher meinte ich, daß ein solches Interview vor zehn Jahren wohl nicht möglich gewesen wäre. „Auch vor fünf Jahren noch nicht", war seine Antwort.

Der Präsident erzählt von seiner altösterreichischen Vergangenheit. Er stammt aus dem Nonstal. Sein Vater hatte noch österreichische Schulen besucht und im ersten Weltkrieg des Kaisers Rock getragen, wie die meisten Trientiner, obwohl ihre Muttersprache italienisch war. Sie hießen Welschtiroler. Diesen Begriff hört man heute in und um Trient wieder öfters. Wenn man vom Norden, aus Südtirol, kommt, verschließen klobige Felsmassive den Blick. In der Salurner Klause scheint eine steinerne Barriere Völker und Sprachen zu trennen. Nördlich davon redet man deutsch, südlich italienisch. Mit offenen Augen entdeckt man jedoch bald viel Gemeinsames. Die Zwiebeltürme in den Dörfern sind alpenländisch, kaum anders als in Tirol oder Bayern. Im ersten größeren Ort, in San Michele an der Etsch, versieht jener böhmische Heilige, der im Habsburger Reich so viele Brücken bewachte, seinen frommen Dienst: Johannes Nepomuk. San Michele war in der Monarchie ein Begriff – die Obst- und Weinbauschule dort. Aus San Michele wurde ein leichter Rotwein an der Tafel des Kaisers serviert. Vor dem Schloß – einem ehemaligen Kloster – rüttelt der Wind an einer zerzausten hohen Tanne. Sie ist im Jubiläumsjahr 1908 gepflanzt worden, als Kaiser Franz Joseph die Schule besuchte. Eine Marmortafel erinnert an dieses Ereignis, und die Tanne wächst und wächst, unberührt von allen politischen Veränderungen. Einzig Autoabgase aus dem Etschtal könnten ihr gefährlich werden. Der Direktor des im Schloß einquartierten Volkskundemuseums ist Italiener. Sein Name Schebesta weist ihn jedoch als Nachkomme böhmischer Beamter oder Offiziere aus, die in der Monarchie in den Süden versetzt worden waren. Er hat die Franz Joseph-Tafel auf dem Dachboden gefunden und sie in seinem Büro an der Wand montiert. Denn für ihn war Franz Joseph ein großer Kaiser, der vom Volk respektiert wurde – und der selber das Volk respektiert hatte. Im Schloßhof aber ist ein Weißrock aufgepflanzt, ein lebensgroßer österreichischer Grenadier in voller Montur, als ob ihn Radetzky hier vergessen hätte. Die Soldatenfigur hat ein Bauernkünstler in der Gegend aus einem Stamm als Bienenstock geschnitzt. Darüber, an der Mauer neben einer Sonnenuhr, sind Doppeladler und Tiroler Adler gmalt, schon etwas verblichen, und eine Inschrift weist darauf hin, daß Maximilian I. in San Michele übernachtet hat.

Seinen Spuren folgt man auch in Trient. Der Palazzo Geremia nahe dem Dom wurde zur Bilderchronik des Besuches Maximilians im Jahre 1508. Die Fresken an der Straßenseite zeigen das charakteristische scharfe Profil des Habsburgers, seine Adlernase, wie wir sie von den Dürer-Porträts kennen, und wir erleben ihn mit Gesandtschaften, Bürgern und Bischöfen. Maximilian hatte sich in Trient zum römisch-deutschen Kaiser ausrufen lassen, weil ihm die feindlichen Venezianer den Weg zur Kaiserkrönung nach Rom versperrten.

„Wir müssen das ganze österreichisch-deutsche Pech, das an uns klebt, abkratzen", hatte Caesare Battisti, dieser leidenschaftliche Verfechter des Anschlußes Trients und Südtirols an Italien gefordert. Aber das Pech hält noch immer. Dieser südliche Vorposten des Heiligen Römischen Reiches deutscher Nation verleugnet seine „reichische" Vergangenheit nicht. Die Kaiser haben hier durch viele Jahrhunderte deutsche Adelige als Bischöfe eingesetzt. Sie haben diese Stadt geprägt

Der Name Trient steht auch für den mißglückten Versuch, die Kirchenspaltung im Reich durch ein Konzil zu überwinden. Am 13. Dezember 1545 wurde die Versammlung der Kardinäle und Bischöfe im Dom feierlich eröffnet. Die Kirchenversammlung dauerte mit mehreren Unterbrechungen bis 1563. Das Konzil brachte eine neue Liturgieordnung, und seine Beschlüsse lieferten der Gegenreformation das geistige Rüstzeug. Trient hatte in jenen Jahren seine glanzvollste Zeit erlebt: „Die Stadt blühte in Samt und Seide", schrieb Heinrich Heine 1829. „Aber das Konzilium hat wenig ausgerichtet, der Samt ist abgeschabt, die Seide zerfetzt", nur „der uralte Dom, nicht groß, nicht düster, ist wie ein heiterer Greis, recht bejahrt, zutraulich und einladend." Und neben einem Seiteneingang hinter den romanischen Löwen, auf denen die Säulen der Vorhalle lasten, hat ein Doppeladler alle Regimewechsel heil überdauert – ein steinerner Zeuge dafür, daß die Trienter Bischöfe als Reichsfürsten nur die Autorität des Kaisers anerkannten. Die Habsburger hatten 1511 die weltliche Schutzherrschaft über das Fürstbistum übernommen. Durch die napoleonischen Umwälzungen gelangte Trient zu Tirol, und zwischen 1806 und 1809 waren Stadt und Provinz bayerisch. Die Palais rund um den Dom tragen die Namen der großen Welschtiroler Geschlechter: Firmian, Lodron und Thun, Salvadori, Fedrigotti und Consolati. Auch die Fugger haben in Trient gebaut.

Kirchliches und Kaiserliches, Italienisches und Deutsches sind in Trient eine Ehe eingegangen. Die Unvernunft der Völker war für manch stürmisches Jahr verantwortlich, für viel Haß und Elend. Das möchte man heute wieder lieber verdrängen. Die vielen Doppeladler hier werden wieder liebevoll restauriert, seinen prächtigen Horst hat der Wappenvogel jedoch hoch in den Bergen über der Stadt gefunden – in der Villa di Margon. Dieser Renaissancepalast war für Kaiser Karl V. hergerichtet und dekoriert worden – als kühles Quartier für einen Sommeraufenthalt während des Konzils. Der Kaiser ist nie gekommen – und doch für immer da. Ein unbekannter Maler hat den Festsaal in eine Ruhmeshalle verwandelt – pompöse Fresken stellen Karl als Weltmonarchen und Triumphator über alle seine Feinde dar. In schwelgenden Farben werden seine großen Taten und Siege festgehalten – die Schlacht von Pavia, die Gefangennahme König Franz I. von Frankreich, die Belagerung der Engelsburg in Rom, die Landung der kaiserlichen Galeeren vor Tunis und die Schlacht von Mühldorf im Schmalkaldischen Krieg. Und immer wieder thront der Kaiser vor uns, nicht in der müden resignierenden Weise, wie ihn uns Tizian gezeigt hat, sondern herrisch und machtvoll, und seine Feinde geloben Unterwerfung und sinken in den Staub. Über

allem aber reckt sich der Doppeladler – auf den Prunkzelten und Bannern, auf schwarzgoldenen Rüstungen, auf kunstvollem Roßzeug und auf den Segeln der Schiffe – das habsburgische Herrschaftszeichen als Siegel der Allmacht und Unbesiegbarkeit. Kaum wo im heutigen Italien wird es so verherrlicht wie hier – jenem Kaiser zu Ehren, dessen Reich der ganze Erdball zu sein schien.
Ehrfurchtsvoll schreitet man durch die Halle, in einem Nebenraum steht das Bett, das eigens für den Kaiser zugerichtet, aber nie benutzt wurde. Die Villa di Margon hatte viele Besitzer. Der letzte, Baron Salvadori, verkaufte sie einer Bank und die konnte es sich leisten, den alten Glanz wiederherzustellen. Doch nur wenige finden den Weg hinauf zu dem einsamen Sommerpalast, in dem italienische Renaissancekunst einem Habsburger huldigt. Nur dann und wann tagen die Direktoren und Aktionäre der Bank in dieser Trienter Kaiservilla ohne Kaiser.
Der Doppeladler als Repräsentationsschmuck, als Museumsstück, eine geschützte Art im Reservat der Geschichte, Denkmal und Grabtafel für ein untergegangenes Reich und eine zerfallene Gesellschaft: In den einstmals österreichischen Provinzen Italiens hat der habsburgische „aquila bicipite", wie der Vogel italienisch heißt, noch eine lebendigere Bedeutung – waren doch alle Amtshäuser damit gekennzeichnet und die meisten offiziellen Papiere. So steht der Doppeladler im Bewußtsein vieler Italiener für die Segnungen der kaiserlich-königlichen Verwaltung, eines unbestechlichen und korrekten Beamtentums. Dessen Wert ist sich die Enkel-Generation jener, die als Junge gegen Österreich rebelliert hatten, erst jetzt angesichts der Mißwirtschaft der zentralistischen römischen Bürokratie bewußt geworden. Ein Universitätsprofessor in Trient führt die österreichische Institution der Bezirkshauptmannschaft als positives Beispiel an: „Diese Behörde war fast für alle Bedürfnisse des Bürgers, soweit sie einen Amtsweg verlangten, zuständig – von der Wiege bis zur Bahre. An Ort und Stelle wurden damals unzählige Dinge meist sofort entschieden, die heute bei uns unter die Kompetenzen römischer Stellen fallen, und deren Erledigung endlos Zeit verschlingt – wenn überhaupt etwas erledigt wird." Die Glorifizierung altösterreichischer Beamtentugenden in Italien wird einem manchmal schon etwas unheimlich, wenn man selber kein allzu großer Freund von Aktenstaub und Ärmelschonern ist. In der Provinz Trient hat sich eine österreichische Einrichtung erhalten, die im „italienischen" Italien unbekannt ist – das Grundbuch. „Wir sind so dankbar, daß wenigstens auf diesem Gebiet die alte Ordnung bewahrt wurde", sagt der Professor und schickt uns in das Grundbuch von Cles im Nonstal. Es ist der Stammort der Herren von Cles, die

Trient einen seiner bedeutendsten Bischöfe geschenkt haben. In einem ihrer ehemaligen Palais schaut eine Tochter Maria Theresias, die Erzherzogin Elisabeth Anna, gnädig auf die Beamten. Die „kropferte Liesl", wie sie wegen eines ansehnlichen Blähhalses im Volk genannt wurde, war Äbtissin eines Innsbrucker Damenstiftes und manchmal in Cles zu Gast. Ihre Büste hat alle Anti-Habsburgstürme überstanden – so ist sie ebenso da wie die dicken Aktenfolianten, in denen noch Offiziale und Aktuarii im Dienste ihrer Mutter mit steiler Kurrentschrift Grundbewegungen und -belastungen für alle Zeiten festgehalten haben. Ihre Nachfolger heute, nicht Beamte des Staates, sondern der Regionalverwaltung, bauen auf dieser Arbeit ihrer k.u.k.-Kollegen auf und führen sie gewissenhaft weiter.

Auch jetzt beschäftigen sie im Cleser Grundbuch Namen, die eher zur österreichischen oder Tiroler Geschichte gehören als zur italienischen, Namen, die meist eng mit den Habsburgern verknüpft waren – die Cles, die Coreth, die Firmian und die Thun. Sie besitzen den Großteil der nördlichen Nonstalseite; auch ihr Stammschloß liegt hier. Die Südseite ist dagegen die Domäne der Spaur. Sie sitzen hoch über der Noce-Schlucht in Tassulo auf Schloß Valer.

Die rotweißroten Fensterläden markieren den historischen Standort. „Die Faschisten haben von meinem Vater verlangt, die Farben zu ändern", erzählt Graf Spaur. „Er hat ihnen aber erklärt, daß rotweiß seit eh und je unsere Familienfarben sind. Dagegen konnten sie nicht an. Und so blieben die Fensterläden, wie sie waren." Auch die Spaur sind geblieben, was sie immer waren: „Wir fühlen uns ganz als Tiroler Familie. Wir sind noch aus dem alten Tirol, das damals aus Nord-, Süd- und Welschtirol bestand. Wir und die anderen Familien auf den Burgen ringsum sind fast alle deutschsprachig. Wir befinden uns gewissermaßen auf einem Vorposten."

Die meisten dieser Welschtiroler Adelsfamilien mußten sich nach dem ersten Weltkrieg den neuen politischen Verhältnissen anpassen. Wie sie früher Kaiser und Reich gedient hatten, so wurden sie nun italienische Offiziere oder Diplomaten oder machten in der Wirtschaft Karriere. Graf Spaur hatte eine Führungsposition in einer Mailänder Versicherung. Jetzt betreibt er die größte Obstplantage der Gegend mit eigenem Lagerhaus usw. In manchen Adelshäusern geht allerdings die Sprachgrenze oft quer durch die Familie. Graf Spaur dagegen kultiviert das reinste Schönbrunnerdeutsch.

In eher gebrochenem Deutsch versuchen in einer verrauchten Wirtsstube nahe der Salurner Klause mehrere junge Männer ihr Tirolertum zu erklären: „Wir sind Tiroler, wir haben nur die italienische Sprache…“ Um diese Auffassung vor aller Welt kundzutun, haben sie 1983 eine Schützenkompanie gegründet, und jetzt beraten sie über ihre Ausrüstung, die sie sich mit Hilfe des Bozener Schützenbundes beschaffen wollen. Es sind keine verrückten Schwärmer, die da bei einem Glas Teroldego, dem fast schwarzen lokalen Rotwein, diskutieren. Es sind gestandene Männer aus allen Berufszweigen. Italiens Öffentlichkeit war durch diese Schützenkompanie von Mezzocorona, dem früheren Deutschmetz, so schockiert, daß die großen Zeitungen Sonderberichterstatter aus Rom und Mailand nach Norden entsandten. Die Schützen hatte man bis jetzt als Vorkämpfer eines militanten Deutschtums hingestellt, man fürchtet sie so, daß sie bis heute keine Waffen tragen dürfen – und nun heißen sie auf einmal Zeni, Cadrobbi, Callegario, Caruso und Giovannini und bezeichnen sich als Tiroler, als Welschtiroler. Stolz verweisen sie darauf, daß die Welschtiroler Schützenkompanien einen wesentlichen Anteil am Kampf Andreas Hofers 1809 gegen Franzosen und Bayern hatten. Auch in den Berg Isel-Schlachten waren sie dabei. Wer dafür ein Zeugnis braucht, muß nach San Romedio pilgern, diesem verborgenen Wallfahrtskloster hinter sieben Bergen – auf einer gewundenen Straße vom Nonstal aus zu erreichen, eine mittelalterliche Gebetsburg. Die Jahrhunderte haben hier eine Kapelle auf die andere getürmt – ein heiliger Berg, ein Felsenheiligtum, und bis man zum Inneren des Schreines vordringt, muß man viele Stufen erklimmen. Das ist ja bereits eine Andachtsübung, ein Akt der Buße. Als erstes begegnet einem jedoch schon vor dem Tor ein gemütlicher Braunbär in einem offenen Zwinger: Charly, eine eher weltliche Wallfahrtsattraktion. In der Kapelle sehen wir dann den Heiligen Romedius auf einem Bären reitend. Jedes Tiroler Kind lernt die Legende von dem frommen Mann, dem im Wald ein wilder Bär das Pferd gerissen hatte. Da legte Romedius dem Bären die Zügel an und ritt auf seinem Rücken weiter. Deshalb wird der Einsiedler-Heilige mit dem Bären dargestellt. Romedius, ein Sohn des Grafen von Thaur bei Hall am Inn, hatte seine Güter der Kirche geschenkt, um sein Leben Gott zu widmen. Im Nonstal fand er schließlich den geeigneten Platz für sein Eremitenleben. Bald nach seinem Tode wurde er vom Volk als Heiliger verehrt, und Pilgermassen strömen seit vielen Jahrhunderten hierher. Den Tirolern ist Romedius fast so teuer wie ihre Heilige Notburga. So zog es auch Andreas Hofer 1809 mit dem Kern seines Schützenheeres zu dem Heiligtum, um für den entscheidenden Waffengang mit den fremden Besatzern Gottes Segen zu erflehen. Neben der Pforte gedenkt eine Tafel dieses historischen Ereignisses.

Jetzt betreuen drei italienische Franziskanerpater die Pilgerstätte. Die Wallfahrer kommen weiter über den Brenner herunter und aus Südtirol und aus dem Trentino, sie wollen bei Romedius ihre Sorgen abladen. Und er hört und erhört sie, ob sie nun „bitt' für uns" oder „te prighiero" murmeln.

Auf den vielen gemeinsamen Wegen, die Tiroler und Trentiner in der Geschichte gegangen sind und noch gehen, ist San Romedio eines ihrer Ziele. Wenn sie sich dem Heiligtum nähern, leuchtet ihnen von der höchsten Mauer ein rotweißrotes Bindenschild entgegen. Bei den Wallfahrern aus dem Norden erweckt es heimatliche Gefühle, und die Prozessionen, die aus dem Süden heraufsteigen, stoßen sich nicht daran; wer ein bißchen nachdenkt, empfindet wohl, daß sich durch die Politik, durch die Kriege, durch verschiedene Sprachen, Meinungen und Weltanschauungen doch nicht völlig trennen läßt, was solange zusammengehört hat. Ähnlich empfinden die Friauler. In den letzten zwanzig Jahren ist dieses Gefühl der Verbundenheit über alle Barrieren hinweg auch in vielen anderen Regionen, in denen der Doppeladler einmal etwas gegolten hat, nicht schwächer, sondern eher stärker geworden.

# Namenregister

Polen
Friedland
Reichenberg
Aussig
Elbe
Leitmeritz
Jung-Bunzlau
Franzensbad
Karlsbad
Gitschin (Jičín)
Neustadt
Eger
Königswart
Brandeis
Moldau
Elbe
Königgrätz
Marienbad
Prag
Kolin
Oderberg
Konopischt
Beneschau
Olmütz
Teschen
Böhmen
Mähren
Prerau
Brünn
Kremsier
Donau
Budweis
Austerlitz
ČSSR
Lundenburg
Holitsch
Linz
Donau
Wien
Preßburg
Bregenz
Salzburg
Österreich
Eisenstadt
Komorn
Vác
Raab
Gran
Ödenburg
(Esztergom)
Österreich
Innsbruck
Graz
Ráckeve
Tihany
Bozen
Brixen
Klagenfurt
Drau
Plattensee
Trient
Flitsch
Marburg
Karfreit
Tolmein
Cilli
Varasdin
Donau
Görz
Laibach
Fünfkirchen
Lipizza
Agram
Drau
Mohács
Triest
Abbazia
Fiume
Karlovac
Save
Slawonisch Brod
Vinkovci
Italien
Županja
Pola
Jugoslawien
Orasje
Banja Luka
ADRIATISCHES MEER
Drina
Bosnien
Zara
Dalmatien
N
Sarajewo
Spalato
Herzegowina
Mostar
Lissa
Lesina
Ragusa
Cattaro
Lovćen

# Die österreichisch-ungarische Monarchie 1918

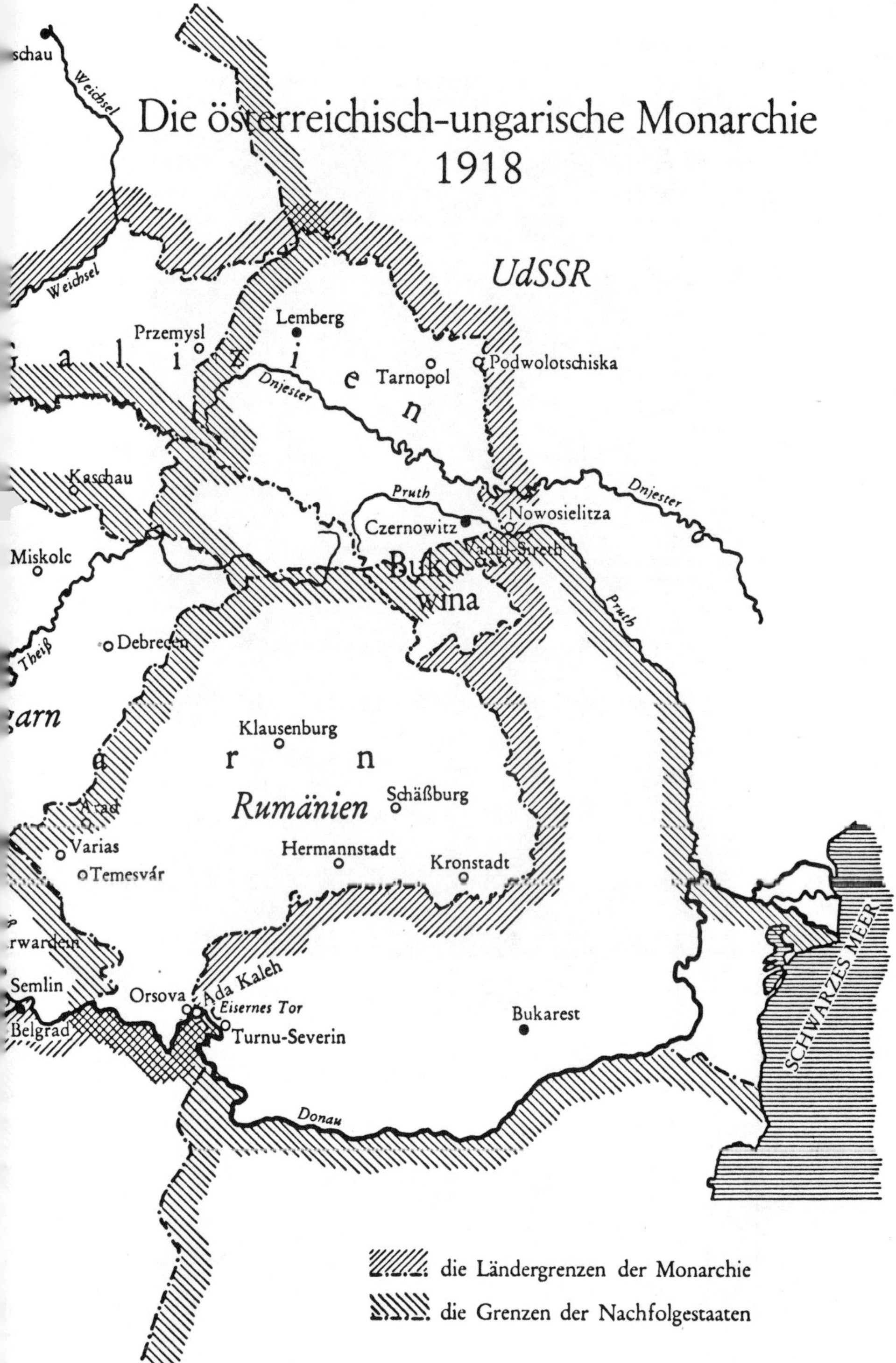

512 Seiten, Efalin

**Amalthea**

660 Seiten und 32 Abbildungsseiten,
Leinen

**Amalthea**

312 Seiten mit zahlreichen Abbildungen

**Amalthea**